中国旅行指南系列

海南

本书作者

盛洋　敖碧仪　李昱臻　刘昊

中国地图出版社

计划你的行程

在路上

©视觉中国

每月热门（见29页）

©视觉中国

户外活动（见45页）

©视觉中国

负责任的旅行（见38页）

目录

欢迎来海南

“蛮荒”不过是海南的过往，如今它早已化为无数人度假心愿单上的“诗和远方”。海风在琼州大地吹拂了数千年，吹动着耕海牧渔者的船帆，也吹进了飘着黎风苗韵的雨林。深吸一口气，捕捉这座绿岛的呼吸，在阳光海浪和水果佳酿中，可以把时间彻底忘记。

琼台胜景

这是南海上最绮丽多姿的岛屿，近两千公里的绵长海岸线便是它无与伦比的魅力所在，或椰林摇曳，或奇石林立，或有细软银沙，或置滨海盐场。只需稍一抬头，远处海天一色、船影点点的开阔景象便能令人心旷神怡。而这还不是旖旎风光的全部：在小岛的中部地带，山岭起伏，雨林密布，绿水清泉潺潺流淌；在紧挨着琼州海峡的北部，更有40多座火山堪为奇观。

海产万类，陆产千名

凭借上天赋予的温润气候、肥沃土壤以及近海的地理优势，海南物产出乎意料地丰富。遍布全岛的热带水果在各个季节轮番上阵，终年无休的渔民每日都会带回新鲜肥美的海鲜。乡间的家禽更是上好的食材，不用过分调味，就能做出文昌鸡、嘉积鸭这样的海南名菜。大山之中，黎族、苗族人还会用本地山兰稻酿出醉人的米酒；而半个多世纪前从东南亚引种的咖啡种子，也已成为今天侨乡街头巷尾的一杯杯香醇“歌碧欧”。

户外游乐场

海南有无数种方式让你玩得畅快淋漓。海上项目最为繁多，无论是想冲上浪尖还是潜入海底，或是劈波斩浪驰骋海面，你都能在适合的海湾轻松实现。若想挑战登高，这里也不缺对象，从“海南屋脊”五指山到“中国的亚马孙”尖峰岭，都不容你小觑。万泉河上，你还能体验一把堪称“速度与激情”的漂流；或是做个勇敢者，在溪降、跳水等环节中一路穿越峡谷。别忘了路况与风景俱佳的环岛公路，那绝对是骑游侠们一试身手的天堂。

海纳百川

作为一个从古到今不断接纳新客的地方，海南向来包容而多元。以黎族、苗族、回族为代表的少数民族，带着中原文化进入岛内的内地移民，曾经闯荡南洋的海外归侨，都在这里和谐共处，且不失“岛民”固有的热情与淳朴。你不妨去旧城老街、绿野乡间或黎苗村落走一走，感受当地人日常的待客之道，便会明白，为何被贬谪至此的苏轼会写下那一句“海南万里真吾乡”。

我为什么喜欢海南

本书作者 盛洋

我对海南的喜爱与海岸风光没有多大关系——尽管从三亚、东线乃至西沙都不缺少迷人的海湾。让我倍感亲切的，是天性随和的当地人及其生活方式：凡事不紧不慢，在喝茶和“打奖”中过着自在的小日子，“吃不一样饱一样，穿不一样暖一样”。我也惊喜于这个边陲之地的历史文明：火山村落的独特文化、古法晒盐的传统工艺、黎族的船型屋与文面习俗、天书般的航海指南《更路簿》……阳光和沙滩之外，它依然别有风情。

更多关于作者的介绍，见278页。

上图：正在绣黎锦的黎族文面阿婆

海南亮点

海拔高度
3000m
2000m
1500m
1000m
500m
200m
50m
0m
图 例
高铁
铁路
高速
国道
省道
火山群世界地质公园
探访休眠的火山口与黑色火山岩建成的古老村落(78页)
千年古盐田
看海边人家在砚台般的火山石槽上用古法制盐(218页)
五指山
或穿行原始雨林，或登上海南屋脊，或深入黎乡苗寨(194页)
尖峰岭
在“中国的亚马孙”饱览雨林奇观(227页)
北部湾
琼
邻昌礁
临高
后水湾
千年古盐田
大铲礁
洋浦港
松涛水库
儋州
珠碧江
昌江
石碌水库
白沙
黎母岭 1411m
海南
八所港
东方
高坡岭水库
昌化江
鹦哥岭 1811m
黎母江
琼中
五指山 1867m
大广坝水库
陀兴水库
猕猴岭 1654m
岭
昌化
指
尖峰岭国家森林公园
乐东
五指山
保亭
长茅水库
山
莺歌海盐场
宁远河
海棠区
崖州区
陵水湾
天涯区
吉阳区
蜈支洲岛
三亚湾
三亚
亚龙湾
G98
G225
S306
S308
S315
S307
S310
S314
S313
S215
S305
G224

0 20 km
雷 州 半 岛
广 东 省
徐闻
罗斗沙
灯楼角
排尾角
琼
州
海
峡
海南角
海口骑楼老街
漫步在南洋风格的骑楼下，品尝最地道的美食（64页）
海口港
海口
秀英区
琼山区
抱虎角
北峙
七洲列岛
南峙
七
洲
洋
南
G207
G225
G224
S202
G223
G9812
S201
S203
澄迈
定安
G9811
S303
渡
南
铜鼓角
铜鼓嘴
东郊椰林
一边是碧海蓝天，一边是椰林万顷（116页）
东郊椰林
文昌
高隆湾
G98
S205
南扶水库
江
海
S302
屯昌
博鳌镇
因亚洲论坛闻名的水城小镇，田园风与国际范儿的完美混搭（133页）
S301
S201
G224
琼海
博鳌镇
万
泉
河
岛
牛路岭水库
G223
S304
港北港
万宁水库
万宁
南
大洲岛
日月湾
G98
陵水
水口港
日月湾
冲浪爱好者的天堂，初学者也能小试身手（155页）
蜈支洲岛
无论在海岸戏水还是潜入海底，都能收获惊喜（111页）
海
亚龙湾
绵长海湾沙幼浪白，水下还有保存完好的珊瑚礁和热带鱼（90页）
云南省
南宁
广州
福建省
台湾省
高雄
台湾岛
广西壮族自治区
广东省
香港
澳门
香港特别行政区
河内
北部湾
湛江
澳门特别行政区
东沙群岛
海口
海南省
三亚
海南岛
南
西沙群岛
三沙
永兴岛
中沙群岛
黄岩岛
马尼拉
老挝
越
柬埔寨
南
西沙群岛
在海南之南寻觅一片清亮的玻璃海（17页）
菲
律
宾
海
南沙群岛
南沙区
苏禄海
斯里巴加湾市
文莱
马
来
西
亚
曾母暗沙
0 200 km
印
度
尼
西
亚
海南省全图

海南 Top 15

1

椰林海岸

1 国内没有哪个海岛能受到上天如此的眷爱：全夏无冬，四季长青，阳光和煦，常年PM2.5值之低称霸全国。一望无际的蔚蓝海景是你来到海南岛的第一印象。“椰林树影，水清沙细”就是海南的真实写照，绵长的海岸线随处可见，你可以直奔三亚湾中的椰梦长廊、亚龙湾、海棠湾这几个著名海滨度假区，那里的观景、度假、海上运动一应俱全；或在万宁石梅湾、日月湾和神州半岛等“明星海滩”中冲浪，而陵水的清水湾有新开发的椰林海景。最美的滨海椰树走廊在东郊椰林，于两百万株椰子树的豪华阵容中来一趟椰乡骑行，足以让你毕生难忘。图为三亚的海滩。

骑楼老街

2 欧式的立柱与雕花、半挑出的上层住宅、长长的楼底连廊……林立在海口老街的骑楼建筑无时无刻不在散发浓郁的南洋风情。同样让人着迷的还有这片街区独特的市井气息，当你穿行其间，就仿佛打开了一本旧日画卷，老海口的城市记忆会立刻在你眼前变得鲜活起来。你可以找到海口过去最高档的酒店、海南现存最早的妈祖庙，还能去逛逛摆满了海鲜干货的东门市场和专营古玩的西门市场。骑楼下的各色小吃店更供应着几十年不变的味道：海南粉、清补凉、猪脚或牛腩，每一样都足以叫人回味悠长。图为海口的骑楼。

©视觉中国

2

©视觉中国

3

4

深度体验五指山

3 这座"海南屋脊"的打开方式绝不止登山一种。五指山分布着海南热带雨林的几乎所有植被类型，极致丰富的物种和360度的浓烈绿意令人挪不开眼。若你属于少数登上海拔1867米的五指山二峰的"狠角色"，真的可以为自己的英雄气概感到自豪，那是对你耐力和勇气的最佳奖赏。你也可以沿峡谷栈道溯流而上，寻找昌化江源头，或在五指山几处漂流胜地体验水头浪尖的刺激。通向五指山的两条公路穿越了雨林和峡谷，无论自驾、骑行或是乘班车，你都不会错过美景。图为五指山群峰。

侨味兴隆

4 忘掉海边和沙滩的酷热吧，兴隆茂密的热带植物会为你遮挡最烫的阳光，全年60℃以上的温泉可以让人卸下疲惫。60多年前，这里还是原始狂野的瘴疠之地，直到南洋归国华侨们精心开垦出富饶的热带种植园。骑行穿梭于迷人的山野湖泊中，鸟语花香的旅程里充满诗意。在兴隆吃东西会让你恍若置身异域：琳琅满目的南洋糕点、又辣又酸特别过瘾的东南亚菜、香气扑鼻的咖喱粽，每一样都使人胃口大开。大大小小的咖啡店一天到晚冒着醇香，不妨跟当地人聊聊咖啡（就像跟英国人聊天气一样）。图为兴隆热带植物园。

潜水

5 全中国最顶级的潜点都集中于此——海南岛的海水清澈透明，隐藏着最绚丽多彩的海底世界。无论你是入门新手还是资深的潜水发烧友，都能一头扎进海洋世界寻宝。从大东海、亚龙湾、三亚附近的分界洲到蜈支洲岛，你都可以参加各种深潜、浮潜、船潜、海底漫步活动。国家级珊瑚礁自然保护区西岛和世界最大的软珊瑚保护基地之一百福湾是珊瑚爱好者的基地。如果这些都不能满足你，还有终极的潜水天堂——西沙群岛，深达300.89米的西沙永乐龙洞是世界最深的海洋蓝洞，是不少骨灰级潜水者的终极目标。图为在分界洲岛潜水。

军坡

6 如果你在农历正月至三月到海南，有朋友邀请你"闹军坡"或者"吃公期"，千万不要客气，这可是感受传统民俗文化的难得机会。军坡是海南汉族为纪念冼太夫人举行的仪式，因起源于山坡上的"装军"游行而得名。由于军坡的主角还有各地的"公祖"，故而又称公期。军坡节以海口最盛大，舞龙舞狮和"抬公巡游"的热闹程度堪比过年。乡下公期会举行惊险刺激的"上刀梯""过火山""穿杖"等祭神祭祖仪式和琼剧班表演，更有家家户户摆出的宴席任你吃到过瘾。图为定安"闹军坡"。

琼北火山

7 你没看错，海南有火山，甚至有可以攀登的火山口，以及在熔岩台地上用黑色火山岩建成的古老村庄。这片位于琼北地区的火山群与海南岛的诞生息息相关，早在几千万年前就频繁发生过大规模喷发。不过，曾经的不毛之地如今都被茂密的热带植被覆盖，当地人在山脚用取之不尽的火山岩建造房屋、打磨石具，还在肥沃的火山灰土壤上种起果树，孕育出独特的火山文明。其中最高的马鞍岭火山口也是海口的制高点，天气好时你还能望到琼州海峡。图为海口火山群熔岩隧道。

6

徒步尖峰岭

8 这片被誉为“中国亚马孙”的热带雨林自然保护区，如同一部藏于云雾中的自然百科全书：你可深入丛林腹地与上千种动植物逐一邂逅。鸣凤谷有如电影《阿凡达》中的场景再现，千年古树、空中花园、绞杀现象等幽林奇景蔚为大观。徒步过后，你的身体仿佛做了一场淋漓尽致的SPA。而登顶尖峰岭考验的是你的体力和运气，一旦天空放晴，你能欣赏到层峦叠翠与云海交织的壮阔景象。

图为乐东尖峰岭的大板根。

骑行博鳌

9 这或许是海南最让人乐在其中的骑行旅途之一，大海、河流、岛屿、乡村、丛林与老宅在你眼前交错闪现。上午，你刚在乡间阡陌交通的路上造访完世外桃源般的乡村，不一会儿就来到车流如织的大桥上，靠在路边看鸟群飞过万泉河上水汽氤氲的绿岛。下午，你又骑入村落深处，看古树庇佑下城堡一般的华侨老屋蔡家宅，没多久就可以去到亚洲论坛永久会址。你也可以一路向北骑到潭门吃海鲜，或是到元朝古城乐会去凭吊凋零的码头文化。自行车道通往每一个充满惊喜的角落，让你感受盛名下，博鳌宁静而丰富的面孔。图为博鳌的骑行者。

千年古盐田

10 这应该是整个海南岛景致最独特的一片海湾了：亿万年前火山熔岩急速冷却形成的火山岩海岸坡地上，错落分布着数千个形状各异的黑色火山石槽，它们如同砚台一般盛着饱含盐分的卤水，在阳光下形成密密麻麻的镜面，倒映出万里晴空；而当水分在烈日曝晒下蒸发殆尽，石槽内又会析出一颗颗洁白闪亮的海盐，仿佛刚刚接受了一场小雪的洗礼。更令人称奇的是，如此壮观又罕见的盐田已有上千年的历史，始终坚守着古法晒盐工艺。顺路买点儿当地人用老盐焖煮的鸡蛋和盐焗鸡尝尝吧，味道不会让你失望。图为千年古盐田。

七仙岭温泉

11 在七仙岭要舍得放下世俗的快节奏和一身紧绷的肌肉，踏踏实实地当上两天闲（仙）人。爬上海拔1107米的主峰，就能在雨林云海间感受负氧离子主动钻进鼻腔的舒爽。要是懒得活动筋骨，干脆在山下欣赏七峰并立、晴雨皆宜的神秀风姿。而最惬意的还是在温泉池里洗净焦虑和疲惫，穿着浴袍漫步在酒店的雨林庭院，捡起一两朵掉落的木棉花。山脚下的温泉酒店价格不菲，但比起令你挥金如土的三亚海景房，这里的温泉独栋小院性价比“逆天”。如果预算紧张，就早点下山，然后挑家酒店的公共温泉泡上一阵。图为保亭七仙岭温泉。

10

11

12

13

去日月湾冲浪

12 日月湾号称“中国最棒”甚至“东南亚最适宜”的冲浪地，一年四季都有浪头供你翻滚撞击。每年9月至次年3月，当北方的冲浪胜地因海水降温而让人却步时，温暖的日月湾却正值大浪期，世界各地的冲浪高手会聚集在此追逐近岸激浪，享受立于浪头之巅的紧张刺激，一些国内外重量级的冲浪赛事也会相继登场。初学者不妨挑夏天小浪期（台风季除外）来报几节冲浪课，冲浪俱乐部会消除你所有的紧张和不安，就算是不会游泳的旱鸭子，也能在教练的帮助下体会冲浪的快乐。

疍家渔排

13 “疍家人”是水上居民的旧称，过去他们没有土地，以船为家，逐水而居，靠打渔水运为生，海南疍家人至少在500多年前就从广东来到了这里。过去他们在歌里唱“世上最苦黄连树，人间最苦水上人”，可如今绝大部分疍民都已经上岸安家，照旧生活在“浮岛”上的人也多为养殖海产。你可以到陵水新村港或是三亚海棠湾拜访渔排，乘船穿行于江南水乡一般的蜿蜒水道中。而南湾猴岛的缆车无疑是最佳观景点，可以看到新村港连片的疍家渔排，如同漂浮在海上的壮丽市镇。图为万宁疍家渔排。

西沙群岛

14 遍览中国境内对公众开放的海岛，恐怕很难找出比西沙更纯净的存在。即使已在课本中读过对它的赞颂，在图册中见过如梦似幻的影像，当你在南海上起伏十多个小时之后，看到唯有玻璃可比的海水、踩上细软炫目的白沙时，你仍然会惊叹于这难以名状的原生态之美。你可以在无人居住的小岛上领略最纯粹的海景，观察它在潮涨潮落后变换的轮廓，也可以在渔民常驻的岛上等候新鲜捕回的海产，享受一顿令人飘飘欲仙的大餐。图为西沙群岛七连屿。

最炫“三月三”

15 遗憾海岛之行缺少浓烈的民族色彩？那就等农历三月初三前来，钻进村寨里体会原汁原味的黎、苗风情。这个传统黎族节日如今已成为黎、苗两族共庆的盛会，每年轮流在琼中、五指山、保亭、昌江等地设立主会场，进行为期一个月的全岛狂欢。除了祭祀和歌舞等传统项目，你还能观看体育竞技和非遗展示。那时，目不暇接的活动和异彩纷呈的表演会让你感受最炫民族风的热情，趁清醒时加入竹竿舞的队伍，看看黎锦等手工艺的现场制作，然后痛饮山兰米酒，不醉不归。图为白沙的“三月三”。

行前参考

更多信息，请参考“生存指南”章节（见255页）。

（见255页）

简称
琼

主要少数民族
黎、苗、回

电话区号
全省统一区号：0898

语言
海南话占主流，还有客家语、粤语（儋州话），以及少数民族的黎语、苗语。海南西北部的临高语是另一种迥异的方言。

现金和支付方式
市区、县城和热门小镇都能找到ATM，普遍接受微信支付。

去偏远地区仍有必要携带现金，部分景点、车站只支持现金支付。

通信
除了中部、西部的未开发山区，大多数地区都已覆盖4G网络。

大部分住宿都提供免费无线网络，部分热门景点、主要车站也有热点。

自驾
海南已建成环线高速和中线高速，多是双向四车道，高峰时略显拥挤。但即便非高速，大部分也都是路况较好的铺装路。

何时去

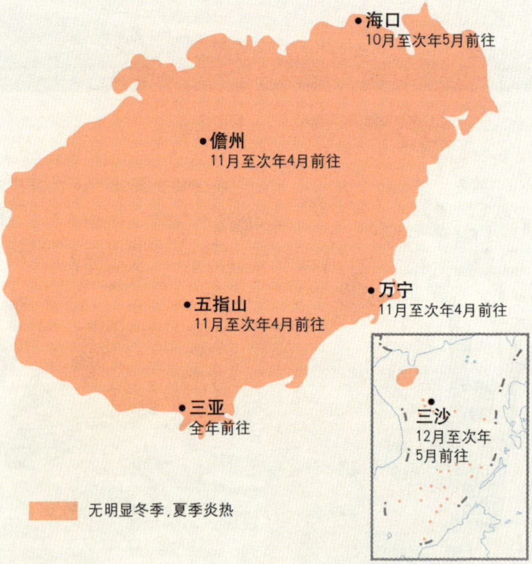

旺季（11月至次年3月）
➡ 天气温暖晴好，经受不住北方寒冷的游人都在此时涌入“不知冬滋味”的海南。风景很美，物价也很贵。

➡ 许多重要节日、体育赛事均在这一期间，包括海南欢乐节、环岛公路自行车赛、农历春节、元宵节、军坡节等。

平季（4月，7月和8月，10月）
➡ 4月的琼北还不算太热，农历“三月三”时在黎、苗自治县会有出行小高峰。

➡ 7月、8月暑期的学生潮为海南带来了一波旅游热度，但天气湿热，要注意防晒防潮。

➡ 10月，雨季进入尾声，除了国庆小长假期间，旅游业总体平稳。

淡季（5月和6月，9月）
➡ 5月、6月的海岸线湿热难耐，中部和西部的山区反而成了岛内的避暑胜地。

➡ 学生返校、国庆未至的9月绝对是海南的旅游淡季，只是仍在台风季，需注意暴雨。

网络资源

天涯社区海南一家（club.hainan.net）以八卦和小道消息闻名的天涯社区其实发源于海南，其“海南一家”分论坛是海南人的网络家园。其中的“走读海南”版块对海南旅行目的地的挖掘非常细致，有同名的微信公众号；“户外运动”版块也很热闹。

海南历史文化网（www.hnlswhw.cn）了解海南历史、风俗的网站，也有一些文化主题游路线的最新动态。

海南旅游官微（微信公众号：hnlygw）海南省旅游发展委的官方微信公众号，常有最新的活动、优惠、交通调整等实用信息。

海南心发现（微信公众号：xinfaxian2014）致力于挖掘和宣传海南本土文化，有很多实地采编的原创内容，对本地人文风情亦有生动深入的解读。

每日预算

经济 250元以下

- 青旅或民宿的铺位：50～80元
- 尝试各种海南的粉——腌粉、酸粉、抱罗粉等，再来份清补凉
- 尽量利用公共交通或步行

中档 250～600元

- 普通酒店标间：150～400元/间
- 进餐馆点一些特色菜：50～80元
- 公共交通到县城后可打车或与人拼车去景点

高档 600元以上

- 豪华酒店标间400元起
- 尝遍当地美食，尽享潜水、温泉、邮轮的乐趣
- 自由包车前往各个景点

旅行装备

一切都取决于你打算去哪儿以及什么时候去。如果计划去海边玩水，泳衣、墨镜、沙滩鞋、防晒霜、手机防水袋甚至帐篷都可以带上；但也不用准备太多，东线和三亚提供潜水、冲浪等活动的地方都能租借必要装备。如果考虑在尖峰岭、五指山等地区登山，或徒步原始雨林，一定记得携带防蚊虫叮咬的药水以及登山杖、登山鞋、速干衣等物品。

夏天很热，但长袖长裤能最直接地防晒；冬季虽然没有严寒天气，不过气温骤降时仍显得十分湿冷，一件轻薄的羽绒服就能暖和不少。

抵达海南后

飞机

海口美兰机场 机场大巴20元，途经汽车东站（五公祠）；公交21路（途经海口高铁东站）和41路（途经汽车西站、汽车东站、五公祠）。动车前往海口市区（7元，8分钟）和三亚（95元，1.5小时）的车次频繁，打车到海口市区60～80元。

三亚凤凰机场 至大东海的机场大巴15元，打车60元，公交8路、36路可达；至亚龙湾的机场大巴25元，打车110元，公交24路、27路、33路可达；打车到三亚湾约25元。

火车

海口站 距离市区约20公里，乘坐公交37路、57路等进入市区。

三亚站 距离三亚湾约7公里，有多条公交线路可以前往市区各地，还有发往呀诺达、七仙岭、南湾猴岛、分界洲岛的城际公交。

船

过海渡轮主要停靠海口的秀英港和新海港。秀英港距离市区万绿园仅不到4公里，公交、出租车都很方便；新海港至市区约18公里，可乘坐公交28路。

旅行安全

交通

海南骑摩托车的人非常多，不时就会从转角或巷口窜出。或许他们在紧急刹车上很有经验，但对于旅行者而言，慢行避让方为上策。

饮食

如果从内陆远道而来，你很有可能尝到前所未见的海鲜。但需留意自身体质，一旦出现食物过敏的症状，就要及时就医。此外，不要食用路边的野果和有毒的河豚。

户外

海南常年湿热，在野外徒步或登山都要格外小心蚊虫，山中会有蛇出没。若要戏水、游泳，切勿独自前往无人管理、海况复杂的海域，夜间更不应下海。

更多交通信息，见**交通指南**（见262页）

新线报

旅游环境改善

通过近年来对旅游业的不断整改，如今海南全岛的旅游服务已有很大提升。海口的"12345"热线可以快速响应旅行者需求，各地海鲜市场强制明码标价并设有公平秤，三亚的景区、酒店、游乐设施也都实施价格公示，机场、火车站等主要旅客集中地还有旅游咨询中心。相比过去，现在在海南可以玩得更放心、更舒心。

景区升级，体验丰富

全岛多地景区进行了升级改造，包括海口的海南省博物馆、琼海会山镇的苗族村落等；在万宁的兴隆小镇，除了以往的咖啡厂参观，现在还增加了少则数小时、多则数日的咖啡体验课程。

新机场通航

曾在2016年短暂试运行的博鳌机场已于2017年年初复航，成为海南第三个国际空港；不过注意，目前只在冬季、春运期间和亚洲论坛期间运行。三亚新机场、儋州机场和东方/五指山机场也都在规划之中。

三亚交通新选择

三亚正在筹备有轨电车的开通，据悉将在2020~2021年完成四条线路的通车。可覆盖凤凰机场、三亚火车站、天涯海角等多个重要交通枢纽和景点。此外，从市区前往南山旅游区，除了公交，现在还可在三亚火车站乘坐复古的绿皮火车直抵南山北站。

工业景点崭露头角

主要依靠自然资源的海南如今也在探索新的旅游模式。文昌的航天主题乐园已于2016年开始试运营，参观者可以亲眼见到火箭发射塔。昌江也推出了核电站科普游，并计划将已挖空的石碌铁矿改建为一座矿物博物馆。

港口预约过海

2018年3月之后，从海口的秀英港和新海港轮渡过海的车辆可以提前在线预约过海时间，避免了高峰期因"随到随排"而被堵在港口。通过App"椰城市民云"即可预约。

更多的旅游公路

为了便于自驾者出行，海南各地新修了不少旅游公路。在海口，经过改造拓宽的火山口大道已于2017年通车；万宁在滨海地带修建了一条南起石梅湾、北至大花角的公路，把大部分美丽海滩都串在了一起；昌江也有一条连接山区与海岸的棋子湾大道。

生态景区保护性关闭

面临加速的旅游业，海南多个自然生态景区终于不堪重负，在本书调研时已实施保护性停运。其中包括文昌八门湾红树林绿道（被拆除）、东方大田坡鹿保护区、万宁的大洲岛（禁止登岛）等，有意前往的旅行者需留意最新消息。

度假公寓

东线城市的许多小区都出现了度假公寓——把"候鸟"业主闲置的房屋集中起来装修，做成风格较统一、设施较好的客房。这些住家型的酒店一般都位于海边，价格比高档酒店实惠不少，还可使用厨房。通常直接联系前台到店支付能拿到比网络预订更低的价格。

如果你喜欢

椰风海韵

环岛1000多公里的海岸线是海南最傲人的景观资本。漫步沙滩椰林，拥抱碧海蓝天，再多的烦忧都会忘却。

亚龙湾 水清沙白的优质海岸会令人感叹不愧为“天下第一湾”，绵延7.5公里的海景很适合骑行欣赏。（见90页）

椰梦长廊 栽满椰树的海滨观景大道拥有极为浪漫的日落风光，清晨还可以在长廊边的跑道上慢跑。（见85页）

海棠湾 这片远离市中心的海湾显得十分天然、宁静，海湾内的蜈支洲岛更有着人气极高的白色沙滩。（见90页）

清水湾 湾如其名，海水清澈到能见度高达25米，而细腻纯净的沙滩也毫不逊色。（见165页）

棋子湾 固然藏在西线不为人知，却也因此有着更加原始自然的景观，海滩清静，奇石林立。（见221页）

东郊椰林 钻进海边的万顷椰林，真切感受近两百万株椰树造就的一片别样椰海。（见116页）

雨林探秘

茂密的植被奇观，山间的流泉飞瀑，丰富的鸟兽物种……如此充满生命力的热带雨林只待你来一探究竟。

五指山自然保护区 沿着树根古道征服这座海南的屋脊，探寻原始的雨林美景。（见197页）

尖峰岭 在这片古老的热带雨林中观蝶、听鸟，再爬上主峰一睹林海、云海、雾海、大海的“四海齐观”。（见227页）

霸王岭 虽然你可能无缘得见珍贵的海南黑冠长臂猿，但在林间徒步时，珍稀的古木、苍茫的林海应该不会让你失望。（见221页）

黎母山森林公园 登上开发较少的黎母山山巅，饱览琼中层峦叠嶂的美景，回味黎族村庄的仙迹传说。（见191页）

吊罗山国家森林公园 密林深处古木参天，还有一棵树龄将近1500年的“神树”。雨季时有机会观赏号称海南最大的瀑布群。（见174页）

海鲜

来海南怎能不吃海鲜？无论是海鲜市场，还是港口码头，亦或是海上渔家，总有地方能让你尽兴而归。

港北港 海南四大名菜之一的和乐蟹与清甜可口的港北虾就生长在附近的港北小海之中，不少船上酒家能为你奉上最新鲜的海味。（见156页）

新村港疍家渔排 在用泡沫和木板搭起的海上房屋内，品尝水下网箱里从深海捕捞来的大鱼。（见175页）

潭门中心渔港 岸边的水产店个个都像小型海洋馆，有各种让人大开眼界的鱼虾蟹贝。（见140页）

丁村万人海鲜广场 海口最新落成的海鲜广场，环境明亮宽敞，秩序井然，所有海鲜和加工费明码标价。（见71页）

三亚第一市场 三亚市区卖海鲜最便宜的地方，避开热情拉客的

航天科技

位于文昌龙楼镇的**航天主题乐园**（见120页）是中国目前唯一一个对外开放的航天发射中心，“乐园”尚未建成，但你可以走近庞大的火箭发射装置，亲眼看看发射塔长什么模样。

©视觉中国

（上图）海口骑楼老街
（下图）海南坡鹿

摊贩，直奔海鲜池挑选中意的食材就好。（见258页）

南洋风情

当远赴南洋闯荡的海南人落叶归根，他们带回的南洋文化便逐渐融入进了海南的饮食、建筑和生活习惯之中。

骑楼老街 一排排略显沧桑的骑楼建筑，沿着长廊开设的茶店、小食铺，一切都仿佛定格在了20世纪。（见64页）

文南老街 文昌侨商陆续返乡置业而形成的老街，在修缮、重建后复原了百年前的样貌，还保留了古老的青石板路。（见115页）

符家宅 文昌乡间诸多融合了南洋建筑和海南民居特色的豪宅大院之中，保存最完好也最精美的一座。（见117页）

万宁兴隆 醇香扑鼻的街头咖啡、味美价廉的南洋糕点、当地人有别于周边城镇的独特口音……东南亚风情尽在其中。（见149页）

冯小刚电影公社 尽管只是人工造景，但一大片极具南洋特色的街道建筑着实令人恍若置身异域。（见77页）

少数民族

从内地迁来的苗族，与原住民的黎族，都在海南的山林深处共同生息着。

海南民族博物馆 用全媒体的方式展出了海南少数民族的历史、文化和手工艺，甚至可以亲自尝试调制黎锦的美丽色彩。（见194页）

白查村 大山中的白查村里，难得地留有60多间保存完好的传统黎族船型屋。（见224页）

什寒村 黎、苗两族在这个高海拔的美丽村庄里比邻而居，你还可以在圆圆的吊脚楼里度过山居静夜。（见192页）

初保村 不同于其他住在船型屋里的黎族村落，这里的古老民居多是用石墙或木杆架起的“吊脚楼”。（见199页）

槟榔谷 全面而集中地展示了黎、苗两族的文化遗产和生活情景，是一次性体验民族风情的好地方。（见208页）

三月三 海南黎、苗族一年中最为盛大的节日，每年农历三月初三，海南各个少数民族自治县市都会举办热闹的活动。（见222页）

动植物

生机盎然的海南拥有种类繁多的动植物群，包括本地特有的热带和海洋物种。除了适合野外观察的热带雨林，不少开放式园区、岛屿也值得一看。

海南热带野生动植物园 如同天然大氧吧的园内有着海南白水牛、坡鹿和其他热带动物，可在车行区远观或在步行区“近玩”。（见79页）

南湾猴岛 去南湾半岛拜访在那里自由生活的岛主们：1500多只性情各异的猕猴。（见175页）

椰子大观园 置身于真正的椰海，通过名牌和简介探索它们的身世，你才会发现椰子的世界是如此丰富多彩。（见116页）

兴隆热带花园 一位70多岁的印尼华侨变卖上亿家产，用20多年时间在数千亩荒坡野地上修复的一片热带雨林，还包括数十种濒危植物。（见150页）

分界洲岛 岛上的海洋剧场里设有中国第一个纯自然条件下的野生海洋动物世界。（见165页）

当地人推荐

海草（周文）

海南澄迈人，新媒体“海南心发现”主编，致力于用心发现海南。

朋友来海南，你通常会带去哪儿？

其实用心去体会，海南处处很精彩。分区域来说，有西线的儋州古盐田、龙门激浪，中线的琼中什寒村，东线博鳌海的故事，以及陵水分界洲岛，它们各有特色，当然还有美丽的三沙。分季节来说，早春二月可以去昌江看木棉花，农历三月三去白沙感受黎族风情，七夕去保亭的嬉水节泡温泉，十月可以去万宁日月湾冲浪，十一月到五指山看红叶，尝一尝山兰酒、竹筒饭等地道美食……这些都是很棒的体验。

海南不仅有美丽的大海，更有丰富而珍贵的热带雨林，比如吊罗山、霸王岭、九架岭等，对雨林有兴趣的朋友可以看一看姜恩宇的《海南岛原野生态考察记》。

海南有哪些人气不高但值得推荐的地方？

目前来说，三亚的天涯小镇、万宁的日月湾、琼中的周老三村，都算相对小众。特别推荐一下万宁，这是一座山海之城，虽然名气没有三亚大，但有许多精彩的看点。譬如在当地小有名气的大花角，以及大洲岛。但大洲岛因为环境遭受破坏，目前已经封岛了。海南的生态环境是比较脆弱的，在海南旅行的时候，一定要尊重环境，敬畏土地。现在万宁已经开通了一条串起石梅湾、南燕湾、神州半岛等多个海湾的旅游公路，很适合自驾。再就是我的家乡澄迈了，那里也是世界长寿之乡。

陈统奎

海口火山村人，2009年从上海回到故乡从事乡村再造，创立民宿和火山村荔枝品牌。

朋友来海南，你会给他们推荐什么？

我并不想推荐景观，对海滩也没有什么兴趣，我想把有意思的人做的有意思的事推荐给旅行者，比如那些热爱土地、保护环境、再造故乡的人。

像海南松鼠学堂自然教育工作室的创始人高高，她会组织生态游学活动，例如带家长和孩子去看疍家人在渔排上种的树，去南湾猴岛和兴隆做自然笔记。万宁和乐蟹保育中心的阿辉，他和几个人一起返乡开水产公司，养殖数量锐减的和乐蟹。在三亚崖城种有机芒果的林英治，他们自己营造了一个生态链，不用农药和化肥。还有琼海大路坡镇的蒋翔，他在自己的家乡做了一个田园梦想农庄……这样的人还有很多，而且正在变得越来越多。

作为再造故乡的发起人，你觉得海南乡村的魅力在哪里？

海南乡村最大的特点是保留了生物多样性，萤火虫、树蛙和鸟随处可见，是做自然教育非常好的场所。以我的家乡火山湿地为例，这里有100多种珍贵的动植物，而且都有鲜明的热带特征。另一方面，海南的乡村相对与世隔绝，至今还有渊源深厚的民间信仰，比如军坡节和公期，这维系着我们的社会网络，因此人情味也非常浓厚。但是行走乡村的同时，希望大家不要忘记，这里并不是为了旅游业而存在的，你可能不会看到惊心动魄的景观，也不会有高档酒店或餐厅来提供服务，它们美就美在未经修饰和雕琢。

吴海民

万宁兴隆人，兴隆热带植物园工作人员，归侨老故事咖啡店店主。

海南的咖啡有什么特点？

中国只有海南和云南适合种植咖啡。云南咖啡产量更高，但本地人喝得少，相比而言，海南更有咖啡文化和氛围。比如在兴隆，咖啡对我们来说不是时尚，也不是多么高大上的东西，我们喝咖啡就像汕头人喝茶一样稀松平常，是对父辈的一种纪念。

你希望外地人怎样体验和理解兴隆咖啡？

兴隆咖啡传统的制作工艺，是烘焙咖啡豆时，放入食用牛油、白砂糖和少部分盐。这其实是南洋华工的发明，他们生活困苦，得到的咖啡豆品质都不太好，为了增香和提味，就放了这些“佐料”。

兴隆人喝咖啡，最早是在人民公社时期，供销社把华侨农场咖啡作坊的咖啡卖给职工当福利，2分钱一杯，还要扣相应的工分。现在兴隆的人均收入也不算高，所以咖啡和糕点都特别便宜。

我推荐一定要去太阳河咖啡厂，那里见证了新中国咖啡的成长历史。当然，你也可以去隆苑咖啡参加咖啡体验项目，或者去咖啡谷参观庞大的种植园。

平时，你可以留意街边小摊是怎么做咖啡的，他们都用蚊帐布当滤布，这是过去兴隆人最原始的冲泡方式。这些街头咖啡的味道都很不错。但空腹喝很容易伤胃，建议先吃一块南洋糕点，比如七层糕。喝前用勺子搅动杯子，一是为了散热——冷一点再喝，二是为了闻香。但不要一开始就搅动底部的糖，先苦、再涩、后甜，才是海南咖啡的赏味路径。

灰龙

海南户外达人，乐途户外创始人。

你进行过很多次热带雨林穿越，有哪些经典路线可以分享给户外爱好者？

经典的热带雨林穿越包括海南“五峰十岭”大环线、铁钻岭重装穿越、猕猴岭佳西大穿越等。但近年来许多地区被设为保护区，过去“野路子”的雨林徒步面临越来越多的限制。即便对自己很有自信的驴友也尽可能不要贸然前往，可以联系成熟的户外组织，比如乐途户外、户外联盟、云海户外等了解路线情况。

最经典的徒步路线可能是五指山到仕阶的穿越，我曾经和同伴夜爬五指山，在二峰宿营看日出云海，然后从三峰步行到七峰（没错，还有七峰），一路上要非常谨慎细心，七峰的悬崖峭壁也是很大挑战。从废弃的机耕路徒步到仕阶摩崖石刻的途中，可以见到“五根手指”最完美的形状。这一条路需要四五天，还需要负重四五十斤，对体力是非常大的挑战，而且没有向导不可能完成。

普通旅行者想在海南体验山地徒步有什么好选择？

攀登五指山、七仙岭，徒步霸王岭等都算是中低强度的户外活动，不需要露营，半天到一天即可返回。如果想另辟蹊径，可以寻找户外组织在一些低海拔山岭进行轻装一日徒步，比如卧龙山、鸡咀岭等。

在海南山地徒步有什么特别注意事项？

首先不要独自冒险。另外尽量选择旱季前来，每年4月至11月是雨季，户外活动难度更大，蚊虫活动频繁。在原始山林中最需要预防的是毒蛇、蜈蚣，登山杖和棍子是驱蛇必备品。蚂蟥也是一大困扰，最好携带花露水或浓盐水喷瓶。敏感体质的人应注意，热带雨林致敏物多，可以准备一瓶同仁堂的皮肤病血毒丸，对于瘙痒刺痒有奇效。

省钱妙计

门票越来越贵？酒店又涨价了？没关系，精明的旅行者总能找到各种兵来将挡的办法，以便跑赢物价，做到少花钱多办事。以下就是我们的作者精心总结的各路省钱妙计。

住宿

➡ 去哪儿、美团等订房平台上的价格通常比前台低，但部分高档酒店或精品民宿也有自己的网站或微信公众号，可能更优惠。

➡ 三亚和海口的青年旅舍最多，东线热门地区（如博鳌、兴隆）有带床位的民宿，西线的儋州、东方有骑行驿站。

➡ 三亚的淡旺季住宿价格可以相差两三倍，5月至9月错峰出行是最好的省钱方式。

餐饮

➡ 不少青旅、民宿、酒店式公寓可以自炊或和他人拼餐。

➡ 知名景区(票价贵的那些)餐饮通常不会便宜，不妨带上干粮。

➡ 海南粉、粽子、馍等各种小吃不贵又地道，是最省钱的就餐选择。

➡ 当地人去的普通市场或超市也有不错的海鲜，购买后找餐馆加工或者自己做价格更实惠。

交通

➡ 从三亚前往槟榔谷、呀诺达之类较远且门票较贵的景点，报团游览可省去交通上的折腾和开销。

➡ 坐三轮或摩的前，向当地人打听他们的坐车花销，以备砍价之用。

➡ 有些景点提供免费班车，如三亚的免税城、蜈支洲岛、西岛等，但部分须提前一天电话预约。

➡ 打车软件在海口、三亚、东线热门城镇的使用人群较多，长距离行程可避免被宰。

门票

➡ 学生、军人、老人有门票优惠，记得带上证件。

➡ 携程、飞猪、美团等网站常有折扣门票或多景区套票，价格更实惠。但有些要求提前1~2小时购票或取票后半小时入园，记得看清规则，节省时间。

➡ 5月19日“中国旅游日”当天，海南多个景点会免费或降价。

➡ 海滩、江畔、椰林、骑楼建筑、木棉花景……这些都是不收门票的怡人景观。

购物

➡ 避免在重金打造的景点购物，非要买的话，一般越接近出口价格越低。

➡ 黄花梨、沉香等海南珍宝最好请懂行的当地人陪同，到正规商店购买，注意货比三家。

➡ 春光、南国是海南常见的特产品牌，价钱均等，质量也有保证，若在购物时感觉眼花缭乱，选它们一般不会出错。

淡季出行

➡ 基本上中国大陆较冷的月份（11月至次年3月）都算得上海南的旺季，避开此时以及5月初和10月初的黄金周，都能获得更合理的物价。注意“三月三”节庆时相应的少数民族地区会有出行小高峰，消费均价也会上涨。

➡ 即使只能旺季去海南，也可以选择在非节假日时前往三亚，海景同样出色的东线海湾是不错的替代方案。

每月热门

最佳节庆

军坡节 农历二、三月

三月三 农历三月初三

换花节 农历正月十五

南山新春庙会 农历腊月三十至正月十五

1月至2月

正值农历新年，天气舒适，接连不断的民俗节庆热闹非凡，若不在意飙升的物价和蜂拥的游客，便是来海南的好时机。

南山新春庙会

农历除夕夜，三亚南山会用108声钟响辞别旧岁，大年初一再用一场盛大的法会迎接新年。接下来的庙会一直持续到正月十五，其间香火缭绕，年味十足。

海口万春会

每年农历春节期间，海口各地都会举办活动迎接新春，统称“万春会”。主场地通常在万绿园，届时会有民俗表演、花灯展和有趣的游园活动。

换花节

农历正月十五元宵夜时，除了游园赏灯，海口府城的人们还会手持鲜花出来与人换花，互送祝福。

木棉花季

每年2月至3月初，昌江的木棉花会从海岸开到山间，到处都是一片热烈的红色。此时可以乘坐游船穿梭于昌化江上，欣赏漫山遍野的木棉花。

国际热带兰花博览会

每年1月在三亚兰花世界举办的国际兰花主题博览会，为期7天，常会展出数万盆兰花精品及兰艺作品。

3月至4月

虽然年味在逐渐淡去，但农历二月、三月频繁的传统节日依然精彩纷呈。国际会议、赛事也在此时拉开大幕。

二月二龙抬头

农历二月初二，在三亚大小洞天景区会举办“南海龙王祭祀大典”“洗龙头”等活动，以求风调雨顺；万宁和乐镇则会在港北港进行盛大的龙舟比赛。

军坡节

海南各地的军坡节（公期）主要集中在农历二月、三月，在海口、澄迈、屯昌、定安等地都会有热闹堪比过年的“闹军坡”，不仅要大设宴席，还常有各种精彩的民俗表演。

三月三

农历三月初三是海南黎族和苗族共同的节日，五指山、琼中、保亭、昌江、乐东、陵水等少数民族自治县通常都会在这一天举办盛大的活动，包括歌舞演出以及美食、服饰、手艺等文化展示。

环海南岛大帆船赛

每年3月的一项国际赛事，简称“海帆赛”。届时，环海南的海面上满是千帆竞渡的场景。主场地一般设在三亚半山半岛帆船港。

博鳌亚洲论坛

每年4月，来自亚洲各国以及澳大利亚、新西兰的政要、学者、企业家齐聚博鳌小镇。但届时安保会很严格，整个东屿岛也只对参会人员开放，不建议旅行者凑这个热闹。

5月至6月

炎炎烈日吓退了不少游客，却催熟了热带的水果们——芒果、荔枝、火龙果、红毛丹、山竹、莲雾、黄皮就在此时开始连番上阵。如果你恰好在这个时段来到海南，就能在享受淡季各种优惠的同时满载而归。

端午节

海南自古就有端午“洗龙水”的风俗，每到农历五月初五这一天，海南各地的人们就会取附近的泉水、河水或海水来洗身祈福。在海口假日海滩、三亚大东海等海边，集体泡“海澡”的景象尤为壮观。在定安，端午节还会化身为美食节，不仅能品尝定安美食，还常有琼剧演出、啤酒大赛等活动。

昌江芒果节

昌江号称“芒果之乡”，每年5月至6月芒果成熟上市的时候，昌江都会推出以芒果为主题的旅游节，包括采摘体验、芒果展销等。

7月至8月

这是海南最热的时候，8月还尤其需要提防台风的挑衅，但菠萝、榴莲等美味的水果仍在不断上市。实在忍不了，就去中、西线的雨林避避暑吧。

潭门赶海节

2015年开始，琼海潭门镇每年都组织“赶海节”，游客可以参加赶海活动和“渔民奥运会”，可通过微博“潭门南海小镇”获知活动资讯。

保亭七仙嬉水节

农历七月初七（七夕），保亭会在县城的七仙广场举办盛大的嬉水狂欢活动，形式类似广为人知的傣族泼水节。

9月至10月

随着热浪的消退，海南岛的旅游也开始回温，多项重大体育赛事都在这个季节举办，不过仍要注意台风的侵袭。

儋州调声文化节

调声是儋州一种独特的民歌形式，农历八月十五中秋节前后，儋州政府都会举办调声比赛、调声服饰走秀等活动。会场通常设在那大的市民文化广场、中和古镇等地。

南山长寿文化节

南山旅游区每两年（最近是2017年）都会在农历九月初九重阳节举办一次以健康长寿为主题的活动，通常有60岁以上老人免票等优惠。

环海南岛国际公路自行车赛

比赛在每年10月中旬拉开帷幕，以三亚为起讫点。组委会还会在9月17日“世界骑行日”组织公益骑行活动为大赛预热，普通爱好者都可以参与。

观澜湖世界高尔夫明星赛

两年一届（最近是2018年）的高尔夫赛事于10月在海口观澜湖度假村的高尔夫球场举行。赛时不仅有国际高尔夫职业选手加盟，还有大量政治名流、体育娱乐明星捧场，可谓星光熠熠。

海南高尔夫球公开赛

中国赛事体系最完备、影响力最广泛的高尔夫赛事之一，2016年还升级为了欧洲巡回二级挑战赛中的一站，每年10月在三亚和海口举办。

11月至12月

针对旅行者的节日和活动一波接一波，都在宣告着旅游旺季已经到来。

海南岛欢乐节

11月开始遍布全岛、为期数周的欢乐节拉开了海南旅游旺季的序幕。欢乐节汇聚了海南文化、旅游的各种元素，爱热闹的旅行者一定不能错过。

天涯海角国际婚庆节

每年12月12日在天涯海角景区举办，以蜜月度假和婚庆旅游为主题，来自全国各地的情侣会在当天共同举办婚礼。

（**上图**）昌江的木棉花季
（**下图**）海口的元宵换花节

©视觉中国

计划你的行程

旅行线路

7天 海口三亚经典速览

海口与三亚如两颗明珠般镶嵌在海南岛的一北一南，集中展现着海岛迷人的历史文化和自然风光。若是初次到访，不妨花上一周时间来感受两座城市各自的风情。

在海口的第一个清晨可以从一家老牌海南粉店的早餐开始。吃饱后前往**骑楼老街**（见64页），逛逛历史悠久的天后宫和批发海鲜干货的东门市场，在南洋风格的老建筑前留影。午餐很好解决，传统的猪脚牛腩饭、经典港式茶餐厅或是西天庙的地道小吃任你挑选。下午去**海南省博物馆**（见61页），对海南省的历史文化进行一番全方位的了解。以十二星座为主题的大型商业中心**日月广场**（见74页）就在博物馆以西3公里处，很适合作为晚上就餐、娱乐的选择。

第二天先到**五公祠**（见66页）凭吊五位先贤以及著名的被贬诗人苏东坡，再前往石山镇的**火山群世界地质公园**（见78页），登上火山口远眺海口和琼州海峡；有时间可以顺便探访荣堂村，看看典型火山石搭建的村落。第三天早上到金水门江边海鲜酒楼喝喝老爸茶，

三亚蜈支洲岛的游人

然后去**观澜湖度假区**(见77页)的冯小刚电影公社,感受置身电影片场的乐趣。海口到三亚的动车非常多,当晚或次日早晨前往三亚都没问题(直接在亚龙湾火车站下车)。

此时你一定已经迫不及待下海了,那么第四天就去**亚龙湾**(见90页)吧。可以海滩漫步,也可以游艇出海,附近的**亚龙湾热带天堂森林公园**(见90页)还能让你登高望远。第五天乘坐渡轮去**蜈支洲岛**(见111页),潜入能见度更高的海水中,晚上再回到后海村,在渔排上享用海鲜大餐。第六天早起看过皇后湾的日出之后,去**珠江南田温泉**(见90页)一洗疲倦,养足精神再到**三亚国际免税城**(见104页)血拼。晚上入住**三亚湾**(见96页),若有时间当天还可以爬上**鹿回头公园**(见85页)或走走**椰梦长廊**(见85页),**解放路步行街**(见104页)还有各式小吃能填满你的胃。第七天上午去**南山文化旅游区**(见109页)瞻仰108米高的海上观音,下午继续游览**三亚大小洞天旅游区**(见110页)或去**天涯海角**(见87页)打个卡,结束这场双城之旅。

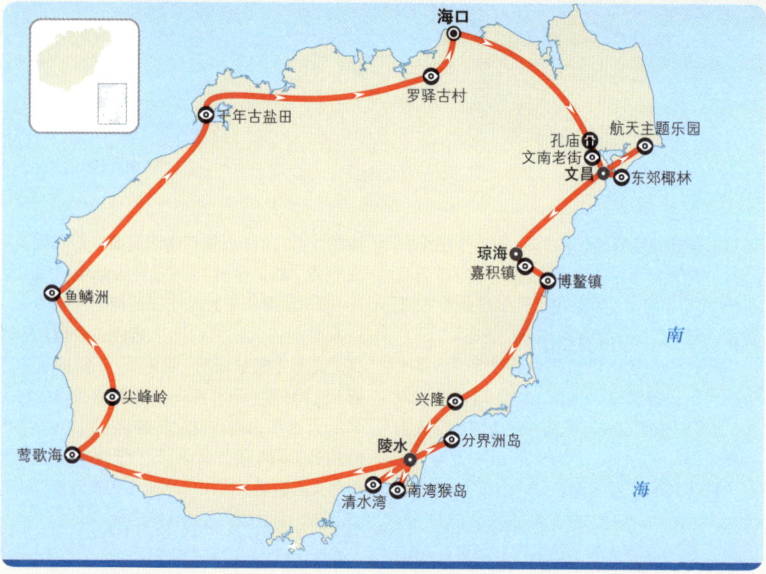
海口
罗驿古村
千年古盐田
孔庙
航天主题乐园
文南老街
文昌
东郊椰林
琼海
嘉积镇
博鳌镇
鱼鳞洲
南
尖峰岭
兴隆
分界洲岛
陵水
莺歌海
清水湾
南湾猴岛
海

（上图）博鳌的稻田
（下图）陵水分界洲岛的海滨

©视觉中国

©视觉中国

12天 环岛高铁游

随着西环高铁的开通，旅行者终于迎来了除自驾、骑行之外的第三种环岛方式。相比城际班车，高铁更快速、舒适且准时。需要注意的是，西线的接驳交通不如东线便利，经停车次也较少，把握好时刻很重要。这里的12天行程相对紧凑，你可以根据实际情况调整。

假如你在海口美兰机场落地，那么只需走出机场300米，就可以立刻开启高铁旅游模式。17分钟后抵达文昌站，你可以乘公交前往**文南老街**（见115页）和**孔庙**（见115页）。中午在三角街拐角处美美吃上一顿文昌鸡，下午搭乘班车前往龙楼镇的**航天主题乐园**（见120页）或东郊镇的**东郊椰林**（见116页）。第二天前往琼海，从火车站乘公交，先去逛逛曾因水路贸易而繁华一时的**嘉积镇**（见124页）。中午尝过杂粮或鹅肉后，再坐公交到**博鳌镇**（见133页）。博鳌很适合骑车兜风，不妨租一辆自行车或使用共享单车，在乡间绿道惬意骑行一下午。翌日暂时离开铁路，乘汽车前往以咖啡和南洋风情闻名的侨乡**兴隆**（见149页）放慢节奏，吃吃糕点，泡泡温泉，逛逛热带植物园，或是去绿道骑行。第四天坐公交到万宁，由于市区没有真正意义上的景点，你可以直接乘高铁至陵水，火车站前有专线车分别开往**清水湾**（见165页）、**分界洲岛**（见165页）和**南湾猴岛**（见175页）。第五天继续南下到达三亚，在这里待上3天只少不多。

第八天沿西环高铁抵达黄流站，坐风采车到黄流镇后，你可以选择去**莺歌海**（见226页）欣赏盐场海湾风光，或是到**尖峰岭**（见227页）活动筋骨。而后到东方站乘公交去**鱼鳞洲**（见223页），看看海南岛的西极。中午吃顿烤乳猪后便可继续北上，前往紧挨洋浦港的小镇白马井。火车站距离镇中心不远，也有公交直达**千年古盐田**（见218页）的路口。第十天早上去老城，站外有风采车可以把你直接送到8公里外的**罗驿古村**（见211页）。不妨在老城住一晚，去盈滨半岛看看日落，尝尝白切白莲鹅。最后直接坐公交前往海口度过舒适的2天。

7天 黎、苗雨林之旅

从三亚出发，沿中线北上，恰好可以一览海南的少数民族风情与热带雨林景观。中线公共交通相对薄弱，最好利用自驾完成这一线路。

从三亚搭乘开往保亭、五指山方向的班车，便可依次到达**槟榔谷**（见208页）和**呀诺达**（见206页），二者以主题公园的形式分别集中展示了黎、苗文化和雨林景观。一天时间通常比较紧张，可以在布隆赛住下，第二天继续游玩，顺便欣赏怡人的乡村田园风光。第三天继续向北，如恰逢黎、苗族的传统节日"三月三"，可以考虑绕行保亭县城，届时**七仙广场**（见201页）会有热闹的庆祝活动；否则就直接前往**七仙岭**（见204页）登山小试身手，晚上在温泉里泡去一身疲惫。第四天到达五指山市，先去**海南民族博物馆**（见194页）系统梳理一下黎、苗两家的文化和传统，然后奔赴**五指山自然保护区**（见197页）挑战海南屋脊，或是在**五指山热带雨林风景区**（见198页）的雨林栈道漫步，远观状如五指的山峰。晚上入住水满乡，次日还可以体验一把刺激的五指山漂流。从大峡谷漂流的终点前往**初保村**（见199页），那里保留了五指山最完整的黎族民居建筑。第六天继续沿224国道北上，在毛阳镇观赏号称海南最美梯田的**牙胡梯田**（见200页），当天赶到红毛镇的**什寒村**（见192页），享受一晚黎、苗村寨的静夜。第七天从天上什寒下来到琼中县城，这里是海南的中心，接下来可以自由地选择前往东线、西线或北部的屯昌与定安。

©视觉中国

©视觉中国

（**上图**）槟榔谷的"三月三"
（**下图**）呀诺达雨林景区

什寒村
牙胡梯田
五指山自然保护区
五指山热带雨林风景区
初保村
海南民族博物馆
五指山
七仙岭
保亭
七仙广场
呀诺达
槟榔谷
南
海

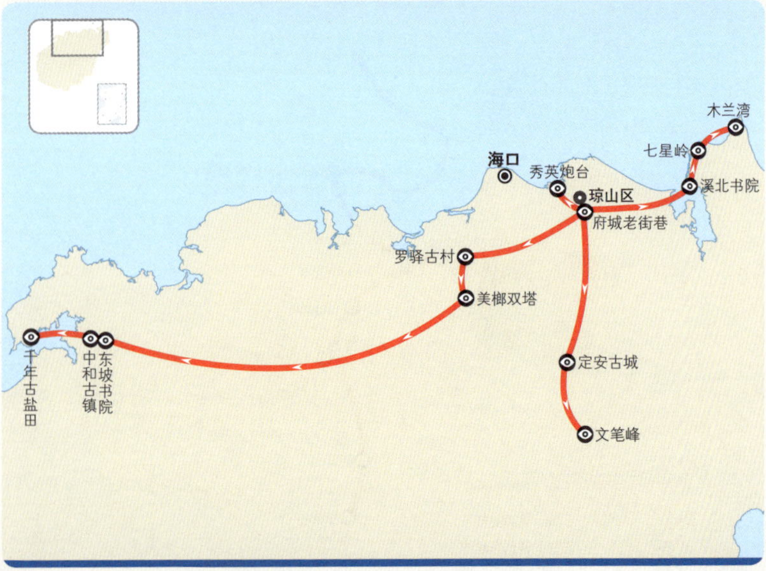
木兰湾
七星岭
海口
秀英炮台
琼山区
溪北书院
府城老街巷
罗驿古村
美榔双塔
千年古盐田
中和古镇
东坡书院
定安古城
文笔峰

©视觉中国

©视觉中国

(**上图**)澄迈美榔双塔
(**下图**)儋州东坡书院

5天 琼北古迹寻踪

向来以自然景观著称的海南事实上也不乏值得一游的古迹，它们大部分就聚集在琼北地区。这条线路以海口为中心，辐射到周边县市，适合喜爱历史人文的旅行者按图索骥。

海口的古迹主要集中在琼山区，你可以从五公祠开始漫步历史悠久的**府城老街巷**（见67页），拜访"海南双璧"丘濬与海瑞的故居与墓地，顺便参观镇守一方海岛的**秀英炮台**（见68页）。第二天向东出城，跨过海文大桥到达文昌的铺前镇，在中学校园里找找清末留存下来的**溪北书院**（见123页）。之后你可以在镇上包一辆三轮，前往矗立着明代斗柄塔的**七星岭**（见123页）和海南最北端的**木兰湾**（见123页），后者还有一座"亚洲第一灯塔"。第三天南下，去**定安古城**（见180页）看看海南保存最完整的县治城垣，在全然没有旅游气息的街道上感受最真实的沧桑景象。中午县城有专线班车开往文人气息浓郁的**文笔峰**（见183页），不妨去一探传说中道教南宗祖师的升仙之地。第四天在澄迈的**罗驿古村**（见211页）看看当年苏轼被贬时走过的官道，再到美榔村一睹南宋时期用火山岩建造的**美榔双塔**（见212页）。第五天继续前往文化底蕴深厚的儋州，探访有着1300多年州城史的**中和古镇**（见219页）和颇具纪念意义的**东坡书院**（见219页）；洋浦港海湾里的**千年古盐田**（见218页）同样不容错过。

南湾猴岛的猴子

计划你的行程

负责任的旅行

自从Lonely Planet诞生以来，“负责任和可持续的旅行”（Responsible & Sustainable Travel）一直是我们秉持的旅行理念。如果在旅行途中能对当地文化、环境及居民有所裨益，你走的每一步都会更有意义。下面的一些小贴士可以帮助你保护和支持海南的环境与当地人。

©视觉中国

参考网站

志愿海南（www.zyhn.org；微信公号ID：vhnzyz）发布有关海南的所有志愿者项目信息，用公号注册和报名很方便。

志愿海南爱心社（微信公号："省爱心社工志愿者协会"）海南民间最有影响力的公益组织，主要为孤寡老人和困难儿童提供帮助。

蓝丝带海洋保护协会（www.ch-blueocean.org）致力于保护海洋环境的民间公益组织，在海口和三亚设有办公点，在海南4所高校设有服务社。

海南省海洋环保协会（www.hmepa.org；微信公号ID：hnhmepa）在西沙、中沙和南沙办事处及民政部门支持下成立的民间机构，致力于普及海洋环保知识。

世界自然基金会中国网站（www.wwfchina.org）关注环境问题。

自然之友（www.fon.org.cn）中国最早在民政部门注册成立的民间环保组织之一。

对环境负责

➡ **不要留下垃圾**。别忽略那些常被忘记的东西，如烟头、玻璃纸等，尤其要保管好旅途中产生的塑料垃圾，随身备些垃圾袋，如果愿意，顺手捡走一些前人留下的垃圾。

➡ **保护自然环境**。海南有很多美丽但脆弱的自然风光，例如已被辟为珊瑚保护区的大洲岛，过于频繁的人类活动已严重破坏了周边海域生态，请你忍住登岛的愿望，让它静一静。到热带雨林探险时，别使用明火，沿现有徒步路径前行，把更多路留给草木虫兽。一些景区只宜浅尝辄止，例如仙安石林，爬到外围体验即可，深入探险可能会破坏石芽。

➡ **善待野生动植物**。不管在城区还是野外遇到蝴蝶，请忍住活捉它们制成标本的愿望，让海南"蝴蝶王国"的美誉保持得再久一些吧。在原始森林徒步时，别因为图稀奇而摘走那些见所未见的植物，拍照留念足矣。

➡ **潜水时务必保护好珊瑚礁**。海南的潜水点其实承受了巨大的环境压力。别用身体触碰活着的海洋生物，小心脚蹼的波浪和扬沙对生物和礁石的威胁，别捡珊瑚和贝壳，千万不要直接站在珊瑚礁上。

➡ **不买濒危物种制成的纪念品或食品**。包括珊瑚、砗磲、玳瑁等野生动物和珍稀植物制品。

对文化负责

➡ **拍照前请三思**。若受邀进入私人住宅，或是参加军坡节，又或是在妈祖庙、佛寺、清真寺、兄弟庙等宗教场所参加活动，请先征得同意再拍照。

➡ **尊重当地文化和传统**。出发前可以先了解当地习俗。例如黎族人家门口若挂有树叶，则表示家中有分娩、煮酒或收割山兰稻等事务，外人不能入屋。

对当地人负责

➡ **经过村镇时，不要随便采摘地里的蔬菜瓜果**，无论它们看起来多像是野生的，除非你找到了主人并征得同意。即便大方的农户主动把菜送你，也请尽量表示感谢或回赠礼物。

➡ **自驾等待过海时不要鸣笛**。过海出岛时，如果因天气不佳、港口停航而被滞留，请忍住鸣笛催促前车的冲动，喇叭声无助于解决塞车，反而影响当地居民休息。

➡ **支持当地人经济**。若有需要且条件允许，请尽量选购能够直接回馈当地经济的物品，例如本地椰壳制品，以及农户亲手制作的黎锦和苗绣，它们或许没有大企业的商品那么精致，却能够让传统技艺多一点传承下去的希望。

海南国际环岛自行车赛现场

计划你的行程

户外活动

海南绝对称得上户外爱好者的天堂，除了最热门的环岛骑行，热爱大海的人可以参加潜水、冲浪、帆船等各类精彩纷呈的水上活动，体验大海真正的魅力所在。而喜欢挑战高峰险境和心跳刺激的，也能找到适合攀岩和漂流的好去处。

环岛骑行精华路段

- 文昌—东郊椰林
- 五指山—琼中
- 长坡—博鳌
- 海棠湾—亚龙湾—三亚市区
- 东方—昌江

环岛骑行最佳落脚点

- 东郊椰林（见116页）
- 博鳌镇（见133页）
- 滕海渔村（后海村）（见92页）
- 莺歌海（见226页）
- 崖州古城（见109页）
- 儋州（见214页）

最佳骑行补给

- 清补凉
- 路边水果
- 海南粉
- 老爸茶

环岛骑行

没有什么比环岛骑行更能亲近这个岛屿的每一处景致了，一路翠绿椰林做伴，沿着绵长的海岸线迎风飞驰，路边的水果摊、老爸茶馆都是你的能量补给站，还能偶遇一拨又一拨志趣相投的骑友。这里环岛路线成熟，省道路况极好，沿途骑行驿站也日益增多，能提供住宿、租还车等各种配套服务，称得上是骑行爱好者的天堂。

计划行程

何时去

1月至2月当然是天气最佳的时期，但全国人民与你有同样的想法——届时拥挤的人潮和高抬的物价，会让你的骑行体验打折。5月至10月之间的雨季，“雨骑”遇上泥泞路会让你的骑行体验大打折扣，也伴随一定危险。综上分析，我们建议你在3月至5月，以及11月至次年1月间开始你的环岛骑行，不过也不必太纠结于时间，不同时节的海南骑行都有别样的情致。

行前准备

- 除了中线，海南的路况难度和体能要求对于初次骑行者是较低的，可谓老少皆宜。如果准备骑行中线，则建议提前一个月开始进行体能储备，可以进行慢跑等有氧运动。

如何托运你的自行车

飞机

拆卸前轮，装入专用纸箱（可到自行车专卖店购买），即可作为随身行李免费托运，注意整箱的重量不要超过20公斤，否则可能被加收行李费用。回程可在当地找一家自行车店如法炮制。唯一的麻烦是你往返于机场所乘的车辆要能装下这个大箱子。

火车

中铁快运（☎95572；www.cre.cn）其方便之处是可以整车托运，无须拆装，费用也比较合理。与其他地区不同的是，海南当地的中铁快运寄送和提取业务均不在火车站办理，而是在位于市区的营业部办理。

快递

由于环岛骑行的兴旺，海南当地快递公司对自行车寄送驾轻就熟，打折之后的价格也与中铁快运相差无几，而且是“门到门”服务。骑行结束后，找一家车店装箱，然后叫快递上门将车寄回家是再合适不过的了，车店老板会告诉你哪个“通”最便宜。

海南岛骑行

➡ 骑行海南岛并不要求有专业的装备，你甚至一身沙滩装就可以出发。但安全至上，骑行头盔和风镜是必须的。除此之外，骑行裤、手套能增加骑行的舒适度，如果有赶夜路或露营的准备，必须携带车前灯或头灯，提高安全性。

➡ 手机提前下载好离线地图，方便随时导航。

➡ 建议购买户外运动保险。在**磨房网**（www.doyouhike.net）和**绿野网**（www.lvye.cn）均可购买到合适的险种。

租车

海南自行车租赁业务相当发达，可以抵达海口或三亚再寻找自行车俱乐部租车，不同车型按每天40~100元租金算，十天下来的环岛套餐从300~1000元，也有短至5~8天的短途套餐，有额外提供帐篷出租。有些专门做骑行驿站的俱乐部，还随套餐附送1~2晚的沿途驿站住宿。

海口517环岛骑行（☎6621 7315；www.hn517.cn；海口市新埠岛西苑别墅海口517驿站）是海南规模最大的骑行驿站，现有海口、文昌、博鳌、兴隆、神州、海棠湾、三亚、儋州、东方、五指山共10个站点，支持异地借还，并可提供青旅类型的住宿。

道班·天涯骑驴驿站（☎6622 2615；海口市龙华区解放东路40号）与其他商业驿站不同的是，以“自助”形式为主为骑友免费提供：露营场地+洗漱用水+充电便利+自行车停放+紧急医药用品。

骑迹环岛骑行驿站（☎3269 5676；www.qijihuandao.com；海口市美兰区海甸岛福海路福海花园7号别墅）成熟的环岛路线和专业的服务，沿途都有合作的联络驿站，可以异地换车。

在路上

环岛多从海南岛最北端——海口出发，有三条路线可抵达三亚，分别行经海南东线、中线和西线，如以每天80公里的速度行进，每条路线骑行约需4～6天时间，可以按照自己体力和游玩喜好调整骑行的时间。

通常来说，东线是必选路线，从国道沿海骑行到每个海滨小村庄，海岛渔村风情尽收眼底，更有无数的免费公共沙滩等着你，

骑行路书

东线

	路径	距离	亮点	提示
第一天	海口—灵山镇—美兰—大致坡—潭牛—文昌—东郊镇	约100公里	在潭牛镇品尝正宗文昌鸡，欣赏东郊椰林的风景	尽量沿201省道骑行，有精力可绕行铺前镇，其乡村风情更浓郁
第二天	东郊镇—清澜—迈号—会文—长坡—潭门—博鳌	70公里	到访清澜高隆湾和千年渔港潭门	东线最具渔乡风情的一段，在博鳌值得好好逛逛
第三天	博鳌—和乐—万宁—兴隆	85公里	紧贴着海岸线骑行的一段。兴隆在老爸茶馆喝一杯当地咖啡，兴隆温泉是最好的放松之所	
第四天	兴隆—陵水—南湾猴岛—海棠湾—林旺—三亚	90公里	可选择去南湾猴岛露营或住在滕海渔村，次日登蜈支洲岛或从亚龙湾回三亚市区	因为修路，前往林旺的路况较差，须留意往来车辆

中线

	路径	距离	亮点	提示
第一天	三亚—三道镇—响水镇—毛岸镇—五指山市	86公里	苍翠的山岳丛林风光	路程不短，且要翻越三座山。建议早些出发。响水镇是比较合理的午餐和休息点
第二天	五指山市—红山乡—毛阳镇—红毛镇—琼中	55公里	中线制高点阿陀岭可俯瞰五指山全景	长爬坡要合理分配体力，长下坡要控制好速度，注意安全
第三天	琼中—屯昌—新兴镇—永发镇—海口	约150公里	此段风景一般，可快速骑行	出琼中后，地势由山区转为平原

西线

	路径	距离	亮点	提示
第一天	三亚—天涯—崖城	45公里	途经天涯海角、南山旅游区、大小洞天、崖城古镇	不必着急赶路，一路玩过去最好
第二天	崖城—黄流—莺歌海感城—东方市	125公里	可到莺歌海稍作修整，黄流至板桥段的公路离海岸很近，沿途是蔬果产区，不要错过尝鲜机会	
第三天	东方市—太坡—昌江	60公里	出东方市又进入起伏的丘陵地带，有美丽的河流峡谷	距离不长，但体能消耗较大
第四天	昌江—雅星—儋州	78公里	儋州丰富的历史文化遗存	起伏山路，体能消耗较大。建议早些出发
第五天	儋州—福山—海口	130公里	平坦的林荫公路通往骑行终点	

旅游设施也开发得比较完善。环岛回程可选中线或西线：中线可体验黎族、苗族风情，但对体力要求较高，五指山阿陀岭这段魔鬼盘山路则是挑战精华所在。西线难度适中，伴随古迹、部分海景和山景，有未经修饰的美。

潜水和浮潜

海南的潜水点集中在三亚，在亚龙湾、大东海、蜈支洲岛、西岛都有专门的潜水俱乐部，远一点的分界洲岛也有PADI潜水课程。在海南参加潜水通常是半小时到1小时的体验，不同区域、不同潜水机构价格各异。一般岸礁潜水在200元起，深潜在400元起，在一些尚未有商业旅游机构承包的"野海"地区，如牛车湾等地，也有人自己携带浮潜装备下海体验。

最佳潜水地区

蜈支洲岛 四周海域清澈透明，海水能见度6~27米，是海南潜水项目最多的潜点。

西岛 作为国家级珊瑚礁自然保护区，提供各种远海潜水、岸礁潜水、海底观光等潜水体验。

百福湾 三亚最顶级的潜点，也是珊瑚控必潜之地。

冲浪

海南一年四季都适合冲浪，夏天的小浪适合初学者练手，到了冬天，海南那些湾湾岛岛上便开始云集各国冲浪达人了。初学者可参加零基础的冲浪课程，一般1~3天。

最佳冲浪点

万宁日月湾 国际冲浪节举办的所在地，冲浪高手云集的竞技场。

三亚皇后湾 每家海边酒店和旅舍都能提供零基础冲浪课程，是冲浪初学者聚集之地。

陵水香水湾 以观光属性为主的香水湾，也有适合冲浪的一片海域，适合观景戏水之余也体验一把逐浪的乐趣。

帆船

国际帆船比赛让帆船运动在海南逐年热度升温，在海口的西海岸和三亚湾、鹿回头半岛、西岛、蜈支洲岛等，都有帆船、帆板的运动机构。若要参加专业的帆船培训，就要花费高昂的时间和财力成本，纯体验性质的帆船出海价格一般在500元/人起。

最佳帆船体验

半山半岛三亚帆船港 历届海帆赛的开幕地，港口汇聚了来自世界各地的帆船，也有专业的帆船学校提供培训课程。

海口西海岸 西海岸是克利伯帆船赛全新的停靠站，可在西海岸帆船帆板训练基地参加培训或体验。

登山和攀岩

海南汇合了山地、丘陵、台地、平原等多种地貌，依旧保存原貌的热带雨林遍布在海岛各处，中部以雄奇险峻的山峰著称，适合较高难度的登山露营。而国家级的森林公园如尖峰岭、霸王岭、亚龙湾天堂森林公园等，则适合休闲徒步欣赏热带雨林风光。

最佳登山和攀岩点

黎母山鹦哥岭 海拔1811米的海南第二高峰，沿路绿林溪谷美景，需在山上露营一晚再冲顶。部分野路难行容易迷路，须提前做好路线攻略或请向导带路。

尖峰岭登顶 从海拔800米主峰口径直往上一路走到底，部分山路须手脚并用，攀登抵达主峰顶观景平台（1412米）观赏云蒸雾腾的林海美景。

攀登五指山 沿木栈道往返需要3~4小时，全程都置身于原始热带雨林之中，可以俯瞰水满乡全貌。

白石岭攀岩 海南为数不多的天然攀岩场地之一，这里有一些攀岩项目可以参加，68元/人起。

徒步/溯溪

海南的热带雨林内绿树成荫，常见溪

在陵水海域潜水

涧、瀑布，溯溪戏水是炎热酷日之下感受清凉的休闲户外运动。

最佳徒步/溯溪路线

五指山溯源昌化江 沿着河谷溯溪而上，到昌化江源头观赏五指山瀑布，往返需1.5小时，一路沿着木栈道行走，风光秀丽。

万宁石片沟 在万泉湖石片沟中从下游溯行至上游，可一路体验瀑布、深潭、悬瀑的野趣。

呀诺达热带雨林文化旅游区 景区内可参加踏瀑戏水项目，跟随教练溯溪而上，尝试穿越激流险滩、攀登瀑布。

漂流

独特的山体地形和热带雨林景观造就了海南的漂流圣地，但漂流是危险系数较高的水上活动，切记买好保险，穿好救生衣。

最佳漂流地

五指山 内有大峡谷漂流、红峡谷漂流和雨林谷漂流三处地点，长度3~6公里，漂流时长1.5小时起，垂直落差和刺激难度也不等。

万泉河 万泉河峡谷漂流，长约15公里，时间约3小时。

其他

其他的水上项目如摩托艇、拖伞、香蕉船等项目，几乎在每个已开发的海滩、海岛上都有，大部分明码实价标示，某些还可以私下谈折扣。切记选择有安全资质的公司，出发前要仔细听好“注意事项”。

另外，在一些海岛可参加海钓活动，如分界洲岛是海南最佳海钓基地，分为岸钓和平台钓；三亚西岛也有浮台海钓项目。

海口美兰海鲜广场

计划你的行程

和当地人吃喝

很多人对海南美食的第一印象，是一年四季不间断供应的热带佳果和各式生猛海鲜。但其实何止于此，无论沿海城市还是中部山区，海南的街头巷尾遍布着充满人情味的老爸茶馆、海南粉店和清补凉档口，不要小看一张桌子几把胶凳的路边摊，简朴的小排档才是吃地道风味的美食殿堂。

©视觉中国

美食季节

春季（3月至5月）

3月是开启海南美食大门的好时节，农历三月三前后，全岛处处美食嘉年华，各地市集上可尝到黎苗三色饭、五色粽、竹筒饭等地道小吃，也是品尝“果中之王”荔枝的最好时节。

夏季（6月至8月）

莲雾、菠萝、杨桃、火龙果、龙眼、芒果等热带佳果陆续收成，椰子虽然一年四季有供应，但7月至8月最是清甜。

秋季（9月至11月）

8月底9月初是南海开渔期，届时海鲜大丰收。中秋节前后正是品蟹时，准备屯肥过冬的蟹肉肥膏满。

冬季（12月至次年2月）

一年一度的公期是海南本土的新春大宴，亲朋齐聚大排筵席，斩鸡杀鸭行祭祀之礼，并烹饪满桌的当地菜肴。宴席上流行的“打边炉”也是冬季热门吃法，以羊肉为首，海南羊肉香嫩而滋补，一群人围坐在一起温馨又暖胃。

美食体验

经典海南菜 讲求原汁原味

文昌鸡

海南有一道全国家喻户晓的名菜——文昌鸡，肉质滑嫩、皮薄骨酥、肥而不腻。用鸡油鸡汤精煮的鸡饭，会让你感叹一碗白饭也可以让人意犹未尽。文昌谭牛镇天赐村是文昌鸡的发源地，不过即便在文昌市区也能吃到地道的，**三角街文昌鸡饭店**最受欢迎。

嘉积鸭和温泉鹅

琼海市嘉积镇盛产的嘉积鸭采用独特的饲养方法，不仅肉质肥美，骨也酥软得可以嚼烂。不过近年已难觅其踪影，取而代之的是后起之秀温泉鹅，同样以放养加笼养结合育肥，鹅肉清淡香滑又有嚼劲。在嘉积镇和温泉镇都能尝到正宗温泉鹅，**九大鹅肉店**里总坐满了人，也可以到**温泉海星酒楼**来份“鹅肉双拼”。

东山羊

万宁东山岭上的东山羊，因得天独厚的放养环境，造就鲜美的肉质，除了传统白切做法，煲汤、红焖、干煸也很美味。万宁的**农家乐餐饮园福禄东山羊店**开业12年，是当地人常去吃东山羊的餐厅。在东南部万城镇，也有多家主打东山羊肉的火锅店。

和乐蟹

万宁市和乐镇的和乐蟹，以膏蟹的鲜香饱满、入口回甘而著名，仍以清蒸为最佳。吃和乐蟹首选和乐镇港北、乐群村一带，螃蟹肉质最正宗，可在附近的海鲜大排档就餐，或者先去振兴路上的**和乐集贸市场**买蟹，再拿到附近餐馆加工。

街头美食 亲切的地方风味

海南粉

无论早午晚，在海岛上最繁华的城市或是偏远的小乡镇，都能找到一碗慰藉你辘辘饥肠的海南粉。海南粉在海南人日常饮食中的地位如同氧气不可或缺，一般分为汤粉（湿）和腌粉（干）两种，烫熟的米粉加上碎肉、海鲜、花生等配料，再浇上汤水或卤汁干拌，鲜美浓香，回味无穷。

海南粉种类繁多，著名的抱罗粉是文昌地区传统的早餐，可在文昌老街附近寻找地道的粉店。万宁后安粉以猪杂为汤底，在后安镇随处可见。味道酸滑的陵水酸粉最早出自椰林镇安马村，如今酸粉店虽已广布在东南各城镇，但最地道的味道还是在陵水街头。

清补凉

海南人心目中排行第一的街头小吃，以椰奶为糖水，再加入各种时令水果、干果、豆类、杂粮等，清甜可口，炎炎夏日之下吃一碗透心凉。清补凉店遍布海南各地，在各大夜市和餐饮区都能见到，海口聚集了多家老牌清补凉店，其中经营了20年的老字号**老彭记清补凉**远近闻名，另外，在骑楼小吃街也能吃到口味各异的清补凉摊档。

老爸茶

老爸茶与广东早茶文化一脉相承，既有传统的广式排骨、凤爪、蒸包、蛋挞，又有掺杂着南洋风的西式糕点，如菠萝包、椰蓉包、各类奶油蛋糕、咖啡奶茶，还有海岛本土的甜品，如番薯汤、鸡屎藤等。老爸茶馆集中在琼北和东部部分地区，以海口为最。

海鲜 一招鲜吃遍天

去海南不吃海鲜，你的美食体验一定有重大缺憾。不同海鲜适合不同做法：贝类如扇贝、生蚝、鲍鱼、带子注重肉质的厚度口感，通常以蒜蓉清蒸保留其香甜水分，也可烧烤。而个头较小的如芒果螺、海螺则更适合爆炒，鱿鱼和皮皮虾也是爆炒更出香味。清蒸做法特别考验海鲜是否鲜甜，最适合各类海鱼、海虾和海胆，还有膏肥肉嫩的蟹类。白灼海白做汤，或是把零碎鱼块做成酸汤鱼也是家常菜做法。沙虫、泥虫和小蚝适合油炸，吃下满口甘香酥脆。

地区特色

东线：海鲜

东线城市是品尝海鲜的不二之选。这里渔港众多，海南的十大渔港码头有一半聚集在此。开渔期你可以前往这些码头，购买渔民刚捕捞上的渔获，再在附近餐馆加工品尝，通常是清蒸或蒜炒的做法。另外，你也可以在东线各种疍家渔排、海鲜市场和海鲜加工广场吃到种类繁多的海鲜。

中线：少数民族风味

作为黎、苗聚居地，中部以黎、苗菜和山野美食为主。在保亭的餐馆可吃到如黎家竹筒饭、苗家三色饭、黎家鱼茶等特色风味。另外，五指山野菜有药膳功效，野生放养的黄牛肉炸烤后皮脆肉爽，可在山上农家乐和附近的餐馆吃到。

海岛饭桌上的辣椒王

对于远离家乡在外谋生的海南人来说，他们的集体乡愁不是“老干妈”，而是一罐黄色的小辣椒——黄灯笼椒。黄灯笼辣椒是海南独有，由于外形像小灯笼，色泽鲜黄明亮而得名。但它的口感可不如外形这般“清纯可爱”，辣度可以“秒杀”国内大部分辣椒品种，连大名鼎鼎的指天椒也甘拜下风。一向饮食以清淡著称的海南人家中却会常备一罐黄灯笼椒，无论琼菜馆、大排档或是路边粉店，都喜欢来一小勺灯笼椒才算过瘾，而这也是你可以拿来衡量一家餐馆是否正宗的方法之一。

西线：小吃天堂

如果你喜欢小吃，西线有很多选择：儋州可谓集大成的所在，在城区内的餐馆和早餐店有米烂、擂茶、沙虫等当地小吃。西线嫩滑的糕馍最富特色，猪肠馍、碱水馍、白馍……在儋州就有数十种之多，无论在街边小摊还是农贸市场都能吃到。

自成一派的海口和三亚

海口在海派餐饮上更多保留着原味，拥有最多、最好的琼菜馆，前往琼菜王美食村几乎能吃遍整个海南的特色琼菜。骑楼老街下的老爸茶文化也极为浓郁，从早市到晚市不间断。南端的三亚以海鲜为主，海鲜餐馆成行成市，每个区都有大型海鲜加工市场。

吃得像个当地人

何时吃

海南人一天的饮食，通常从一碗海南粉开启，清晨时大大小小的粉店会陆续开门迎客，然后营业至深夜或凌晨时分，毫不夸张地说，海南人的一日三餐都可以在粉店饱腹。在东部和大城市的海南粉店还会有点心、豆浆油条等额外选择，不过如果想品尝种类更多的点心和饮品，中午或下午钻进路边热闹的老爸茶馆，叫一壶茶或一杯咖啡，点上让你食指大动的各款糕点吧，美食只是形式，打发时间享受生活才是老爸茶的真谛。烈日之下或傍晚时分，街头巷尾的清补凉小摊前会人气聚集，匆匆吃上一碗清补凉是解暑良方。正式的琼菜馆则营业时间短暂，从中午开到晚上10点便打烊，某些城镇的餐馆甚至只设午市和晚市。晚上10点过后是到夜市觅食的时候，那里是烧烤撸串和夜粥、炸炸的天下，有些店铺会一直营业到凌晨两三点。

去哪儿吃

老爸茶馆

在老城区的街道上，一间门面敞开的店铺，几张桌子，几把简陋的椅子，就是一家海南独有的老爸茶馆。在这种地方，时间仿佛是可以肆意挥霍的，里面总是坐着优哉游哉的茶客，边喝茶边吃点心，边闲话家常。一个招牌椰蓉包，一壶茶或咖啡，就能泡上一整天。这种充满市井风情的茶馆，过去是海南男人休闲、社交的去处，如今已是海南一道独特的人文风景。

©视觉中国

文昌鸡

海南粉店

据说海南粉有14大类，但在全岛星罗密布的海南粉店却如此相似，以至于你去到哪里都能一眼认出它来——很多"粉店"其实只是一个小摊，一张圆桌几把凳子，利索的摊主一分钟可以煮好一碗粉，互不相识的食客围着一桌有滋有味地嗦粉。所有的海南粉店都有一个约定俗成的特色——自助配料中放着不可或缺的地道黄灯笼辣椒。

海鲜排档和海鲜市场

想吃最新鲜的海鲜，要前往沿海城镇各大渔港码头，如琼海潭门港的海鲜市场，文昌清澜镇的环球码头，万宁、陵水各大海鲜码头，陵水新村港，东方八所港等。当地人吃海鲜时一般会选择疍家渔排、普通的海鲜餐厅大排档或者海鲜加工市场。疍家渔排是以海上渔排形式经营，食客到渔排中挑选最新鲜的海产，再由渔家现场制作。但疍家渔排通常在近海域地区，需要自行驱车前往。普通海鲜餐厅则一般用玻璃海鲜池饲养各式海鲜，食客现场选好再由餐厅制作，一价全包。在大城市市区，也有一些专门吃海鲜的市场，如三亚的第一市场和春园海鲜市场和海口的板桥路海鲜广场。食客要自行从海鲜市场买好海鲜，再拿到隔壁餐馆加工。

海南菜馆

不像四川、湖南菜馆在招牌中大多会出现"川""湘"字眼，海南的本土菜馆却极少在门面上打着"海南菜""琼菜"的名号，大部分琼菜馆朴素低调，有些还藏匿在不起眼的小巷或居民区里，很容易被错过，这种底气皆因捧场客稳定而不愁生意。琼菜种类繁多，东、中、西线风格各异，但每家琼菜馆必有主打的拿手菜，如"××老鸭店""××烤乳猪""××乳羊火锅"……餐馆名字总是简单直接，想吃什么看店名去就对了。

三沙永乐龙洞

计划你的行程

三沙

在三亚“天涯海角”的更南端，还有一座人迹罕至的群岛城市，即使陆地面积最小、人口数量最少，也依然能凭借着丰富的海洋资源与关键的海上交通位置备受瞩目。这就是景色与大堡礁或马尔代夫不遑多让的三沙，南海上最后一处遗世独立的蓝色秘境。

©视觉中国

何时去

三沙市的气候是典型的"四高"——高温、高湿、高盐、高日照，全年长夏无冬，基本上只要注意避开7月至10月的强台风天，就不会影响游览。每年12月至次年5月为少雨期，气候宜人，海面风浪较小，相对更适宜前往。

负责任的旅行

➡ 岛上的所有东西都不要带回，包括贝壳、珊瑚等。

➡ 随身携带垃圾袋，保证自身"不留痕迹"的同时，也请帮助清理岛上的垃圾。

实用贴士

➡ 目前仅限中国大陆公民前往，不包括境外旅行者

➡ 登岛时谢绝拖鞋、高跟鞋，务必准备有跟凉鞋、沙滩鞋或运动鞋

➡ 岛上不允许使用无人机等设备进行航拍

➡ 海上风浪较大，饮食清淡一些可减轻晕船症状

➡ 海面紫外线强烈，即使阴天也应注意防护

历史

"三沙"（西沙群岛、中沙群岛和南沙群岛）在中国的历史上素有"千里长沙、万里石塘"之称，是古代海上丝绸之路的必经之地，大量水下文物见证着这片海域曾经的繁荣。其中在西沙群岛远海地区发现的沉船"华光礁一号"，就被考据认定为是一艘800多年前的南宋时期商船。明代大航海家郑和的七次下西洋也曾由此经过，在保留下来的《郑和航海图》中可以看到，标注的"石塘""万生石塘屿""石星石塘"恰恰对应了南海诸岛群。在琼海潭门一带，世代还流传着一种"自制航海地图"——《更路簿》，几乎就是一部数百年来南海海域上的耕海牧渔史。而正是这些航行于南海之上的船员、渔民，组成了岛屿上早期的居住者和生产者；他们早在唐宋时期使用的生活瓷器，还遗留在了今天西沙的甘泉岛上，成为中国最南端的一处全国重点文物保护单位。

中华民国成立后，"三沙"被划归今天的三亚市管辖，但在不久后的抗日战争中，又沦为了日本侵略者的领地。直到战争结束，国民政府才在1946年重新接管西沙群岛，并在其中陆地面积最大的永兴岛上立起了收复西沙纪念碑。1950年海南岛解放，解放军入驻永兴岛，在岛上陆续进行开发建设。1959年，中央设置"西沙群岛、南沙群岛、中沙群岛办事处"（简称"西沙办"），政府行政机构开始驻岛。2012年，三沙市人民政府在永兴岛正式挂牌成立，至此海南也有了继海口、三亚之后的第三个地级市。

景观

作为三沙各岛礁中开发利用程度最高的岛礁，西沙群岛中的永兴岛如今已有一座略成规模的小镇，分布着政府大楼、医院、学校、图书馆、银行、邮局、宾馆、超市等公共设施。2017年还落成了首座电影院，免费对岛上军民开放。岛上还有一些人文景点，包括日占时期修建的炮楼、收复西沙群岛纪念碑、西沙将军林、西沙精神纪念墙、西沙海洋博物馆等。除此之外，则是大面积的军事区域，禁止拍照和随意走动。

永兴岛之外的其他岛屿则安静很多，有些小岛驻扎着官兵或渔民，但大多数都保持着原始姿态，迎接偶尔擦身而过的渔船和落脚歇息的海鸟。2016年，在西沙群岛永乐环礁还发现了深达300米的海洋蓝洞，被命名为"三沙永乐龙洞"，深邃而神秘的蓝洞令人惊叹。

出于对三沙海域环境及生态的保护，目前对大众开放旅游的仅有永兴岛西南侧的三座各具特色的小岛：银屿岛、鸭公岛和全富岛。其中被戏称为"白富美"的全富岛是一座无人岛，原生态环境造就了玻璃般透明

西沙群岛永兴岛

的海水与细腻纯白的沙滩，四周海产富饶，造礁珊瑚近水可辨，着实美不胜收。鸭公岛和银屿岛上则有少数渔家，旅行者可以品尝到新鲜丰盛的海鲜，还能体验一把潜水乐趣。

抵达三沙

目前普通旅行者前往三沙的唯一官方渠道是搭乘邮轮“长乐公主号”或“南海之梦号”，按照规定行程游览银屿岛、鸭公岛和全富岛。注意仅对12~68岁中国内地公民开放（不包含港澳台）。可以关注微信公众号“西沙旅游直通车”（xslyztc）和“南海之梦乐游西沙”（leyouxisha）了解航期（每个月有8~9个航次）、价格以及代理旅行社的联系方式。现有行程均为4天3晚，在西沙逗留2个整天。两艘邮轮价位和设施差不多，具体价格有淡旺季之分：通常5月至8月为淡季，价位最低的内舱六人间每个铺位为4000~5000元，春节前后（1月至3月）则会有30%左右的涨幅。一般在开船前一周都有余位，但要想住进指定的舱型（低价尤其抢手），建议提前一个月以上预订。无论在哪里预订，都需到三亚的凤凰岛国际邮轮港（见87页）登船。

相比之下，要进入永兴岛就没有那么容易：即便有飞机和航船前往，你也必须先向相关部门申报，获批之后方可有一张席位，可谓一票难求。

计划你的行程
自驾游

为何去

海南的看点大多分布在郊野海滨，远离城区，但大多可以通过高速和国道轻松到达，沿途美丽的山川风景让自驾成为最好的选择。

海南的环岛高速为岛内公路交通的主动脉，连接起13个市县，随着文琼高速、琼乐高速和万洋高速的通车，海南“田字形”高速网络已基本建成。国道、省道和县道一般为双向单车道或双车道，同时，乡乡通油路，村村通公路，过去通往偏远景区的泥土路近来也变为铺装路，让全岛整体的路况越来越好。但从平缓的沿海道路深入中部山区时，你将面临多重盘山道和陡坡，十分考验你的耐心和驾驶技巧。

何时去

每年11月到次年4月雨水少、气温适宜，是到海南自驾的最佳时间。在滨海公路，阳光下的海景几乎时刻与你相伴；而到了山区和乡村，车窗外倾泻而入的绿意使人精神大振。不过这样的旅游旺季也意味着你可能会面临公路的拥堵和行程的拉长。

5月之后进入雨季，逐渐升高的温度可能会让你不愿意跳下车，个别非铺装路面的村道和山路在雨后会变得泥泞难行。7月至10月是台风活动频繁的季节，尤其在海南东线，一场猛烈的台风登陆时甚至有可能把车辆吹翻。台风持续时间通常为3~15天，出行前可在**中国天气台风网**（typhoon.weather.com.cn）查看台风预报和登陆情况。

最美景观

- 海南东线最美海岸，石梅湾—大花角。（见146页方框）
- 城市里的椰林海滩，三亚椰梦长廊。（见85页方框）
- 高山村落和田园，保亭响水—仙安石林。（见205页方框）
- 木棉花海，昌化江畔—霸王岭。（见221页）

最佳自驾体验

- 万宁博鳌乡间公路，享受无尽绿意，品味飘香咖啡（见135页）。这条有趣的路线也可自驾完成。
- 五指山南圣—水满—毛阳，雨林、漂流和黎苗村寨的三重体验。（见197页方框）
- 琼中红毛—什寒，伴着路旁的梯田，一路攀上中国最美乡村。（见192页）
- 文昌—嘉积—和乐—东山岭，美食家的海南四大名菜之旅。
- 224国道五指山段，每道刺激的转弯后都有惊喜。（见197页方框）

热门路线

东线

海口—文昌—博鳌—兴隆—陵水—三亚

也许是最热门的海南自驾线路，一路相伴的海风沙滩是最大的亮点。先在海口滨海大道和万绿园为行程热个身，到骑楼老街和五公祠舒展开手脚，然后沿G9812海文高速来到文昌，攀上琼东第一峰铜鼓岭俯瞰月亮湾的七色海景。从文昌先后驶上201省道和342县道到达博鳌，途中会经过冯家湾8公里长的细软海滩。接下来，G98高速会将你带到万宁，从市区东面的白路坡驶上30多公里长的海滨旅游公路，顺道游览神州半岛和石梅湾后一头扎进兴隆的热带花果园中。从兴隆到陵水可经223国道方便到达，但如果不想错过日月湾和分界洲岛，最好还是原路返回石梅湾，经G98高速沿海行驶到达陵水。迫不及待奔向三亚的旅行者可以在游览过陵水南部的南湾猴岛后驶入223国道和G98高速，但如果渴求丰富的海岛体验，不妨从陵水拐上305省道，经吊罗山到保亭，接上中线之旅。

中线

保亭—五指山—琼中—三亚

从保亭经五指山到琼中一段的224国道是海南公路最具挑战性的一段，陡坡和折角相当多，不过某个转弯后眼前的梯田和雨林会令人眼前一亮，国道上岔出无数小路也会带你前往隐秘的美景。我们建议自保亭北上后，从224国道南圣路口拐进水满乡，再前往毛阳镇回到224国道，进出水满乡的两条路堪称景观公路。从毛阳到琼中的路上绕路去什寒，之后可以选择从琼中沿G9811中线高速北上海口，或者原路返回南下三亚。回程时顺道游览224国道上的几处看点：牙胡梯田、呀诺达和槟榔谷。三亚的景点基本沿着海岸线东西向铺开，可以从东向西依次游览海棠湾、蜈支洲岛、亚龙湾、大东海、鹿回头，之后沿着海滨公路探访天涯海角和南山景区，最后到达崖州古城，接上西线之旅。

在琼州海峡等待渡海的汽车

西线

三亚—乐东—昌江—儋州—海口

从崖州驶入G98高速，一路北上游览西线的尖峰岭、棋子湾和儋州古盐田，但许多看点离高速仍有二三十公里的路程。在乐东看过白皑皑的莺歌海盐场之后，前往岛西精品雨林尖峰岭。而后继续沿G98高速向北，在大坡互通进入棋子湾大道，接续的旅游公路会把你带到棋子湾大角、中角和小角等各具特色的海滩。从棋子湾先后经225国道和705县道来到昌江的另一大亮点霸王岭。儋州的千年古盐田和东坡书院离G98高速很近，游览之后便可一路驶向海口。进入海口后，高速路上仍有两处景点值得停留——海口火山群世界地质公园和冯小刚电影公社，随后前往市区或机场，完成海南环岛之旅。

自驾贴士

加油

海南油价平均每升比内地高出1~1.5元（92#汽油8.96元/升、95#汽油9.52元/升、

开车渡海

如果你打算自驾去海南，从广东、广西出发其实很方便，可以连人带车乘船渡海到达海口，时间和费用都很划算。而将车开上滚装船的过程对很多人来说也是新鲜的体验，车辆会停在专门的船舱中并固定在甲板上，除了上下船时，司机不需要坐在车里，可在客舱中欣赏海景。

最方便的路线是从广东徐闻海安新港或海安港登船，穿越琼州海峡到达海口，24小时滚动发船，每1~2小时就有一班（41.5元/人，小客车包含司机416.5元/车；1.5~2小时），考虑到安全因素，尽量选择白天的班次。另一个出发地是广西北海，如无特殊情况，每天18:00都有一班船开往海口（140~500元/人，小型客车不包含司机543元/车；11小时）。海口的主要港口有秀英港和新海港，购票时要指定到达港，前者距市区更近，交通便利；后者通过能力更好，是过海高峰时的首选。

但是机动车上下船时间较长，高峰时段车辆会大排长龙，需要合理安排时间。过海轮渡受天气影响较大，夏季的台风和冬季的海雾都可能造成停航，你可以通过微信公众号**琼州海峡轮渡管家**了解到港信息、车客流量、停复航动态等，并可预约购票。并从2018年10月起正式实行“预约过海”，秀英港和新海港现场售票窗口不再发售当天车船票。

98#汽油10.78元/升），98#汽油较为少见。高速和国道每隔几十公里就能找到中国石化和中国石油的加油站，市县周边的小加油站可能18:00左右就关门了。

过路费和限速

全岛的高速路不收取过路费。各等级公路的限速都非常多，高速通常为100~120公里/小时，国道60~80公里/小时，但经过城区和乡村，或弯道较多时，可能会限速20~30公里/小时。为了安全和避免罚单，请严格遵守限速规定。

租车

➡ **车型** 普通型轿车即可带你去绝大多数地方。在中南部山区，一些村子里的道路会异常陡峻，也有坑洼难行的情况，需要四驱越野车才能胜任，但你也可以将车停在村口或山下，而后步行前往。

➡ **租车行** 海口、三亚，以及文昌、万宁、儋州等城市都有**神州租车**（haikou.zuche.com）、**一嗨租车**（www.1hai.cn/c_haikou）等主要租车公司的门店，并支持异地还车（在海口、三亚两地取还时，会收取800元异地还车费）。市县也有一些私人的小型租车行。

➡ **押金** 连锁租车行要求额度不低于8000元的信用卡预授权；私人租车行通常押金为每日2000元，个别要押身份证。

➡ **里程限制** 一些私人小型租车行会限制每日200~300公里，超出部分另算费用，租车时需要咨询清楚。

共享汽车

若只在三亚周边自驾游览，可以选择遍布城内的共享汽车，下载GoFun、LD联动云和EVCARD等服务商的App，然后按提示注册和扫描使用，还车时将车停到指定的免费停车场即可。

©视觉中国

（上图）万宁石梅湾至大花角的旅游公路
（下图）海口火山村的民居

在路上

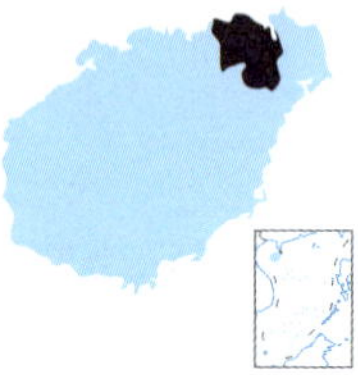

海口

包括➡

最佳餐饮

- 老彭记清补凉（见71页）
- 琼菜王美食村（见70页）
- 金水门江边海鲜酒楼（见73页）
- 板桥路海鲜广场（见70页）

最佳住宿

- 骑楼还客1921（见70页）
- 森林客栈（高铁东站店；见69页）
- 泽奇子靖客栈（见69页）
- 海口517骑行驿站（见70页）

为何去

自南渡江由此汇入大海的那一刻起，这个面朝琼州海峡的出海口就被赋予了不平凡的意义。作为整座小岛最接近大陆文明的口岸，海口千百年来迎来了一拨又一拨的中原移民和他们的文化信仰。而在数百年之后，当海上丝绸之路被连通，这里又化身为中国东南沿海与南洋诸国之间的商贸中转站，船来船往，自由而繁荣。毫不夸张地说，海口就是海南的上海，多元与包容早已融入它的城市气质之中。

或许正是因为这一特质，海口几乎天生就带有一份亲切感。腰缠万贯者自可在西海岸或观澜湖的高端度假区放纵逍遥，而囊中羞涩者也有各种平价地道美食大快朵颐，人人都能在海口找到自己的归属之地。若你喜爱自然风光，海口这座“椰城”多的是椰风海韵之景，就算比不上它身处热带的“兄弟”三亚，也足以让来自北方的任何一位访客意犹未尽。要是钟情传统文化，那更是来对了地方，从黑色火山石搭建的古老村落、南洋风格的骑楼老街，到热闹隆重的“公期”祭祖、元宵夜里的换花祝福，无一不在海口世代传承。

如果非要说有什么是与海口格格不入的，恐怕就只有“快”了——海口的“慢”可是连成都人都要容忍三分。但你又何必那么匆忙呢？去老爸茶馆和阿叔阿妈们一起虚度时光吧，他们会身体力行地告诉你：浮生若梦，为欢几何？

何时去

10月至次年5月 气候适宜、节庆频繁，是游览海口的最好时间。春节的万春会尤其热闹，元宵当晚还会举办海口独有的换花节。

6月至9月 海口的雨季，9月还常有台风。所幸此时也是旅游淡季，你或许能享受到难得的清静和较低的物价。

远方的客人请你留下来

就海南全岛的旅游业来看，前有三亚持续火爆，后有东线不断升温，省会海口反而长期顶着“旅游通道”的帽子。为了把远方的客人留得更久些，近年来，海口一方面通过“双创”改造城市面貌，另一方面也在不断优化景区、增加娱乐活动。

继2013年骑楼街区的中山路改为特色步行街之后，2016年中山路上的天后宫也以修缮一新的外观重新对外开放。2017年5月，海南省博物馆二期正式亮相，言之有物的展览让这座博物馆的可看性大涨。此外，身为海口三大“国保”的五公祠、海瑞墓和丘濬墓，也在2017~2018年相继或即将完成修缮或改造。

行前小贴士

- 带上轻薄的长裤长衫，在炎炎烈日下这些衣服比短裤、短袖实用多了。
- 海口的生活节奏非常慢，本地人做事也总是不慌不忙。与其焦躁，不如索性和他们一起慢下来。
- 海口是座出了名的“电动车之城”，平均每3个人就有一辆电动车。这些骑手大概是海口最不遵循“慢生活”原则的人，无论你是步行还是开车，都要多加小心。
- 了解“海普”：“不懂”是指不知道、不会；“急急走”实际上是“直直走”；对于年轻的女性可以喊“小妹”，年长些的大妈称呼“阿VO（重读，类似普通话里的四声）”。

智慧海口

在“智慧城市”概念逐渐被人熟知的今天，海口几乎是以肉眼可见的速度在利用信息技术手段完善着各类公共服务。2017年年初，海口的“12345”整合了80多条政务部门热线，24小时在线，无论本地市民还是游客，只要遇上问题，都可以拨打12345热线或者通过微信公众号“海口12345”投诉或咨询，而且处理速度极快。2017年年底，海口上线了一站式公共服务平台App“椰城市民云”，100多项服务几乎集合了你可能需要的任何公共资讯，包括港口信息、医院挂号、台风情报、附近公厕、最新文体活动、本地吃喝玩乐推荐，等等。尤其值得称赞的是，在2018年春节期间因恶劣天气导致港口车辆大规模滞留之后，App上还迅速增加了过海车辆在线预约系统，将“随到随排”模式改为了更高效节时的预约模式。2018年4月，海口公交全部接入了腾讯乘车码，只需微信扫码即可支付车费，大大方便了外地乘客。

快速参考

- 人口：227万
- 电话区号：0898

如果你有

1天

先去**海南省博物馆**（见61页）全面了解历史文化，中午在**骑楼老街**（见64页）的地道小馆解决午餐，顺便逛逛这片老街区。下午去**万绿园**（见66页）享受天然氧吧，再到**假日海滩**（见66页）看日落，直接在海边来一顿惬意的烧烤。

2天

第一天同上，第二天到**火山群世界地质公园**（见78页）参观沉睡的火山群。中午在石山镇品尝特色黑山羊后，造访火山石搭建的**荣堂村**（见78页方框）。回到海甸岛，漫步**白沙门公园**（见65页）的海滩，再去**海大南门夜市**（见71页）大快朵颐。

3天

前两天同上，第三天先去**五公祠**（见66页），在步行前往**忠介路步行街**（见67页）的一路上游览府城古迹。下午去**冯小刚电影公社**（见77页）拍拍年代照，晚上到**观澜湖新城**（见78页）逛逛，或到**奇幻温泉乐园**（见78页）放松身心。

海口亮点

❶ 漫步百年历史的**骑楼老街**（见64页），假装身处东南亚。

❷ 登上**火山群世界地质公园**（见78页）的马鞍岭火山口，远眺海口市区和琼州海峡。

❸ 探访建筑保存完好的火山古村**荣堂村**（见78页）。

❹ 农历正月十五加入**换花节**（见68页）的狂欢。

❺ 去**五公祠**（见66页）拜访苏轼与五位高风亮节的被贬高官。

❻ 在**冯小刚电影公社**（见77页），穿越回上个世纪。

海口市

用常规的旅游标准来看，海口算不上“好玩”的城市，像样的景点一只手就能数过来。但也正因如此，这里没有拥挤的游客，不存在过分的商业化，“生活”依然是这座海滨小城的关键词。你甚至可以轻易地扮成海口人：早晨逛逛骑楼老街热闹的东门市场，下午找家老爸茶店悠悠哉哉晃去半日，傍晚到万绿园的椰林中漫步，再去国贸的时尚酒吧狂欢至深夜。

历史

虽然海南岛早在汉代就被归入了中原王朝的领土，但当时还没有“海口”这个名字。宋代开设了海口浦，取代了唐代琼州城外的白沙津古渡口，并逐渐成为海南主要港口之一，“海口”从那以后才开始为人熟知。明代在全国军事要地设立卫所，具备海防作用的海口浦便按照兵制改为了海口所。到了明洪武二十八年（1395年），今天的骑楼老街一带建起城池（称为“所城”，现已被拆），就有了近现代海口市的雏形。

清康熙二十四年（1685年），海禁取消，海口成为海南岛最大的口岸和贸易中心。咸丰年间，根据清廷与英法两国签订的《天津条约》，海口被辟为对外通商口岸，海内外客商骤然增加。至19世纪末20世纪初，英、法、日、德、美等十余个当时的世界强国都在海口设立了领事或领事馆，可见得海口的繁荣。

随着对外贸易的发展，许多海南人从这里踏上了远赴南洋谋生的闯海之路。这批先行者还从东南亚带回了南洋的建筑样式和生活方式：老城里建起了骑楼，带有南洋饮食习惯的老爸茶也蔚然成风。然而与中国大部分地区一样，海口没有躲过日本侵略者的铁蹄，直到1950年解放军登陆海南岛，海口才得以解放。

1986年，海口正式升级为地级市。又过了两年，海南建省并被设立为经济特区，海口成为省会。一时之间，这里几乎成了冒险家的乐园，移民与热钱蜂拥而来——1993年的海口房价就已是均价每平方米7500元。不久经济泡沫破碎，楼市崩盘，海口用了十多年的时间才将“烂尾楼”全部清理完。

2009年，忽如一夜春风来，海南获得了“国际旅游岛”的发展定位。但尴尬的是，对于向往碧海银沙的游客来说，海口始终不及三亚更具吸引力。2015年，海口启动了为期三年的“双创”（创建全国卫生城市和创建全国文明城市），决心提升街区，整治路边摊，推出各项惠民服务，用全新的市容市貌和市民素养展现它作为省会的魅力。虽然实施过程中有“阵痛”，但整体效果显著；老海口人也会告诉你，这座城市真的干净有序了不少。未来海口会怎样？不如一起拭目以待。

方位

市内分琼山、秀英、龙华、美兰四区。中心地带的龙华区集合了商贸、旅游、休闲、购物等功能，有骑楼老街、万绿园等景点；北部的美兰区依江傍海，区内有新兴的宜居之地海甸岛、新埠岛，海南大学就在海甸岛；南部的琼山区历史悠久，文化积淀最深，是海口古迹最丰富的区域；西部的秀英区北依绵延20公里的黄金海岸线，南靠全市最高点马鞍岭火山，是一处既有山又有海的风水宝地。

景点

★ 海南省博物馆　　博物馆

（见63页地图；☎6523 8891；www.hainanmuseum.org；国兴大道68号；免费，凭身份证换票入场；⏲9:00~17:00）作为一座年轻的省级博物馆，这里的确曾经显得寡淡无味，但随着2017年二期新馆的开幕、2018年老展厅的升级，更加全面的展览内容以及更具科技感、互动性更强的展陈方式都让它焕然一新。整体来说，文物等级不高，不过绝对是你了解海南历史的最佳去处。

博物馆是老馆在前，新馆在后。三层楼的新馆综合性更强，十多个展厅从地理成因、海洋文明、历史变迁、本土风情等方方面面对海南做了介绍——尤其不要错过一楼的“华光礁1号”沉船展，360度巨幕影像、真实的船板残骸、埋在海底800多年的陶瓷文物等都挺值得一看。老馆的重点是海南的“非遗”，包括饮食（“琼肴街”）、手艺（“琼工坊”）、戏曲（“琼戏台”）、少数民族文化（“琼崖村”）等，展览环境模拟了骑楼老街、琼剧茶楼、黎苗村落等场景，你还能利用体感设备学

海口城区

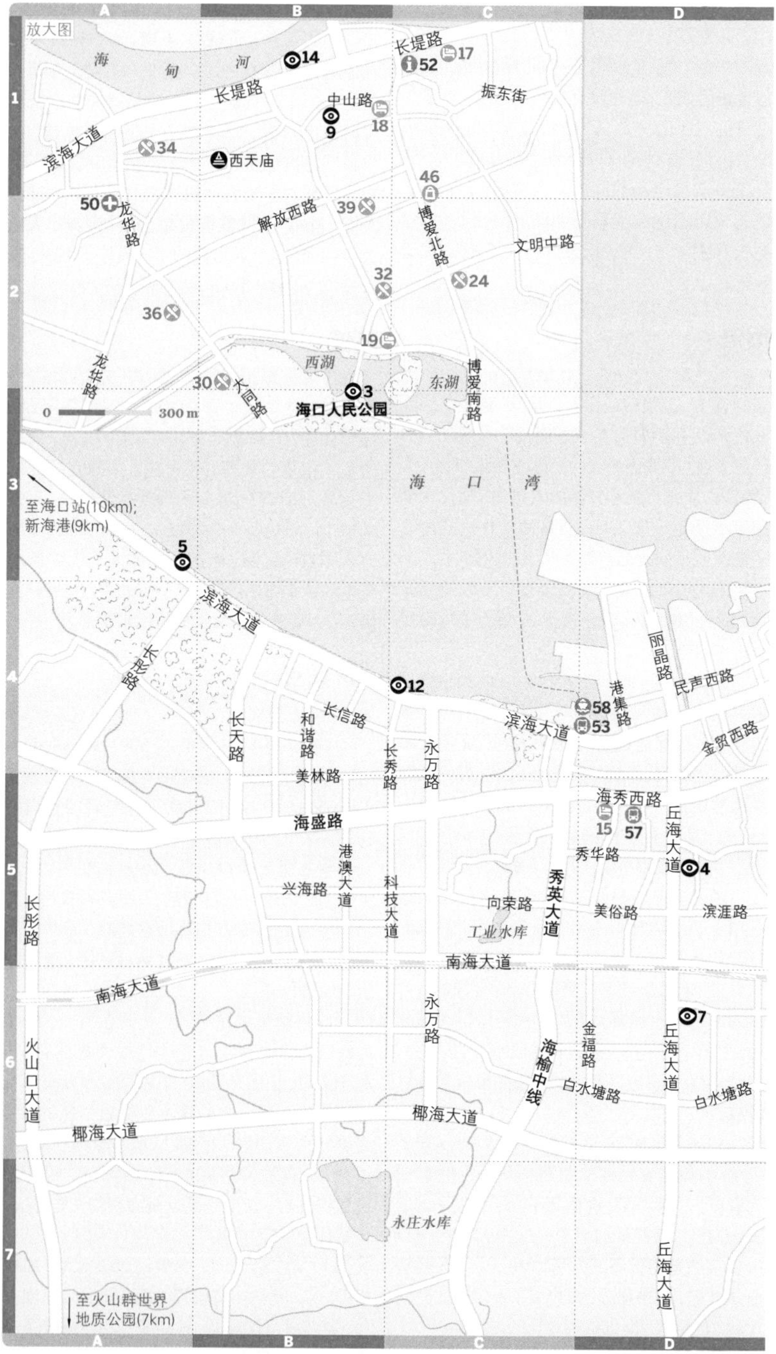
A
B
C
D
1
2
3
4
5
6
7
放大图
海甸河
14
长堤路
17
52
振东街
中山路
9
18
滨海大道
34
西天庙
50
龙华路
解放西路
39
46
博爱北路
文明中路
32
24
36
19
西湖
东湖
龙华路
30
大同路
3
海口人民公园
博爱南路
0
300 m
海口湾
至海口站(10km);
新海港(9km)
5
滨海大道
长彤路
12
长信路
长天路
和谐路
美林路
长秀路
永万路
滨海大道
58
53
港集路
丽晶路
民声西路
金贸西路
海秀西路
15
57
丘海大道
4
海盛路
秀华路
港澳大道
科技大道
兴海路
向荣路
秀英大道
美俗路
滨涯路
长彤路
工业水库
南海大道
南海大道
永万路
7
金福路
海榆中线
丘海大道
白水塘路
白水塘路
火山口大道
椰海大道
椰海大道
永庄水库
丘海大道
至火山群世界
地质公园(7km)

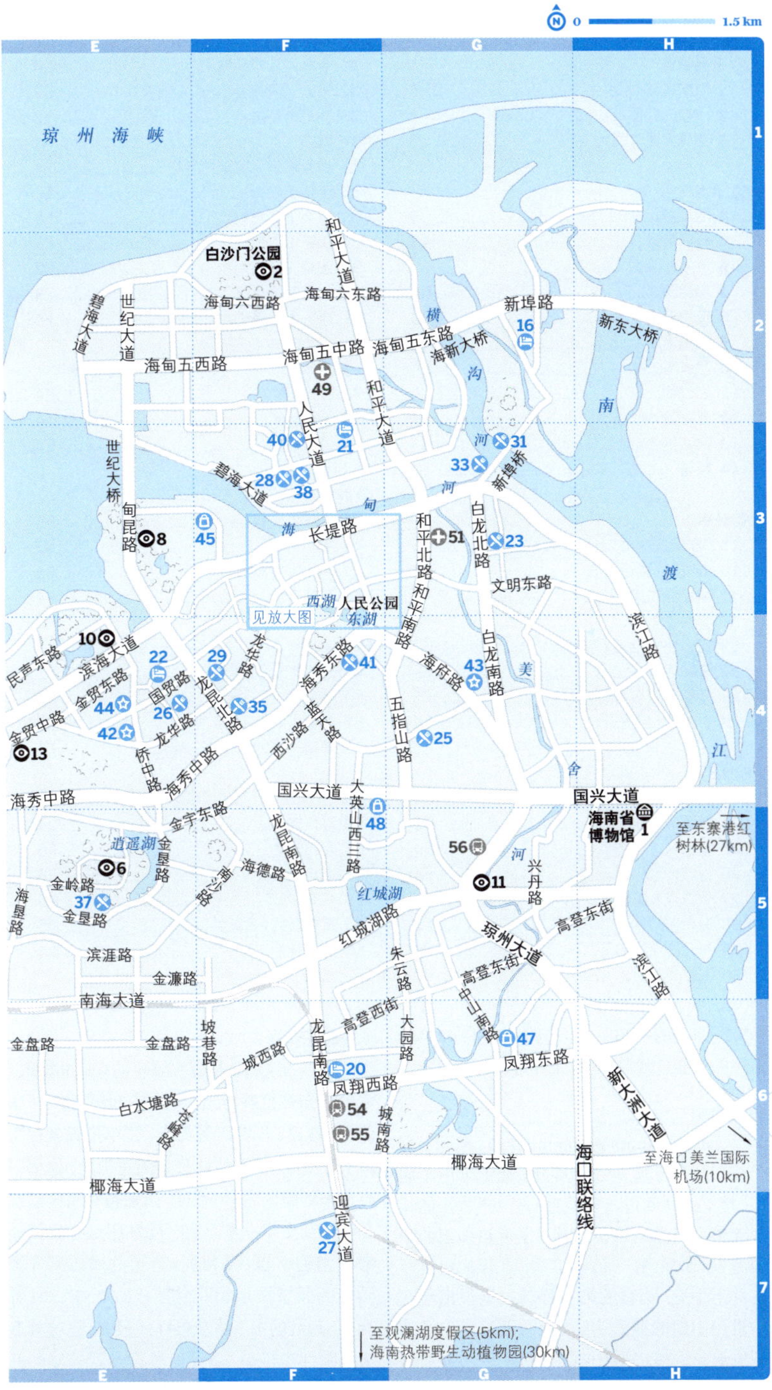
0 1.5 km
琼州海峡
白沙门公园
海甸六西路
海甸六东路
和平大道
新埠路
新东大桥
碧海大道
世纪大道
海甸五西路
海甸五中路
海甸五东路
海新大桥
横沟河
南渡江
人民大道
世纪大桥
新埠桥
碧海大道
海甸河
长堤路
和平北路
白龙北路
甸昆路
文明东路
西湖
人民公园
东湖
见放大图
滨江路
民声东路
滨海大道
龙华路
海秀东路
和平南路
海府路
白龙南路
美舍河
金贸东路
国贸路
龙昆北路
金贸中路
龙华路
西沙路
蓝天路
五指山路
侨中路
海秀中路
海秀中路
国兴大道
大英山西三路
国兴大道
海南省博物馆
至东寨港红树林(27km)
金宇东路
道遥湖
金垦路
龙昆南路
海德路
南沙路
兴丹路
金岭路
红城湖
海垦路
金垦路
红城湖路
高登东街
琼州大道
滨涯路
朱云路
高登东街
滨江路
金濂路
中山南路
南海大道
坡巷路
大园路
高登西街
金盘路
金盘路
龙昆南路
城西路
凤翔东路
新大洲大道
凤翔西路
白水塘路
城南路
海口联络线
至海口美兰国际机场(10km)
椰海大道
椰海大道
迎宾大道
至观澜湖度假区(5km);
海南热带野生动植物园(30km)

海口城区

重要景点

1 海南省博物馆……H5
2 白沙门公园……F2
3 海口人民公园……B3

景点

4 海瑞墓……D5
5 假日海滩……A3
6 金牛岭公园……E5
7 丘濬墓……D6
8 世纪公园……E3
9 天后宫……B1
10 万绿园……E4
11 五公祠……G5
12 西秀海滩公园……C4
13 秀英炮台……E4
14 钟楼……B1

住宿

15 0898快捷酒店（海口西站店）……D5
16 海口517骑行驿站……G2
17 南洋博物馆……C1
18 骑楼还客1921……B1
19 如家快捷酒店（东湖店）……B2
20 森林客栈……F6
21 泽奇子靖客栈……F3
22 自游岛（国贸店）……E4

餐饮

23 板桥路海鲜广场……G3
24 博爱南129牛腩店……C2
25 儋州米烂小铺……G4
26 当归食堂……E4
27 丁村万人海鲜广场……F7
28 海大南门夜市……F3
29 海口沿江饭店……F4
30 吉祥面包店……B2
31 金水门江边海鲜酒楼……G3
32 老彭记清补凉（新华南清补凉）……B2
33 林记斋菜煲……G3
34 露莎……A1
35 南大桥正宗海南粉老店……F4
36 骑楼小吃街……A2
37 琼菜王美食村……E5
38 宋记海南粉……F3
39 亚妹正宗海南粉店……B2
40 一品味美食园……F3
41 原味主张椰子鸡……F4

娱乐

42 Fun花酒吧……E4
43 海南戏院……G4
44 苏荷酒吧……E4

购物

45 鼎臻古玩城……F3
46 东门市场……C1
47 南北水果批发市场……G6
48 日月广场……F4

实用信息

49 海口市人民医院……F2
50 海南省人民医院……A2
51 海南省中医院……G3
52 骑楼老街游客中心……C1

交通

53 港口客运站……D4
54 海口东站……F6
55 海口汽车客运总站……F6
56 汽车东站……G5
57 汽车西站（省际总站）……D5
58 秀英港……D4

学琼剧演员的一招一式。12路、27路、43路等多路公交至“海南广场”下车即可。

骑楼老街 历史街区

（www.qiloulaojie.com；免费）骑楼，即“骑”在人行道上的一种楼，楼上可用于居住，楼下的柱廊形成有顶盖的公共空间，能让人无惧烈日暴雨逛街散步。在炎热多雨的中国南方，比如两广、福建等地，这样的建筑形态并不少见。海口的第一栋骑楼据说出现在19世纪中期的博爱北路，此后随着下南洋的华侨返乡盖楼，到20世纪三四十年代逐渐形成了骑楼街区。

海口市区的骑楼保存至今的有近600幢，主要分布在得胜沙路、中山路、博爱路、新华路、解放路、长堤路等街道。由于位置就在海口中心城区，所以即便只是随意走走，你都很容易来到骑楼之下。不过，如果想对骑楼建筑和街区历史多一些认知，最好还是先去**骑楼老街游客中心**（见74页）旁边的**海口南洋骑楼老街风貌展示馆**（免费；⊙8:30~17:30）看看。不远处的中山路骑楼样式最多，已被打造为示范性步行街，是外地游客参观骑楼的首选；曾被誉为海口最高档酒店的**大亚酒店**（中山路70号）和海南现存历史最悠久的妈祖庙**天后宫**都在这条路上。**博爱路**仍作为车道通行，街面的生活气息更加浓郁，顺路还能逛逛横穿博爱路的两座市场：**西门古玩街**和**东门市场**（见73页）。**得胜沙路**早在1998年就是海口的服装批发商业步行街，现在长廊内的服装店前依然常常人头攒动，你可以在这儿找到民国时期海口最高建筑**“五层楼”**（得胜沙路71号）和**冼太夫人纪念馆**（得胜沙路77号）。

天后宫

宗教建筑

（见62页地图；中山路87号；免费；⏲8:30~17:30）妈祖文化是宋元时期因海运的发展随福建、广东商人来到海南的，久而久之，海南本地人也有了将妈祖视为保护神的传统。海南现存规模最大、历史最悠久的供奉妈祖的宫殿，就是这座位于中山路步行街上的天后宫。它始建于元代，近代最后一次重修是在清咸丰十年（1860年），曾一度破败不堪，经过三年修缮，才在2016年以崭新面貌重新开放。新修的天后宫不仅特地从妈祖的故乡湄洲岛请来了妈祖像，还将东厢房辟为天后宫陈列馆，用于介绍妈祖文化以及此次修缮过程中发现的石碑等珍贵器物。陈列馆正面红漆斑驳的木门，就是原天后宫的一扇侧门；进门右手侧1米高的明代石碑“天妃庙田记”则完整记录了海口天后宫的历史，堪称镇庙之宝。

每年农历正月二十九、正月三十是天后宫放灯行符军期，届时海口及周边多个天后宫队伍会聚集在中山路一带进行妈祖巡游。每逢妈祖诞辰（农历三月二十三）也会有大型祈愿法会。

钟楼

地标

（见62页地图；长堤路20号，人民桥附近）这座被椰树环绕的欧式钟楼有着清水红砖的墙身和哥特式尖顶，是海口近百年来的标志性建筑。20世纪初，海口国内客商和东南亚客商来往频繁，却一直没有统一标准的计时设施。到了1928年，商人周成梅发动海外侨胞集资，最终建成了这座钟楼。现在的钟楼是1987年依照原貌重建的，位置向北移了30米。不能进入钟楼内参观。

钟楼位于骑楼老街（水巷口）对面，多路公交车经过，是海口主要的公交中转站之一。

另辟蹊径

在海口逛公园

对于习惯去景点打卡的人来说，海口能提供的选择实在不算多，但假如你只想像当地人一样享受海口的惬意生活，顺便拍几张椰林沙滩照，那么遍布全市的免费公园就能满足你。以下是我们除了万绿园之外的推荐。特别提醒，几个公园都不小，骑上共享单车兜上一圈是个好主意。

白沙门公园（见63页地图；海甸六东路10号）位于海甸岛北部，挨着琼州海峡，除了大片的热带林木和湿地景观，还有一片风光不错的海滩（不可下海游泳）。入园后一直朝着渡海纪念广场方向走即可到达海边。

海口人民公园（见62页地图；新华南路1号）与骑楼老街相距不远，是海口最年长的公园。主体大英山是明代时海口主要的聚居点，历史遗迹不少；建于1954年的海南解放纪念碑也在园内。周末常有琼剧票友自发在此演出，行头简单但唱得不俗。

金牛岭公园（见63页地图；海秀中路102号）海口市区的小型动植物园，拥有竹园、槟榔园、白鸽园等各类园区（特别推荐棕榈园），还有一座**动物园**（成人/儿童 30/15元；⏲8:00~18:00），只是可看性不高。如果喜欢清静，这里更适合你。

世纪公园（见63页地图；世纪大桥南端）相对空旷，是吹海风、看夕阳的好去处。由于就在世纪大桥下方，可由电梯入口直接上到**世纪大桥塔楼**（免费；⏲8:30~23:00，周二至周日）看看桥上风光。

万绿园

公园

（见63页地图；滨海大道中段；免费；⏲全天开放）北靠海口湾、南邻国贸区，在海口数量众多的公园里最具知名度与代表性。凭借着60多万平方米的宽阔草坪、近万棵以椰子树为主的热带树木、怡人的滨海风光以及小型游乐场和美食园，万绿园成为了许多市民休闲健身的首选。而这股老少皆宜的亲民气质，也可以说是真正的"取之于民，用之于民"：诞生于1996年的这座大公园，最初就是靠了"众筹"之力建成——政府决定在这块黄金地段填海造园，群众自发捐款出力（据说首期工程耗资的三分之一源于民间），这才有了毗邻海口核心商业区的万绿之园。

海口许多大型活动都会以此为主场地，比如环岛自行车赛、海南欢乐节、换花节等。每年农历春节举办的"万春会"尤为热闹，精彩的民俗表演和华丽的花灯琳琅满目，不容错过。万绿园也是海口市区重要的交通枢纽，多条公交线路和几乎所有旅游专线都在此设站。

假日海滩

海滩

（见62页地图；滨海大道西段；免费；⏲全天开放）如果你刚到海南，已经迫不及待想要下海玩耍，那么就先来这片海滩过把瘾吧。与海南大部分海滩类似，游泳免费，冲浴另计（冲浴房成人/儿童每次10/5元，仅4月至10月开放；投币式淋浴 3元/分钟）；也有海上摩托艇等少量娱乐项目。

海滨浴场东侧有个价格亲民、水质尚可的温泉亲水乐园（☎6871 3521；门票38元起；⏲8:30~22:30），有温泉池、游泳池和简单的水上游乐设施。海滨浴场西侧是一片露天烧烤园——当地人会告诉你，烧烤才是他们来假日海滩的主要目的（这里也是海口的学生们毕业聚餐的首选地），可自带食材（租用烤炉180元/炉）。

由于假日海滩是专门辟为旅游区的海滩，总体而言娱乐大于观景。假如想去更美、更清静的海滩，推荐旅游区以东3公里的西秀海滩公园（见62页地图）。乘坐28路、35路、37路等多路公交，在"假日海滩"或"西秀海滩""观海台"下车即可。

五公祠

历史建筑

（见63页地图；海府路169号；门票20元；⏲8:00~18:00）海南岛的历史古迹本就不多，

海南双璧

海口秀英区有一条南北向的主干道，名为丘海大道，虽然从地形上来说，这条路的确连接着丘陵与海岸，但它的命名却源于海南历史上两位重要人物——丘濬与海瑞，而巧合的是，两人的墓园正在丘海大道旁，彼此相隔仅1.5公里。

海瑞是地地道道的海口人，一出经典的《海瑞罢官》让许多现代人了解到明代这位清廉指数不输包青天的"海青天"。海瑞在南京病逝之后，万历皇帝派专人护送其灵柩回乡，并监督修建了墓园。可惜历代的重修、扩建均在"文革"时期被毁，今天所能见到的规模庞大的海瑞墓（见63页地图；丘海大道39号；8元；⏲8:00~17:30）是2018年改扩建工程后的结果，只有墓碑是原物。在府城旧居的原址上，后人还为他修建了一座海瑞故居（见67页地图；红城湖路175号；⏲8:00~18:00，周二闭馆，节假日除外），是一处仿明代海南民居风格的建筑群。

比起海瑞，丘濬（jùn，也写作"浚"）就显得相当低调了，尽管他在政治和文学上的成就要辉煌得多。丘濬是"神童"出身，明孝宗时官至一品，既是理学大家，又具有治世之才，明代的"弘治中兴"就有他的功劳，就连国学大师钱穆也褒赞其"不仅为琼岛之大人物，乃中国史上第一流人物也"。遗憾的是，与海瑞墓类似，丘濬墓（见62页地图；免费；⏲8:00~18:00）也曾在"文革"时遭到破坏，现存的墓丘、墓碑等皆为1986年重修。倒是府城的丘濬故居（见67页地图；金花路三巷9号；免费；⏲8:00~18:00，周二闭馆）更有价值，明代留下来的前堂与可继堂得到修缮，被誉为海南现存年代最早、工艺水平最高的琼崖古代木结构建筑瑰宝。

步行游览
府城老街巷访古

起点： 五公祠
终点： 海瑞故居
距离： 约6公里
需时： 1.5小时（不包括游览时间）

琼山区府城镇建于宋代，到民国时期都一直是海南的政治、文化、军事中心。昔日不仅城外有墙，城内还形成了“七井八巷十三街”的布局，寺庙庵祠众多，文人达士辈出，商贾云集，颇为繁华，元宵换花的传统便发源于此。海口作为一座年轻的城市，之所以能获评国家历史文化名城，主要归功于府城。

挑个晴好的午后，在参观完❶**五公祠**（见66页）之后，先沿着琼州大道走到与文庄路的交叉口，左转下坡进去约300米，拜访始建于宋代、明清修缮的❷**府城东门**和残存的城墙，随后折回至文庄路。因丘濬谥号“文庄”而得名的这条路在明清时期是琼州府署门前的大街，“七井八巷”有不少就是文庄路的附属巷道，包括琼山中学对面的鼓楼街，清代重修的❸**府城鼓楼**就横跨在路中。文庄路西段有一处❹**琼台福地**遗址，立有一座1998年重建的牌坊（始建于明永乐元年）。西行至中山路，左转不远便是琼台师范学院，它的前身、清代海南最高学府❺**琼台书院**（门票4元；⏲8:30~17:00）就在校园内，经典粤剧《搜书院》中“搜”的也正是这座书院。

由此沿中山路折返一小段，就到了❻**忠介路步行街**的东口，这条以海瑞谥号“忠介”为名的街道自古以来都是府城最热闹的地方。中段新辟出的❼**福地美食街**汇集了清补凉、海南粉等本地小吃，旁边还有一段因整顿邻近的农贸市场而清理出来的府城西城墙。小憩片刻之后，从忠介路拐进马鞍街，不久就到了❽**达士巷**的东口。这是府城现存的唯一一段石板巷道，巷内还保存着几处古迹。走出巷子右拐进入朱云路，至十字路口左转进入大路街，很快就能看到“金花村”的牌坊。跟着清晰的指示牌，前往❾**丘濬故居**（见66页）。出故居后左转，经过邱氏祖祠，进入右前方的小巷，你会见到一座典型的清末海口私家宅院❿**吴氏民居**，中式屋顶与欧式拱券的结合颇有特色。最后回到朱云路，向北直行，至尽头左转，在⓫**海瑞故居**（见66页）结束这趟访古之旅。

能有一定规模的更是屈指可数，这其中就包括始建于明代、重修于清代的五公祠。

海南历来是贬谪流放之地，五公祠中供奉的“五公”，正是唐宋时期被贬至此的高官，从唐朝宰相李德裕、宋朝宰相李纲到名臣胡铨，背景无不如是。所幸他们并未消沉，而是在海岛传播中原文化，培养海南人才。为了纪念他们的贡献，人们建造起祠堂，并把供奉五公的主体建筑称为“海南第一楼”——五公的高风亮节足以冠绝全岛。

除了这五公，祠内还供奉了一位名气更响的被贬人士——宋代大文豪苏轼。据说，当时苏轼来到海南的第一站就在海口琼山，并借宿在金粟庵，于是后人在金粟庵的遗址上修建苏公祠，继而才有了五公祠。

如今五公祠内有三大宝物：苏轼被贬海南后挖的浮粟泉、洗心轩后面小庙里的一尊宋代铜佛、两伏波祠前宋徽宗用瘦金体写下的御碑。五公祠对面是**海口市博物馆**（免费；⏲8:00~17:00，周一闭馆），但可看性不高。

1路、4路、38路、44路等多路公交可达。

秀英炮台

历史古迹

（见63页地图；世贸南路5号；门票旺季/淡季 10/8元；⏲8:00~18:00）大概是海口市区最冷清的一处收费景点，与周围的繁华闹市相比显得格格不入，甚至有些难找。然而这里藏着的几座炮台，可与广东虎门炮台、天津大沽口炮台、上海吴淞炮台并称为晚清四大海岸炮台，曾遥控着琼州海峡，镇守着一方海岛。

经过修缮的炮台遗址公园面积不大，除了炮台，还有弹药库、营房、指挥室等建筑，在盘根错节、郁郁葱葱的古树环绕下颇显沧桑。五座炮台坐南朝北一字排开，据说在20世纪七八十年代，炮台所处的高坡下不远就是海岸，只可惜这一场景已经随着填海造地远去。炮台内摆着的虽不是最初购自德国的“克虏伯”大炮，但气势犹在，仍能让人想象到抗日战争时五炮齐鸣的雄壮场景。你还可以由巷道走到炮台底座，感受独特的明台暗室构造。

没有公交直达，但距离海口希尔顿酒店、海口中学都很近。可以从金牛岭公园北门前步行约1.7公里，走世贸南路是一路下坡。

节日和活动

海口的传统节日与内地类似，只是在庆祝方式上带有本地特色，例如元宵节的换花，端午节的海边“洗龙水”等。海口还经常是海南全岛性的活动——包括每年11月的海南国际旅游岛欢乐节以及众多大型体育赛事——的主场地之一。

换花节

传统节日

（琼山区府城镇；⏲农历正月十五）每年元宵节从傍晚开始，府城的中山路、文庄路、朱云路等路段就会实行交通管制，成为临时步行街，以迎接从各地涌来换花的年轻人。这种与陌生人换花的风俗最早源于换香，流传较广的说法是在与“添丁”相关的元宵夜互换香火，有人丁兴旺、香火永续的寓意。但从1986年起，为了安全起见，换香改为了换花，也给这个节日增加了浪漫的色彩。注意小心借机抢花的不文明举动。

军坡节

传统节日

（农历正月上旬到三月中旬）军坡节是海南百姓纪念祖先和历史人物的民俗活动，多在汉族地区进行，常有盛大的公祖巡游和惊险刺激的“穿杖”（宣称被神灵附身的表演者能够被长长的钢筋刺穿腮帮而安然无恙）等仪式。在乡村，路边常常会摆出各种小吃摊、玩具铺、游戏桌；傍晚时分，老人们还会早早到公庙前等待一场精彩琼剧的上演。

吃公期

在海南一些地方，军坡节也被称为“公期”。不过相比起更具仪式感的军坡，“公期”更重视祭祖以及情感的维系，因此“吃”成了不可或缺的活动要素，并被摆在了首位。公期当天，每家每户都会备上丰盛的好酒好菜，如喜宴般摆上个几大桌，邀请四面八方的亲朋好友来自己家里“吃”公期。只是因为过于隆重，显得铺张浪费，政府也开始倡导简化。但总而言之，如果你有幸被海南的朋友请去吃公期，千万不要客气，这绝对会成为你旅行中的一大亮点。

至于军坡节的来历，主流的说法是源于南北朝时期岭南地区的杰出女将冼夫人。她曾来海南出征，平定战乱，结束了海南游离于中原王朝管辖之外的状态，并教化了百姓，故而在海南民间颇具威望。自2002年开始，海口政府每年还在农历二月初六至二月十二举办**冼夫人文化节**，不仅大摆宴席，还有模仿冼夫人阅兵出征的“装军”仪式，可以视为官方举办的军坡节。主办场地通常在新坡镇的**冼夫人纪念馆**（海口市区以南30公里；门票20元）和骑楼老街，节日期间有专线班车前往新坡镇，可关注微信公众号“海南旅游官微”（hnlygw）了解详情。除此之外，各个乡镇或村庄的军坡节时间不同，有的说是冼夫人军队当年到达本村的日子，有的说是本地公祖的诞辰，可在微信公众号“军坡文化节”（junpowenhua）查看具体时间。

海口万春会 新年

（⌚农历正月）海口自2006年起于每年农历春节期间举办“万春会”，在市中心、琼山府城等多地举办各种活动迎接新春的到来。万绿园（见66页）作为常规主场地，通常会吸引大量市民前往，而各种独具特色的民俗表演、花灯展、有趣的游园活动，也都会在这里呈现。

观澜湖世界高尔夫明星赛 高尔夫

（观澜湖度假村；⌚10月，两年一届，最近是2018年）这一创立于2010年的世界级明星赛事汇集了政治名流、体育巨星、影艺歌大咖，超豪华阵容堪称一场跨界奥斯卡，绝对是海南岛上首屈一指的世界级体育娱乐盛会。

海口国际沙滩马拉松 马拉松

（假日海滩；⌚11月）海口在2013年创办了中国首个沙滩马拉松大赛，至今已发展为专业马拉松赛事。通常在西海岸假日海滩举办，沿途的海边风光相当令人愉悦。往年还设有较轻松的2.5公里迷你沙滩跑项目。

住宿

海口的住宿选择非常多，深受背包客青睐的青年旅舍和客栈以及一些“小而美”的民宿大多集中在骑楼老街以北的海甸岛，滨海大道沿线（尤其万绿园一带）到国贸区则有更多以海景为卖点的高档酒店。

> **海南三大国际体育赛事**
>
> **环海南岛大帆船赛（海帆赛）**每年3月举办，是目前中国航线最长、最具挑战性、竞技水平最高的大帆船多日拉力赛，已被列入国际帆联赛事日历。往年的主场地都在三亚半山半岛帆船港，抵达海口时会停靠世纪大桥北端的丹娜国际游艇都会码头。
>
> **环海南岛国际公路自行车赛（环岛赛）**从2006年发展至今的环岛赛是中国规模最大的环岛型公路自行车赛，每年10月开赛，期间在海南各地都有机会偶遇车队。组委会还会在9月17日“世界骑行日”组织公益骑行活动为大赛预热，普通爱好者都可以参与。
>
> **海南高尔夫球公开赛** 中国赛事体系最完备、参赛人数最多、影响力最广泛的高尔夫赛事之一，2016年还升级为了欧洲巡回二级挑战赛中的一站，每年10月举办。欧巡赛在三亚鹿回头高尔夫球会进行，海口观澜湖高尔夫球会承办其余部分系列赛事（如国际青少年竞标赛、国际业余锦标赛）。

森林客栈（高铁东站店） 精品酒店 ¥¥

（见63页地图；☎6587 0011；龙昆南路133号上城名都二楼；标双298元起，含双早；P 📶）森林客栈是海南本土的连锁酒店品牌，以周到的服务和独具特色的客房闻名，这家距离海口东站1公里的分店也不例外。虽然房间数量不多，门脸很小，但走廊空间里的书吧、可随意取用的水果、温馨舒适的房间都令人满意。

泽奇子靖客栈 客栈 ¥

（见63页地图；☎6659 9958；海甸三东路大龙别墅B-7；铺/标双50/136元起；P 📶）客栈位于海甸岛的别墅区，虽不好找但也算不上偏，热情的老板娘也能为你指路、提供旅行建议。床位采用独立太空舱设计，每个舱位都配有小电视、插座、照明、镜子、床帘等，好用且私密性强，只是空间比较狭窄。客栈提供双人间，比起常规房型要大得多。可自助洗衣（5元/桶）。

骑楼还客1921
精品民宿 ¥¥¥

（见62页地图；☎6610 0899；中山路21号；标双367元起；P 📶）这家位于中山路步行街的精品民宿由一栋老房子改造而成，简约的设计中加了些木制的老物件，与骑楼老街十分相契。虽然房间在面积上没什么优势，但舒适干净，服务也很周到。考虑到地处游览核心区，民宿还尽可能地保证了安静的环境（非住客不能随意出入）。不过由于在步行街内，自驾旅行者需要把车停到附近的公共停车场。

自游岛（国贸店）
酒店 ¥¥

（见63页地图；☎6659 9958；国贸北路7号；标双208元起；P 📶）口碑不错的自游岛连锁品牌在国贸新开的一家分店，房间设备齐全好用，内装是欧式清新风，显得十分雅致温馨。最重要的是地处国贸，出行很便利，周边的餐饮娱乐选择更是丰富。

海口517骑行驿站
青年旅舍 ¥

（见63页地图；☎6621 7315；新埠岛西苑路西苑别墅A5栋；铺/标双 40/140元；P 📶）517骑行主题驿站联盟的海口店，位于新埠岛的别墅区内，地段比不上海甸岛便利和热闹，但对有"车"（无论几个轮子）一族来说不成问题，门口的公交多少也能帮上忙。驿站能为骑行者提供维修、租车等各种服务。多人间不算拥挤，有独立卫生间和不大的阳台，晾晒方便。自带露天小院，是最棒的交流场所。

如家快捷酒店（东湖店）
快捷酒店 ¥

（见62页地图；☎3137 2555；东湖路25号；标双152元起；📶）就是你能想到的"如家"的模样。但之所以推荐这家东湖店，是因为它占了得天独厚的地理位置，很适合想要深度探索骑楼老街一带且预算有限的旅行者。专营文昌鸡饭、清补凉、海南粉等特色美食的口碑餐馆都在附近，饭后还能去对面的人民公园散个步。不过门口的东湖路很窄，无法停车。

南洋博物馆
主题酒店 ¥¥

（见62页地图；☎6666 9938；长堤路34号，近骑楼老街集散广场；标双379元起，含38元早餐券；P 📶）铺着细沙和石板的大堂地面，以及玻璃柜内以海上丝绸之路为主题的展品，仿佛在印证名字中的"博物馆"所言非虚。南洋特色延续到了房间的布置中，但就设施和面积而言，只能说中规中矩。地段便利，但尽量避开临街房间（长堤路的车流可不少）。

0898快捷酒店（海口西站店）
快捷酒店 ¥

（见62页地图；☎6860 5677；海秀西路160号；标双168元起；P 📶）步行3分钟到达汽车西站，紧邻机场大巴起点站，交通相当便利。标双房间面积不小，比较干净，只是设施略显陈旧，太阳能加热供水在天冷时也捉襟见肘，但总体来说性价比尚可。停车场很大；网络预订更便宜。

餐饮

海口不仅汇集了全岛各地的特色美食，拥有众多开了数十年的老店，而且通常价格诚恳，分量实在。只不过因为海南人的随性，你有时可能要面对本地服务员不紧不慢的操作速度。而比起正儿八经的餐馆，海口多的是随意坐下、吃喝闲聊的地方，咖啡馆、茶餐厅、老爸茶店、清补凉甜品店……吃着喝着，也就饱了。

琼菜王美食村
海南菜 ¥¥

（见63页地图；☎6666 7788；金垦路20号，金牛岭公园南门外；人均80元；⏲11:00~14:00，17:00~21:30）这里被命名为美食村一点都不夸张：户外就餐区如同一座大园林，四面敞开的中式凉亭往往最早被坐满（或订满）；室内的空间也丝毫不输，全部采用十人圆桌的用餐大厅会让你产生参加大型酒席的错觉。它更像是个升级版大排档，而且没有菜单，需要直接去琳琅满目的柜台点菜。几乎覆盖了所有海南地方风味，从小吃、甜品、山野菜到烤乳猪、椰子鸡、海鲜，无所不有，且品质不错、价格适中，许多当地人也常在这里招待宾客。

板桥路海鲜广场
海鲜 ¥¥¥

（见63页地图；美兰区板桥路，近白龙北路；⏲10:30~22:00）海口吃海鲜最实惠的地方之一。与大多数海鲜广场差不多，加工店和海鲜市场相邻。加工费有市场指导价，根据海鲜品种和做法而定；海鲜价格则随行就市，有一定

舌尖上的海南粉

来海南之前，你可能想不到这是一座对“粉”极其热爱的小岛，从北到南各县市几乎都有一款引以为豪的本地粉：文昌抱罗粉、万宁后安粉、陵水酸粉……但能冠上“海南”一名的，只有海口的腌粉。烫熟的米粉加上腌肉、花生、笋丝等配料，再浇上一勺卤汁拌一拌，便是一碗令人垂涎的“海南粉”了。

从街边小馆的早餐、下午茶、夜宵，到逢年过节、婚宴寿宴上的酒席，海南粉从不缺席；每个从小吃到大的海口人也都有自己的偏爱。我们找了几家堪称招牌的老店，你不妨用自己的舌头决定最美味的那一碗。

宋记海南粉（见63页地图；☎189 7685 8688；人民西里140号；海南粉8元起；⏲6:00~12:30）如果门口墙上挂着的“海南粉非遗传承人”证书还不够有说服力，那么当地人大清早就排起的长队一定能诱惑到你。主动倒上的海白汤，更是相当贴心。

南大桥正宗海南粉老店（见63页地图；☎138 7618 0463；海南粉7元起；义龙西路龙昆下村212号；⏲6:00~12:00）备受推崇的老店，据说是最地道或最“原始”的味道，近年来附近还冒出了名字相似的山寨店，可见品牌深入人心。怕走错就给老板打个电话问问路吧。

亚妹正宗海南粉店（见62页地图；☎150 0801 6883；新民西路64号，西门古玩街中段；海南粉 7元起；⏲6:00~20:00）开了30年的店，门面小得一不小心就会错过，但慕名而来的游客和老主顾依然对这里青睐有加。除了常规配料，他家还有秘制螺肉。

的砍价空间，一般可以让加工店出人陪同买菜。唯一的不足是环境比较嘈杂，停车不太方便。介意的话，可以去2017年新开的**丁村万人海鲜广场**（见63页地图；迎宾大道北端，海口东站以南1公里），海鲜单价和加工费全部明码标价，价格稍高于板桥路广场，但就餐环境清爽宽敞，停车场地充足。

老彭记清补凉（新华南清补凉） 小吃 ¥

（见62页地图；新华南路2号，国美电器东侧；清补凉6元起；⏲19:00至次日2:00）清补凉作为一款人尝人爱的海南平民级甜品，做法大致相同，主要是将各种配料（包括豆类杂粮、水果干果）加到椰子水或椰奶之中，清甜可口。这家小店铺虽然看上去不起眼，但经营二十多年来，已成为当地人心中的老牌味道，每天傍晚都有食客在门口等着开店。我们尤其推荐的是椰子水清补凉（7元）。海口受欢迎的清补凉还有分店较多的**文昌邓记清补凉**，主打冰激凌口感的冰沙清补凉（13元）。

博爱南129牛腩店 小吃 ¥

（见62页地图；博爱南路129号；人均20元；⏲7:00至次日4:00）这是骑楼老街里的一家深夜食堂，三十多年的诚意经营为它积累了一批忠实的拥趸，每天夜晚9点过后，你总能在这个貌不惊人的小店里见到门庭若市、热气腾腾的景象。不过本质上它就是一家传统的牛腩猪脚店，供应牛腩牛肚猪尾芋头梗之类的本地菜，小碟盛装，卖相谈不上，更多是一份地道的海南味。

海大南门夜市 夜市 ¥

（见63页地图；海甸三西路西段，海南大学南门附近；人均20元；⏲17:00至次日00:30）2018年改造一新的海大南门小吃街大概是海口最有夜市气氛的地方，上百个小吃摊和杂货摊在道路两侧一字排出300米，桌椅整齐排列在路中央，最多能同时容纳上千人坐下开吃。由于在学校附近，除了海南风味的清补凉、特色炸串、炭烤生蚝，还有全国各地的小吃。注意，夜市所在路段每晚准时封路，车辆需绕行，最好步行或骑车前往。

海口沿江饭店 海南菜 ¥¥

（见63页地图；☎6679 1203；龙昆北龙阳路月朗新村198号；文昌白切鸡118元/只，60元/半只；⏲10:30~13:30，17:00~21:00）这是海南首家获得“中华老字号”称号的企业，虽然外观是一副过气高档饭店的模样，但这里出品的文昌鸡在当地仍有不错的口碑。如果不介意环境简陋，新华南路一带的鸡饭老字号同样值得一试，例如肥婆兰老字号鸡饭店（☎189 7631 8539；新华南路32号，中山派出所旁；白切文昌鸡38元/斤；⏰12:00~20:00）。

吉祥面包店
面包房 ¥

（见62页地图；大同路11号，华侨大厦斜对面；面包1.5~3元/个；⏰6:00~11:00，13:00至卖完）从1999年开店至今，这里的面包一直都是受本地人追捧的街坊美食，一天能卖出4000个。据说老板使用的还是师傅传授的古法，两次发酵，所以韧劲十足。下午最好早些去（16:30之前），要是多来几个一买买一袋的老主顾，店家可就会早早关门了。

儋州米烂小铺
小吃 ¥

（见63页地图；☎6522 7571；蓝天路28号名门广场南区B栋一层；人均15元；⏰7:30~24:00）从儋州开到海口的一家小店，虽然卖的是传统的儋州小吃，店内布置却挺符合年轻人的趣味，环境简约明亮，灯罩还用了倒置的竹编斗笠；半自助取餐、看菜点菜的方式也很方便。主打的儋州米烂（11元/份）配料丰富，猪肠馍等其他儋州风味小吃也值得一试。

露莎
西餐 ¥

（见62页地图；☎6622 2965；得胜沙路121号诚海大厦一楼；人均30元；⏰8:00~23:00）这家处处透着香港冰室般古早味的茶餐厅开业于20世纪80年代，在当时还没有什么像样餐馆的海口独树一帜，也深得人心。虽然如今这家店的生意已不再那般火爆，但许多老海口人仍习惯来这里坐坐，吃顿饭或喝个下午茶。鸡腿饭（26元）外脆内酥的鸡腿大得惊人，一顿管饱；西多士（10元）的分量也十分良心，配杯港式奶茶再好不过。

林记斋菜煲
火锅 ¥¥

（见63页地图；☎131 3609 7430；海甸一东路关康庙对面；人均50元；⏰6:00~22:00）海口所在的琼北地区有着农历正月初一吃“斋”的传统，以示洁净其身、行善积德，许多海口人新年的第一天都是在各类素菜混煮而成的斋菜煲的香气中醒来的。现在许多餐厅也将斋菜煲作为本地特色菜推出；而且没了年节的忌口，食客还可以自选牛腩、羊肉、猪尾等荤菜加入其中，像火锅一样慢慢涮煮。这家位于海甸岛东端的林记斋菜煲是当地有名的老字号，属于露天大排档，直接开在戏台前，场地相当开阔。锅底（40元/小煲，50元/大煲）用的是讲究寓意的各种素菜，例如发菜（发财）、水芹（勤劳能干）、粉丝（细水长流）等素材，本身就是满满一大锅；荤菜另点，品类丰富。

骑楼小吃街
小吃 ¥

（见62页地图；☎6622 0966；大同路2号）骑楼建筑式样包裹的小吃城，外观亮眼，吸引了不少外地游客。这里除了清补凉、海南粉、抱罗粉等海南本地小吃，也有稍微高档些的点菜餐厅和老爸茶楼，只是水准不一，可能会让侧重口感胜过氛围的食客失望。点餐模式和常见的美食城一样，取卡充值，餐后退卡。

当地年轻人更愿意去南侧的泰龙城小吃街大快朵颐，那儿有来自全国各地的美食，台湾小吃尤其受欢迎；里面还神奇地供着一尊泰国四面佛。公交2路、4路、5路等在泰龙城站下车即到。

当归食堂
简餐 ¥¥

（见63页地图；☎6672 2956；龙昆北路18号；人均50元；⏰11:00~23:00）这家餐厅位于国贸却闹中取静，前身是当地小有名气的“老海口咖啡馆”，三层独栋小楼布置得极具南洋风情，每张餐桌和餐位环境都是独一无二。当归食堂接手之后，除了继续提供咖啡、奶茶等饮品之外，还推出了时令简餐。老板娘是来自白沙的黎族姑娘，同时经营着一家口碑不错的私房菜馆归期工作室（☎6855 4713；龙兴路15号；人均150元；需提前订位），两间店的食物都会带一些少数民族风味，注重使用天然新鲜的原材料。

原味主张椰子鸡
火锅 ¥¥

（见63页地图；☎6651 6266；海秀路8号望海国际广场6楼；人均100元；⏰11:30~14:00，17:30~22:00）海南人的火锅（打边炉）延续了岭南一带的传统，更重视食材的原汁原味，椰子鸡火锅同样如此。火锅汤底使用清甜的椰子汁，煮过鸡肉后风味自然，本地人都习惯开锅后先盛上一碗汤。酱油、沙姜和青金桔则

老爸茶店里的市井人生

不同于大都市中分外讲究的"喝茶",海南民间的"喝茶"实在俗气得多——环境无须精致,只要有一把塑料靠背椅、一张小圆桌、一壶无限续的普通茶水,加上几盘糕点、面包,就可以舒舒服服喝到打烊。无论工作日还是节假日,早晨、下午还是晚上,你总能在大街小巷的茶店里看到穿着随意的茶客们喝茶聊天、打发时间,在以海口为代表的琼北尤其常见。

这一喝茶的风俗源于清末返乡华侨带来的南洋生活习惯,由于女性更多承担家庭事务,泡在茶店里的常常是被称为"老爸"的年长男性,于是便有了"老爸茶"的说法。不过如今这样的性别分化已经不那么明显,特别是在海口市区,"老妈"们也会在茶店聚餐,交流家长里短。虽然这种无所事事、喝茶聊天度日的行为被一些人嗤之以鼻,但某种程度上,老爸茶也显示出了海南老百姓的生活态度:事情慢慢做,钱慢慢赚,今朝有茶今朝乐。

海口的老爸茶店非常多,最具规模也最有名的当属新埠岛上的**金水门江边海鲜酒楼**(见63页地图;☎6621 8089;新埠大道新埠桥桥下路北;⏲7:00~18:00);**一品味美食园**(见63页地图;☎6625 7775;海甸四西路28号;⏲6:00~22:30)则是海甸岛上的口碑店。骑楼老街的**老街文化茶馆**(☎6656 0695;长堤路水巷口34号;⏲7:00至次日0:30)前身是本地连锁品牌"假日一品"的一间分店,现在凭借显眼的地理位置吸引了不少游客,除了供应茶点,周末还有琼剧、竹竿舞、儋州调声等演出。

是椰子鸡的标配蘸料,能让鸡肉的口味变得很特别。海口吃椰子鸡的地方不少,"原味主张"这个开遍全市的连锁品牌算是好找也好吃的,据说用的是文昌鸡(148元/只,108元/半只),价格稍高,但精致的环境能让你好好享用一餐。

☆ 娱乐

海口的夜生活相当丰富,除了经营整晚的夜宵店,在国贸、海甸岛的滨江路等地段还聚集着不少令人愉悦的酒吧。若想更悠闲一些,可以试试新推出的夜游海口湾项目,乘坐游轮欣赏海口城市风光。通常在传统节日的当晚都有琼剧上演;但即便不凑巧,周末也可以去戏院感受一番。

海南戏院 琼剧

(见63页地图;海府路69号)2006年落成的海南戏院紧挨着海南省琼剧团,一直是琼剧票友的根据地。2017年戏院修缮一新,整体硬件水平提升,一楼设了个介绍琼剧发展历史的小展厅,二楼舞台两侧增加了液晶屏显示台词字幕,即便不懂海南话也可以轻松看懂剧情。平时周末都有惠民演出(票价10元起),很适合想要感受琼剧魅力的旅行者。可以通过微信公众号"海南省琼剧院"(qiongjuyuan)获取最新演出信息并购票。

苏荷酒吧 酒吧

(见63页地图;☎6859 1555;国贸路36号嘉陵大厦一楼;鸡尾酒30元起;⏲20:30至次日5:00)盘踞海口多年屹立不倒的较高档酒吧,演艺团队为酒吧的气氛加分不少。人多拥挤,气氛火爆,白领居多,DJ和歌手定期更换,水准不错。周末可能人满为患。

Fun花酒吧 酒吧

(见63页地图;☎3637 9898;金龙路16-1;⏲20:30至次日5:00)定位介于清吧和夜店之间,满是繁花的外墙和入口很有格调,号称是海口最唯美浪漫的酒吧。表演不限于驻唱,定期举办的主题活动也很能带动氛围。本书调研时由于生意火爆,已经不接受提前订座了。

购物

东门市场 市场

(见62页地图;博爱南路和新民路的交叉

口，路东）从中山路骑楼步行街的东口沿着博爱南路向南走上10分钟，你就能见到这个历史悠久、市井气息浓郁的市场。巷子不宽却很深，里面几乎能买到出现在海口本地餐桌上的任何食材。但最有特色的还是巷口的海鲜干货，虾米、鲍鱼、沙虫等各种你见过或没见过的干货，琳琅满目排满巷道两侧，价格也比较合理。当地人很爱来东门市场采购，农历春节前后尤其热闹，是海口最有年味儿的地方。

南北水果批发市场 市场

（见63页地图；琼山区中山南路20号；⏲各异，通常为8:00~17:00）海口最大的水果市场，可零售、可批发，只不过一般旅行者的购买量都不足以走批发价，在价格上并不显得多实惠。好处是能够一次性买到海南的各类水果，而且快递非常方便。为了避免店家的“暗箱操作”，尽可能自己挑完装箱，也可以带两瓶500毫升的瓶装水试秤。

日月广场 购物中心

（见63页地图；国兴大道8号，与五指山南路交叉口；⏲各异，通常为9:00~23:00）海航集团打造的一处超大型购物中心。以十二星座命名的12栋商场大楼，加上中央的6个下沉广场区域，很难不让人晕头转向。基本上每个区域都有购物、餐饮和娱乐商铺，狮子座的L层有一家**海南礼物**，有不少适合作为伴手礼的干果、饰品、工艺品等。

鼎臻古玩城 古玩

（见63页地图；海运路12号；⏲各异，通常为8:00~17:00）海口规模最大的古玩城，上百家店铺集中在此，主要交易海南沉香、玉雕以及最为珍贵的海南黄花梨（海黄）制品。由于所谓老料（野生海黄）处于濒危状态，政府禁止私自砍伐，而人工种植的新料也要数十年才能成材，所以从保护生态多样性的角度，我们不建议你购买海黄制品。

ⓘ 实用信息

紧急电话

海口政府服务热线（☎12345）受理各方面的咨询与投诉，包括实时路况、出租车投诉等，甚至支持英语、日语等外语。微信公众号“海口12345”（haikou089812345）会及时发布各类实用信息（例如港口通航情况），也能直接通过微信投诉。

医疗服务

海南省人民医院 海南首家三甲医院，有一百多年的历史，有秀英区分院（☎6864 2548；秀华路19号）和龙华区分院（见63页地图；☎6622 5933；龙华路8号），后者离骑楼老街很近。

海口市人民医院（见63页地图；☎6615 1001；海甸岛人民大道43号）中南大学湘雅医学院附属海口医院，位于海甸岛，邻近海南大学。

海南省中医院（见63页地图；☎6620 3801；和平北路47号）综合性三甲医院，是广州中医药大学附属医院，有名老中医看诊。可通过微信公众号“海南省中医院”（hizyy66222705）直接预约挂号。

旅游信息

骑楼老街游客中心（见62页地图；长堤路水巷口56号）提供丰富的骑楼老街和海口市区旅游信息，你也可以在这里了解从海口出发的团队游以及西沙群岛游轮之旅。

椰城市民云App 虽是海口政府面向本地市民推出的一款手机App，但其中许多信息对旅行者也很有用，包括12345投诉、港口预约购票、医院挂号、附近的公厕、最新文体活动、台风情报等。

海南心发现（微信公众号：xinfaxian2014）致力于挖掘和宣传海南本土文化，有很多实地采编的原创内容，对本地人文风情有生动深入的解读。

ⓘ 到达和离开

飞机

海口美兰国际机场（www.mlairport.com；☎6576 0114；美兰区灵山镇）位于海口市东南20公里处，是国内首个设有高铁站的机场，2018年还成为中国（除港澳台地区）首家SKYTRAX五星级机场。目前机场与国内上百个城市通航，国际航线网络覆盖了东南亚、俄罗斯等十多个国家。每年8月至9月频发的强台风可能导致航班延误。通过微信公众号“海口美兰国际机场”（Meilan Airport）可在线办理值机、查询航班动态等。

车次时刻表

海口汽车客运总站

目的地	发车时间/班次	票价（元）	行程（小时）
定安	7:00~20:30，15分钟1班	14	1
屯昌	6:00~20:20，15分钟1班	26	1.5
五指山	7:15~18:30，15~40分钟1班	普通/快车 51/59	3~3.5
保亭	7:00~18:50，1小时1班	64	4
琼海	8:10~19:40，1~1.5小时1班	27	1.5
万宁	6:40~20:00，20~40分钟1班	39	2
陵水	8:30~17:00，1.5~2小时1班	54	2.5
澄迈	9:00，13:00，17:00	17	1.5
乐东	7:40~17:00，1小时1班	66	3.5

海口汽车东站

目的地	发车时间/班次	票价（元）	行程（小时）
三亚	6:45~18:15，1小时1班	普通/快车 50/69	3.5
文昌	6:15~20:30，15分钟1班	19	1.5
定安	6:30~20:30，15分钟1班	14	1
琼海	7:00~20:30，20分钟1班	27	1.5
万宁	7:20、9:00、11:30、14:30、16:00	39	2
陵水	7:20、9:00、14:30、16:00	54	2.5

海口汽车西站

目的地	发车时间/班次	票价（元）	行程(小时)	备注
那大（儋州）	6:30~20:30，15分钟1班	快车/商务车36/45	2.5	
洋浦	6:30~18:30，半小时1班	36	2	
金江（澄迈）	6:30~20:30，15分钟1班	普通/快车 13/17	1.5	
福山（澄迈）	7:00~19:00，半小时1班	17	1	
临高	6:30~20:30，半小时1班	29	1.5	
石碌（昌江）	6:30~19:30，半小时1班	48	2.5	10:00和13:30的班车可至霸王岭（58元）
昌化（昌江）	8:40、12:20、16:20	56	3	
八所（东方）	7:30~20:00，半小时1班	普通/快车 48/57	3~3.5	
乐东	7:00~16:50，1小时一班	69	3.5	
文昌	7:00~18:30，半小时1班	22	1.5	
琼海	7:30~19:40，30~60分钟1班	27	1.5	
广州（广东）	10:45、17:10、18:00	322	9	
湛江（广东）	9:00~16:30，2小时1班，另有一趟23:55的夜车	151	4.5~5	

长途汽车

海口市内有4个汽车站，车站位置基本对应运营班线方向，也就是说，前往东线就去汽车东站乘车（但去万宁和陵水最好在总站坐车），前往西线就到西站。新启用的汽车客运总站取代了已经停用的老汽车南站，主营中线班车，同时负责部分东、西线和省际班线的旅客运输。所有车站的长途班线信息均可致电海汽客运服务热线（☎6666 8855），或通过微信公众号"海汽客运"（haiqi0898）查询购买3日内的车票，但注意深夜时段（0:00~3:00）此服务关闭。

汽车东站（见63页地图；☎6523 0337；海府路148号）车站就在府城的五公祠斜对面，以东线和中线的班车为主，尤其有许多去文昌各地和三亚的班车。

汽车西站（省际总站）（见62页地图；☎6865 8128；海秀路156号）主要负责儋州、东方等西部线路及出岛省际班线的运营，有发往广东、广西、云南、贵州、福建等多地的长途车。也有车发往东线的文昌、琼海。

海口汽车客运总站（见63页地图；☎6682 5921；迎宾大道和丁村二路交叉口，海口东站南侧）2018年正式启用的汽车站，与高铁站海口东站之间有地下通道连接，换乘非常方便。主要发往定安、屯昌、保亭、五指山等中线城镇以及琼海、万宁等部分东线城镇；海口到周边乡镇的班车也从这里发出。

港口客运站（见62页地图；☎6865 5079；滨海大道90号）车站紧邻海口秀英港，主要是发往岛外广东、广西、福建、四川、河南、江西、安徽等地的长途班线。去广州的车一天6班（322元；14:00~19:40，75分钟1班；约11小时）。

火车

海口有两个火车站。位于西海岸的海口火车站是进出岛的省际火车经停站，海口至三亚的部分动车也在此停靠。位于琼山区的海口东站是高铁站，仅通行岛内的动车组列车。

海口站（粤海大道）目前有从海口出发前往长沙、上海、哈尔滨、长春的列车，三亚到郑州、北京的火车也经过本站。跨越琼州海峡时需要进行火车轮渡，整列火车拆分成几段进入船舱，拆车时空调会短暂关闭。海上航程约55分钟，期间旅客不下车。

海口东站（见63页地图；凤翔西路与迎宾大道交会处）海口与三亚之间的动车往来非常频繁，6:50~22:10基本上20分钟就有一班，环东列车（D73开头）大约耗时100分钟，环西列车（D72开头）约需170分钟，二等座车票100元。从海口市区前往美兰机场（7元，8分钟）也可乘坐动车，7:36~21:26每隔20~40分钟发车。

船

海口有3个码头：离市中心不远的秀英港以及西海岸的新海港和南港。但南港码头主要运输火车，每天配送的客货车数量很少，建议出入岛的自驾旅行者选择前二者。详情参见55页方框"开车渡海"。

秀英港（见62页地图；滨海大道秀英码头；⏲6:30~24:00）是交通最便利的港口，距离万绿园仅不到4公里，有开往海安（广东）和北海（广西）的渡轮。海安航线比较频繁（41.5元，小型轿车416.5元/车，含司机客票；8:30~21:00，每1~1.5小时1班，共12班；90分钟），开往北海的就只有每天19:00的1班[140元，小型轿车543元/车（不含司机客票）；11个小时]。

新海港（秀英区新海乡；⏲24小时）是2016年新启用的港口，至2017年已建成18个泊位，总体通过能力更高，是过海高峰时的首选。运营航线及票价都与秀英港一样，但海安航线的航程较长（8:00至次日4:00，每2小时1班；2小时），北海航线18:00开船。

海口出发的邮轮

2017年年底，海口首次推出了与越南、菲律宾之间的国际邮轮旅游航线，假如你的假期尚有富余，不妨顺便来一场跨境邮轮之旅。

邮轮通常在11月至次年5月运营，从秀英港出发。每年具体执行的航线、轮船、价位都不一定，但一般都有邮轮前往越南的岘港、下龙湾、芽庄，或是菲律宾的马尼拉和长滩岛，本书调研时三天两晚的短航线最低仅需不到1000元。详情可以咨询海口的旅行社，例如海南省中国国际旅行社（☎6666 7200），旅行社也会帮忙办理所需签证，费用另计。

当地交通

抵离机场

动车 是进出美兰机场最快捷实惠的方式，可从航站楼地下通道步行直达高铁美兰站。每隔20~40分钟就有列车前往海口东站（7元，8分钟），末班车为21:28；至海口站的列车较少，每隔2~3小时一班（13元，30分钟）。你也可以直接前往三亚，22:00之前都有车，票价95元。

机场大巴 共有两条线路，一号线（5:30~21:00，30分钟1班）从民航宾馆出发，途经国宾酒店、昌茂花园、金霖花园、琼山侨中，到达机场；二号线（6:00~21:00，60分钟1班）从汽车西站出发，前往机场。机场的发车点位于国内到达厅4号门外，按需发车。票价20元/人。

公交车 21路和41路公交连接美兰机场与海口市区。21路开往海甸岛白沙门公园，经过海口高铁东站，分段收费，全程5元；41路开往秀英港，经过五公祠、汽车东站、名门广场、明珠广场、金牛岭公园、汽车西站等地，分段收费，全程6元。机场出发的首末班车为6:00和22:00。

出租车 出租车上客点在一楼到达厅C门正对面，从机场到市区的费用通常为60~80元。

公交车

海口公交系统比较发达，市区各地均有覆盖，部分还延伸至澄迈老城。运营时间大多在6:00~22:00，票价除了长线有分段收费，一般都是1~2元，无人售票。可以关注微信公众号“海口公交出行”（hksgjcx）或致电（☎6666 5666），查询具体线路和换乘方式。

此外，海口还有旅游专线公交，通常一天只有2~3班，从万绿园或白沙门公园发车，可通往火山群世界地质公园、野生动植物园、冯小刚电影公社等较远的郊区景点，票价10~20元不等。

本书调研时，海口公交已全面支持微信付款（利用小程序“腾讯乘车码”）和银联卡闪付（卡面需有“闪付”字样），具体支付教程可查看微信公众号“海口公交集团”（HaiKouGongJiao）。

出租车

海口出租车起步价10元，3公里后每公里2.1元，夜间（0:00~5:00）起步价为11元。打车软件在海口的接受度较高，可以结合使用。

此外，海口街头的私营摩的非常多，那些在你身边有意响起的一声短促鸣笛就是在试图拉客，通常起步6元。但为了安全，我们不建议乘坐。

自行车

海口的中心城区并不大，骑自行车出行是个不错的选择，而且共享单车在马路上几乎随处可见，取放都很方便。但一定要小心自行车道上川流不息的电动车。

租车

全岛不收高速过路费的海南非常适合自驾游，海口租车也相当方便。神州租车（haikou.zuche.com）、一嗨租车（www.1hai.cn/c_haikou）等主要租车公司在海口各区域都设有许多门店或便捷提车点，包括美兰机场、车站等地。经济型小车的租费150~200元/天（含保险）。通常支持异地还车，但费用不菲，以海口租车、三亚还车为例，就需要多付800元左右的服务费，建议安排好行程。

海口市周边

除了骑楼老街，海口最受欢迎也最具特色的两大景点其实都在城区周边：一个是主打娱乐、休闲的观澜湖度假区（尤其是冯小刚电影公社），另一个则是海南的滨海热带火山群和用火山石搭建的村落。野生动植物园距离市区稍远，是亲子自驾游的好去处；东寨港红树林能够见到独特的“海上森林”。另外，海南西线的澄迈老城镇（见211页）和美榔双塔（见212页）距离海口也不远，一日往返绰绰有余。

观澜湖度假区

（www.missionhillschina.com/zh-CN/haikou）位于海口东站以南10公里处的观澜湖是海口首屈一指的度假区，吸引世界目光的观澜湖高尔夫明星赛就在这里举办。一望无际的国际级锦标赛高尔夫球场群出自设计师布莱恩·柯利之手，每个球场各具特色，是高尔夫爱好者不能错过的地方。除了高尔夫，观澜湖也有许多面向大众的休闲娱乐设施，非常适合远离海口市区进行惬意的一日游。

度假区大致分为三个区域。羊山大道东面是规划面积达9万平方米的冯小刚电影公社（www.movietownhaikou.com；羊山大道与惠农路交叉口；门票148元，含两街一院；⏲9:00～19:00，周三、周五、周六延长至22:00），虽然本质上就是"影视城+商业步行街"，但冯导的大名依旧令游人趋之若鹜。目前开放的有南洋风情街、1942民国街以及"芳华小院"（电影《芳华》里的文工团大院），街道和建筑都高度还原南洋或民国特色，走在其中如同穿越，是主题摄影的好地方。

度假区中部是大型商业综合体**观澜湖新城**（羊山大道39号），主打餐饮、购物和休闲娱乐。中央有个人工湖，四周围绕着兰桂坊酒吧街、奥特莱斯折扣店、丽思卡尔顿酒店等配套设施，还有一间源自韩国济州岛的**泰迪熊博物馆**（门票90元；⏲10:00～19:00，18:00停止入馆）。2018年5月最新开业的**狂野水世界**（门票238元；⏲10:00～19:00，周五至周日 至22:00）尤其引人注目，拥有30多种国际级别滑道，号称是世界顶级的水上乐园。

藏在度假区最深处、也最靠近高尔夫球场群的，是气派的**观澜湖酒店**（☎6868 3888；观澜湖大道1号；标双630元起；📶Ⓟ），在房间中就能饱览绿草如茵的球场风光。酒店紧挨着一座兼作水上乐园与温泉的**奇幻温泉乐园**（门票198元；⏲9:00～22:00，温泉在13:00后陆续开放），在团购平台进行网上订票性价比更高。

从海口市区前往观澜湖，自驾无疑最便利，但公共交通选择也不少。免费穿梭巴士9:00～21:00每小时一班，从国贸大润发始发，停靠万绿园，可到达观澜湖新城和观澜湖酒店；在万绿园乘坐公交K2路或游3路，或是在汽车东站、五公祠、海口东站乘坐K3，也都能到达电影公社、新城和酒店。观澜湖度假区内部有免费穿梭巴士，在新城、酒店、电影公社设站，8:00～23:30半小时一班。美兰机场与观澜湖酒店之间也有免费巴士，每天对发10班，具体时间可向酒店电询。

火山群世界地质公园

（☎6546 9666；www.hkhsq.com；秀英区石山镇；门票60元；⏲8:00～18:00）你可能不会想到，向来以椰林碧海闻名的海南岛竟然有一片40多座火山组成的群落，而它们还与海南岛的形成息息相关。比较普遍的观点是，在地壳运动导致陆地下陷出现琼州海峡的时候，火山开始喷发造陆，从而扩张出了现在的琼北地区。当然，这些火山都是一万多年来没有再喷发的休眠火山，如今早已被茂密的热带植被覆盖。

羊山地区的火山人家

所谓"羊山地区"，就是琼北盛产黑山羊的火山岩地区。这里的村民就地取材，利用火山石建石屋，铺石板路，打磨石质农具，形成了海南村落中独具特色的以黑色为基调的"火山村"。海南出版社的资深编辑王振德曾经"蹲点"调研石山镇的火山村，著有一本详细描述当地文化风俗的《火山人家》，我们和他聊了聊火山人家的那点事儿。

走访火山村的过程中，有哪些令你印象深刻的发现？

水缸是个特别有意思的文化符号。火山岩地区严重缺水，雨水和井水就是生活用水的全部来源，而在没有机器的时代，往往几代人才能打出一口井，因此水缸就显得很有必要。很多村子过去嫁女儿，讲究的是"不嫁金，不嫁银，檐下缸多就成亲"。此外，在石山的乡间小路上，石棺很常见，这也和羊山地区遍地石头的特殊地质有关，挖个坑不容易，棺材只能放在地表。

可以给旅行者推荐几个有代表性的火山村吗？

荣堂村很值得一去，老村和新村彼此独立，火山村旧貌保存得很好，有很多明清时期留下来的石屋。村里还有不少溶洞，号称"七十二洞"，很深，但是没开发。靠近火山群世界地质公园的美社村也可以看看，有个民国初年建造的炮楼福兴楼，最早用于防盗，后来成了抗日的堡垒。另外，澄迈县的罗驿古村也很有代表性，石屋、石巷道、石塔等都有留存。

这些火山中最为亮眼的是马鞍岭火山。它由一主一副两座火山连接而成，中间凹陷，形似马鞍。其中的主火山风炉岭火山，便是地质公园景区里最主要的景点。你可以沿着步道下行至火山底部的塌陷洞口，也可以向上一直登到火山最高处，与"海口制高点"（海拔222.8米）来张合影，顺便俯瞰不远处两座如子女般依偎在旁的寄生小火山。山口还有观景台，天气好的时候可以一直望到海口市区和琼州海峡，视野极佳。

在山脚的主步道旁，你能见到一些用火山石材料搭建、制作的石屋、石塔和各种生产、生活器具。在环廊广场两侧还有火山科普馆，图文资料很丰富，更有雷琼火山群的模型沙盘，可以加深了解。

景区所在的石山镇有许多火山村落，有时间不妨顺路一游，住住有火山特色的民宿，尝尝当地人引以为豪的黑山羊、黑豆腐和石山粉。从海口市区前往，可在白沙门公园乘坐游1路（8:30、10:00、12:30），途经万绿园和西秀海滩，全票15元；或在海口汽车客运总站乘坐到美安的班车（4元；15~20分钟1班；30分钟），中间在火山口下车即到。

海南热带野生动植物园

（☎6852 9999；www.hntwzoo.com；海口东山镇；门票158元，含电子讲解器；⏲8:00~17:30）开园于1995年的海南热带野生动植物园（简称"海野"）是海南乃至全国最早一批的野生动植物园，不过相比起与自然背景融为一体的热带奇花异草，更多的人来这里还是为了与动物来一场亲密接触。

参观分为车行游览和步行游览两部分，各需1小时左右。车行区大多是猛兽，包括非洲狮、东北虎、黑熊等，也可以看到海南特有的白水牛和坡鹿。罕见的狮虎兽是雄狮和雌虎跨越种族的结晶。在极低的存活率下，这里竟奇迹般繁育出了世界最大的狮虎兽家族（曾经创造4只狮虎兽出生并同时健康存活的世界纪录）。步行区的动物们则多是相对温驯的亚洲象、长颈鹿、孔雀、河马、猕猴等，大都可以亲手喂食，包括水中张着大口的鳄鱼。

作为全国科普教育基地，园区科普工作相当可圈可点。人手一个的电子讲解器能够自动判断位置并讲解，园区还经常推出各种活动以增加游览趣味性，例如动植物谜语有奖竞猜、拍花换礼、丛林寻宝等，非常适合亲子游。

游览车行区时可以乘坐园内巴士，也可以自驾驶入，但无论如何都切勿开窗开门，哪怕动物们已经对车辆见怪不怪（反应甚至有些冷淡）。由于园区周边没什么餐饮，园内也仅有一间口碑不高的火烈鸟餐厅，最好自备干粮。

海野距离海口市区约27公里，自驾是最便捷的交通方式；或者在万绿园乘坐游2路，平日一天两班（8:30和14:30），周末视情况增加班次，全程20元。也可以在海口汽车客运总站乘坐到东山镇的中巴车（9元；⏲6:00~18:30，15~20分钟1班；1小时），在野生动植物园路口下。

东寨港红树林自然保护区

（演丰镇东寨港）怀着猎"色"心理的人来到这里，多少会有些失望。红树林并不是红的，只有被砍伐后才会氧化成红色。这些在海水中生长的绿色植物群落，涨潮时树干完全被潮水淹没，仅露出树冠，成为壮观的"海上森林"；退潮时各种支柱根和呼吸根露出地面，纵横交错。而正是因为茂密高大的"身形"能够帮助堤岸抵御风浪，盘根错节的根系可以有效固沙，起到促淤保滩的作用，对红树林的保护才显得至关重要。

东寨港红树林自然保护区是中国首批被列入国际重要湿地名录的七个保护区之一，也是中国现存的红树林中连片面积最大、树种最多、生物多样性最丰富的自然保护区。2014年，保护区中的东寨港红树林景区开园，成为海口的一张旅游新名片。

不过由于过度开发影响生态，景区之前建在海上用于游览的栈道已全部被拆除，旅行者可以选择乘船（60元/人）进入红树林。每年9月至次年3月，南来北往迁徙的各类水鸟也会聚集在红树林一带，观鸟爱好者一定别错过。此外，周边村子里有村民经营的农家乐，连理枝渔家情（☎6593 5727；山尾头村，红树林景区停车场以北2公里）的海鲜在当地很有名。

东寨港一带还留有在明代琼州大地震中陷落的72个村庄，不过原址已成一片汪洋，只有在退潮时才有机会依稀辨认出遗迹。红树林以北4公里处的禄尾村里有个小小的琼北地震海底村庄建筑陈列展，可以见到当地渔民出海或退潮时偶遇带回的石臼、壶碗等遗物。

在白沙门公园乘坐游4路即可直达东寨港红树林，白沙门发车时间为8:30和12:30（周六、周日加开一班10:00），全价15元，车程1小时。

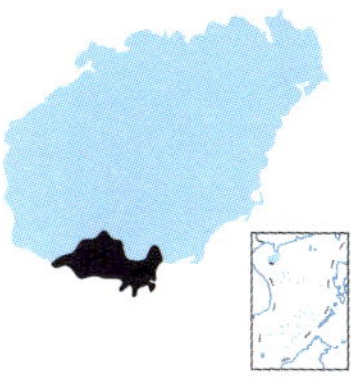

三亚

包括➡

最佳餐饮

- 朱家饭店（见101页）
- 三亚正宗抱罗粉店（见99页）
- 小顿咖啡馆（见102页）
- YOOOOO友·甜品（见103页）

最佳住宿

- 亚龙湾人间天堂·鸟巢度假村（见97页）
- 三亚保利瑰丽酒店（见97页）
- 三亚亚龙湾迎宾馆（见97页）
- 三亚心一境禅意大酒店（见94页）
- 三亚哪里那里海岸客栈亚龙湾店（见97页）

为何去

如果去问那些躺在沙滩上光着膀子尽情晒太阳的游客，为什么选择来三亚，他们大多会告诉你两个主要原因——“看海”和“避寒”。尽管三亚也是一个历史悠久的城市——最古老的故事能远从秦始皇设立崖州象郡说起，不过旅行者们可能还是更愿意悠闲地找一片海滨看日出日落，去探寻各类鬼斧神工的大自然怪石，或潜入七彩珊瑚礁中与鱼儿共舞。

这里的自然环境得天独厚。三亚有着海南岛最美的海岸线，几大著名海湾，如大东海、三亚湾、亚龙湾和海棠湾任君选择，而在内地雾霾笼罩或天气寒冷的季节里，三亚仍然是一片“面朝大海，春暖花开”的反季节乐土。大自然馈赠了丰富的食材，你可以品尝到最新鲜的海鲜、肉质鲜美的文昌鸡和东山羊，还有各种热带佳果……对资深吃货们来说，穿梭于各大美食街区，寻找地道的风味小吃，舌尖上的享受或许已经值回飞机票价。

一百个人有一百种来三亚的缘由。虽然近年关于三亚旅游市场乱象的新闻报道层出不穷，但人们还是抵挡不住阳光与海滩的魅力，这里仍然是很多国人海滨度假的首选。

何时去

10月至次年4月 旺季的平均气温在24℃左右，降水量少。看碧海蓝天、繁花似锦、日出日落的壮丽美景不成问题。昼夜温差较大，白天烈日不带暑毒，晚上还有一丝清凉，是出行最舒适的时段。但国庆、元旦、春节时，外地游客蜂拥而至，交通、住宿、餐饮的价格也会随之飞涨，尽量避开黄金假期为佳。

5月至9月 是淡季，白天平均最高温度达32℃，降水量大，也时常遇到台风侵袭，出行前需时刻关注气象信息。此时出行虽然可以享受“跳水价”，但也意味着看到美景的概率会大打折扣。

三亚的交通

三亚的交通基础设施日渐完善，除铁路、公交外，预计2018年底将开通有轨电车首条T1线。市区路况良好，环岛高速公路东西穿城而过，分别连接陵水和乐东。所有景区基本都有公交系统接驳，并有应对大量客流的免费停车场。

日常的堵车“黑点”在解放路、新风路等商业要道。另外，旅游旺季大量自驾游客涌入，出入三亚的路段以及南山、海角天涯等热门景区会成为塞车重灾区。

省钱玩三亚

玩三亚最好的省钱办法就是错峰出行。淡季时物价低，景区人少，心旷神怡。若是旺季出行，起码要提前半个月预订机票、住宿，若遇重大节庆，机票可能是淡季的几倍到十倍，火车票一票难求。此外，还有一些方法：

使用网络工具 三亚的门票、演出、酒店住宿、租车包车和旅行团服务，都可通过旅游网站或App预订，经常比现场更便宜。一些景点、游乐项目或酒店在各自的官网或微信公众号上的独家优惠可能又比旅游网站便宜。

选择免费班车 在一些大型景点如西岛、蜈支洲岛、南田温泉和三亚国际免税城都有官方免费班车，提前一天预约上车时间和地点能省不少交通费。

豪华酒店可能性价比更高 不少五星级酒店提供免费自助早餐、下午茶酒水、往返大型景区或交通枢纽的接送车，以及私家海滩、泳池、沙滩椅、单车等服务。

旅游消费防陷阱

食：吃海鲜时最好自行前往市场购买，再拿去餐馆加工。微信公众号“三亚旅游”有每日官方海鲜价格指导。

住：网上订房时，要留意条款中是否有要现场支付的额外费用。一些家庭旅馆老板会提议一起下厨，事先谈好价格和菜式（尤其是海鲜分量），以免产生纠纷。

行：出租车司机和包车司机如果极力“推荐”某处景点或餐馆，通常是为了回扣。

购：购买水果、特产、手信最好前往超市或本地人的社区农贸市场，景区里的价格常是市面的几倍。免费试吃的特产，买回家后往往“货不对板”。

一些潜水俱乐部会在潜水时强迫或诱导你水下拍照，如果拒绝就会提前结束潜程。尽量参加有PADI认证的潜水机构，跟随有潜水牌照的专业教练下水。

在三亚遇到旅游纠纷，可拨打12301（旅游投诉热线）或12345（政府服务热线）投诉。

快速参考

- 人口：76万
- 电话区号：0898

如果你有

3天

第一天前往**南山文化旅游区**（见109页）瞻仰海上观音，下午到**天涯海角**（见87页）或**大小洞天**（见110页），傍晚来**椰梦长廊**（见85页）沐浴落日余晖，在三亚湾欣赏**凤凰岛**（见87页）灯光美景，晚上去**解放路步行街**（见104页）品尝各式小吃，或前往**第一市场**（见103页）挑选食材享受海鲜盛宴。

第二天前往**亚龙湾**（见90页）坐一次游艇出海或参加海上活动，然后去**亚龙湾热带天堂森林公园**（见90页）登高望远，住一晚鸟巢酒店。

第三天前往**珠江南田温泉**（见90页）一洗旅途疲倦，最后一站去**三亚国际免税城**（见104页）血拼手信。

5天

前三天同上，第四天搭乘渡船去**蜈支洲岛**（见111页），回**后海村**（见92页）皇后湾入住，领略渔村风情。

第五天安排休闲文化之旅，到**崖州古城**（见109页）寻找残存的历代旧民居，或在**三亚千古奇情情景区**（见89页）看一场史诗表演。

三亚亮点

❶ 在**亚龙湾**（见90页）沿着海岸线漫步或骑行。

❷ 在**南山文化旅游区**（见109页）体验佛教文化之旅，搭一次复古绿皮火车。

❸ 去**西岛**（见111页）或**蜈支洲岛**（见111页）潜水或参与精彩纷呈的水上运动。

❹ 在**后海村**（见92页）品尝渔家美食，到皇后湾激情冲浪。

三亚市

时光倒流30年，三亚还仅仅是海南建省时改革开放的试验田，经历过被俗称为“天涯、海角、烂尾楼”的房地产泡沫洗礼后，三亚选择了旅游业作为黄金命脉。来自北方的灼灼目光在注视着这座没有冬天的城市，游客蜂拥而至，置业者紧随其后，三亚的城市规模和硬件设施借着椰林沙滩逐渐大幅度领先于省内其他城市，却也因为种种原因饱受非议——强买强卖的小贩、漫天要价的餐馆、住不起的酒店、蛮横的司机，这些都让人觉得爱它实在太过艰辛。好在一切都在改变之中，政府决定亡羊补牢，与以往的各种旅游乱象死磕到底，大力整治隐性消费、缺斤短两、旺季哄抬物价等旅游业顽症。如今，所有的付出终于开始获得回报。

在旅行者把目光重新投向这里时，却发现三亚已经变换了模样。这座城市如同一道随意门，让人无法预料门背后是怎样的风景：俄罗斯壮汉和东北爷们儿在大东海的沙滩上共享日光浴；市井街巷里，短衣短裤的姑娘和头围纱巾的回族女孩擦肩而过；门庭若市的高档西餐厅尴尬地被众多简陋的排档包围；在老城区某幢看似破败的居民楼顶层，放着蓝调的咖啡屋里别有洞天；开着“小绵羊”的本地人大吃烤串和清补凉，不远处的奢华酒店争先恐后地入驻。这些传统与新潮交织难辨的面孔，正是今天三亚带给你的独特生活。

历史

三亚的历史最早有记载的可追溯到秦始皇设置的南方三郡，崖州就是其中之一的象郡。西汉元封元年（公元前110年），这里第一次被标注在中国的版图上，被称为临振县。很长一段时间里，这里没有太多值得书写的历史，直到巾帼英雄冼夫人的出现。隋开皇九年（589年），冼夫人协助隋文帝一统岭南，在此设立临振郡。唐天宝七年（748年），又迎来了一位宗教史上的大人物——鉴真大师五次东渡日本时遭遇强台风漂流到此地，开始修缮屋宇坛庙，宣讲佛法，这片土壤从此佛缘深结，成为了海南岛的佛教中心。同时期，这里也改名为振州。

由于远离大陆，这里曾是朝臣被贬流放之地，唐、宋、元时期被贬谪至此的朝臣甚多，宋朝的开国名臣、《旧五代史》的编写者卢多逊，被贬期间曾在水南村推广儒学和中原文化；曾任翰林院编修的胡铨也曾在这里兴建学堂，训传经书，教化当地黎民子弟，给三亚带来了先进的思想文化和科学技术。历代官宦人家从此在这里扎根、繁衍，儒礼好学的风气也日益传承开来。

有趣的是，三亚也为华夏衣品纺织进程留下过浓墨一笔，宋末元初，黄道婆在崖州水南村生活数十年，学习黎民的独特纺织技术，后将汉、黎纺织技术糅合创造，发起了对后世影响深远的纺织技术革新。

而“三亚”这个称谓的正式出现，源于明正德年间的《正德琼台志》，书中首次把这片区域称为“三亚村”和“三亚里”。

卓越的军事战略位置让三亚地区成为兵家必争之地。作为南海要塞，日本侵略军曾在三亚港设立华南海军第四基地，并把古城崖州作为大兵营。国民党也曾将榆林地区作为海南最大的军事要塞。

1950年，三亚正式解放。1984年撤崖县设立三亚市。改革开放后，怀揣“海南梦”的内陆人前赴后继而来，三亚在经济发展大潮中踏浪急行，逐渐摸索出以旅游业为支柱的发展方向。2010年“国际旅游岛”概念的提出，让这个中国最南端的滨海城市得到更多瞩目。一年后，海南推出离岛免税政策，三亚免税店的开张拉动着本土消费升级，并在2016和2017年相继被媒体评选为“中国十佳宜居城市”和“中国最具幸福感城市”。从2018年5月开始，海南正式实施59国人员入境免签政策，三亚以更开放的姿态迎接世界各地的游客，这座城市的国际化定位也愈加清晰。

方位

三亚的四大行政区非常分散，**吉阳区**是市中心老城区，汇聚了美食、购物、森林公园、文娱节目和交通枢纽，第一市场、亚龙湾热带天堂森林公园、酒吧街和火车站、三亚汽车站都在这里。中部的**天涯区**是三亚湾所在地，集中着凤凰岛、天涯海角、西岛旅游区和椰梦长廊等著名景点，交通枢纽凤凰机场是重要的地标。而距离老城区较远的是最西面的**崖州区**和最东面的**海棠区**。崖州区以历史悠久著称，一系列老牌景点如南山文化景区、大小洞天和崖州古城都坐落于此，而海棠区的主题是“纯天然”，蜈支洲岛、南田温泉和国际免税城都在这里，沿着蜿蜒海岸线而建的多家奢华酒店，标志着这里是三亚最高消费的区域。

景点

中心城区和三亚湾

大东海 沙滩

（见86页地图；免费；⏲24小时）虽然如今有了亚龙湾和海棠湾这两个“后起之秀”，三亚的老牌海滩大东海仍然人气不减，月牙形的海湾中波光粼粼的海水湛蓝依旧，各类海上娱乐项目价格比其他景区更划算，沿海滨繁华的商铺、食肆，娱乐、住宿设施成熟完备，距离市中心交通便捷，让大东海在三亚海滩中形成了独特的优势。时不时回响在耳畔的外语，证明这里吸引了越来越多的外国游客（尤其是俄罗斯人）来此居住和经商。

大东海位于市区东部，大部分公交可达。

鹿回头 公园

（见86页地图；微信公众号Luhuitoupark；门票旺季/淡季 42元/35元，电瓶游览车往返 15元；⏲7:30~22:30）位于市区以南3公里的鹿回头半岛上，公园三面环山，是登高望海、观日出日落与俯瞰三亚全景的好去处。

公园以山顶石雕“鹿回头”而闻名，三亚的别称“鹿城”正出自于此。“鹿回头”是一个古老的黎族爱情传说，相传很久以前有一位黎族青年狩猎时心生恻隐，放过一头神鹿，神鹿化身为美女，从此过上男耕女织的幸福生活。公园主题也处处围绕爱情展开，山坡上修建了“爱”字摩崖石刻、月老雕像、山盟海誓碑、永结同心台等景观。

大部分旅行团会在早上或下午时扎推前来，但最佳的观赏时刻其实是日落之前，你可以预留大约1小时登上山顶的时间，登山途中可欣赏三亚的黄昏和夜景，从山顶俯瞰，可远眺波光粼粼的海面和城中的点点灯火，晚上还有免费乐队演出。乘电瓶车15分钟可到登高起点，记得赶上最后一班电瓶车（22:00）下山。

乘26路、54路、55路公交车可到达，从市区打车需20元左右。

凤凰岭景区 公园

[见86页地图；www.sanyafhl.com；狗岭路凤凰岭海誓山盟景区（红纱隧道出口）；门票旺季/淡季 10元/8元；索道往返旺季/淡季 96元/54元；⏲7:30~20:30，售票时间至19:00]作为三亚市的最高峰，凤凰岭400米的海拔足以一览三亚湾、大小东海、榆林湾、亚龙湾四大海湾，也是唯一可以360度鸟瞰三亚全景的地方。

主打凤凰文化和爱情主题的凤凰岭由以观四大海湾为主的四湾八景观赏区和以爱情为主题的水晶圣殿雨林景区组成，栈道最东端的水晶圣殿是婚礼拍摄基地，女生们都会扎堆来到这里拍照。凤凰岭的日落和夜景很是震撼，傍晚宜选好位置静候，但不要只顾着美景忘了回程缆车时间（最后一班20:00）。3米高的百鸟朝凤镀金雕塑是游人祈福的地方。

凤凰岭有两个入口，一个在索道景区入口，从凤凰岭景区公交站沿指示牌（调研期间此入口在修路中，但不影响通行）前行到景区门口，可以乘索道到山顶，沿途风景宜人。

不要错过

椰梦长廊

椰梦长廊（见86页地图；24小时）是沿三亚湾修建的一条栽满椰树的海滨观景大道，起点在海月广场，终点在西滨海路，全长20公里，被誉为“亚洲第一大道”。日落时分正值海水退潮，在夕阳映照下，椰梦长廊和泛着水光的沙滩构成一幅令人目眩的金色美景。这里适合在沙滩散步、骑行或驾车兜风，也有全长3公里的慢跑步道。清晨是慢跑的最佳时间，傍晚时海月广场附近聚集着广场舞人群，跑步骑车会遇到很多障碍。旺季时造访椰梦长廊只有看人头而非看海的份儿，尽量远离东段和中段，西段海滨人会比较少。

三亚城区

三亚城区

景点

- 1 大东海 D3
- 2 凤凰岭景区 D2
- 3 后海村 F2
- 4 鹿回头 D3
- 5 南山文化旅游区 A2
- 6 三亚大小洞天旅游区 A2
- 7 三亚千古奇情情景区 D2
- 8 天涯海角 C2
- 9 蜈支洲岛 F2
- 10 西岛 C3
- 11 崖州古城 A2
- 12 亚龙湾 E3
- 13 亚龙湾热带天堂森林公园 E3
- 14 椰梦长廊 D2
- 15 珠江南田温泉 F1

活动

- 16 鹿回头高尔夫球会 D3
- 蜈支洲岛海洋运动俱乐部 （见9）
- 西岛游乐世界 （见10）
- 17 亚龙湾海底世界 E3

住宿

- 18 三亚海韵度假酒店 C2
- 19 三亚美丽之冠大树酒店 D2
- 20 三亚湾皇冠假日度假酒店 C2
- 21 三亚文华东方酒店 D3
- 22 三亚亚龙湾迎宾馆 E3
- 23 三亚亚特兰蒂斯酒店 F2

娱乐

- 美丽之冠大剧院 （见19）
- 三亚千古情大剧院 （见7）

购物

- 24 百花谷商业中心 E3
- 25 三亚国际免税城 F2

交通

- 26 三亚凤凰国际机场 C2
- 27 三亚火车站 D2
- 28 亚龙湾火车站 D2

打算徒步登山的旅行者可选择榆亚路榆红村的另一个入口（无索道），全程12公里，登顶约需3小时。

从市区乘17路、24路、55路公交车抵达凤凰岭景区公交站，乘出租车约15元。

天涯海角　　地标

（见86页地图；www.aitianya.cn；门票旺季/淡季 95元/80元；电瓶车 15元；⏲7:30~19:00；售票时间7:30~18:00）天涯海角是否值得一去是见仁见智的问题，很多人前来只是为了“打卡”。这里的确只是一个普通的海滨公园，清雍正年间，崖州知州在礁石上题刻“天涯”二字，到了民国时期，抗日将领王毅在相邻的巨石上又题写了“海角”二字，从此“天涯海角”便闻名天下。

三亚的诸多景区都喜欢和爱情扯上关系，这里也不例外，每年12月12日，广场上会挤满前来参加国际婚礼节的恋人，他们非常喜爱在树干相互依靠的情侣树前合影。沿广场西行走下沙滩，300米的距离里散落着公园的主要看点——摩崖石刻。在天涯文化苑中，除休息日外每天定时有黎族乐器表演（演奏9:30~11:30，15:00~17:00），走累了可以停下看看。

步行参观整个景区约需2小时，你也可以选择坐船+电瓶车+门票的套餐（120元），电瓶车会送到游艇码头，快艇会载你在海上依次观赏日月石、四季平安石、南海判南天石、南天一柱石、神龟石、天涯石、海角石等一众石刻，行程约20分钟，而后再从海角码头上岸。除了摩托艇等游乐项目外，你还可以在门口服务区选择游艇（2600元/艘，帆船200元/位，游艇海钓260元/位）。

从市区乘25路、26路和32路公交车到天涯海角站，末班车都在19:30，离开景区回市区要留意时间。也可从市区打车前往（约70元；40分钟）。

凤凰岛　　地标

（见88页地图；三亚湾度假区南端；普通游客禁止入内）从三亚湾各地都能远远看到这座建筑风格奇特的人工岛屿，离市中心仅1公里，四面临海，由一座394米长的跨海大桥与陆地相连，和鹿回头半岛遥遥相望。岛上最引人注目的建筑是五座帆船形状的现代化高楼，节假日的晚上外立面会变成瑰丽的荧幕，也让这里的夜景成为如今来三亚必看的项目之一。

岛上的设施包括超星级酒店、国际养生度假中心、国际游艇会和奥运主题公园等，其中**凤凰岛国际邮轮港**作为香港丽星邮轮的母港，有双子星号前往越南和菲律宾的航线，国内开往西沙的“海南之梦”号和“长乐公主”号邮轮也在这个码头启停，一些国际豪华邮轮亦会不定时泊岸。

由于岛上采取封闭式管理，非入住酒店或邮轮登船的游客不能进入。乘坐9路、11路、18路、28路、42路、49路公交车可到凤凰岛站。

临春岭森林公园　　公园

（见88页地图；凤凰路临春段；免费；⏲7:00~21:30）对于各处门票不菲的三亚来说，临春岭算是难得的一片净土。公园原名虎豹岭，如今是三亚市唯一一处公益性的森林公园，也是当地人健行锻炼的去处。园内针对不同年龄段的客人提供三条不同难度的游览线路，可在园区门口查看指引。

三亚中心城区和三亚湾

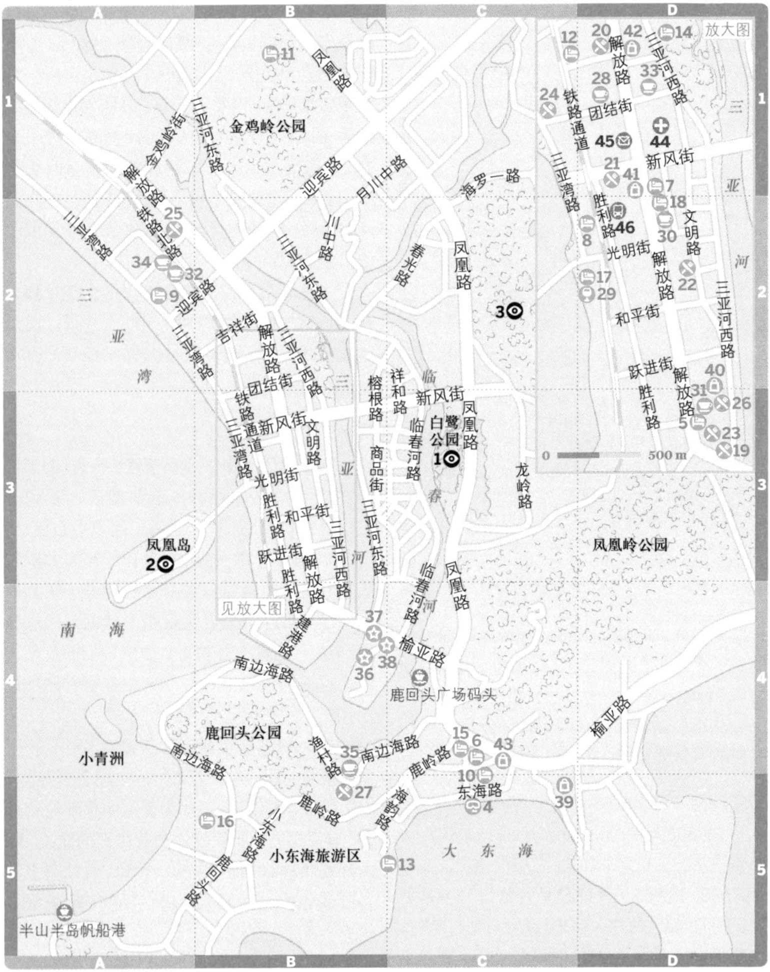

公园有主入口和北门两个出入口，不必返程也能进出。登山栈道蜿蜒在山岭最高点，沿途绿树成荫，路况很好，幸运的话还会遇到野生猕猴，你会徒步经过逐鹿台、瞭望塔、茶亭、半山揽月、凤凰林、对弈台6个观景点欣赏林景，推荐傍晚时分登上五层高的瞭望塔，俯瞰三亚夜景。由于林区新开，时常听说游人徒步时遇见蛇，晚间下山尤其要注意安全。

乘9路、10路、36路、53路公交车到春光路口站可抵达正门。从市内打车15元以内。

白鹭公园 公园

（见88页地图；河东区凤凰路；免费；⏲24小时）如果三亚湾海滨成群结队的游客让你吃不消，白鹭公园是远离喧嚣的好地方。这里是三亚市中心的一片湿地绿洲，位于临春河畔，向东与市区最高点凤凰岭相连。中心的白鹭湖一年四季栖居着成群白鹭，处处可见自由展翅的身影。公园游客稀少，但如果你想独享一方宁静而不被广场舞破坏兴致，尽量避开早上和傍晚两个时段。

乘25路、28路、30路、50路、52路、53 路

三亚中心城区和三亚湾

景点	
1 白鹭公园	C3
2 凤凰岛	A3
3 临春岭森林公园	C2
活动	
4 大东海百乐国际潜水	C5
住宿	
5 锦江之星（三亚国际购物中心店）	D3
6 君庭酒店	C4
7 丽枫酒店	D1
8 三亚livelife青旅	D2
9 三亚福朋喜来登酒店	A2
10 三亚蓝天国际青年旅舍	C4
11 三亚林妹妹的青年旅舍	B1
12 三亚泥宿艺术酒店	D1
13 三亚山海天万豪酒店	C5
14 三亚心一境禅意大酒店	D1
15 三亚阳光国际青年旅舍	C4
16 三亚悦榕庄	B5
17 哇艾鲁海岸别墅	D2
18 屋奇酒店	D2
就餐	
19 爱语阳光三亚河店	D3
20 第一家港门粉	D1
21 君瑞酸粉小吃店	D1
22 利国餐厅	D2
23 林姐香味海鲜加工店(第一市场总店)	D3
24 龙泉人椰子鸡汤（三亚湾店）	D1
25 萌记烤鸭	A2
26 三亚正宗抱罗粉店	D3
27 渔村炸鸡店	B5
饮品	
28 43#蘭·咖啡·生活馆	D1
29 海岸11号酒吧	D2
30 海南特色甜品小吃	D2
31 姐妹清补凉	D3
32 甜蜜蜜（外贸路店）	A2
33 小顿咖啡馆	D1
34 一馨甜品（外贸路店）	A2
35 渔村炒冰店	B4
娱乐	
36 Club 88	B4
37 M2 Club	B4
38 Muse	B4
购物	
39 1号港湾城	C5
40 第一市场	D2
41 解放路步行街	D2
42 三亚明珠广场	D1
43 夏日百货	C4
实用信息	
44 三亚市人民医院	D1
45 三亚市邮政局	D1
交通	
46 三亚汽车总站	D2

公交车到山水国际站或图书馆站下车。

三亚千古奇情景区 主题公园

（见86页地图；☎8865 8333；www.songcn.com；迎宾大道333号；门票普通/豪华280元/480元；⏰12:00~21:30）宋城集团在国内的连锁主题公园之一，沿袭了宋城打造城市历史文化体验式景区的模式，以三亚千古情大剧院（见86页）的大型歌舞《三亚千古情》为主要作品，每天演出三场（14:00/16:00/20:00）。围绕大剧院的是数十个主题街区。你可以在小吃广场找到海南特色食品。黎苗集市和黎苗街上也有一些有趣的当地特色工艺品。露天广场固定时段有摘椰子、黎族婚礼等民俗表演（11:20~19:35），演出时间和地点预告可在海报栏查看。

崖州古街无论是月老祠、妈祖庙、古集市，还是黎村、苗寨，都仿造得精致有趣，入口处的科技游乐馆内有暴风眼湿身体验台风的威力，对面有海角沉船听音室听幽灵讲故事——胆小勿入。同样可能“吓破胆”的还有大剧院外的鬼域惊魂。

紧邻景区的**三亚冰雪世界**（120元；⏰11:00~20:00）以北欧乡村小镇、滑冰道、滑雪场、冰雕观赏区、戏雪区等为主题，让你在这里感受三亚的冰火两重天。**三亚彩色动物园**（⏰12:00~19:00）则主要吸引亲子家庭游客。动物园内的**千古情客栈**（大床/标双 898元起）装修精致，含景区所有门票，窗外还能看到园区内的几十种小动物。

通过官网或旅游网站购票有折扣，但二

次入园时须重新购票。可在景区门口或六间房广场的自动取票机取票。

可乘1路、7路、9路等公交车抵达。打车约需20元。

亚龙湾

亚龙湾 沙滩

（见87页地图；⏲24小时；海滩下水开放时间8:00~18:00）位于市区以东30公里，拥有绵延7.5公里沙细浪白的南中国最美海岸。与开发较早的大东海和三亚湾相比，亚龙湾的沙滩更加洁白细软。

海边的人行道很适合悠闲散步，但是靠步行领略整个海湾有点不切实际，还好不少共享单车停靠于此，可用步行加骑行的方式游览，从弯月路往青梅路一路享受林荫骑行乐趣。中心地区拾级而上是新建的**图腾文化水景广场**，有着人造喷水池与海景相连，是很好的取景点。

亚龙湾是三亚珊瑚礁国家自然保护区的一部分，有保存完好的珊瑚礁和热带鱼，适合潜水和各种水上活动。乘25路公交车到亚龙湾尽头的**亚龙湾海底世界**（见87页），在现场可以选择游玩项目组合出海。附近的**地中海潜水中心**是岸边的大型水上乐园，可以在大泳池内体验潜水和各种水上运动。楼下的**瑞德姆海底餐厅**是美人鱼海底世界演艺主题餐厅，午饭和晚饭时间分别有5场水上芭蕾和美人鱼表演（20分钟/场）。

从亚龙湾海底世界对面、百花谷和亚龙湾瑞吉度假酒店门口都有可进入海滩的公共入海通道，每处均有标示安全的入海时间，切勿在非开放时间下水。大部分旅行者选择住在龙海路的星级酒店，所以**百花谷**附近的木栈道是很多人选择的出入口，娱乐餐饮购物方便，出入口有淋浴设施（15元/人）。

从市区及各景点开往亚龙湾的公交有微5路、15路、24路、25路、27路。打车约需60元。

亚龙湾热带天堂森林公园 公园

（见87页地图；www.ylwpark.com；门票旺季/淡季 120元/100元；⏲7:30~18:30）自称是“海天仙境，热带天堂”的亚龙湾热带天堂森林公园拥有热带常绿性雨林和热带半落叶季雨林，在三亚各大景区中，这里是最能把自然风光和人文景色结合得相得益彰的。

除了天然的雨林景观外，电影《非诚勿扰2》的内容被巧妙融入到景区各处。最热门的景点当属舒淇曾走过的全长168米、悬空48米的**过龙江索道**（过桥费20元/人），但挑战你心理极限的不是走索道时的恐高症，而是旺季时窄窄的索道上站满的游人。电影中的试婚房在鸟巢度假村（见91页地图）内，每栋别墅如鸟巢般零星落于悬崖上的绿林中，身处其中云雾袅绕。而建在山腰上的露天泳池——峭壁天池则只对度假村住客开放。

另外一个顶级体验是在**山顶公园**，登上沧海楼极目远望，俯瞰亚龙湾美景，比在市区其他山顶俯瞰的三亚湾海景更美。不要错过到山顶的云顶咖啡馆品尝免费的森林云顶咖啡。

把雨林的奇美与惊险体验结合的还有全长600米的极速溜索（100元），独特的游览车也很刺激，山路崎岖加上接连不断的急转弯，司机驾驶神乎其技，切记全程抓紧扶手。

可乘15路、24路、25路、27路公交车到亚龙湾加油站公车站。再过马路依路牌步行约10分钟上坡到门口。乘出租车要80元左右，车程45分钟。

海棠湾

珠江南田温泉 温泉

（见87页地图；☎8881 9888；海棠湾南田旅游区；门票190元；⏲8:30~23:00，售票时间8:30~17:30）三亚有着丰富的温泉资源，南田农场温泉温度在20~57℃，含硅、氟等矿物质和微量元素。温泉区内68个大小不一、功能各异的药池散布在椰树下。清晨和傍晚可以避开游客高峰，独享清静。景区内有农家美食、烧烤、超市等简单配套设施，**珠江南田温泉度假区**（温泉田景房 1688元；❄@📶P）的花园洋房宁静舒适，可在阳台欣赏园景，还包含早餐及两张温泉门票（每位住户只能免费使用一次温泉）。温泉周边还有若干类似的温泉度假村，在旺季很难订到度假区内的住宿时，也可在周边入住。

景区为住客提供珠江花园酒店和珠江南

亚龙湾和海棠湾

亚龙湾和海棠湾

活动

1 三亚亚龙湾高尔夫球会 B4

住宿

2 海棠湾517驿站青年旅舍 D1
3 三亚NANUNA冲浪度假酒店 A1
4 三亚保利瑰丽酒店 D2
5 三亚海棠湾HANATOALICE
海景酒店 A1
6 三亚海棠湾红树林度假酒店 D2
7 三亚海棠湾民生威斯汀度假酒店 D1
8 三亚哪里那里海岸客栈亚龙湾店 B3
9 三亚亚龙湾铂尔曼别墅度假酒店 B4
10 三亚亚龙湾希悦精品别墅酒店 B4
11 三亚梓路客栈 B3
12 亚龙湾人间天堂·鸟巢度假村 B4

就餐

13 海蓝海底餐厅 B4
14 满庭香川菜海鲜烧烤排档.................. B3
15 三和风味馆 A1
16 朱家酒店 D1

饮品

17 YOOOOO友·甜品 A1

娱乐

18 万达影城IMAX(海棠湾店) D2

购物

19 鸿港新贸城 A3

另辟蹊径

挖掘隐秘的新海滩

在三亚看海、潜水、玩水上活动，如果希望寻找还未被旅行团踏足的“处女地”，不妨考虑以下几片比较隐秘的海湾。

百福湾 又称龙仔湾，位于亚龙湾西南部，西接六道湾，东倚太阳湾。三面环山，海水清澈透明，能见度可达到18~30米。作为三亚最顶级的潜点，这里是世界上现存最大的软珊瑚保护基地之一，是珊瑚爱好者必潜之地，即便是浮潜也能看到大量鲜艳的热带鱼。在亚龙湾参加的潜水一般都以百福湾为中心，但不能通过陆路到达，只能在亚龙湾参加体验式潜水，或预订潜水俱乐部在百福湾的潜水项目，乘船前往。

皇后湾 位于后海村的皇后湾是三亚的冲浪胜地，由于水清浪大，最早被外国的冲浪爱好者发现，继而成为冲浪爱好者基地，也有一些旅行者选择在此露营看海上日出。这里游人比较少，也是浮潜和海钓的小众之地。附近食宿配套方便，订一家海景旅舍，参加几天冲浪课程，会得到与主流景区不一样的体验。

太阳湾 最受本地人喜爱的私家海滩，西接百福湾，东倚亚龙湾，是亚龙湾中唯一的私属湾区。没有任何公共交通，须自驾经过4公里私家观海山路。目前太阳湾是属于柏悦和安达仕这两家奢华酒店的“私家海湾”，必须穿越酒店大堂才能走到沙滩上。酒店住客除私享这片极美海滩外，还可参加潜水项目，一探这个自称为除西沙群岛和南沙群岛外的顶级潜点。

牛车湾 位于三亚市东30公里处，在海棠湾与亚龙湾之间，对望蜈支洲岛，整个形状如乡下老农的牛车。有着长达1700米、沙质皎白细腻的沙滩，海湾两侧礁石嶙峋陡峭，水深6~15米，清澈见底，珊瑚种类丰富，适合浮潜。原为部队驻地军事禁区，有保存完好的瞭望台、碉堡、狼烟台、防空洞等军事设施。由于并不对外开放，只能自驾前往，路比较难走。**三亚阳洋户外俱乐部**（☎150 9995 8066；微信公众号SYYYHWJLB）偶尔组织在此骑行、露营、潜水、烧烤，可在飞猪网预订行程。自驾前往时，会有当地人硬性收取20元/人的进入费，露营过夜收50元/人。

田温泉的往返免费班车。如非住客请事先致电咨询。

前往南田温泉只有从蜈支洲始发的海棠1路公交车，在南田温泉站下车步行10分钟到门口，半小时一趟车。其他地区前来公交不便，建议在市区打车前往，约140元，从海棠湾出发约需30元。在我们调研期间，从海棠湾往南田温泉的路段围闭绕道，可能会堵车。

后海村　沙滩

（见87页地图；海棠湾后海村；免费；⏲24小时）作为通往蜈支洲岛登岸码头的唯一港口，后海渔村本来只是提供食宿服务的过路小站，渐渐因为淳朴的渔乡风情吸引了不少爱探索的旅行者。

沿渔港路步行约50米，穿过稀疏的树丛，就到了三亚的冲浪胜地**皇后湾**（见本页方框）。运气好的话，你能在这里看到本地捕鱼高手用长叉捕鱼的绝活。不要错过皇后湾的海上日出。从皇后湾往后海岭的方向并排林立着十几间直通海滩的冲浪度假旅舍，大部分有冲浪课程和水上运动，入住时可以询问前台。

“吃货”们来到后海村，首先可以前往**后海渔排**品尝地道的渔家海鲜。渔排入口处有各家餐馆的名字和联系方式，海鲜现捕现做，名气较大的有铁炉港09号渔排和黄海海鲜渔排，有很多明星曾经光顾。另外，晚上的藤海街会变身为夜市，到处都是热火朝天的烧烤、路边摊和水果车，调研期间藤海街两侧的商铺都在整体重建，未来将会面貌一新。

活动

三亚的娱乐休闲运动包罗万有，海上运

动集中在三亚湾、大东海、亚龙湾和蜈支洲岛；在市区内和星级度假村可以泡温泉、做SPA、打高尔夫；你甚至还可以尝试乘坐直升机或水上飞机观光。这些项目如今全都明码实价标示，基本不会产生定价纠纷，淡季时甚至可以砍价。

潜水及其他水上项目

三亚拥有3500平方公里的海域面积，海水清澈透明，海底景观绚丽多姿，能见度普遍可达8~16米，有些地方可达25米，是南中国海最适合潜水的旅游胜地之一。

大东海百乐国际潜水　潜水

（见88页地图；☎8867 5122；大东海百乐国际潜水中心，海花路荷泰酒店对面）在大东海的显眼位置，这家老店提供岸潜（298元）、船潜（260元）等服务，出海的潜点在大东海区域。岸潜一般能看到小型的浅水珊瑚、海星、海胆、海参以及浅海热带鱼类。

亚龙湾海底世界　潜水

（见86页地图；☎8856 5588；亚龙湾龙海路2号）提供各种海上娱乐项目，亚龙湾的珊瑚潜点备受推崇，可参加珊瑚礁精品潜水（429元）、精品船潜（880元）亲近珊瑚世界，另外，这里也提供夜钓（260元）、香蕉船（100元）、拖伞（320元）等海上活动，还有各种打包套票（220元起），可根据喜好订制项目并一站式购买，接送出海。

西岛游乐世界　潜水

（见86页地图；☎8891 0888；www.syxidao.com；天涯镇西岛旅游度假区）西岛海域是国家级珊瑚礁自然保护区，这个潜水胜地提供各种远海潜水（680元）、岸礁潜水（390元）、玻璃船观光（60元）等潜水体验，也包括各项水上运动。

高尔夫

三亚的高尔夫球场大多出自知名设计师之手，将大海、田园、森林等原生态风景巧妙融入。

鹿回头高尔夫球会　高尔夫

（见86页地图；☎8833 8888；www.lhtgolf.com；鹿回头海景大道；2280元/18洞；⏲6:30~18:30）位于鹿回头半岛，离市中心非常近。标准的18洞国际锦标赛级球场，环抱在青山碧海之间。

三亚亚龙湾高尔夫球会　高尔夫

（见91页地图；☎400 166 1868；www.yalongbaygolfclub.com；1400元/18洞；6:30~18:30）中国最南端的顶级高球场地，是举办国际标准滨海地冠军赛的度假型球场。

邮轮

随着凤凰岛国际邮轮港的正式启用，三亚成为各大邮轮东南亚线路上的重要停靠点。由三亚港出发的邮轮目前主要运营前往西沙群岛的国内邮轮航线，另外还有往返越南的线路，但一般在冬季才有航班。

丽星邮轮双子星号　邮轮

（☎400 849 9848；www.starcruises.com；凤凰岛国际邮轮母港）作为世界第三大联盟邮轮公司的丽星邮轮，一直以三亚为母港，主要在每年11月至次年3月的冬季航期开航。2018年开启的双子星号“星耀海南，菲越2018——南中国海瑰宝之旅”系列航线，包括由三亚出发的6天5晚游览越南胡志明市—头顿—芽庄的路线。夏季班次减少甚至停航，可提前致电咨询航线情况。

海南之梦号　邮轮

（☎400 00 51673；微信公众号leyouxisha；www.nanhaicruises.com；凤凰岛国际邮轮2号码头）4天3晚的探寻西沙之旅每月运营1~4个航次。除了沿途的海上和岛礁观光外，还会在全富岛、鸭公岛、银屿岛三个岛礁上组织活动。费用包含全程用餐、住宿、岛屿观光等服务，船上设置了豪华VIP套房、电影院、茶室等。

长乐公主号　邮轮

（☎8824 6548；www.hnss.net.cn；凤凰岛国际邮轮2号码头）拥有客房82间，设有自助餐厅、娱乐室、超市、医疗所等场所。旅行者可在西沙游玩两个整天，同样也在全富岛、鸭公岛和银屿岛登陆，并参加升旗、环保卫士、半潜船观光、浮潜、海钓等主题活动。

帆船、游艇和直升机

亚龙湾游艇会 游艇

(☎8888 6789; www.syyc.com; 亚龙湾国家度假旅游区内)除了常规的游艇出租，还有帆船学校、游艇驾校和海钓俱乐部，并提供特别的海上体验如"精粹亚龙湾""南山礼佛""百福湾之旅"和"香瓷古路"等航线。

半山半岛三亚帆船港 帆船

(☎3821 6962; www.serenity-marina.com; 鹿回头路16号; 游艇出租2600元/小时起)是三亚目前最高端、最专业的帆船港，也是两届沃尔沃环球帆船赛中国赛区唯一指定停港、竞赛村。港内设有游艇俱乐部会所、餐厅、咖啡厅、酒店及帆船学校等。提供帆船和游艇租赁业务，从500～56,000元/小时不等。

扬帆游艇俱乐部 帆船

(☎400 033 9979; www.syyangfan.cn; 南边海路170号; 游艇出租1200元/3小时起)除了游艇租赁业务，还有三亚湾游览项目如散客拼船超豪华的海上夜色之旅"扬帆夜咖游艇晚宴派对"(188元/人，19:30～21:00)，散客拼船夜观美丽滨海城市项目"扬帆夜游三亚湾"(198元/人; 19:00～20:00, 20:10～21:20)，另有东岛路线的海上下午茶等航线。

美亚航空 水上飞机

(☎3189 6999; meiyaair.aircraftnurse.com; 三亚湾路8号)主要提供低空飞行项目，是俯览海岛风光的绝佳体验，飞行时间10～60分钟，水上飞机为往返双程飞行。目前开通多条航线：三亚滨海西至东罗西鼓岛，东至蜈支洲岛的东西航线空中游览。

节日

国际热带兰花博览会 展览会

每年1月在兰花世界文化旅游区(三亚天涯区西线高速路南山出口处)举办的国际性兰花主题博览会，为期7天。有来自德国、厄瓜多尔、朝鲜及东南亚多国的兰花作品参展。详情可在官网(www.troporchid.com)查询。

南山新春庙会 新年

每年农历除夕到正月十五是南山最热闹的时候，拜佛、祈福、听吉祥钟、逛庙会、品小吃等活动都带着浓浓的年味。其中两大重头戏是除夕夜的108响撞钟仪式，以及大年初一举行的盛大法会。

二月二龙抬头节 传统节日

每年农历二月初二在大小洞天景区内举办。当地人通过"南海龙王祭祀大典""洗龙头"等仪式表达对风调雨顺的美好祈愿，届时有渔民在海上鸣炮庆贺，非常热闹。

"三月三" 少数民族节日

农历三月初三是海南黎族、苗族的传统节日。节日当天在各区的主要公共场所和部分景区会举办大型文艺演出，展现黎苗风情文化，还有黎锦织艺展、打柴舞、美食展及民族传统体育竞赛等特色节目。期间同时也会举办"海南国际椰子节"——来放开肚皮品尝鲜美椰子和各类特产美食吧。

海南岛欢乐节 狂欢节

每年11月至12月全岛范围的欢庆活动，专门针对旅行者。除三亚以外，海口、琼海、万宁、琼中、儋州等分会场也有丰富的活动，是全岛狂欢的嘉年华，期间三亚各旅游区和公共场所会举行各种主题的博览会、旅游推介促销、文艺表演和美食活动。

住宿

三亚城市规模不大，但汇集了海南岛近1/4的酒店，从奢华的滨海别墅、经济型酒店、青年旅舍到适合长居的家庭旅馆，应有尽有。旺季时房价能涨到平日的3～4倍，热门酒店依然一房难求。

市中心

市中心聚集三亚最多的民宿、青旅和经济型酒店，以平易近人的价格和便利的交通获得不少旅行者的青睐，适合预算在300元左右的经济型住客。解放路及附近街区是美食荟聚之地，住在这里吃饭很好解决。

三亚心一境禅意大酒店 精品酒店 ¥¥¥

(见88页地图; ☎3885 6111; 河西春园路108号; 标单/标双 428/336元; ❄📶P)在明珠广场的后门斜对面，与春园海鲜市场只有几分钟的步行距离。酒店门口身穿禅衣的服务生都轻声细语、斯文有礼。大堂茶社和客房走廊的佛教音乐都在告诉你这是一家以禅意和茶道为主题的酒店。房间统一简朴中式风格，无论家具或器皿都简约精致，榻榻米的飘台上放置了禅意茶具，配上酒店特制的茶叶，适合一个人享受独处时光。

三亚泥宿艺术酒店

精品酒店 ¥¥

[见88页地图；☎8869 3199；铁路东巷27号（团结路与吉祥路中段）；标单/标双 251/308元；❄📶P]步行几分钟可到三亚湾海边，背后就是明珠广场。这家主打"细节控""不将就"的主题酒店以设计别致和服务周到收获不少好评。设有榻榻米房、卡萨布兰卡房等不同国家主题风格的房间。房间内卫浴分开，有晾衣设施。

丽枫酒店

酒店 ¥¥

[见88页地图；☎8867 8888；解放二路502号（步行街对面）；大床/标双 319/348元；❄📶]同样坐落在解放路，是最靠近三亚汽车站的经济型酒店。以紫色为主调，弥漫着浓郁的薰衣草味道。入住时前台提供花茶和湿巾，房间配备自动窗帘和触屏开关，隔音不错，床品是天然雅棉，也有天然草本无硅油的洗浴用品。

屋奇酒店

设计酒店 ¥¥

[见88页地图；☎8883 6969；解放二路488号（步行街店）；大床/标双 218/338元；❄📶]就在三亚最繁华的解放路步行街上，是一家新建的众筹酒店。入门满眼绿意盈盈，大堂满墙装饰绿色植物，简约文艺风扑面而来。房间内装修风格类似无印风，极度简约，但细节略显粗糙，有时候卫生打扫不太到位。虽在闹市，但房间隔音不错。淡季价格人见人爱，旺季涨到500元以上也是一房难求。

锦江之星（三亚国际购物中心店）

经济酒店 ¥¥

[见88页地图；☎8888 5966；解放路120号（第一市场附近）；标双 218元起；❄📶]适合美食家的平价之选，从酒店后侧的巷子穿过去就是第一市场，晚上可在此享尽各种海鲜。门口公车站直达很多主要景区，大堂味道清新，房间配有阳台方便晾晒衣服，海景房可看凤凰岛夜景。

三亚美丽之冠大树酒店

酒店 ¥¥

（见86页地图；☎8889 7555；凤凰路101-1号；标单/标双 371元起；❄📶P）作为全三亚外形最独特、最具设计感的酒店，这家八棵大树造型的酒店常引得路人驻足欣赏。酒店内部的装修同样让人惊艳，如果从美丽之冠大剧院步行，会穿过一条金碧辉煌的长廊，西式教堂的壁画和水晶灯让人仿若置身欧洲。设计风格可以用"浮夸"二字形容，连电梯按键台也是闪耀的水晶台。房间户型统一，配有迷你小阳台。每栋楼下有管家前台，可帮忙预订美丽剧院的折扣演出票。

三亚林妹妹的青年旅舍

青年旅舍 ¥

（见88页地图；☎138 0750 5440；三亚湾金鸡路岭金鸡岭村二巷22号；铺/标单/标双 35/127/128元；❄📶）这家以骑行为主题的青旅主要接待环岛的自行车骑友，位置比较偏僻难找，有很长一段上坡路考验体力。在金鸡岭农贸市场旁边的小路进去，旅舍是一栋蓝色别墅，装饰风格虽然有点混杂，但也别有趣味，晚饭还提供拼饭、夜宵和自己做饭三种选择。店主热情，也是骑行爱好者，有很多骑行信息可与同道交流。

大东海

作为三亚老牌海滨景区，多样的住宿类型、便捷的交通、鳞次栉比的酒吧餐厅造就了大东海酒店的超高人气。如果你是爱热闹的背包客，这里有三亚市最好的几家国际青旅，靠近海滨，食娱购既廉价又方便；如果追求闹中取静的高端体验，背山面海处又隐藏着数家鼎鼎大名的国际星级酒店。

三亚阳光国际青年旅舍

青年旅舍 ¥

[见88页地图；☎8895 5890；大东海海花路鹿鸣小区一号别墅（夏威夷酒店路口内100米）；铺/标单/标双57/168/188元；❄📶]可能是三亚市区最好的青年旅舍，有桌球、酒吧、滑板区等玩乐消遣设施，也可在旅舍预订冲浪、潜水、爬山等户外项目。装饰设计简约又有心思，位置离大东海很近，步行可达。在这里经常能结识天南地北的新朋友。

君庭酒店

设计酒店 ¥¥

[见88页地图；☎8867 7888；大东海海花路

13号；标单/标双 366元起（含早餐）❄📶P）藏在小路中的酒店外观黑色典雅，有不少回头客捧场，服务到位，设施完善，也是三亚为数不多的房间内配备胶囊咖啡机的酒店。早餐非常丰富。配备健身室和洗衣机供住客使用，去大东海只需步行，附近有夏日百货商场，行娱购都方便。

三亚文华东方酒店 酒店 ¥¥¥

（见86页地图；☎8820 9999；榆海路12号，近大东海广场；标单/标双1499元起；❄@📶P🏊）园林式酒店，有一片独享的静谧海湾，适合寻找宁静的住客。从榆海路开车进来需要几分钟，沿着蓝色栈道一直到酒店门前的海滩，景色非常优美，算得上三亚的海岸隐藏美景之一。每间客房都能饱览海景，装修和服务固然毋庸挑剔，但酒店离闹市较远，附近没有餐饮，如非自驾，出入不太方便，保安比较严密，外卖送餐也难以进入，饮食须在酒店内自理。

三亚悦榕庄 度假村 ¥¥¥

（见88页地图；☎8860 9988；鹿岭路6号，近鹿回头公园；泳池别墅房 2299元起；❄@📶P🏊）位于鹿岭路和南边海路交界处，酒店门口相当低调，清一色是自带私人泳池的别墅房，独享私家海滩，出入有电瓶车接送。别墅房之间间隔较远，私密性很好。酒店会安排不同的娱乐项目填满你每天的行程。想运动一下的话，可以到附近的三亚鹿回头高尔夫球会漫步挥杆。

三亚山海天万豪酒店 酒店 ¥¥¥

（见88页地图；☎8821 1688；大东海海韵路88号；标单/标双800元起；❄@📶P🏊）在前往鹿回头的路上，背山面海独享一片美景。入门处的花园有观景台和无边泳池，内设专属儿童乐园和泳池，适合家庭入住。客房服务和装修沿袭了万豪一贯的风格，早餐也备受称赞。除了酒店楼下的海滩，在抵达酒店前会路过一条海星巷，拐进去便是大东海海滩一角，人比较少，海景称得上壮美，是不少人拍婚纱照的选地，在这里参加俱乐部潜水也很方便。

三亚蓝天国际青年旅舍 青年旅舍 ¥

（见88页地图；☎8821 1770；吉阳区海韵路蓝海巷1号，近榆亚大道；铺/标单/标双50/188/159元；❄📶）要找到这家青旅得穿过香气混杂的小吃一条街，估计还没找到旅舍，你就已经一路开吃了。沿蓝海巷走到尽头，看到蓝色的小洋房便到了，门口有开放式的酒吧、桌球、KTV，房间和床位都干净舒适，旅舍会组织各种团队活动，写在门口小黑板，价格比较实惠，要提前一天报名。

三亚湾

三亚湾是市区内最靠近海滩的地方，亲民又亲水，既能步行几分钟到海边看日出日落，又能身处市区感受三亚人的生活气息和便利。三亚湾西部一列排开是高级连锁酒店，价格在500元以上；中部是性价比更高的中端酒店和为数众多的家庭旅馆，最低价的旅舍床位可能只需几十元；东部靠近凤凰岛的滨海别墅区则隐藏着个性鲜明的文艺小别墅，价格却只相当于经济型酒店。

三亚海韵度假酒店 酒店 ¥¥¥

（见86页地图；☎8838 8888；三亚湾路168号；豪华园景房大床/标双 518元；❄@📶P🏊）在三亚湾海边路过，你总会被这家酒店的外观所吸引，木制飞檐如两艘飞扬的邮轮，酒店内部是东南亚度假风格，采用特别的三维通风设计，不出房门也能感受徐徐海风。适合家庭亲子度假，房间特别宽敞，户外有各种水上和儿童娱乐设施，还有专门的儿童餐厅。

哇艾鲁海岸别墅 客栈 ¥

（见88页地图；☎8866 5066；三亚湾路滨海别墅区5-6号；标单/标双 178/198元；❄📶）"哇艾鲁"在海南话里是"我爱你"的意思，自然也是很多情侣喜欢入住的蜜月小店。别墅位于三亚湾尽头凤凰岛对岸的海边别墅区，是其中一所红色的小别墅庭院。环境私密性很高，不少情侣拍婚纱照也选择这里，客房阳台可观赏花园，有免费洗衣和单车出租。对面有酒吧和小餐饮店，走几步就能到海边看凤凰岛美景。

三亚湾皇冠假日度假酒店 酒店 ¥¥¥

（☎8825 8888；三亚湾路228号；标单/标双 599元；❄@📶P🏊）如果你喜欢奢华宫廷风，这里会很对胃口，酒店的法式风格大气奢华，地处三亚湾最远离市区的海景地段，好处是出门可独享人迹稀少的海滩长廊景色，相比椰梦长廊附近的酒店，这份"荒凉"反倒成了独特优势。房间设施虽略有过时，服务和配套仍对得起五星酒店的标准。

三亚livelife青旅 青年旅舍 ¥

（见88页地图；☎177 8989 8187；光明路5号光明社区6栋701室，近凤凰岛车站；铺/标双46/138元；❄📶）位于三亚湾海边一处安静居民区的8楼顶层，没有电梯，适合行李少又年轻力壮的你。外面没有招牌，最好联系老板下来带路。虽然是廉价青旅，设施简单，但观景位置不错，有自带无敌海景落地窗的标间，上顶楼阳台可俯瞰整个三亚湾。

三亚福朋喜来登酒店 酒店 ¥¥¥

（见88页地图；☎8888 8588；三亚湾路78号；标单/标双 499元起；❄@📶P）位于三亚湾中心地段，是最靠近椰梦长廊起点的酒店，过马路就是海滨区域，在楼下主干道乘公交到任何景区都方便。泳池、健身室、海鲜吧、早餐区一应俱全，但房间内的设备有点旧，旺季时椰梦长廊的人潮对有些住客来说也是噪音污染，尤其是清晨和傍晚的广场舞时段。但如果你本来就喜欢热闹，反而会享受这里的生活气息。

亚龙湾

亚龙湾的住宿分两个区域，沿着亚龙湾沙滩而建的高端酒店集中在龙海路、海月路和湾月路一带，如喜来登、万豪、希尔顿、红树林、米高梅等国际酒店，每几百米就有一家，适合轻奢型旅行者。亚龙湾森林公园附近则以六盘村内的家庭旅舍为主，价格实惠。

亚龙湾人间天堂·鸟巢度假村 度假村 ¥¥¥

（☎3821 9999；www.ylwpark.com；亚龙湾热带天堂森林公园内；标单/标双 1080/1580元；❄@📶P）位于森林公园景区内，依山面海，栖居丛林之上可以看云雾袅袅，窗边就有虫唱鸟鸣。这里共有210间充满野趣的奢华客房，分布在山上的集结地、鸟巢西区、鸟巢东区、凤凰台及云顶度假区。大部分房间集中在鸟巢东区，每间木屋以马来西亚红木和布帐等天然材料巧妙筑在山林之间，餐饮也方便；凤凰台区则是钢筋水泥建筑，但含有独立泳池；制高点是云顶区，能俯瞰亚龙湾和海棠湾美景。如预算不多但又想体验一次奢华野宿，仅有9平方米的麻雀房（880元）是入门之选（公共卫浴）。酒店有免费接送服务。

三亚亚龙湾迎宾馆 酒店 ¥¥¥

（☎8871 8888；www.palaceresortyalongbay.com；亚龙湾国家旅游度假区龙海路14号；标单/标双 719元起；❄@📶P🏊）哪怕不入住，这也是亚龙湾最值得参观的酒店之一，全白色的外观和紫色的标志在一众酒店中独树一帜。由国际知名顶级设计公司Gensler打造，大堂休息区的巨型LED灯饰不断变幻画面节奏，有置身艺术殿堂的感觉，露台区面向整片缤纷的花园和大泳池，景致优美。酒店内拥有亚龙湾唯一的海底餐厅——海蓝海底餐厅（见101页），用餐体验独特。步行过马路便是亚龙湾海滨和旅游咨询中心。通过官网预订有优惠折扣。酒店早晚各有一班往返三亚国际免税城的免费巴士，提前一天在酒店预约即可。

三亚哪里那里海岸客栈亚龙湾店 客栈 ¥

（☎8826 2577；亚龙湾热带森林公园景区入口北面约300米；标单/标双 125/ 220元；❄@📶P）位于最靠近亚龙湾热带天堂森林公园的六盘村口，蓝色的4层楼房新近装修，干净舒适，内设各种颜色主题客房。经营者深谙自助旅行者需求，虽然没有电梯，但前台会帮拎行李上楼。顶层可以自助洗衣晾衣。距离亚龙湾海滨浴场需10分钟车程，客栈每天有专车（9:00/11:00/14:30/17:00）送到海滨浴场及百花谷，还提供玩沙工具、游泳圈、沙滩垫等小物件，而且都是免费的。楼下大堂是书吧和自助餐饮区，调研期间户外花园还在建造中，日后会专门供住客休憩。

三亚亚龙湾希悦精品别墅酒店 精品酒店 ¥¥

（☎8889 8911；龙海路14号华宇度假酒店T01别墅；标单/标双 389元起；❄@📶P🏊）地段绝佳，位于华宇酒店别墅区内，穿过大堂便是百花谷，步行到亚龙湾海边只要几分钟，饮食、购物、玩水十分方便。酒店门口比较低调隐蔽，看到简朴的"希悦"二字就到了。酒店内是热带风情小园林，房间都是联排小别墅，内有泳池和小温泉池。服务到位，环境清幽，作为精品别墅酒店，性价比极高。

三亚亚龙湾铂尔曼别墅度假酒店 酒店 ¥¥¥

（☎8855 5588；亚龙湾国家旅游度假区湾月路2号；豪华池畔房 799元起；❄@📶P🏊）酒店位置近湾月路路口，邻近亚龙湾高尔夫球会。酒店外观以泰国、缅甸、南洋三种建筑风格糅合成独特的东南亚风格视觉效果，有别于三亚其他铂尔曼的简约现代风。入住的别墅区面积很大，出入需乘电瓶车。预算充足的话，有私家泳池的别墅房（1054元起）是最好的选择。酒店扒房对外开放，提供海鲜自助餐和各款豪华套餐，出品美味却价格亲民。

三亚梓路客栈 客栈 ¥

（☎8835 8643；亚龙湾旅游度假区六盘村口内400米；标双 158元起；❄@📶P）六盘村内旅舍林立，这家新旅舍难得地配有电梯，进门装修是简朴的工业风搭配原木装饰，有43间主打轻奢的客房，据说是按三星级标准设计，房间都比较宽敞，有全落地玻璃的观景房。年轻的老板通晓各种三亚吃喝玩乐和小众玩法。一楼是人气很旺的餐馆。

海棠湾

海棠湾作为海滩新区，游人相对较少，更适合喜欢宁静的旅行者。海棠湾海岸汇集了三亚最顶级的高奢酒店，是三亚消费水平最高的住宿区域，经济酒店和青旅几乎绝迹；而后海村以个性鲜明的冲浪旅馆为主，价格亲民却能独享相对私密的海滩。

三亚亚特兰蒂斯酒店 度假村 ¥¥¥

（☎8898 6666；www.atlantissanya.cn；海棠湾海棠北路8号；海景房大床/标双 1788元起；❄@📶P🏊）引领国际风尚的迪拜亚特兰蒂斯品牌进驻中国的第一间酒店，让你在三亚也可体验一次奢华梦幻的海洋世界之旅。作为一站式度假区，按官方设计，未来可在亚特兰蒂斯水世界中畅游惊险刺激的水上滑道，在“失落的空间”水族馆中与异域海洋生物亲密接触，还能享用种类繁多的饕餮盛宴。在本书调研时，酒店的部分区域完成了翻新，此前的噪音影响应以不复存在。

三亚海棠湾红树林度假酒店 酒店 ¥¥¥

（☎3187 7777；海棠北路58号；标单/标双 791元起；❄@📶P🏊）由著名建筑设计公司阿特金斯设计，美国ZNA公司承建，与迪拜帆船酒店一脉相承，远看如一片纯白船帆。酒店内处处都是国际顶尖设计师米兰·西派克精心设计的景观，主打浸入式的艺术度假体验。客房采用智能灯光，家具电器设计独特。提供24小时贴身管家，顶楼设有直升机停机坪，满足各种高端度假需求。

三亚保利瑰丽酒店 酒店 ¥¥¥

（☎8871 6666；www.rosewoodhotels.com；海棠北路6号；豪华海景客房大床/标双 1280元起；❄@📶P🏊）最靠近海棠广场的酒店，从酒店的客房可远眺蜈支洲岛，穿过酒店大草坪和木栈道是一望无际的公共海滩。门口以前卫的潮流时尚风装修，处处都可以成为取景框，13层的天际泳池尤其容易出大片。床品高级舒服，房间窗帘全电动控制。除了全海景客房还有泳池两旁的独栋海宴别墅，最佳享受是在环境优雅的“炙”海滩烧烤餐厅，边在泳池喝着鸡尾酒，边观赏迷人海滨风光。

三亚海棠湾民生威斯汀度假酒店 酒店 ¥¥¥

（☎8865 9999；海棠湾海棠北路116号；标单/标双 788元起；❄@📶P🏊）与三亚国际免税城仅一条马路之隔，充分照顾购物狂需求。外形模仿鸟巢设计，环形建筑使每个房间能尽享海景、林景和免税城夜景。酒店内环抱着12,000平方米的露天大泳池，各种设施配套完善，还出租赛格威（电动平衡车）以供住客探索周边区域（200 元/20 分钟），也可在酒店的私家海滨进行海钓（150 元/60 分钟）。

三亚NANUNA冲浪度假酒店 酒店 ¥¥

（☎8875 1498；海棠湾林旺藤海社区后海东村一小组96-2；标单/豪华海景双床房 380/680元；❄📶🏊）皇后湾最高端的一家酒店，两栋四层白色建筑在小旅馆林立的后海村内算是“大型”了，但麻雀虽小五脏俱全，坐拥无敌海景，精致的酒吧泳池面朝大海，开放式观景露台。还有迷你健身室、专业的冲浪培训及冲浪板等出租。房间设施不错，不过服务一般，早餐较简陋。订房时不要犹豫，选海景房不会让你失望。

三亚海棠湾HANATOALICE海景酒店
酒店 ¥¥

(☎183 8939 1233；海棠湾林旺藤海社区东村93号；大床 359元；❄@📶Ⓟ🏊)皇后湾的另一家后起之秀，这家新酒店位于皇后湾的尾部，有点难找，但不妨碍享受一线海景，步行几米便到沙滩。整体以原木建筑和家具为主要元素，设计风格时尚现代，客房处处是轻奢精致感。这家酒店的房型特别有个性，一律为大床房，而且没有加床服务。同样配备私家泳池，泳池旁的几个豪华圆形大沙发是发呆放空的抢手位置。

海棠湾517驿站青年旅舍
青年旅舍 ¥

(☎133 7995 7517；龙海风情小镇N1-21；铺/标双 45/159元；❄📶Ⓟ)以骑行为主题的青旅，位于海棠湾区龙海风情小镇内，环境清静，附近也有一些类似的经济型旅舍。到这里入住的除了车友就是背包客，提供收费自助洗衣服务。入口的黑板上写满了海棠湾的玩法推荐，还可在这里参加冲浪、潜水等课程。老板能提供一切你所需要的信息，还能帮忙预订去蜈支洲岛的旅游班车。

就餐

来到三亚，美景和美食都不可辜负。最受旅行者欢迎的菜品非“海南四大名菜”（东山羊、嘉积鸭、和乐蟹、文昌鸡）莫属，还能在一些老字号餐馆品尝到已不多见的三亚十大名菜如藤桥排骨、羊栏酸鱼汤、南山素斋、疍家咸鱼煲和海鲜火锅。日常街头小吃首选各种海南粉、清补凉、水果炒冰和点心。从东北和其他地方迁入的新住民让这里也出现了不少东北菜馆、零星的湘菜、川菜和西餐馆、俄餐馆等，但这座城市的餐饮版图主要还是琼菜、粉店和清补凉店的天下。

市中心

三亚正宗抱罗粉店
小吃 ¥

(见88页地图；☎133 0759 5298；河西路33-

放心吃海鲜

三亚的海鲜餐饮市场一度让人诟病，“宰客”新闻层出不穷，不良店家时常被曝光——他们通常采用的伎俩是用死海鲜替代活海鲜，或是在秤上做手脚。如今三亚政府对餐饮业的监管比以往更加严格，轻者将被拘留数日并处千元罚款，重者可罚款20万元并吊销营业执照。如果想在三亚放心吃海鲜，除了在本书推荐的餐馆就餐以外，我们建议你遵循以下原则。

➡ 尽量选择正规的大酒店下属餐厅、老字号餐馆或大型海鲜加工市场内就餐，因为这些场所经常受到监管部门的抽检。

➡ 尽量不要在下午3点到5点间买海鲜，小贩会抓住人们想“尝鲜”的心理，开价比较贵。

➡ 不要到偏远的独门小店就餐，也不要轻信出租车、摩托车司机或者拉客小妹的推荐，以免误入黑店。

➡ 如果你有下厨的喜好，可前往当地人社区农贸市场的海鲜摊档如**鸿港新贸城**（见104页）购买海鲜，不要选择旅游区的市场。在社区内的这类批发市场，海鲜的价格更实惠，一般也更新鲜。

➡ 学会一句“阿兑几？”（海南话“多少钱？”）或许比拼命杀价更实用。

➡ 别被小贩手中欢蹦的螃蟹吸引所有目光，仔细看会发现，很可能是小贩拿着螃蟹的手在不停抖动。

➡ 随身带秤来杜绝缺斤短两似乎不太实际，500毫升的矿泉水也是不错的参照物。最起码要确保商家将海鲜袋里的水倒清再上秤。如果农贸市场内有公平秤，要尽量利用。

➡ 如遇宰客情况，迅速拨打12301或12315投诉。

不要错过

本地人的美食地图

大部分来三亚的游客会聚集在几个传统美食地标周围：第一市场、春园海鲜广场、下岗工人海鲜加工广场和解放路步行街。近年这个名单上又新增了海棠湾的海棠68环球美食广场和亚龙湾的奥特莱斯量贩海鲜加工厂，让这两个远离市中心的地方也有了配套的餐饮供应。但一般来说，除非经常光顾的老字号餐厅，三亚人很少刻意到这些"美食地标"和游客一起凑热闹，本地人心中自有他们的美食地图。

外贸路美食一条街 距离三亚湾很近的外贸路每天傍晚就开始热闹起来，一半是旅行者一半本地人，短短的街道两旁开满餐饮小店，有老字号的甜品店**一馨甜品**（见102页）和**甜蜜蜜**（见102页），还有地道东北烧烤小店香香铁板鱿鱼和经常没座位的聚宝源港式煲仔饭。

渔村路美食街 从梅港新渔村口的牌坊进入，直走几百米后右拐便是三亚年轻人的据点：吃夜宵的食客三五成群驱车赶来，为的是吃上一口酥香的**渔村炸鸡**（见101页）和料足冰爽的**渔村炒冰**（见102页），村里最多的是炸鸡店、粥汤粉面店还有各式甜品小店，一直到凌晨才打烊。

解放路小吃城 在解放路上隐藏着一条"暗黑烧烤街"，一是因为食街的招牌不大，很容易错过；二是长年在室内，星罗密布的小摊档大半是烧烤或各类煎炸，现场烟雾弥漫，食客吃得热火朝天。小摊前摆满食材，海胆、鲍鱼都可以现烤现吃。

亚龙湾六盘村 亚龙湾森林公园附近的小村，在森林公园成为旅游地标后，这里成为住宿和餐饮配套服务一条街，街口小小的美食广场专为游客准备，真正的美食要往里走，在各种烧烤小店中，口碑不错的是**满庭香川菜海鲜烧烤排档**（见101页），还有俄罗斯人开的俄餐馆以及鲜酿原浆啤酒屋等。

林旺市场夜市 林旺村的夜市广场仿若泰国夜市的三亚版，是当地人的最爱。两片大铁棚盖起的夜市从下午营业到凌晨2点，无论是芋头汤、鸡屎藤、清补凉还是疍家炒饭、炒粉面、炸鸡烤鸭、海鲜烧烤……价格都很实惠，种类之多小心吃到扶墙出。

后海藤海街附近 最靠近蜈支洲岛上船码头的后海藤海街，因为游客众多自然成为美食扎堆的地方，但真正的美味不在主街，从渔村二巷步行到当地市场的小街巷内有不少地道餐馆。早上在码头可以吃海南当地人的早餐，品尝各种粽子、豆浆和五颜六色的饭团。农贸市场隔壁的**三和风味馆**（见102页）和**YOOOOO友·甜品**（见103页）采用当地天然食材，味道都不错。

34号铺面；人均20元；⏲6:30~24:00）三亚河畔第一市场旁经营了十几年的老字号，据说是三亚最好吃的抱罗粉。就餐环境是嘈杂的大排档，不过丝毫不影响每天饭点门庭若市和排队买酱爆虾饼的人潮。海鲜抱罗粉分汤粉和干拌两种，各有风味，以秘制的酱汁让人食指大动。

林姐香味海鲜加工店（第一市场总店）

夜市 ¥¥¥

（见88页地图；☎188 8967 8786/138 7657 2523；新民街139号；人均150元；⏲10:00~22:00）经营了20年的网红海鲜店总店，分店遍布三亚各大海鲜市场旺区。你可以先在第一市场购买海鲜，然后拿过来按斤加工（虾蟹鱼类按不同品种约10~50元/斤，贝壳类按只结算），这里的厨师手艺好，水准一直很稳定，旺季时排队等位难免。

爱语阳光三亚河店

快餐 ¥

[见88页地图；☎8889 5300；三亚河西路1号（近第一市场和文体局）；人均40元；⏲10:30至次日0:30]这家老牌快餐连锁店总店是很多本地年轻人的童年回忆。另有两家分店。除了地道

的海南菜，还有老爸茶的各式点心甜品，菜单丰盛，海南鸡饭套餐（37元）鸡香汤浓。

渔村炸鸡店

小吃 ¥

（见88页地图；☎138 7671 1600；渔村路6巷97号；招牌炸鸡38元；⊙17:30~24:00）从梅港新渔村的入口右拐进入渔村路。这条路上各种小吃店汇集，尤以炸鸡店居多，这家有着最多的捧场客。炸鸡跟粥和小炒都是本地食客最爱。

萌记烤鸭

海南菜 ¥

［见88页地图；☎3820 3088；友谊路143号（劳动局斜对面）；人均30元；⊙10:00~22:00］三亚烤鸭味道更像广式烧鸭/烧鹅，比正宗广式做法略微逊色，除了招牌烤鸭（25元/斤）、烤鹅（65元/斤），还有各种鸡鸭鹅、大肠、猪肚的白切做法，店家会为你配上海南地道的作料（红辣椒、黄灯笼椒、蒜头碎、酱油四种味碟）。

君瑞酸粉小吃店

小吃 ¥

（见88页地图；☎8828 1285；新风街26号；人均20元；⊙6:30~23:00；可外卖）三亚比较著名的一家陵水酸粉店，靠近解放路，招牌的沙虫粉把沙虫炸得香脆，配以酸汤中和，伴着细粉入口，特别开胃。此外还有各种地道的海南粉，可在此吃遍后安粉、抱罗粉、陵水粉、海南粉，还有广式点心和椰汁水，虽在旅游区，但老顾客都是本地人，价格公道。

利国餐厅

海南菜 ¥¥

（见88页地图；☎8825 9099；文明路113号；人均60元；⊙11:00~14:30，17:30~20:30）位于消防局隔壁小区院里的家常餐馆，主营本地菜，口味比较清淡。招牌菜是文昌鸡、各种白切肉和清蒸海鲜。还有一款独特的三亚传统家常菜——酸鱼汤，以本地小瓜腌制成酸菜，配海鱼熬成汤，口味清甜带着淡淡酸香，鱼肉蘸着秘制蒜辣酱油很下饭。旅游区的很多琼菜馆都已经不见此菜踪影。

第一家港门粉

小吃 ¥

（见88页地图；☎138 7642 3221；儋州三巷51号；人均15元；⊙6:30至次日0:30）虽然老字号招牌中的“一”字掉了，但无碍于这里每天门庭若市。外卖小哥列队等单的场景颇为壮观。招牌港门粉小份11元起，汤很鲜甜，精华在于加3元的特制鱼饼。其余较受欢迎的是酸粉，另有笼装的广式点心如凤爪、排骨、牛肚等，50元就可以饱餐一顿地道的本地小吃盛宴。

三亚湾

龙泉人椰子鸡汤（三亚湾店）

海南菜 ¥¥

［见88页地图；☎8867 9113；团结路1号（三亚湾仙居府1-2楼）；人均120元；⊙10:30~21:00］主打海南风味椰子鸡汤，招牌至尊椰子鸡汤做法颇为讲究，选羊肚菌、红蟹、珍珠马蹄开锅煮10分钟后，再把3斤的文昌鸡倒入盖锅约6分钟，再次煮开便可。如法炮制的文昌鸡皮薄嫩滑、肉味香醇，油碟配料也是地道的海南调法。杂鱼煲和地道的椰子饭也是本地人爱点的菜式。

亚龙湾

满庭香川菜海鲜烧烤排档

烧烤 ¥¥

（见91页地图；☎139 7697 7226；亚龙湾六盘村内50米；人均55元；⊙17:00至次日3:00）这家的烤羊腿和羊排在三亚数一数二，调料恰到好处，羊肉香味四溢，口感回甘，是很多人来六盘村的首选。老板会按客人需求提供合适分量的羊排。除了烧烤，各种小炒也深得好评。据悉本店在2020年已停业。

海蓝海底餐厅

各国风味 ¥¥¥

（见91页地图；☎8871 8888-6172/6173；亚龙湾迎宾馆内主楼1F；自助餐298元/人；⊙6:30~10:30，12:00~22:00）亚龙湾首家海洋主题餐厅，是全球第十家海底餐厅。超大幅玻璃幕墙构成的海底世界中有30多种、4000多尾深海热带鱼伴你享用丰盛的中西式自助餐。据说由迪拜七星帆船酒店主厨亲自炮制，从生鲜海洋、传统中式美食到经典欧式炭烧一应俱全，现场可通过4个开放式操作餐台欣赏厨师烹饪过程。自助晚餐时间为18:00~21:00。

海棠湾

朱家酒店

海南菜 ¥¥

（见91页地图；☎139 7618 1190；海棠湾镇藤桥海棠湾农产品批发市场对面；藤桥排骨45元起；⊙11:00~21:00）如今能吃到的三亚十大

名菜已寥寥无几了，其中榜上有名的“藤桥排骨”虽远在海棠湾，仍吸引众多食客前来。排骨是以本地土猪肋条腌制后香炸而成，口感微甜，咬下去满嘴生香，一个人点小份刚好。

三和风味馆

海鲜 ¥

（见91页地图；☎188 7610 8771；蜈支洲岛藤海农贸市场旁；海鲜粥15元；⏲7:00~21:00）在藤海便民市场隔壁，招牌海鲜粥鲜甜美味，粥内有新鲜的足只鲜虾和小螃蟹。非海鲜类的炒菜和主食也在18~25元，菜量很大。但厨房与就餐区在同一区域，老板炒菜时烟雾弥漫，建议外卖带走。

饮品

在三亚这个热带城市，虽然路边摊上的凉茶、清补凉、炒冰都是必不可少的降暑利器，但最天然、健康的饮品非椰子水莫属，一口喝下去，甘甜清冽，消暑清心。如果想真正静下心来享受清凉，不妨寻找那些藏在城市深处、腔调十足的咖啡馆和酒吧。

市中心

小顿咖啡馆

咖啡馆 ¥

（见88页地图；☎8828 4858；第三小学东侧；咖啡18元起；⏲9:30~23:00）网红咖啡店，也是三亚为数不多的咖啡馆里装修精致、咖啡师手艺稳定的一家。小清新的蓝色店面吸引爱自拍打卡的年轻女生。招牌松饼和提拉米苏口碑不错，如果你是咖啡爱好者，一定要来杯意式咖啡，出品经得起咖啡达人的挑剔考验，还有价格略高的手冲咖啡可选。

渔村炒冰店

甜品 ¥

（见88页地图；☎138 0752 3415；渔村路7巷54号；招牌椰奶清补凉炒冰17元；⏲17:00至次日0:30）在渔村路隐蔽的小巷子里，这家其貌不扬的炒冰店据说是三亚数一数二的，曾获全市评选的“老字号特色小吃店”称号。水果炒冰分量很大。另一款畅销的榴莲沙冰（40元），大块榴莲清晰可见。

姐妹清补凉

甜品 ¥

（见88页地图；☎3100 3633；红旗街84号；⏲10:00~23:30）老三亚人黄氏姐妹多年前在第一市场旁的食贸公司小区通道里摆摊，招牌的清补凉（12元）和水果炒冰（15元）积累起远近邻里无数的熟客。如今她们不再摆摊，店铺位于第一市场附近的红旗街，位置和装修颇为低调，但美味如初，价格实惠。

43#蘭·咖啡·生活馆

咖啡馆 ¥¥

（见88页地图；☎3100 9860；团结街43号；手冲咖啡30元起；⏲11:00至次日1:00）蓝白色文艺风的四层小楼房特别显眼，充分应用了联合商铺的概念，除了咖啡馆、酒吧、餐厅外，还有入驻的杂货店、照相馆、美容店。三楼是点酒的吧台，主打各式精酿啤酒和鸡尾酒，四层是布置温馨的咖啡馆，有望街的露台座位。想在三亚市区寻一份宁静，安享下午茶，这里是不错的选择。

海南特色甜品小吃

甜品 ¥

（见88页地图；☎136 2753 3066；群众街39-43号；鸡屎藤5元；⏲5:30~17:30）位于解放路旁的群众街中段，地处廉价租旅一条街，环境比较嘈杂，小店里卫生也很一般。但三亚人说这里的早餐才是他们小时候的味道，门口几大锅糖水甜品、糯米饭、糕点小吃零散摆开，来吃的都是周边的老街坊。地道的鸡屎藤价格便宜，还有老阿姨们做的老三亚糕点小吃，在其他地方很少见。

三亚湾

甜蜜蜜（外贸路店）

甜品 ¥

（见88页地图；☎3280 2408；新浪公馆对面；椰奶清补凉10元；⏲9:30~23:00）这家连锁甜品店分店遍布三亚各处，你所听说过的海南招牌甜品或小吃包括椰奶清补凉、汤圆、椰子饭、陵水酸粉、海南腌粉等，在这里都能吃到。如果实在选择困难，就选招牌椰奶清补凉，水果多还有脆口红枣，吃起来甜而不腻。

一馨甜品（外贸路店）

甜品 ¥

（见88页地图；☎186 0363 4099；外贸路与友谊街交叉口；椰奶清补凉10元；⏲9:30~24:00）十年前的手推车流动小贩如今有了自己的店面，当地人经常光顾。主营清补凉，椰奶味道很正。镇店之宝是特色的双色椰青冻（28元），上层用椰肉做成白色椰奶冻，下层是椰子水制成的透明水晶冻，卖相诱人，清爽解渴。

海岸11号酒吧 酒吧 ¥¥

（见88页地图；☎8881 2225；滨海路滨海别墅11栋；鸡尾酒68元起/杯；⏲18:00至次日2:00）若问三亚人海边的酒吧哪个好，这里可能是大部分人的推荐。虽然小巷比较隐蔽，但酒吧有很好的滨海位置，可以在亲水露台伴着凤凰岛美景小酌几杯，晚上有驻场演奏。门口的日料小店“深夜食堂”也是有酒有故事的地方。

海棠湾

YOOOOO友·甜品 甜品 ¥

（见91页地图；☎183 0569 3667；藤海小学对面渔村二巷内；⏲9:00~23:00）招牌是块蓝色冲浪板，老板店员淳朴低调，认真料理各种用纯天然食材制作的糖水甜品。最受欢迎的椰奶清补凉（18元）水果和配料丰富，海南椰清冻（38元）也让人念念不忘。用大众点评App下单比现付优惠很多，店内还有自制鱼干、鱿鱼丝等干货手信出售。

☆ 娱乐

随着三亚的国际化，这里的酒吧、夜场吸引了来自世界各地的DJ和乐队演出，榆亚大道上的时代海岸酒吧街是年轻人放纵激情的首选。如遇官方举办的音乐节或者圣诞节等西方节日，不少夜店还会邀请特别的演出机构。歌舞艺术爱好者也可在大剧院欣赏一场激动人心的演出。到访时多留意市区的灯箱广告。

Club 88 夜店

（见88页地图；☎8860 1266；榆亚大道时代海岸1号楼101商铺；畅饮套餐298元起；⏲20:30至次日2:00）酒吧街上的老牌酒吧，位于街尽头的河边码头一侧，外墙爬着几只大的假蚂蚁，很容易辨认。23:00后才开始热闹起来，穿插各种表演，集流行慢摇吧、演艺吧于一体，以R&B，HipHop音乐为主。

M2 Club 夜店

（见88页地图；☎151 0898 2345；时代海岸酒吧街；啤酒500元/打起；⏲21:00至次日3:00）门面不是很大，但氛围火爆，经常邀请来自世界各地的著名DJ举办不同主题的演出和活动，电音水平是三亚夜店里口碑极好的一家，吸引着来自世界各地的年轻人。

Muse 夜店

（见88页地图；☎3125 9999；时代海岸酒吧街；啤酒480元/打起；⏲19:00至次日3:00）透明的玻璃设计十分吸引眼球。装修豪华，消费不低，卡座最低消费1000元起。但氛围和服务不错，以躁动的主流夜场音乐为主，穿着和动作撩人的外籍舞者会把全场气氛带动得热血沸腾。

美丽之冠大剧院 歌舞表演

（见86页地图；☎8866 5222；新风街299号；票价280元，儿童半价；⏲20:00开始）西式经典歌剧院的设计风格，是三亚热闹的老牌演出场所之一。在这个曾经举办过多届世界小姐选美决赛的舞台上，如今每晚上演“拉斯维加斯大型歌舞秀”。场面宏大华丽，芭蕾、杂技、歌舞、空中技巧等节目安排得十分紧凑。提前订票比现场买票更优惠，在各大旅游网上订购后，可在大门外取票处领票。

三亚千古情大剧院 歌舞表演

（见86页地图；☎8865 8333，订票热线400 8888 518；迎宾路333号；票价280元（包含景区门票），儿童半价；⏲14:00~15:00，17:00~18:00，20:00~21:00）三亚千古情演出分为《落笔洞》《鹿回头》《冼夫人》等六幕，通过舞蹈、舞台效果和特技等形式糅合一起，很适合想了解三亚文化历史的旅行者，《鉴真东渡》篇章的高难度杂技尤其精彩，戏服和舞美灯光也相当惊艳。

万达影城IMAX（海棠湾店） 电影院

（见91页地图；☎8875 9221；海棠湾海棠北路万达文化中心1楼；人均50元；⏲9:00~24:00）影城硬件设施极好，是三亚为数不多的IMAX影院。从市内没有公交车直达，建议自驾或打车前往。

购物

第一市场 市场

（见88页地图；新建街155号；⏲7:00~19:30）市场里总挤满了前来购买水果和海鲜的本地人和旅行者，傍晚农贸市场便关门。市场外的新建街夜市在18:00后逐渐热闹起来，街上支满了出售贝壳工艺品、椰雕等特色小商品的摊位，人气很旺。市场外围有一圈水果店，从第一市场买完海鲜的游客一般也会到路旁林立的海鲜加工店里尝鲜。在解放路一端步行进入，或乘公交11路、15路、42路在一市场站下车。

解放路步行街 购物街

（见88页地图；解放二路步行街；⏲8:30~23:00）三亚市的第一条商业步行街，类似于小型的北京王府井，两旁店铺主要售卖服装、工艺品、饰品等。位置在三亚汽车站隔壁，入口设有三亚市旅游咨询服务中心。

三亚明珠广场 购物中心

（见88页地图；解放三路668号；⏲9:30~22:00）三亚市中心的老牌大型购物中心，内设百货卖场，以及海南特产超市、大型综合超市和书店。明珠影院在7楼，在明珠生鲜超市可购买美食特产（⏲6:30~22:30）。可乘多路公交车在明珠广场站下。

1号港湾城 购物中心

（见88页地图；大东海榆亚路136号；⏲9:30~23:00）三亚本地人亲切地称之为“大菠萝”，外形就是个金光闪闪的大菠萝，从大东海路远远就能看到。作为综合性商场，除各种休闲购物店铺外，还有中视国际影城IMAX影院。乘坐19路、25路、28路、34路、36路、55路等公交车在大东海广场下，步行几分钟可到。

夏日百货 购物中心

（见88页地图；www.sanyasummermall.com；海韵路1号；⏲10:00~22:00）与1号港湾城相隔不远，是大东海商圈的核心购物场所，能买到国内外品牌化妆品、服饰和工艺品。

鸿港新贸城 市场

（见91页地图；新鸿港路与榆亚路交叉口；⏲0:00~19:00）三亚最大的农副产品商贸批发基地，有物美价廉的各类海产以及本地蔬菜水果，比景区和市区都便宜很多。市场内分为蔬菜、水果和海鲜几大区域，水果商贩最早凌晨3点开铺，中午摊贩就陆续收摊了。

百花谷商业中心 购物中心

（见87页地图；☎400 653 0696；bhg.huayug.com；龙海路14号；⏲11:00~21:30）亚龙湾一带最大的娱乐休闲购物广场，汇集了多家风味餐厅、甜品店、咖啡馆、超市及服装工艺品商铺，为困在高档酒店里的旅行者们提供了多种餐饮娱乐选择。附近的广场也有很多儿童亲子配套设施。

三亚国际免税城 免税店

（见87页地图；☎400 699 6956；www.cdfgsanya.com；海棠湾镇海棠北路118号；⏲10:00~22:00）又名海棠湾免税购物中心，营业面积超过7万平方米，号称“全球最大单体免税店”，是离岛免税定点单位，可以买到国际一线品牌的服饰、香水、化妆品、手表、箱包等。免税城分A、B两区，以3楼的长廊连接，周到的配套服务能让你尽情血拼。海棠湾免税广场公车站在免税城出门右侧的治安亭下面，33路、34路、35路公交车分别开往三亚市区、凤凰机场和南田农场，末班车都在19:00左右。另外，你也可以在瑞吉、丽思卡尔顿、铂尔曼、万豪、喜来登、美高梅、红树林等豪华酒店提前预约免费穿梭巴士。

ℹ 实用信息

危险和麻烦

总体来说，三亚是个安全的旅游城市，这里最大的危险就潜伏在看似无害的碧波白浪中。切记只在安全海域游泳或进行其他海上运动，风大浪急时不要下海，注意岸边旗帜变化——绿色表示风平浪静，海况较好；黄色说明有风有浪，游泳危险；而红色则表示风大浪大，禁止游泳。独自下海时要去人多的地方，切忌在身体状况不佳或酒后游泳。同时要做好防晒。

吃海鲜尽量选择证照齐全的餐厅，仔细核对订单，以免被宰，同时注意饮食安全，以防食物中毒。最好不要同时喝啤酒，避免尿酸过高。

尽管有关部门下大力度整治，也对游客大力宣传投诉途径，但仍然无法根治出租车行业的顽疾。出租车宰客的常见方式是不打表，所以上车时要坚持打表，如果选包车一口价，尽量先了解大概价格，再和司机商议。如果司机竭力向你推荐某处餐厅或景点，最好委婉拒绝。下车时向司机索要发票，如遇问题立即拨打交通服务电话（☎8866

免税城购物注意事项

在三亚国际免税城大肆“剁手”之前，最好先了解一下三亚国际免税城的免税政策。对非海南籍的居民而言，无论持哪国护照，都不限次数享受免税优惠，但需年满16岁，从海南乘飞机或火车离开海南前往中国内地，自驾和坐汽车离岛不享有免税资格。购物时要出示离岛机票或火车票及有效身份证件。购物限额为每年累计购物金额不超过16,000元，单价在8000元以下的商品可购买多件，单价在8000元以上每年限购两件。

你也可以通过官网下载官方商城的App，直接在网上购物，然后在离岛机场或火车站提货离开。提货时凭机票/火车票，购物凭证和个人身份证件在提货点提货。机场提货点在三亚凤凰机场14号登机口、海口美兰机场15号登机口和琼海博鳌机场1号登机口。火车站提货统一在海口火车站内的车站提货点，如从岛内其他城市上车，火车抵达海口火车站时，你可以在站台处的三亚国际免税城提货点提货。注意，在网购时，如果你从三亚机场离岛，至少要提前6小时完成购买，从海口、博鳌机场离岛的话，则需要提前24小时完成购买，但最多不可提前超过30天。

若临时更改离岛方式或改签，至少提前24小时联系客服（☎400 699 6956）修改。

7803）投诉。

医疗服务

市中心有很多药店可以买到常用药，一些高档酒店及景点（如南山、大小洞天、蜈支洲岛、西岛、鹿回头等）都会配置医疗室处理游客中暑、简单的皮外伤等突发状况。

三亚市人民医院（见88页地图；☎8855 7733；解放路558号）

中国人民解放军总医院海南分院（301医院）（☎3886 6666；海棠湾林旺镇江林路）新建的医院，各种设施都是顶级的。

海南农垦三亚医院（海南省第三人民医院）（☎8829 5738；解放四路146号）

三亚市解放军四二五医院（☎8829 3469/8829 0101；三亚湾路86号）

邮局

三亚市邮政局（见88页地图；☎8888 1024；解放路533-1号；⏲9:00~17:00）人民医院对面的老建筑，是三亚最大的邮政局，也设有邮储银行。另外，你也可以使用各大快递公司的上门服务。

旅游信息

三亚的旅游业在近年进行了大力整改，景区、酒店、游乐设施和各种公共交通都已经实行强制性的价格公示，纠纷已大幅度减少，在景区游玩和进入酒店、餐馆时，可留意公示价格和各种实用提醒。景区也会在显眼处标明各类服务投诉电话和渠道。机场、火车站、市区及各大景点有旅游咨询中心，除专人提供咨询服务外，还提供免费资料、上网查询、手机充电等服务，并现场接受旅游投诉。另外，宾馆、酒店、青年旅舍前台也是获得旅游资讯的好地方。

三亚市旅游咨询服务站

机场站（凤凰国际机场国内到达厅3号出口）

大东海站（大东海旅游区珠江花园酒店对面）

步行街站（解放路步行街入口左侧）

三亚湾站（三亚湾路蓝色海岸三期小区对面靠海边侧）

亚龙湾站（亚龙湾中心广场对面）

海月广场站（金凤凰海景酒店东南门侧）

春园站（春园路城市乐园广场）

吉阳站（吉阳区休闲文化中心出入口处）

除天涯海角、南山和大小洞天几个传统景区有旅游咨询服务点外，本书调研期间，三亚还新设了火车站、大东海站、下洋田站、红旗街站、汽车总站、南新农场站6个旅游咨询服务站点。位于凤凰岛国际邮轮港出港大厅内的**凤凰岛咨询服务站**只在邮轮到港日开放。

旅游咨询服务热线（☎3881 2301/8823 0738；⏲9:00~21:00）

旅游投诉热线（☎12301）

消费投诉（☎12315）

价格投诉（☎12358）

交通服务投诉（☎8866 7803）

食品卫生投诉（☎8828 1474）

服务质量投诉（☎8839 2211）

网络资源

三亚旅游（www.sanyatour.com）三亚的官方旅游网站，内有各种实用信息，还可以优惠价格购买一日游套餐、景区门票以及预订酒店、特色美食等。

三亚海鲜网（hx.sanyatour.com）三亚市旅游发展委员会制作的官方海鲜网，除了各种海鲜美食攻略，还有每天的物价局海鲜指导价参考。

三亚在线（sanya.hainan.net）天涯论坛的三亚版

三亚汽车总站车次时刻表

目的地	发车时间/班次	票价（元）	行程（小时）	备注
海口	慢车6:40~17:50滚动发车，每隔40分钟1班，快车发车时间为9:00、11:20、12:30、14:30、16:00、17:30、19:30	慢/快50/69	慢/快5.5/4.5	快车直达；慢车途经黄竹路口、新坡路口
琼海	8:30、9:30、11:00、12:30、13:30、15:00、18:00	45	3.5	途经万宁
保亭	7:40~20:00滚动发车，每隔半小时1班	21	1.5	途经槟榔谷、呀诺达
万宁	8:30、9:30、11:00、12:30、13:30、15:00、16:30、18:00	30	2.5	
兴隆	8:00、10:00、11:30、13:30、15:30、17:00	30	2	途经兴隆路口
文昌	8:20、14:25	50	5	
陵水	快车7:00~18:20滚动发车，40分钟1班；直达6:20、10:40、14:40发车；慢车7:55~17:30每隔20分钟1班	慢/快18/21	慢/快1.5/1	
五指山	快车6:50~20:00每隔20分钟1班；商务直达10:00、11:00、11:40、12:10、16:25、17:30、18:45、19:15	商务/快29/23	1.5~2	快车：途经槟榔谷、呀诺达
临高	8:10、10:10、13:10、15:10	79	8.5	
那大（儋州）	7:20~16:50滚动发车，每隔40分钟至1小时1班	77	6	
定安	7:50、9:00、12:25、13:30	51	6	
八所（东方）	6:50~17:15滚动发车，每隔30分钟1班	37	3.5	途经峰路口、板桥路口
屯昌	7:55、8:50	47	5	
琼中	中线：16:00；阳江：8:10；东线12:20、14:10、18:00	中线/阳江/东线42/61/50		
乐东	7:35~18:30滚动发车，每隔40分钟1班	33	2~2.5	
昌江（石碌）	商务：8:30、10:40、16:10 17:40；慢：9:30、12:10、13:10、14:10	商务/慢70/55	商务/慢5/4	
港门	6:00~18:50，15分钟1班	12	1	途经崖城
澄迈金江	8:20、14:00	81	7	
莺歌海	7:40、9:30、11:10、12:30、14:30、16:10、17:40	31	2	途经金鸡岭

块，内容包括本地新闻、旅游攻略、美食娱乐推荐等信息。如果想听到更多本地人的声音，可以去论坛泡一会儿。

三亚旅游（微信公众号sanyatour2013）三亚旅游局的官方微信公众号，每天更新各种旅游资讯，也提供旅游预订服务。

三亚放心游 三亚旅游官方App。

到达和离开

飞机

三亚凤凰国际机场（见86页地图；☎8828 9389；www.sanyaairport.com）位于市区西北11公里处，目前航线覆盖主要省会和重点二线城市，也有飞往香港、俄罗斯、韩国、日本、中亚、东南亚等重要国家和地区的航班。航站楼分为国内T1、T2航站楼、国际航站楼以及贵宾航站楼。

往返三亚的航线有淡旺季之分，旺季时航班增多，廉价航空机票和打折票往往提前数月售罄，遇上春节和国庆长假，更是一票难求。淡季票价则十分稳定，无须提前太久购买，有时在航班起飞一两天前票价还会突然回落。

如在旺季买不到往返三亚的机票，可先飞往海口再乘火车或长途汽车。

长途汽车

三亚汽车总站（见88页地图；☎8825 2656；解放二路443号）也称三亚长途汽车总站，每天都有发往全省各地的长途班车，也有前往广东、广西、四川、福建等省外城市的车次。乘2路、4路、7路、10路公交车可到达汽车总站。具体时刻表及网上订票可在海汽集团官网（www.0898hq.com）查询。

另外，从三亚火车站有发往呀诺达、七仙岭国家森林公园、南湾猴岛、分界洲岛的城际1~3号公交车，票价分段2~25元不等。

火车

三亚有两个火车站。**三亚火车站**（见86页地图；☎3188 7222；三亚市海润路近三亚航空学院）多为动车线，而**亚龙湾火车站**（见86页地图；☎9510 5105；三亚市吉阳大道东环铁路）是高铁停靠站。海南省的东环高速铁路和西环铁路都会途经三亚站，部分途经亚龙湾站，东环高速铁路为海南环岛铁路，可以抵达海口、文昌、琼海、博鳌、万宁、陵水等地；而西环铁路从三亚始发至海口，经琼州海峡轮渡贯通内陆各省。目前已开通三亚至北京、上海、广州等地的直达列车。需注意的是，由于列车在亚龙湾站只停靠1~2分钟，一定要提早前往候车。

从三亚站驶出的动车主要沿东线环岛铁路开往海口及海口东站（1小时40分钟至2小时），途经陵水、万宁、琼海、文昌等城市。

有多路公交车抵达三亚火车站广场，票价2~13元，也有7条公交车线路途经亚龙湾火车站。从市中心打车到火车站约要20分钟，车费30元。

可在铁道部12306网站（www.12306.cn）和“铁路12306”App查询和购买火车票，另外在三亚市区有五家官方代售点：

顺达兆豪售票处（☎8827 6699；河西区新风路兆豪度假公馆一楼101铺面；⏲8:00~22:30）

黄金道代售点[☎8866 0505；解放四路1033号黄金道大酒店（友谊路口公交站旁）；⏲8:00~19:00]

商品街铁通大厦代售点（☎3188 3456；商品街96号铁通大厦营业厅；⏲7:30~21:30）

蓝海火车票代售点（☎3188 9988；榆亚路171号三亚君锦滨海酒店大堂；⏲8:00~21:30）

海南鹏程代售处[☎8823 9001；西河东路碧海国际首层（港门村公交站旁）；⏲8:30~19:00]

当地交通

抵离机场

凤凰国际机场抵达区在一楼，而出发区在二楼，出抵达区西侧往凤凰火车站，东侧是停车场。机场离市中心约20分钟车程，打车往三亚湾约需25元，往大东海车费约60元，往亚龙湾约110元。机场大巴开往市区大东海和亚龙湾，在国内到达厅3号出口对面的售票处购票上车。另有5班车开往市区（自助投币不设找零），但没有夜班车。其中，8路途经三亚湾、市区最终到达大东海（5元）；24路途经市区，开往亚龙湾（9元）；27路途经三亚湾和市区，开往亚龙湾（10元）；33路途经三亚火车站、亚龙湾火车站、海棠湾、免税广场，终点是南田（16元）；26路途经三亚火车站和大东海（6元）。

船

三亚目前有多个游艇码头，但经营常规观光航线的只有海棠湾后海村内的蜈支洲码头（前往蜈支洲岛）、三亚湾肖旗港码头（前往西岛）和鹿回头广场码头（游览三亚湾的海上巴士）。凤凰岛

三亚机场大巴时刻表

机场大巴(☎8828 7168)购票点位于国内到达厅3号出口，上车点在隔壁的停车场路口，没有站牌，可以向工作人员打听。从凤凰机场往市区的大巴实质上是同一班车，但往返路线不同。去程先抵达市区和大东海，然后发往亚龙湾，回程须在亚龙湾的希尔顿、美高梅、金棕榈、爱琴海、仙人掌等酒店门前候车，中途不经过市区，约1小时直达机场。

目的地	票价(元)	行程(小时)	主要途经点	运营时间
大东海	15元	1	三亚湾、海月广场、吉祥街、新风街、火车站、市政府、商品街口、鹿回头广场、大东海	机场出发8:00至最后航班
亚龙湾	25元	1.5	半岛南湾、榆红村、亚龙湾酒店、亚龙湾热带天堂森林公园附近、亚龙湾海滩各酒店	亚龙湾各酒店出发7:00~20:00，客满随时发车

国际邮轮港则运营远航线路。

肖旗港码头[三亚湾肖旗港；往返船票旺季/淡季140/130元(含门票)；⏲8:00~17:30]每天有往返西岛的游船/快艇，船程约15分钟，往返船票同样捆绑门票，从西岛回程的末班轮渡为18:30。

鹿回头广场码头(榆亚路鹿回头广场公共码头)多家船务公司经营海上巴士观光线路，白天有出发游览三亚港、凤凰岛、东岛、西岛、南海观音、天涯海角及日月石的海上线路。夜游三亚湾航线则主要观赏三亚湾和凤凰岛夜景并提供餐饮和表演，游览时长和娱乐项目各有不同。

凤凰岛国际邮轮港运营前往西沙的固定邮轮航线，以及季节性不定时前往菲律宾和越南的邮轮航线。由于凤凰岛和邮轮港并不对外开放，已购买当天船票的游客方可上岛登船。

公交车

三亚公交车实行无人售票。基础票价2元。上车前要准备好零钱，或事先下载好三亚公交App“天涯行”，上车扫二维码支付。分段计价的公交车在上下车时都要扫描。

除了普通的公交车，三亚也有七座面包车的便民小巴，线路名称以“微”字开头(如微1)，线路主要在市中心和主要景区，发车时间更频密，平均25分钟一趟，可以招手即停，车费2元。

一些著名景点如免税城、蜈支洲岛、西岛等有免费班车，大部分须提前一天16:00前打电话预约，并在指定站点候车。

要注意的是，一些前往景点的公交线路收车时间比景区关门时间更早，需留意公交站牌或下载“车来了”App了解公车抵达的时间。一些公交线路存在跳站不停的现象，可拨打12328投诉。

有轨电车

在本书调研期间，三亚正紧锣密鼓筹备有轨电车的开通，尚在试运营阶段，官方预计2018年底将开通首条T1线，2020年完成全部4条线路的通车。未来将缓解市区内的交通拥堵状况。

出租车

出租车2公里内起步价8元，2公里以上每公里2元。**电召出租车**(☎96789)。使用打车软件也是便捷的方式，但某些司机常会因行程太短而拒单。

自行车

部分青年旅舍和酒店对住客提供自行车出租服务。有些免费，有些需20~100元/小时不等的租金。三亚湾景区的一些私人旅行社门口也会出租电动车和自行车，电动车价格为50~100元/天，自行车20~25元/天。租用时店家基本不会检查电动车驾照，但无证上路可能被警察截停罚款。更多人会选择便捷的共享单车，三亚湾尤其椰梦长廊一带有最多的共享单车，在市区热门景点前也有零星停靠。

租车

三亚是适宜自驾游览的城市，所有景区和大部分高端酒店都可免费停车。可预先在一嗨租车(http://www.1hai.cn/)等租车公司官网预订，到门店取车，在凤凰机场出口也可找到租车服务柜台。另外星级酒店、旅行社等都有租车业务。

市内有随处可见的共享汽车，主要为以下几个服务商：GoFun，LD联动云和EVCARD，下载同名App后可按提示注册和扫描使用车辆，共享汽车目前还处于新兴推广期，服务商会有不同力度折扣。还车时根据App地图指引，停靠在服务商的免费停车场即可。如果准备坐飞机离开三亚，建议把机场作为最后一站，方便还车。

由于不设高速收费，三亚的油价每升比内地高约1~1.5元。

三亚市周边

在三亚市区的东西两侧依然有不少地方值得探访。沿着市区海滨长廊向西，除了绝美的海岸线一路相伴以外，你会到访历史古城区崖州区；与南天一柱遥遥相望的，是三亚的第一大岛西岛，坐拥渔村风情和礁岩海滨的宁静景致。而在海棠湾以东，蜈支洲岛作为后起之秀，有着更为原生态的海岸风光和清澈的海底世界。这些区域离市区较远，最少都要花一天时间往返。

崖州区

景点

崖州古城 古镇

（见86页地图；崖城镇；免费；⏲24小时）三亚市区以西约40公里处的崖城镇正是中国最南端的州治处所——崖州古城所在，早在秦始皇时期，崖州就是象郡的“外徼”，崖城在历史上一直是海南岛南部的政治、经济、文化、教育中心和军事重镇。自宋朝起，历代一些著名的政治家、文学家曾被流放此地，如宋朝丞相赵鼎、胡铨，元朝的王士熙，明朝的王卓、赵歉等，所以这里又有“幽人处士家”的称号。

崖州古城在宋代以前的城垣由夯土制成，南宋才改为砖砌，后经元、明、清三代扩建，逐渐成为一座大型城池。原有阳春门（东）、镇海门（西）、凝秀门（南，又称文明门）三处城门，现存的**文明门**是几经劫难后唯一残存的古城遗迹，经过修葺后已焕然一新。穿过文明门后的中轴线就是**崖城学宫**（9:00~17:00，周日休息），这里是中国最南端的孔庙，始建于宋代，曾是明、清时期琼南的最高学府，七百多年来历经十多次重大迁建、修葺、扩建，成为琼海地区传播儒家思想的重要地标。

古城内现存多个古迹可以探访，位于崖城城西的**迎旺塔**是海南最南端的古塔，一共7层，既是佛塔也是海南特有的风水塔。在崖州古城门的东门街区，有一排历经沧桑的民国骑楼建筑群，保存着东西合璧的设计风格。而在古城西南的**保平村**，存有大面积的明清民居群落建筑。

从三亚市区乘坐58路公交可抵达崖州古城。从崖州火车站出发的话，可乘崖州1~7号公交车抵达古城门公交站。

水南村 古村落

景区免费。如果乘公交车前往崖州古城，你可以提前一站下车，探访历史上赫赫有名的**水南村**，这里留下了鉴真和尚、黄道婆、卢多逊等历史名人的生活遗迹。水南四村的大旦港海边，是当年鉴真东渡在此短暂登陆时晾晒经书和佛器的地方，后人为纪念此事称这里为“晒经坡”。黄道婆当年也在崖州湾附近登岸并居住在水南村。村北宁远河畔的**卢多逊纪念馆**介绍了他当年被流放和在水南村生活的故事，这里的渔家风情和世外桃源般的景致也是这位名相赋诗的灵感来源。修葺一新的**盛德堂**已有850多年历史，最早为南宋时期的裴闻义宅，后来南宋宰相赵鼎和名臣胡铨被贬到水南村时也居住于此，从胡铨写《盛德堂赋》开始，后世诸多被贬崖州的文人亦相继为盛德堂留下多首诗词。

南山文化旅游区 公园

（见86页地图；☎8883 7888；www.nanshan.com；门票旺季/淡季145/121元，语音讲解20元，专人导览50元/小时；⏲8:00~19:00；网络取票8:00~16:00）唐朝时，鉴真东渡期间意外漂流到这里，兴建佛寺传播佛法，使南山与佛法有了第一次美丽邂逅，又因后世各种传说加持，南山俨然成为佛门殊胜之地。

如今的南山文化旅游区更像是一个大型佛教主题公园，景区内有着恢宏大气的佛教建筑，必访的是108米高的**南山海上观音**，这尊比美国自由女神像还高的观音像是目前世界最大的白衣观音造像，修建工期长达6年，如今凌波矗立，通过普济桥与陆地相连。不妨在观音像底部抱一回佛脚（60元），旺季时“抱佛脚”也是要排队的。曾被录入1999年吉尼斯大全的**金玉观世**音供奉在“得大自在观音阁”里，由100多公斤黄金白银、200多颗南非钻石以及红蓝宝石、珊瑚、珍珠、翡翠等塑成，是世界最大的金玉佛像。其他值得造访的还有仿唐风格的**南山寺**和展示1200多年唐密文化的佛教道场**密法归华堂**。

景区内除了主要建筑可以乘凉，游览路线都暴露在烈日下，夏季时可乘电瓶车（30元/人，30分钟）游览。

在三亚市区乘1路、25路公交车可达南山景区停车场，乘出租车大约40分钟，车费140元左右。从南山可乘坐25路到大小洞天旅游区，坐崖州1路可到崖州古城和崖州火车站。

三亚大小洞天旅游区　公园

（见86页地图；☎400 969 6967；www.sanyapark.com；崖城镇三亚大小洞天旅游区；门票旺季/淡季130/108元；⏰7:00~19:00）大小洞天自古因其奇秀的海景、山景、石景与洞景被誉为“琼崖八百年第一山水名胜”，自宋代即被列为“崖州八景”之一。最近这个老牌景区焕发出新的吸引力，作为三亚人婚纱照的重要取景点，里面的奇礁异石配合蔚蓝海景很出大片。

景区分为六个游览区域，太极广场后的**三亚自然博物馆**是海南唯一的自然博物馆，以展览恐龙化石为主。沿椰树参天的滨海路向东，能依次看到纪念鉴真东渡的鉴真群雕、供奉着南海龙王原身像的南海龙王别院以及核心景点**小洞天**，这块屹立海边的礁石底部洞开，能容十数人进出，巨石上有摩崖石刻，是海南历史的重要见证。东面蜿蜒的海岸遍布形态各异的礁石和石雕作品。

大小洞天所在的南山是长寿之乡，俗语“寿比南山不老松”说的正是形似松树的南山不老松——龙血树，这棵现存的龙血树已有6300年。山上还有“独占鳌头”一词的来源——南海神鳌，当地人会烧鳌头香，挂鳌头牌，祈求金榜题名。

乘电瓶车从景区门口出发，沿椰风海韵区一路向东，会途经龙王别院、小洞天等景点（15元；7:30~19:00；约20分钟）。景区提供微信端免费讲解。

在三亚市区乘25路、29路公交车可达，从崖州乘坐崖州6号可达。从市区乘出租车需170元左右，车程约50分钟。

食宿

传统的崖州小吃有糖糕馍、崖州酸粉、糯米蛋、崖州黎族的糯米酒、崖州青蟹糯米饭、番薯馍和当地人节日必吃的椰丝卷馍。到崖城镇不妨逛逛**崖州中心农贸市场**（崖州路22号），水果价格比三亚市区便宜，没准儿还会在某个小摊前尝到地道小吃。

南山景区有颇受欢迎的缘起楼素斋餐厅（自助餐78元/位），南山休闲会馆也提供南山素斋。在南山休闲会馆（☎8883 7888；南山文

坐一趟复古绿皮旅游火车

从三亚市区前往南山游览，除传统公交外还有另一种选择——乘坐复古的绿皮火车。这是原本已退出历史舞台的废弃旧火车，怀旧的绿皮外观被保留下来，内部车厢在原有的基础上翻新，换上舒适的座位和空调，置身其中仿如一趟时光倒流之旅。仅需25分钟即可从三亚火车站抵达南山北站。火车时速很适合观光，沿途可悠然欣赏三亚至崖州路段的郊野绿景，比起公交车1个多小时的长途颠簸无疑更舒适有趣，因此成为备受人们追捧的新方式。如果从海南其他地方前来，可先乘坐环岛高铁抵达三亚，无须出站就能直接换乘绿皮旅游火车，通过上车补票的方式前往南山景区。抵达南山北站后，搭乘站外的免费摆渡车5分钟就可到南山景区的游客中心。

这条线路目前开行5对客运列车：从三亚往南山北发车时间为8:00、11:15、13:11、15:18、18:03（每周四第一班车停运）；从南山北往三亚发车时间是10:15、12:10、14:07、16:25、19:06，票价14.5元。

化旅游区内；标双888元起；❄@📶）和南山迎宾馆（☎8883 8088；www.nanshanhotel.com；南山文化旅游区内；标双888元起；❄@📶P）都可住宿，南山迎宾馆位于半山，设施比较老派，但独享观景的好位置，可远眺海上观音，也可以在游人少时直接步行到沙滩。大小洞天风景区内小月湾度假酒店（标双600元起）的亲海小木屋可伴海声入眠，也是野趣之选。

到达和离开

从三亚市区方向乘坐班车前往崖州，依次会经过南山文化旅游区、大小洞天，最后抵达崖州古城。这三个景点之间相隔较远，如果想在一天内全部看完，建议按照途经先后顺序走，最后在崖州古城坐车返回三亚市区。如果只挑选其中之一，可在市区搭乘相应公交线路前往。

另外，每天有12班次的环岛动车前往三亚（约30分钟，13元起）或海口（约2小时，108元起），在崖州火车站（崖州区古城北路）经停。

西岛（西瑁洲岛）

[见86页地图；☎8891 0888；三亚湾肖旗港；www.syxidao.com；门票旺季/淡季140/130元（含往返船票）；⏲8:00~17:30，16:30停止售票，回程末班轮渡18:30]从三亚湾海岸眺望，西岛与近邻东岛（东瑁洲岛）形如卧于碧波中的两只玳瑁，被称作“波浮双玳”。西岛自有居民至今已有400多年历史，现岛上分东、西、中、新四个小渔村，共700多户居民。

西岛的“活动范围”之封闭一直被旅行者所诟病，原因在于旅游开发商直接在岛上圈起部分地区作为旅游景区，而铁栏外被封闭的另一侧才是最具渔岛风情的居民生活区。过去普通游客只能呆在旅游区，如今政府和开发商开始与居民区进行谈判共建，西岛另一半的神秘面纱终于有机会被掀开。

在全岛尚未全面开放的情况下，西岛暂时最值得玩的是潜水、水上游乐活动和观赏牛王岛的海蚀景观。西面是专设的潜水海域，在这里的潜水俱乐部参加珊瑚礁潜水（460元）可一探三亚保护得最好的珊瑚区；**西岛游乐世界**位于北部，有各类水上活动，在报名处全部明码实价标示。属于岛外岛的**牛王岛**礁崖耸立，怪石嶙峋，可观赏独特的海蚀景观。从冬季码头有连接牛王岛的景观路，一直延伸到牛王岛上，一路景致也很漂亮。

西岛码头的入口处有电瓶车接送客人（80元/人），如果步行的话，至少需要2小时，须留意回程渡轮时间。

食宿

被铁栏隔开的游览区和西岛居民所在的渔村之间，如今有相对放宽的通行时间，但游客是否可自行进入渔村，三亚旅游当局尚未有明确说法。常规的游览方式，是从肖旗港码头买票登岛，并在旅游区内食宿。目前西岛旅游区官方开放的住宿，仅有一家**枕海听涛客栈**（☎8891 3006；标单/双299元；❄@📶），且不接待外宾。游览区有海鲜餐厅、自助餐厅、老船长酒吧等餐饮设施，提前在西岛官网预订，除享受门票优惠之外，住宿和餐饮都有折扣价。西岛居民区的渔村有一些面向本地顾客的海上渔排店，本地人通常会事先联系，然后在天涯海角游艇码头等候渔排店船只来接，随后到渔村内用餐。你可以尝试找本地人带路前往。

到达和离开

前往西岛要在三亚湾肖旗港码头乘坐旅游快艇，可先在市区乘坐14路、16路、25路等公交车到西岛站（即三亚湾肖旗港），或从市区乘坐出租车前往肖旗港码头，约60元。此外，目前还开通了由市区往返肖旗港码头的免费巴士，通过西岛官网或蚂蜂窝、飞猪等各大旅行网站提前一天预订门票，拨打官方电话8891 0888预约即可乘坐，前往肖旗港码头的班车9:30从大东海、夏日百货发车，西岛回市区班车在15:30从肖旗港码头停车场出发返回市区。

蜈支洲岛

[见87页地图；☎400 114 6666；www.wuzhizhou.com；林旺镇后海；门票160元/人（含往返船票）；⏲售票8:00~16:00]蜈支洲岛古称“古崎洲”，这座1.48平方公里的蝶形小岛位于市区以东30公里的海面上，清光绪年间，岛上修建了庵堂，也曾作为军事要地，现在摇身一变成了休闲胜地。岛屿四周海域清澈透明，海水能见度6~27米，盛产夜光螺、海参、龙虾、马鲛

鱼、海胆、鲳鱼及五颜六色的热带鱼，南部水域有保护很好的珊瑚礁，你可以根据自身情况选择海底漫步或浮潜、深潜、珊瑚礁潜水、半潜观光船等各种体验。

蜈支洲岛上最美的景色在南边环岛的路线，这里礁石林立，面向南海，但是被划为封闭区域，只供电瓶车（80元/人含讲解；8:30~17:20，每5~8分钟1班）行驶观光，中途只可在情人谷和妈祖庙下车。如果想在每个景点都下车，只能购买深度游的VIP套票（168元/人）。

岛北部是开放的公共区域，有人气极旺的白色沙滩，不过海滨浴场仅有一小片可以下海的区域（开放时间8:00~17:00）。岛屿中央地势平缓，布满郁郁葱葱的灌木藤萝，值得一访的有电影《私人订制》外景点中的泳池，与旁边的鸟巢型建筑相得益彰。岛中部的妈祖庙建于光绪年间，也是中国最南端的妈祖庙，如今依然香火鼎盛。人造景区情人谷内有三亚著名的龙血树，位于岛东南的观日岩则是观日出的最佳位置。这两处都要坐电瓶车才能前往。

岛上种类繁多的海上运动和沙滩项目是吸引旅行者的又一大亮点。可购买海底世界大玩票（980元），套餐内包含珊瑚礁潜水、摩托艇、动感飞艇、陆地冲浪等7个项目。

活动

蜈支洲岛海洋运动俱乐部 潜水

（☎400 114 6666；www.wuzhizhou.com；海棠湾蜈支洲岛码头内）作为海南公认的最好潜点，蜈支洲岛也提供了各种潜水项目和海上活动，全包价（1599元）可以一网打尽近30个项目，足以玩到虚脱。你可以试试加拿大生产的豪华摩托艇（179元），最高航速80节，还外置摄像头记录精彩瞬间。另外还可以体验“海天飞舞”项目挑战你的平衡感。

食宿

三亚蜈支洲岛珊瑚酒店 酒店 ¥¥¥

（☎8885 3666；蜈支洲岛近售票大厅处；珊瑚园景房大床/双床1500元起；❄@📶P）岛上唯一的精品酒店，由4栋连体建筑连成唯美的珊瑚造型，外观设计融合各种海洋元素，酒店内繁花似锦，特设潜水培训区。客房配有小浴池，黄昏到第二天清晨没有外来游客的喧嚣，此时漫步岛上会有坐拥整座“私家岛屿”的幸福感。酒店住客从蜈支洲码头上下船时可走快速VIP通道，免去离岛高峰期排队的拥堵。提供免费接送巴士前往机场和各区酒店，须提前一天在前台预约。

实用信息

为杜绝消防隐患，蜈支洲岛实行全岛户外禁烟，在景区入门处附近有专门的吸烟房间。

到达和离开

抵达蜈支洲岛须先前往海棠湾后海村的蜈支洲岛码头（即景区大门），再乘旅游快艇上岛。岛上有两个码头：**夏季码头**（4月下旬至9月下旬使用）位于岛北，**冬季码头**（9月下旬至次年4月下旬使用）在岛西。船程15分钟，去程轮渡运营时间为8:00~16:00，回程为8:30~18:30；每20分钟1班，发船时间随天气情况调整，往返船票（含门票）160元/人。

作为首发/终点站，你可以在后海村景区门口的蜈支洲岛公交车站乘28路（发往凤凰岛）、海棠1路（发往免税广场）、海棠3路（发往南田温泉）往返三亚各区，末班车都在18:00左右。车站到蜈支洲岛码头只有几分钟步行距离，但标示不太明显。在公交站会有返回三亚市区的私车司机拉人拼车，约25元/人。

市区单程至后海村蜈支洲岛码头约1小时车程，乘出租车约100元，从亚龙湾至后海村蜈支洲岛码头约50元。

另外，通过蜈支洲岛官方预订门票、船票或消费项目，可提前一天16:00前致电客服预约，乘坐景区提供的免费班车往返市区、亚龙湾和海棠湾各接送点，在各区发车的时间均为9:00、13:00，返程时间为12:00、16:00。

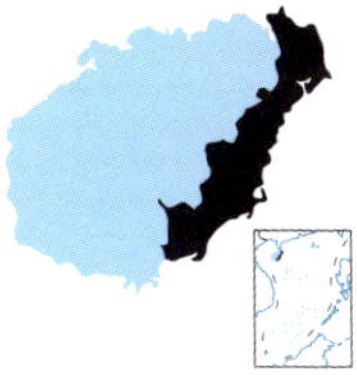

海南东线

包括➡

最佳餐饮

- 农家乐餐饮园福禄东山羊店（见145页）
- 三角街文昌鸡饭店（见118页）
- 归侨老故事（见153页）
- 猴岛渔排海上餐厅（见176页）

最佳亲水活动

- 万泉河漂流（见128页）
- 日月湾冲浪（见156页）
- 兴隆温泉（见151页）
- 分界洲岛潜水（见174页）

快速参考

- 电话区号：0898

为何去

曾经在很多人看来，海南只有海口、三亚和“其他地区”之分，但近年来越来越多的旅行者把眼光投向同样拥有美丽海滩的东线（即海南东部高速公路所串联的区域）。这里的舒适程度和物价水平都更友好，看点也十分丰富。万泉河漂流、日月湾冲浪、分界洲岛潜水能充分满足你亲水的愿望，革命史爱好者在琼海追寻红色娘子军的足迹，航天发烧友在航天主题乐园感受震撼，文昌的骑楼和大屋里藏着华侨之乡的骄傲，博鳌绿道骑行则是适合所有人的惬意享受。

当你的双眼因太多美景而感到疲惫时，就让舌头兴奋起来。海南“四大名菜”文昌鸡、嘉积鸭、和乐蟹和东山羊都出自这里，老爸茶的传统和兴隆咖啡的美名也远播四方。在交通上，东线也很便捷，东线高速和223国道是自驾和骑行者的天堂，环岛高铁十几分钟就可以把你带到下一个目的地。整个海南都是慢节奏的，但东线慢得更加精致。层次丰富的美景和生动质朴的世俗风情，都值得你忘记时间，细细感受。

何时去

3月至4月 最佳出行时间，随着春节假期的结束，“候鸟族”飞回北方，各景点逐渐安静下来，此时气候也很舒适。

5月至6月 开始进入长达半年的雨季，不便于进行户外活动，可将目光转至人文看点。此时是一年之中最湿热的时候，建议中午时分找片树荫乘凉，早晚比较凉爽。

7月至10月 台风登陆频繁，此时前往须格外关注天气情况；在没有台风光临的日子，突如其来的暴雨反倒使得天气凉爽些。

11月至次年2月 天气最好的时候，降雨少，温度适宜，在文昌和琼海，早晚可能要穿外套。春节期间会迎来最多游客，酒店价格也升至最高，但涨幅不会像三亚那么夸张。

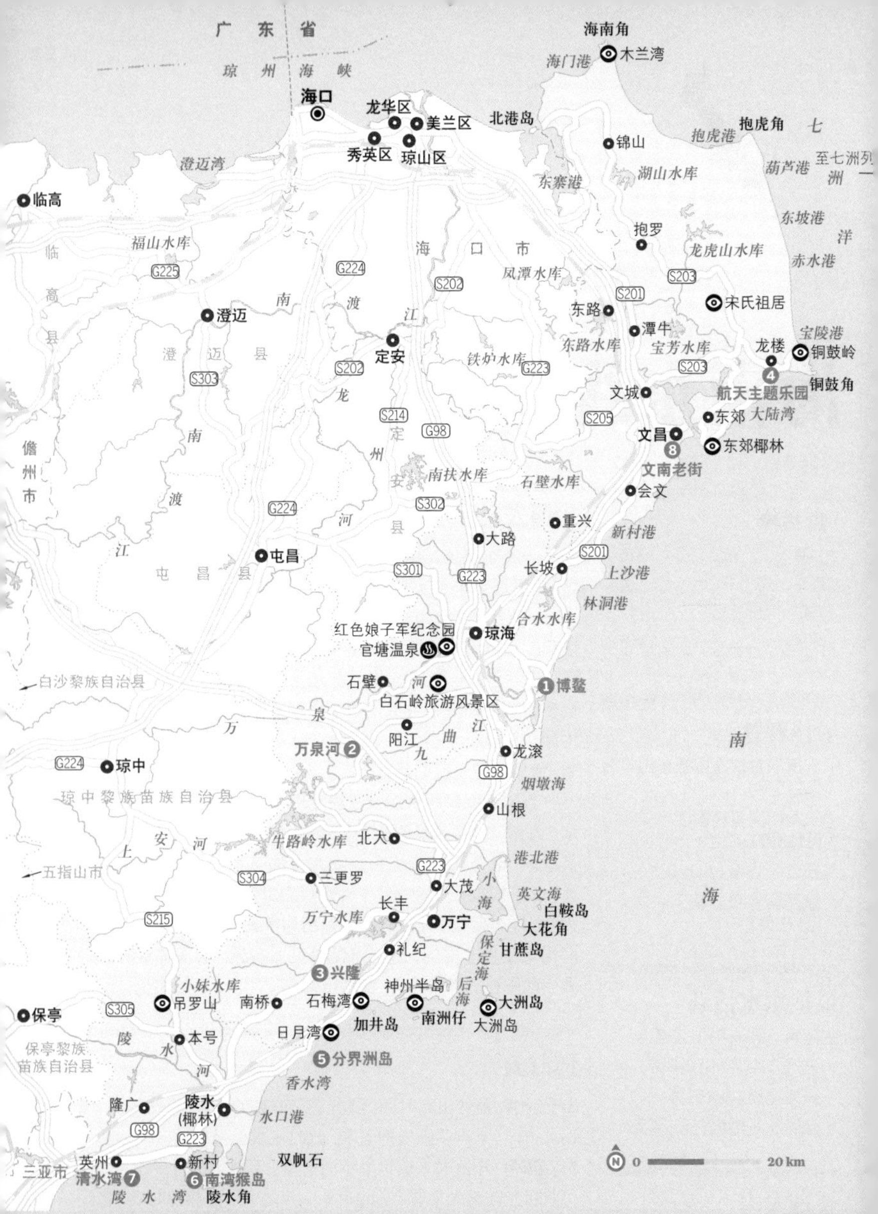

海南东线亮点

❶ 骑行在**博鳌**(见135页)。

❷ 沿**万泉河**(见141页)漂流而下,欣赏两岸的峡谷和田园风光。

❸ 行走在**兴隆**(见149页)的绿意中,被扑面而来的咖啡香气诱惑。

❹ 不要错过**航天主题乐园**(见120页),走近火箭发射塔。

❺ 尽情在**分界洲岛**(见165页)享受阳光沙滩,或潜入海底世界。

❻ 到**南湾猴岛**(见175页)目睹"老虎不在家,猴子称霸王"。

❼ 让**清水湾**(见165页)柔软细腻的白沙给双脚做个SPA。

❽ 漫步在**文南老街**(见115页)。

文昌

人口: 56万

文昌当然不只有文昌鸡，其实这里的海岸风光不亚于邻近的海口。三面环海的文昌拥有全省海岸线总长的七分之一，静谧优雅的白沙海滩环绕着海南岛的东北角，龙楼镇的铜鼓岭是海南最早迎来日出的地方，铺前镇的海南角静静守护着海南的"北极"之地。木兰头灯塔和东郊椰林登上过中国邮票，"长征七号"火箭的成功首发又将这个中国唯一的滨海火箭发射基地写入航天史。而说起人文历史，拥有2000多年历史的文昌是海南三大历史古邑之一，向来重视文教，旧《文昌县志》载："民俗素朴，雅治诗书，衣冠文物，大类中土。"而文昌的"武"也"昌"，宋代以来史书记载出自此地的武职官员有300多位，也给这里带来了"将军之乡"的美誉。文昌还是著名的侨乡，清澜港和铺前港走出的文昌人如今在世界各地开枝散叶，保存下来的骑楼老街和南洋大屋承载着归侨们对家乡的眷恋。

和丰富的旅游资源相比，文昌的旅游配套设施和景点之间的公共交通也许令旅行者感到些许不便，但随着航天城的崛起、海文大桥和文琼高速即将通车，文昌或将迎来新的机遇。

文昌市

文城镇是文昌的老城区，布满骑楼的文南老街和历史建筑孔庙都在这里。随着清澜大桥开通以及市政府搬迁，原先的清澜镇变成了清澜开发区，免费的美丽海滩旁修建起成排的高楼和酒店。文城和清澜组成了文昌市区的两大部分，你可以方便地从海口和海南东线其他地方乘高铁或大巴至此进行一日游。市区之外，东郊椰林和散布乡间的南洋大屋也是不容错过的看点，对于非自驾或骑行者来说，想要从容游览，至少要花上两天时间。

景点

文城镇

文南老街 街区

（文南路，文昌河西北岸；免费）20世纪20年代，文昌的侨商陆续返乡，开办商号，售卖南洋物产，始有文南老街骑楼林立，人气凝聚。从文建路上"文南老街"的牌坊开始，老街沿文昌河蜿蜒1公里，带你穿越回一个世纪之前的繁荣盛景。牌坊正面左右各书"紫贝""平昌"，都是文昌的曾用名，北侧的望城楼是老街最高的建筑。第一眼望去，老街的青石板路和灰色骑楼建筑极具年代感，浅褐色的百叶窗和缤纷的木质招牌成为跳跃在低调背景中的亮色。石质栏杆女儿墙、山花的镀金雕刻以及各式曲线造型透出浓浓的南洋腔调，而从三角形、半圆形、水曲形的窗楣，你还能窥见欧式、伊斯兰式和中式风格的混搭。

过于整洁的建筑外观使人不由怀疑文南街百岁老人的身份。实际上，由于年久失修，老街于2012年进行了"修旧如旧"的加固和重建，力图还原百年前的样貌。你可以去一河之隔的三角街一带找寻老街改建前的模样。骑楼下的服装店、玩具店依然是本地主顾的逛街去处，茶铺里也上演着文昌人真实的生活场景。

文城大部分公交车都从老街附近经过，站点包括望园、新华书店、文城卫生院和房产所，下车后步行不超过300米。

孔庙 历史建筑

（文东里20号；门票 旺季/淡季15/13元；⏲8:00~17:30）在尚文重教的文昌，孔庙自建成之日起，便是文昌学子苦读登科的精神依托，因规模大且保存完整，被称为"海南第一庙"。然而文昌孔庙最独特的地方却在于，它是中国唯一不开南门（正门）的孔庙。明代时，文昌人便立誓，不出状元，不开正门，可惜直至科举废除，海南也未能走出一位状元郎。

从东侧的礼门进入，孔庙中轴线上依次有棂星门、状元桥、孔子塑像、大成门，以及供奉孔夫子的主殿——大成殿，中轴线两侧的东西庑内展示了孔门四圣十二哲的生平。建筑群西低东高，西面为孔庙，东面为供奉文昌帝君的文昌宫和建于清代的蔚文书院，从东北角的后院，可以看到建筑群的重重屋顶。

乘1路、2路、3路等公交车在公园站下车。

文城镇

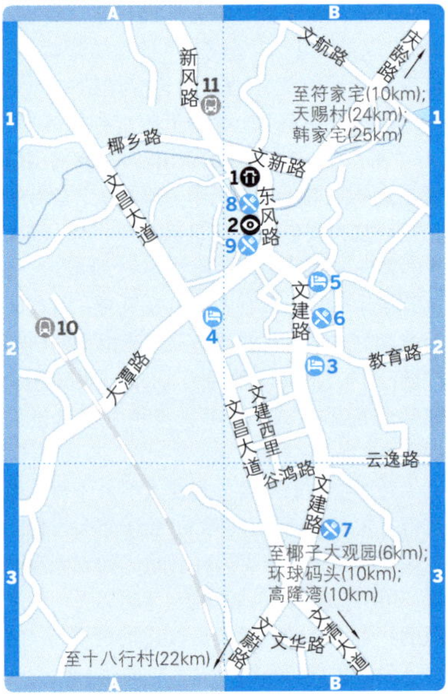

文城镇

景点

1 孔庙……B1
2 文南老街……B1

住宿

3 称心宾馆……B2
4 海岸金城大酒店……A2
5 小城故事……B2

就餐

6 吉英盐焗鸡……B2
7 琼莱人家……B3
8 三角街文昌鸡饭店……B1
9 望城抱罗粉……B2

实用信息

旅游信息咨询中心……（见10）

交通

10 文昌火车站……A2
11 文昌汽车站……A1

文城镇周边

东郊椰林　海滩

（东郊镇西南5公里；免费）在海南之美初为世人所知时，大陆客到海南通常只到海口和东郊椰林两个地方匆匆打个转就回去。东郊椰林是离海口最近的椰林海滩，也是文昌旅游的象征，椰风轻柔，水清沙白，绵延15公里的海岸线，是中国最长的滨海椰树走廊。近年来，人工岛的建设和海岸经济作物的种植破坏了椰林海滩的景观，可这里也并非不再值得一游。从椰林的“入口”百莱玛度假村进入，穿过度假村来到椰林海滩，一侧碧水蓝天，一侧椰林万顷，确实拥有360度无死角的美颜，海滩的维护状况也不错。你也可以租一辆自行车，钻入密织交错的椰林小路，真切感受近两百万株椰子树造就的椰林之乡。

东郊椰林位于距文城17公里的东郊镇，以清澜大桥和市区相连。本书调研时，从文城到椰林的班车很少，且没有准确时间，可在文昌汽车站马路对面乘坐去往南建山的中巴（车前写有“椰林”），终点站就在百莱玛度假村门口。注意，有些班次只到东郊镇，你需要等待下一辆开往椰林的班车，最好在上车前问清楚。上午发往椰林的车比较多，返程末班车在17:00前出发。

椰子大观园　植物园

（☎6333 0307；清澜镇文清大道502号；免费；⏲7:00~18:00）隶属于中国热带农业科学院椰子研究所，分区域展示了200多种棕榈植物和130多种海南特色树种，比如极为罕见的变异“椰妖”，是国内棕榈植物品种保存最多的植物园。园内有许多科普展板，各种植物都有自己的标牌和简介，绕着园中小路一圈走下来，你也能对椰子如数家珍了。平日这里是附近居住的老人散步休闲的场所，基本上维持了整洁的面貌，但有些区域疏于管理，显得很荒凉。

大门口有一个旅游咨询服务中心，进门西侧的产品研发区出售椰油和其他椰子制品。乘坐5路以及9~12路公交车，在椰子大观园（财政局）站下。或在文建路上扬手招清澜和东郊方向的中巴车（3元）。

宋氏祖居　故居

（☎6322 2672；昌洒镇古路园村庆龄村委会；门票15元；⏲8:00~-18:00）主要由宋庆龄展

和宋氏祖居旧址组成，前者介绍了宋庆龄生平，以及其家族和中国历史的交集。后者是一个典型的四合院式海南民居，200平方米的两进小院里，走出了中国近代史上赫赫有名的宋氏家族，宋氏三姐妹的高祖、曾祖、祖父三代居于此地，父亲宋耀如也是在此出生并度过了少年时代。展览非常详实，也让花30元请讲解员变得没有必要。文昌汽车站每天9:20、11:00、15:00有班车直达景区，淡季可能减少一班。

符家宅

历史建筑

（头苑镇玉山村松树下村；免费）远渡南洋发迹之后衣锦还乡，创建商号、兴办学校，这是深植于文昌人心中的根的观念，但最重要的是要告慰祖上，修建大屋。文昌的乡村阡陌，留下许多融合了南洋建筑和海南民居特色的豪宅大院，位于头苑镇的符家宅是其中保存最为完好也最精美的一座，它有一个可爱的别名叫“松树大屋”。大屋的主人符氏三兄弟当初从新加坡带回了珍贵的木料和技艺精湛的工匠，回到松树下村修建了这座城堡般气势恢宏的大宅。三进院落二层洋楼加上众多横屋，形成了8个天井院落，不同于传统格局的外观和异域风情令人震撼。南洋特色的弧线造型、伊斯兰风格的拱券连廊，搭配岭南气质的秀丽花池，华丽中蕴藏低调的雅致。虽然青草爬上了墙壁，但被光阴洗褪色彩的壁画依稀可辨，拱门和墙头的灰塑造型生动如初，细节耐人寻味。

大门常由“铁将军”把守，需要向村民打听看管人符致文的家，你经常会被告知他去“喝茶”了，得耐心询问。从文城到符家宅约10公里，打车约40元。

韩家宅

历史建筑

（东阁镇；免费）若说松树大屋是穿着摩登、头插一根玉簪的淑女，那韩家宅更像是一位长衫马褂、金丝眼镜的乡绅。后者在传统岭南大宅的外观下，低调流露出南洋风情的细节。韩家宅采用典型海南民居的单轴线多进式布局，四进宅院依次递进，站在入口处看到几进大门层层相套，颇有“庭院深深深几许”之感，进入大门后左侧廊道的门上镂刻有“祥”“福”字样。中间院落的横屋上加盖了南洋骑楼风格的纳凉屋，是韩家宅中洋合璧的点睛之笔。注意看各间屋内房檐下的墙角，那里保存了精美的家族史壁画，记述了韩氏一族在泰国奋斗的场景。

韩家宅由后人负责维护，如果你乐意给一点讲解费，就能听到其祖兴建大屋的故事。如遇关门可拨打大门口的电话。从文城到这里30公里，无公共交通，出租车司机单程一般开价100元。

十八行村

村落

（会文镇胡峰村委会；免费）村名就点出了这座“中国历史文化名村”的特点。村内的房屋按照十八行建造，以笔直分明的村巷相隔，同行内所有房屋的正厅前后对齐，站在每一行的行首或行尾向内看去，各家各户前后大门洞开，可一望到底。来自福建莆田的林氏一族于明代迁徙至文昌，在这里繁衍生息，他们以严整的民居布局表达“兄弟同心，邻里不欺”的意愿。村口耸立着最古老的建筑林家宅，其正屋九牧堂仍然是村里最气派的建筑。十八行村没有“景点”，只要主人许可，就可入内参观。热心的村民会骄傲地告诉你，这些建筑都有400年的历史了。村口空地上的一对

八门湾红树林

八门湾红树林与海口东寨港红树林是海南两处著名的红树林景观，八门湾红树林规模小些，但红树的品种更多。涨潮时，水面上露出浓绿的冠顶，退潮时，可看见红树卷曲的树干和交错的地面根挽手挨肩而立。曾经延绵几十公里的“八门湾绿道”深入红树林，串起沿途六镇百余村庄。为更好地保护红树林生态系统，2017年起八门湾景区已停止旅游经营活动，绝大部分的木栈道被拆除，过去那种穿行红树林间的情景已经成为历史。本书调研时，仅剩下1公里长的**排港村木栈道**（东阁镇，排港农家乐附近）尚存。好消息是清澜大桥附近的八门湾红树林海上森林公园正在建设之中，也许翻开本书的时候，你将有机会以游园体验的方式再次亲近红树林。

上马石就是最好的证明。

从文昌汽车站乘班车到会文镇，然后坐三轮车到十八行村，5公里的路程要20元。

住宿

如果图交通方便，你可以住在文城镇，酒店虽然缺乏特色，但物美价廉，舒适度不错。要想住海景房，清澜开发区的白金海岸和高隆湾有一些高级酒店及旅租公寓。东郊椰林的民宿和度假村远没你想象的拥挤，反倒成了躲清静的好地方。总体而言，文昌的住宿价格比较合理，除了春节，淡旺季差别不大。

称心宾馆

酒店 ¥¥

（6233 2888；文城镇文建路49号；标单/双158/168元；）装修一新的称心宾馆打着“让你称心”的招牌，房间性价比不错，位置极佳，周围就餐选择很多，门前就是喧闹的主干道文建路，记得要一间不临街的房间。一楼的茶室供应早餐。门口的“称心宾馆站”有到火车站、汽车站和清澜的公交车。

小城故事

酒店 ¥¥

（6362 0688；文城镇文霞路15号；标单/双 158/178元起；）位于小街之中，有各种“故事”主题房，其实大同小异。房间都很宽敞，以绿色和深木色为主色调，床头配有万能手机充电头。如果你喜欢睡硬床，这里就没什么可挑的了。

海岸金城大酒店

酒店 ¥¥

（6338 1888；文城镇和平南路26号；标单/双188元；P）虽然离汽车站和老街较远，但交通方便，位置很好。房间配备齐全，性价比高。一层有早茶，人均15元左右。从文昌动车站乘6路公交车坐两站即到。

金石国际大酒店

酒店 ¥¥¥

（3652 5888；清澜开发区高隆湾旅游大道；标单/双 568元起，含早餐；P）在清澜海滨的豪华酒店中，金石的价格和条件都是数一数二的。从硬件设施到服务态度都令人满意，有室内外泳池，家具造型现代而色调古朴，床铺柔软舒适，带阳台的海景房是最佳选择。淡季时在网上订房有很大折扣。

百莱玛度假村

度假村 ¥¥

（6353 8222；东郊椰林；海景木屋408元起；P）许多旅行者对东郊椰林的印象都来自于百莱玛，因为这里既是文城过来的班车终点站，也拥有一片漂亮的椰林海滩。度假村面积很大，但设施较陈旧，服务让人难以满意。旺季时有各种娱乐活动如沙滩摩托、拉网捕鱼、沙滩烧烤等，需另付费。海景木屋宽敞且具有南国风情，但阳台上的风景才是你住在这里的真正理由。

蓝域民宿

客栈 ¥

（186 0898 7590；东郊椰林；床位40元，房间100元；P）位于百莱玛往东大约500米处的一栋2层民居，步行几分钟即可到海边。价格友好，老板亲切周到。可以租自行车（50/天，30元/半天）。

餐饮

文昌美食界的招牌非“海南四大名菜”之首文昌鸡莫属，最正宗的做法是白切，鸡饭也很受欢迎。此外，就连不爱吃海鲜的人，在三环面海的文昌恐怕也难以抵挡无处不在的海鲜诱惑。各镇均有自己的招牌小吃：锦山牛肉干、会文糯米花、铺前糟粕醋、东阁粿仔……即便不去这些地方，在文昌市区也能吃到地道的。遍布文昌大街小巷的老爸茶比海口更有原汁原味的朴实。一壶红茶，一份点心，本地人就可以从早坐到晚。

三角街文昌鸡饭店

海南菜 ¥¥

（6322 5671；文城镇沿江西路76号；文昌鸡35元/斤；8:30~21:00）来到了在文昌鸡的故乡，自然要吃一份地道的白切文昌鸡。三角街拐角处并立三家几乎一模一样的“文昌鸡饭店”，口味和环境都差不多，靠河边的这家更受欢迎。白切鸡每人半斤左右足够了，肉肥而美，蘸水酸辣中带有姜香，再点份朴实无华的空心菜、下饭的咸鱼茄子煲，拌过鸡油的米饭轻易能吃掉一大碗。

吉英盐焗鸡

海南菜 ¥¥

（135 1884 8866；文城镇文中路17-3号；盐焗鸡70元/只；9:00至次日2:30）到这家本地人推荐的老店尝试下文昌鸡的另一种做法。鸡肉入味而不腻，戴上手套撕着吃来十分过瘾。同一条街上有四五家竞争者，如果吃不掉整鸡，就去隔壁的花嫂盐焗鸡，那里出售盐焗鸡腿和鸡翅。

望城抱罗粉

米粉 ¥

（文南老街入口，望城楼1层；抱罗粉10元）论口味也许不是本地最好的，但是位于文南老街入口，非常方便。汤粉或腌粉都加入了牛肉干（或猪肉），汤底味道好。得名于文昌抱罗镇的抱罗粉是当地的传统早餐，不过这里全天都营业，吃饱了在老街走一遭，元气满满。

琼菜人家

海南菜 ¥¥

（☎6339 3988；文城镇文建路119号，维嘉国际大酒店对面；人均70元；⏲9:00~14:00，17:00至次日3:00）一家较大规模的琼菜馆，本地的菜品齐全、就餐环境好，不建议在这里吃白切文昌鸡，可以点诸如海鲜菇酱爆鱼肚、韭菜南瓜生蚝煲之类融合了海鲜的菜肴。供应夜宵。

排港农家乐

农家乐 ¥¥

（☎189 0750 2703；东阁镇排港村，八门湾边防派出所南1公里；人均60元）供应八门湾浅海海鲜，蛤蜊和虾都很新鲜，白灼就足够美味。没有菜单，点菜时问清楚价格。跟老板打听一下看红树林的木栈道在哪里，走几百米就能到。203省道上有路标指引。

环球码头

海鲜 ¥¥

（清澜开发区，清澜大桥南1公里）与其说是个海鲜市场，这里更像个打卡景点，游客的涌入使得海鲜价格一路攀升，品质也不如从前。但如果你是个对海鲜内行又勇于杀价的人，就像当地人一样在傍晚时分挤进市场吧，新鲜的石斑鱼、龙虾、花蟹、鱿鱼等应有尽有，不知道选什么的话，买鲍鱼和对虾最不容易出错。买了海鲜直接就可以找地方加工，比如市场入口处的**老班长美味苑**和**环球渔村**，加工费12元/斤，也有炒青菜（20元起）和主食。乘10路公交在清澜码头下车，道路尽头那个百米长的有篷市场就是。

ℹ 实用信息

旅游信息咨询中心在火车站和椰子大观园门口各有一个营业部，但是能提供的旅游资料少得可怜，工作人员也是一问三不知。

公众号**走进文昌**（微信号zoujinwenchang）提供文昌旅游实用信息。

ℹ 到达和离开

长途汽车

文昌汽车站（☎6322 1392；新风路275号）每天都有发往全省各地、下属乡镇（包括龙楼、铺前等）以及广东的客运班车。从海口长途汽车东站每15分钟就有发往文昌的海汽大巴（19元；6:15~20:30，平均每10分钟1班；1小时），返程末

当地知识

寻找文昌鸡的故乡

海南素有“无文昌鸡不成席”之说。文昌鸡通常放养在榕树下，以野生的杂草、树籽为食。这种田园牧场的环境下生长的文昌鸡，有非常不错的身材：体积小、尾部肥大、胸部结实，3个月就有1公斤左右。这时候村民会将它们放进笼子里圈养，在备杀前一个月就离地笼养，置阴暗处，每天喂以米饭、玉糠、花生饼、椰茸等制成的糊状饲料。

文昌鸡最传统的吃法是白切，最能体现原汁原味。同时配以鸡油鸡汤精煮的米饭，俗称“鸡饭”。在海南不论筵席、便餐或家庭菜，白斩文昌鸡都是主菜。而文昌鸡在香港、东南亚一带也备受推崇。

传说**潭牛镇天赐村**是文昌鸡的发源地，村里很多家都做起了文昌鸡生意，村口的宣传板上列出了村内餐厅和农家乐的名牌，在村里吃鸡，还能听到老板将文昌鸡的掌故向你娓娓道来。**天赐味道**（☎6362 7333，139 7662 6578；文昌鸡38元/斤）位置醒目，从村口入内300米即是，文昌鸡的做法有白切、盐焗、椰奶等，还有各种农家菜。若是有兴趣，提前跟老板打声招呼，就可亲手“笼中捉鸡”。

文昌汽车站车次时刻表

目的地	发车时间/班次	票价(元/人)	行程(小时)
海口东站	6:15~20:30, 15分钟1班	19	1
三亚	9:00、13:40	55	4
琼海	7:00~17:00, 25分钟1班	16	1.5
龙楼	7:05~18:05, 20分钟1班	8~9	1
铺前	6:10~18:35, 25分钟1班	19	1
会文	7:00~17:00, 30分钟1班	6	0.5

班车大约在20:35发出。站内有自助购票机，可使用支付宝和微信支付。可在微信**海汽客运**(微信号haiqi0898)查询和购买车票。

火车

文昌火车站(☎3161 1082; 文城镇火车站路)2015年底，海南环岛铁路全线贯通，从文昌火车站可乘坐动车方便前往环岛沿线各市县。从文昌站乘车，到达海口东站仅需23~30分钟，到达海口美兰国际机场只要17分钟，到三亚最快1小时12分钟。

当地交通

2012年底通车的清澜大桥连接起文昌周边的海岸资源，将月亮湾、铜鼓岭、宋氏祖居、东郊椰林、航天城以及清澜港连成一线。文城和清澜之间有多趟公交往返，所有去往东郊和龙楼方向的班车也都经过清澜。

公共汽车

文昌市区(包括文城和清澜)的公交网络密集，出行方便。文昌汽车站前是公交和本地班车(包括去往东郊椰林)的主要集散地，可乘10路去往清澜，11路去往高隆湾和白金海岸。在火车站可乘6路、8路前往汽车站，也有9路、12路往返高隆湾。

三轮车和摩的

从文昌市区前往一些偏远的乡村景点基本没有公共交通，只能坐班车到镇上，再搭乘三轮车或摩的前往，3公里要价10元左右。

出租车

文昌市内交通多依赖三轮车，很少有出租车司机愿意跑近途，而且议价、拼客、不打表等情况很普遍。在一些出租车集中的地方(如汽车站、火车站)，也有不少排队拼客去往周边乡镇的车。

租车和包车

前往公共交通不便的景点时，租车或包车不失为省时省力的好选择，可以联系**福顺汽车**(☎135 8870 0301; 文城镇文建二横路33号; 租车200元起，包车400元起)。

龙楼镇

龙楼镇位于文昌的最东端，也是海南岛的"东极"所在，这里拥有不比亚龙湾逊色的免费海滩，未被太多游客占领的美景保持了最自然的状态。绵延20多公里的铜鼓岭和绮丽的海岸线是以往最大的看点，但自2016年"长征七号"运载火箭在此发射成功，航天城便成了龙楼新的旅游名片。

景点

航天主题乐园　　航天城

(龙楼镇西3公里，航天大道; ☎6356 8080; 门票130元; ⏲9:00~17:00)别被这个名字误导了，事实上除了这个正式的名称，人们更习惯用"航天发射中心""航天城"来称呼它。这里可不是仅供小朋友增长见闻的游乐场，而是一座对外开放的航天发射中心。航天基地于2009年动工，2014年基本建成，2016年6月25日成功发射第一枚"长征七号"运载火箭，自此航天正式写入文昌的历史。主题乐园的"乐园"部分尚未建成，但能够近距离观看庞大的火箭发射装置才是这里独一无二的魅力。

游览全程需乘坐电瓶车，依次在三个地点下车参观。第一个点是测控中心，电视里见到的发射倒计时指令，就是从这里发出的。第二个点是火箭组装厂房，长征五号和长征七号在相邻的两栋大楼内完成组装，并通过专用轨道运到第三个停车点——发射塔架进行发射。以上任何一个地方都不能入内参观，只能在几十米之外远观。请收好手机和相机，只有在讲解员指定的时间和范围才允许拍照。

这是一个旅行体验呈两极化的地方，一些航天爱好者因亲眼见到发射塔兴奋不已，而你也可能觉得走马观花的游览方式不值高昂的票价。参观全程约50分钟，须分批次进入，每日和每批的参观人数都有严格限制。最晚一批在16:00左右出发，门票提前1小时开售，踩着点来很可能没法入场。这里的安检非常严格，入场前必须将行李寄存。买票和参观时都需要出示身份证。

从文昌汽车站乘坐到龙楼的班车（8元；7:05~18:05，20分钟1班；1小时），途经航天城。

铜鼓岭主峰 山

（☎6357 6552；龙楼镇；门票50元，观光车往返40元）有琼东第一峰之称的铜鼓岭主峰海拔其实只有338米，但因从海平面上拔地而起，具有雄浑的气势。三面环海、奇异的山石和满目的青翠都让这里的景致非同寻常。观光车会将你带上山顶观景平台，在那里可享一目望三湾（月亮湾、蓝宝石海、翡翠海）的风景，还有棋盘一样的水田和树林，天气好时能看到颜色变幻的“七色海”。

冬季刮北风时，铜鼓岭的能见度和大海的色彩就不是很理想。山顶还有一块高3米多，重约20吨的风动石。沿观光车的水泥路步行上山约需1小时，半途亦有一条通往山顶的登山古道，林木遮天，游客较少，要小心迷路。

月亮湾 海滩

（铜鼓岭主峰北12公里，206省道东；免费）月亮湾银白色的细软沙滩如一轮弯月，让你的双眼、双脚都很满足。但只须观赏即可，海水中隐藏着许多暗流和漩涡，切勿下水游泳。月亮湾目前已被众多地产楼盘占据，从小区内部可以直通沙滩，但各楼盘之间的夹缝地带因无人管理，垃圾遍地。

文昌汽车站有前往月亮湾的班车（12元；7:05~16:10，每小时1班；1小时），返程末班车时间为17:20左右。从“雅居乐”或“世茂怒放海”两处楼盘下车，一路经过开发商精心打

龙楼镇

造的园林和栈道来到海边，那里的沙滩通常都很干净。自驾的旅行者导航至"雅居乐月亮湾"，在月亮湾农贸市场路口向东拐进直达海边的小路。

石头公园

自然景观

（铜鼓岭主峰南4公里；免费）石头公园是一处开放景观，沿海岸延伸2公里。巨石经潮汐的拍打侵蚀和风化形成现在的面貌。一块状如小山的巨岩上用栏杆围成了简易观景平台，这里既能纵览公园全貌，也是欣赏和拍摄落日的最佳地点。如果穿了双可以蹚水的鞋，就踩着那些大大小小的石头去探险吧，看看被海水侵蚀形成的洞穴和造型各异的石头。公园里浪高风急，攀爬巨石要格外留心，也不要下海游泳。

淇水湾

海滩

（龙楼镇中心东南3公里）当游客们在三亚涌向同一片海滩时，另一些深谙此道者可能正在淇水湾悠闲享受着不受打扰的海景。淇水湾的轮廓没有月亮湾那么优雅，沙子的细软程度也略逊一筹，但因风平浪静，海水也更蓝。你可以直接穿过希尔顿去酒店后面的那片海滩，沙滩维护得非常好，再沿着海滨的木栈道穿行于椰林之中。非旺季时这里很清静，有一些人在附近的海滩搭帐篷。

食宿

喜欢海鲜的人来到龙楼，一定别错过"龙楼四宝"：海胆、鲍鱼、龙虾和海白（白壳的文蛤）。可以去石头公园旁的**一家海鲜坊**（☎138 0761 2770）或者云卷云舒隔壁的**渔夫之家**。在龙楼的海边吃海鲜少有宰客情况，但也不是白菜价，点菜时要先问价再下单。龙楼镇上的住宿选择很少，云龙湾和淇水湾一带有豪华酒店可下榻，或者住进海边的民宿客栈。铜鼓岭附近的大小海湾有户外爱好者结伴露营，最好选择有渔民居住的海滩或石头公园。

炉石旅店

青年旅舍 ¥

（☎176 9485 6217；龙楼镇文铜大道60号；铺30元起，标单80元起；❄📶）非常有青旅气氛，公共区域的墙上有手绘的龙楼旅游地图和各种实用信息，也可以和老板聊聊旅行和当地见闻。旅舍还组织各种活动，比如看珊瑚、拾贝壳等，并提供电动车和潜水设备出租。

文昌鲁能希尔顿酒店

豪华酒店 ¥¥¥

（☎3199 8888；紫薇路28号；海景房688元，含早餐）赫赫有名的国际品牌和淇水湾的美景是吸引你到来的主要原因，酒店开放式的花园直通海滩，房间分为海景房和航天海景房两种，后者不仅视野更开阔，还能看到最值回房价的航天城，若赶上火箭发射，房价会

不要错过

触摸铜鼓岭海岸线

石头公园到铜鼓岭主峰之间的海岸线上隐藏着许多原生态自然景观，因兼具野性和美感，吸引了一批旅行者来此徒步、潜水、露营。有的地方比较危险，最好结伴同行或找熟悉地形的当地人前往。可以在**天涯社区户外版块**（bbs.tianya.cn/list-176-1.shtml）寻找户外队伍，**龙楼517驿站**（☎138 7657 0422；文铜大道21号；浮潜120元）也组织浮潜活动。潮汐信息可参考ocean.cnss.com.cn。

从石头公园一直沿海边向东北方向走，再拐进砂石小路上山，四五十分钟后到达大澳湾。**大澳湾**是出了名的坏脾气，常年波涛汹涌，不适宜下海，但800米长的沙滩是观景和露营的好地方，营地有水源，可供饮用、洗澡。大澳湾位于**铜鼓角**山下，后者是海南岛的最东角，海边悬崖从山顶草坡边缘直坠200米，悬崖之下波浪喧天，悬崖上是极好的观日出地点。此处地形险峻，切勿贸然独自前往。大澳湾北面的**小澳湾**海岸线上礁石形状各异，海水清澈见底。你可以在大型礁石上垂钓，或者趁退潮时寻找石头缝里的小家伙们。海滩西侧还有国内唯一一座小乘佛教（南传佛教）的大型佛像**铜鼓佛光**，有当地渔民来此虔诚祭拜。铜鼓佛光和小澳湾位于龙楼的主干道文铜大道的东边尽头，从铜鼓岭主峰有小路通往此处。

翻番。如非自驾，可从文昌动车站乘坐酒店的免费班车（10:15，13:10，16:15，19:30），每天9:00和15:00还有班车送客人至航天城，须提前一天预订。

云卷云舒海景客栈

客栈 ¥¥

（☎176 0899 9663；龙楼镇海边村南海港；海景房360元，含早餐）客栈位于淇水湾东面2公里处的南海港，鹅黄色二层小楼和花园式庭院坐拥无敌海景。优雅的四柱床和印花净白床品，的确能让你找到睡在云端的感觉，明亮的落地窗外就是白云蓝海。设施和服务让人感受到老板的贴心细致。

到达和离开

尽管龙楼镇拥有丰富的旅游资源，但这里的公共交通依然不尽人意。从文昌汽车站乘坐到龙楼的班车（8元；7:05~18:05，20分钟1班；1小时）途经航天城，如果要前往铜鼓岭、石头公园和淇水湾，就只能在龙楼镇上包一辆三轮车了（100元左右）。文城镇上原本可前往这些地方的15路公交车早已停运。龙楼镇主街文铜大道上有拼客回文城的出租，招停即可，每人20元左右。

自驾是游览龙楼的最佳方式，也可以去炉石旅店（见122页）或龙楼517驿站（见122页方框）租一辆电动车，价格都是60~80元/天。

铺前镇

铺前位于文昌和海南岛的最北端，三面环海，南部以珠溪河与相邻各镇为界，是一座“岛中岛”。这里拥有溪北书院、木兰湾等值得骄傲的看点，却因偏居文昌的角落而无人问津，维护状况也令人堪忧。随着海文大桥（铺前大桥）通车，这种现状也许将迎来改变。

景点

胜利街

街区

（汽车站南500米）到铺前镇以后可以先去胜利街走走，20世纪二三十年代，南下的淘金客就是沿着这条街走到铺前港，从那里登船远渡南洋。老街两侧南洋风格的老旧骑楼见证了铺前往昔的繁荣，虽然中间夹杂着许多外表平庸的新建筑，而且有些骑楼的墙壁和屋顶都已经拆掉，但从某些角度仍然可以捕捉到充满穿越感的沧桑画面。老式木板门后的理发店、牙科诊所都还照常营业，老街的生活气氛朴素可爱。我们调研时发现骑楼已经陆续进行外观改造，粉刷一新的白墙让人感叹老街风貌或将不复。

溪北书院

古建筑

（文德路，文北中学内）溪北书院坐落于文北中学校园东北角，是由清末著名文人潘存为振兴家乡教育发起创办的，这座三进大院的古建筑除东廊外大部分保存完好，清代的雕花斗拱、门窗棂和牌匾十分精美。讲堂的牌匾由潘存亲提，繁体的“讲”字少了一横一竖两划，意在提醒为师者学问无边，应谨言慎行。溪北书院在新中国成立以后成为文北中学校舍，新校舍建成后，现基本作为学校仓库使用。从胜利街沿着昌华路步行到尽头，进入学校需要登记姓名和电话。

七星岭

山

（岭内村东800米）铺前镇北海滨有一座七峰连绵的**七星岭**，从山脚的七星庙登山往返一个小时足矣，砂石路非常滑，务必当心。山顶威严耸立着建于明代的七层**斗柄塔**，建成之后曾一度成为海上丝绸之路的航标，塔名和七星岭相得益彰，塔身造型古朴，保存完好，已被列为国家重点文物保护单位。塔心中空，抬头可一望到顶，进入塔内可从右侧狭窄幽暗的楼梯上至塔顶，胆小者可能需要一番心理建设，不过塔顶收获的琼州海峡美景非常值得你为此勇敢一回。

木兰湾

海滩

（汽车站东北26公里）七星岭向东延伸直到木兰湾，有“亚洲第一灯塔”之称的木兰头灯塔伫立于此，俯瞰着琼州海峡，与碧海白浪的木兰湾一同入选铺前最上镜的美景。灯塔东侧的海滩能见到“海南角”的石碑，象征着海南的最北端。木兰湾几乎未经开发，游人稀少，海岸的灌木丛成了黑羊觅食栖息的场所。时有结伴而来的驴友在此野炊露营，但因此留下了不少垃圾，一定程度上影响了海滩的面貌。

食宿

来到铺前通常可当日往返，如要过夜，可

以去旺庄大酒店（☎3161 6789；新兴街33号；标单/双 168/178元；❄📶）装修和卫生基本令人满意。到了铺前别错过当地的特色小吃——糟粕醋，是用酿酒后剩余的酒糟，加以少许辣椒、蒜头、油等煮开制成，配菜有鲎肉、海菜、荞头、牛杂、海螺等，酸辣可口，可以去当地最有名的林花糟粕醋（☎6365 3966；胜利街47号；15元/碗）尝尝鲜。铺前的马鲛鱼也颇负盛名，老街上有几家售卖的店铺。

实用信息

昌华路和胜利街上分布着几家银行，并设有ATM。汽车站所在的新兴路上集中了镇上的超市、住宿和茶馆。

到达和离开

铺前汽车站（☎6365 3608；新兴路）有往返海口和文城的大巴。从海口到铺前镇的大巴从海口汽车东站发出（20元；6:20~20:30，平均每半小时1班；1小时），文昌汽车站到铺前的大巴平均每25分钟1班（19元；6:10~18:35；1小时）。为了保险起见，到达铺前汽车站后你可以询问一下当日的返程末班车时间。

前去七星岭和木兰湾没有公共交通，可在镇上包一辆三轮，一般开价150元，包含两处停留和往返。

琼海

人口：50.6万

虽然“红色娘子军故乡”的称谓让人不由得联想起硝烟弥漫的战争年代，但被万泉河水孕育滋养的琼海大地，如今却随和、殷实而风情万种。在这座海南第三大城市，到处都是被拾掇得干净秀美的村庄，稻田和矮屋给人以鱼米之乡的温厚感。你可以骑行穿梭在公园一般的田野中，也可以深入蜿蜒曲折的山区，用漂流、溯溪等方式抚触万泉河，还可以跳进“臭气”弥漫的官塘温泉，或是到博鳌喝杯“歌碧欧”，到潭门感受闯“三沙”渔民的生活……琼海的美需要你慢下来细细品味。

方位

万泉河畔的嘉积镇是琼海市的政治、经济和文化中心，它东边的潭门镇有着自古就远赴西沙、南沙耕海的渔民，远洋捕捞的渔获十分鲜美。潭门镇南边就是万泉河出海口、因亚洲论坛而声名远播的博鳌镇。而博鳌西边的中原镇，则是海南第二大侨乡，以藤萝雨树和五彩骑楼而闻名。而位于琼海西北角、万泉河上游的会山镇则是琼海最偏远的地方，这里有着壮阔的峡谷与河流风光。

嘉积镇

嘉积从明初以来就是商业重镇，在水路盛行的时代，这里舟楫往来不断。“数以千计的人挤满了各个角落，你能想到的各样物品这里都有卖，从松鼠、长尾小鹦鹉、野生藤蔓，到火柴、廉价香水以及从遥远的西方运来的各种小玩意儿……”1882年，美国传教士香便文在他的海南游记中这样记录嘉积。

如今，尽管公路取代船只，码头已经衰落，但嘉积依然生气勃勃。当地人乐于谈起这里古往今来的繁华和知书达理，以及街边随处可见的平价小吃。不过，除了怀着“琼花情结”到万泉河边忆苦思甜的老人家，来海南找乐子的旅行者只会在此稍作停留，便奔向东边名气更大的博鳌。记得尝尝这里的杂粮和鹅肉再走，味道很少让人失望。

景点

红色娘子军雕像 雕塑

（东风路与人民路交叉口；免费；⏲24小时）无须刻意寻找，也别抱太高期待，这座鼎鼎有名的花岗岩雕像就坐落在南门街心公园，沿着车水马龙的东风路走走就能看到。雕像落成于1985年，底座正面有时任党中央总书记胡耀邦的亲笔题字“红色娘子军”，背面的碑文则镌刻着她们的事迹。如今，雕像附近的石凳上总是坐满聊天休憩的当地人，像很多平凡的街头艺术品一样，静对人来人往。

红色娘子军纪念园 纪念园

（☎6280 2176；官塘大道，G98高速官塘入口处；门票30元，讲解40元/人；⏲8:00~17:00）红色娘子军的原型是1931年成立的“红军第二独立师女子军特务连”，这是中国近现代唯一的女子武装。她们的故乡原本在琼海市阳江镇，而这个公园则主要以人造景观展示她

当地知识

真实的红色娘子军

1961年，电影《红色娘子军》上映，成为经典红色电影，3年后被搬上舞台的同名样板戏则成为新中国第一部现代芭蕾舞剧。在名扬四海的艺术形象背后，众多女性的真实人生却更加坎坷。娘子军诞生于原乐会县（今琼海境内），这里的男人普遍要“下南洋”谋生计，女人留在家乡，既要照顾家中老小，也要承担繁重劳动，艰辛不输男儿，可她们大都没有名字，不能识字和分享家产，自尽殉夫和终身守寡仍被视为美德。

“五四”运动爆发后，女性解放思想被迅速带到与外界交流频繁的乐会和琼东，一年后，广东省立十三中学（今嘉积中学）破天荒地开始招收女学生。1926年，中共琼崖地委成立后，妇女协会更成为独立意识觉醒的女性同气相求之地。

1931年，红军第二独立师女子军特务连正式成立时，全连103人中，只有3人是男性。电影里党代表洪常青（片中娘子军里唯一的男性）的原型，其实是能识文断字的女指导员王时香。不过，在1932年8月的一场惨烈的阻击战中，她们有的战死，有的失散，有5位连级干部被捕入狱，女子特务连也受命解散。除了嫁为人妇，那个时代并没有给这些女性更多的选择余地。在新中国成立后的历次政治运动中，几位娘子军战士因为曾嫁给国民党人员等原因，也变成了批斗对象。

直到1978年，白发苍苍的她们才终获“平反”，8年前就已过世的娘子军连长冯增敏被补办了一场隆重的追悼会，仍健在的战士也有了民政部门每月发放的生活补助。她们后来仍旧住在乡间，与儿孙为伴，以种橡胶和荔枝、养鸡养猪为生。

们的生平。想了解同名电影和芭蕾舞剧之外的真实情况，可以过来转转。

值得一提的是，纪念园里曾先后暂住过12位娘子军战士并担任义务讲解员，但最后一位战士卢业香已于2014年4月19日辞世。在仿制建筑“南府”的**陈列馆**里可以看到部分娘子军的晚年生活照，布满皱纹的脸庞与昔日黑白照片中的年轻面孔遥相呼应。

有不少红色旅游团来此参观，独自前来可从嘉积镇中心乘坐开往官塘的1路公交。

周士第将军纪念馆/琼海市博物馆 博物馆

（☎6280 2359；官塘大道，G98高速官塘入口处；凭身份证参观；⏲8:30~12:00，14:30~17:30）位于娘子军纪念园东侧的二层建筑里，门前的周士第雕像非常醒目。一楼有**中共琼海地方史展厅**和**历史文物展厅**，前者主要展示琼海历史图片，以近现代史为主，后者则展出南海水下文化遗产和琼海古文物，由于当地最有价值的文物都在省博物馆，这里的展品多少有些单薄。二楼展厅相比之下要丰满许多，通过大量历史图片和展品，介绍祖籍琼海的开国上将周士第，以及红色娘子军和其他琼海杰出人物的生平。

龙寿洋万亩田野公园 公园

（☎6290 1755；213省道近文琼高速西入口，礼都村旁；免费；⏲8:00~18:00）这里有漫无边际、起伏翻滚的田地，嘉积和塔洋的众多村庄通过骑行绿道连在一起，适合一次悠闲的半日游。沿着机耕道或骑行绿道穿行在荷塘、稻田、槟榔林、花田和村落之间，要留神扭着肥硕身子过路的鸭子和鹅，饿了就到路边的农家乐大快朵颐。在3月蔬果丰收的季节，你还可以一头扎进清香的园子里体验采摘。田野中草蜢密集，注意防虫。

在我们调研时，公园正在修建观赏花海的木栈道，布置水田中的小彩灯。四季有花的**龙寿洋花海**（门票35元）和规模庞大的**兰花基地**也在建设中。刚接管公园的旅游公司提出了新的改造计划，包括五星级酒店和热气球项目在内，未来公园可能会有不同面貌。

园区入口处提供自行车租赁（20元/2小时起），也可以乘坐电瓶车游园（30元/人）。从嘉积坐2路或15路公交可达。

白石岭旅游风景区 山

（☎6280 2186；门票36元，缆车往返45元；⏲8:30~17:00，缆车16:30停运）如果你喜欢登

嘉积镇

高望远，白石岭是个值得去的地方，极目四望就数它最高，在山顶可以看到万泉河穿山越岭而来，在万顷绿野中闪闪发亮，天气晴好时还能远眺嘉积和博鳌两片城镇。

白石岭位于琼海市区西南12公里处，因山顶重达千吨的灰白色悬石而得名。328米的最高海拔虽然谈不上雄伟，但山路陡峭，顺着1308级石阶登顶还是需要一些体力的。你也可以乘缆车到半山腰，再爬半小时到达顶峰。半山腰的攀岩项目（见44页）老少皆宜，另外，每天10:00~16:00，山上的军坡演艺广场都有3场“军坡情”表演，但水准不高，不必专门等待。

在各大订票平台上购买门票比较便宜，但预订30分钟后才能通过闸机。另外，景区小卖部只收现金且食物选择不多，最好带些干粮。琼海火车站有标有“火车站—万石—白石岭”的公交前往景区，首班7:30，有时收班比景区关门还早，请务必问清当天的末班车时间。

北仍村 村落

（官塘温泉休闲度假区；免费）北仍村因亚洲论坛期间中外各国“第一夫人”的拜访而名声大噪，盛名之下也的确秀美安逸，参观完娘子军纪念园，你可以顺道拜访。村口的生态停车场有自行车可租，8公里长的环村乡野绿道适合骑行，有槟榔树和橡胶林遮阴，还有窸窣虫鸣作伴，村舍统一翻新的青砖看着也很清凉。不过，除了常年开放的**草寮咖啡**，村里其他商店似乎只在节假日开门。

从嘉积镇中心乘坐开往官塘的1路车可达。

大园古村 村落

（大礼村；免费）大园古村有着与远处高楼大厦遥遥相对的水田、窄巷和砖屋。它始

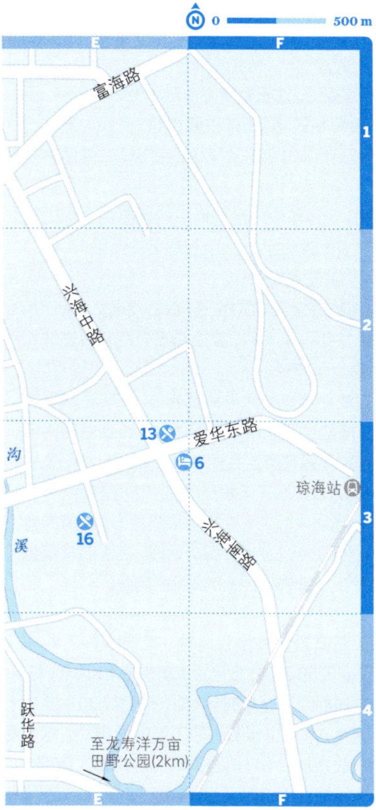

嘉积镇

景点

1 红色娘子军雕像 C3

节日和活动

2 南天圣娘庙 C3
3 万泉河水上人家 B2

住宿

4 0898客栈 C3
5 宸居客栈 D3
6 海岛人家主题客栈 E3
7 四季春天 D3
8 泰美国际精品酒店 C1

就餐

9 和树银海杂粮店 D1
10 九大鹅肉店 D1
11 美乐粥 D1
12 狮椰老爸茶 C3
13 潭门渔家海鲜 E3
14 温泉海星酒楼 C3
15 五谷杂粮店 D1
16 玉鸿堂咸水鸭 E3

饮品

17 丞记传承 D3
18 嘉积老房子咖啡馆 A2
19 金晖茶店 C3
20 凉爽冷饮 C3

购物

21 百佳汇超市 D2
22 宝真商场 D3

实用信息

23 琼海市医院 D2
24 琼海市邮政局 D3

交通

25 南门车站 C3
26 琼海汽车站 C1

建于明万历年间，近年因为重新发掘耕读传统而成为乡村游目的地，聚集了寻觅田园风光的骑行者、教子心切的家长和爱好怀古的旅行者。

可惜因为台风摧毁，初建于清乾隆年间的宗祠私塾**世德堂**已不复存在。仍想体会古意的话，只能看看2011年后陆续复建的仿古建筑、求学古道和古训碑林。从市区乘8路公交车到高速路口下车，顺着手捧鸽子雕像下面的路牌，走1公里左右可达。

节日和活动

军坡节 传统节日

琼海无疑是军坡节过得最热闹和密集的地区之一。除了奉祀和祈福仪式，家家户户都会大宴宾客，届时还会上演“穿杖”、过火山、上刀梯等仪式。每个村镇都有自己的“公”（即祖先或守护神）和固定的“公期”（即庆祝日）。嘉积镇的**南天圣娘庙**（琼海大坝旁）每年正月初十过公期。其余公期可在微信公众号“**军坡文化节**”（junpowenhua）中查询。

白石岭攀岩 攀岩

在海南要找到安全又过瘾的自然岩壁并

另辟蹊径

徒步寻古探嘉积

你可以从“嘉积新纪元”中的任意一条街开始探访。这五个字并非吸引游客的口号，而是1927年嘉积商会规划的区域别称，按南洋骑楼风格改造了5条主要街巷，命名为嘉祥、积庆、新民、纪纲和元亨，取首字组成“嘉积新纪元”。如今这片街区旧名未改，仍然喧闹繁忙。

最有看头的无疑是新民街，它建于明末清初，几百年中一直是嘉积的集市中心。2016年的外立面翻新，给沿街老建筑统一换上“古貌”，一路上会经过裁缝铺、茶社、纸行、时装店、小饭馆和戏台，到了春日，整条街都是羊蹄甲树的粉色花朵。

新民街尽头的一段石阶通往600多岁的溪仔街。它不到300米长，仅2~3米宽，从明初起就是溪仔码头和嘉积集市间的通道，商人与挑货郎往来不绝，曾经把石板路磨得光滑如镜。不过现在只能看到安静的民居，脚下的路也是近年新铺的了。

继续前行，就到了原**溪仔码头**所在地，过去快船从这里入海只要半日，在陆路难行的年代，这简直像条高速公路。载满货物的海船从博鳌经万泉河抵达嘉积，岛屿腹地的物产也由这里转运他方。据说码头当年很气派，要走30多级花岗岩台阶才能下到河边。不过它早在1969年就已经被拆掉，让位于水坝，如今只见万泉河水千年如一日地淙淙流过。

你不妨沿河往**南天圣娘庙**的方向走，这里是当地人祈求平安和姻缘的地方。庙前的嘉积水电站曾是**溪头码头**所在地，如今码头难寻，但河边依旧热闹，每天傍晚，挑筐的小贩会站在岸边售卖河鱼，遇到健谈的当地老人，会向异乡人回忆河上扬满风帆的盛况。

不容易，白石岭的山壁是其中之一。即使缺乏户外经验，**白石岭飞拉达**（☎139 7619 1564；半山腰缆车站旁；全线188元/人；⏲9:00~16:30）也会让你轻松上手，像在山壁上爬梯子，一些旅行者甚至把这当成刺激的观景方式。项目分为A、B两线，在各大订票平台上有套票（214元，包含门票和往返缆车票）可买。

而**白石岭攀岩**（☎139 7619 1564；68元/位；半山腰缆车站上行约15分钟；⏲9:00~16:30）则是货真价实的攀岩，同一块岩壁按难度分为四条线路，岩壁上都钉好支点，对高手来说这些可能都太小儿科——果真这么想的话，不如试试难度四？能完成的人并不多。项目提供配攀岩鞋等整套装备。在团购网站可以找到更低的价格。

官塘温泉　　温泉

海南最负盛名的温泉之一，最大的特点就是“臭”，因为富含硫化氢和氡等物质，对人体有极好的保健作用。另外，官塘温泉还是罕见的热矿泉田，出水口温度高达70~90℃。

官塘温泉休闲中心（☎6280 2888；标单/双508/448元，非住客128元/人；⏲温泉8:00~23:30；❄📶）在本地人心目中水质最纯，有天然高温池和温泉泳池。**官塘温泉度假山庄**（☎6280 2168；官塘大道御泉庄南100米；标单/双268元，非住客58元/人；⏲温泉7:30~23:00；❄📶）水质也很好，并且更为清幽，小池都是现放现泡。不过两家酒店的客房都比较旧。

位于休闲中心西北3公里处的**石角温泉**开掘于清嘉庆二十一年（1816年），是当地村民的公共泡池。因为曾有游人在池里搓澡，引起当地村民不满，我们调研时，这里已经不开放给外客了。

万泉河水上人家　　游船

（☎6292 5155；龙舟30元，竹排58元；⏲8:00~17:00）略显老派的游船活动，时长大约25分钟，可以欣赏河水缓慢温柔的一面。不过有些煞风景的是，船上的大喇叭可能会不断兜售一种小鱼，让你在此放生，“感动龙王”然后“时来运转”。

售票处位于万泉河带状公园东端、龙头瑞桥西边，乘公交车6路或11路可达。

住宿

爱华东路两旁有许多价格实惠的小型商务旅馆，而新落成的高档酒店大都坐落于金海路和银海路两旁。琼海半数以上的酒店都没有停车场，自驾者需要留心寻觅公共车位。

宸居客栈
民宿 ¥

（☎136 4753 6703；元亨三街21号；标单80元起；❄📶）藏在“嘉积新纪元”闹中取静处，吃饭出游都很方便。客房里有大大的落地窗，船木家具、木门栓和木制水龙头都朴拙独特。客栈一楼有间清吧，晚上并不吵闹。房间不多，需要提前预订。

0898客栈
快捷酒店 ¥¥

（☎6262 6877；爱华西路238号；标单/双178元；❄📶）以海南省区号命名的连锁酒店，色彩强烈的房间和复古家具吸引了很多旅行者，相形之下，厕所和浴室却常被批评过于简陋。前台有少量单车可供租赁（10元/小时），店里不供应早餐，不过旁边就有老爸茶店。

海岛人家主题客栈
酒店 ¥¥

（☎6261 8666；爱华东路88号，嘉积镇政府斜对面；标单/双188/198元；❄📶🅿）距琼海火车站仅1.3公里，大堂和走廊都有南海主题展品，装饰物也很有“海味”。房间整洁明亮，单人房都在临街位置，晚上并不吵，但若对噪音特别敏感，可选择背街的双人房。房价包含早餐，网上订房则没有早餐。

四季春天
酒店 ¥¥

（☎3683 2999；人民路39号；标单/双308/348元；❄📶🅿）大堂的大理石装潢看上去略显老派，不过客房倒也舒服实用，是服务比较有保证的当地酒店。想睡个懒觉的话，别选临街的房间——旁边的学校很早就会开始放广播。酒店里的粤式茶楼卖早餐点心。

泰美国际精品酒店
酒店 ¥¥

（☎6291 6888；银海路中段大印经典1号楼；标单/双288/258元；❄📶🅿🏊）传统的中式装修风格，房间宽敞舒适，床品和浴巾的质量也都属上乘，酒店还很难得地拥有泳池。地理位置不错，距离高速路口和金海路都不远，餐厅的菜品也值得一试。

就餐

琼海各地的特色美食几乎都能在嘉积镇找到。街头小吃和公道餐随处可见，饭量小的独行者吃起来也毫无压力。

九大鹅肉店
海南菜 ¥

（☎138 7622 2377；金海东四横路，光大银行旁边巷子内；鹅肉55元/斤；⏲8:00至次日2:00）大排档里总是坐满了人，师傅站在门口对着鹅肉手起刀落。没有菜单，招牌菜是酸甜鱼、红烧猪脚和尖椒炒牛肉，都论斤卖。不妨点一份15元的“鹅公道”：一碗鲜美多汁的白切鹅肉、一碗鹅汤煮的米饭、一碗例汤，再配上酸味或酸辣味蘸料，好吃又管饱。

温泉海星酒楼
海南菜 ¥¥

（☎6283 0888；爱华路西段250号；人均72元；⏲10:30~22:30）备受当地人推崇，一楼大堂供散客用餐，二楼主要经营婚宴。店里首创的招牌菜“温泉鹅”是用本地白鹅烹饪而成，

当地知识

“做公道”与吃“三鸟”

在琼海常常看到红色大写粗体的“公道”二字，印在快餐店玻璃台上或是饭店招牌里。坐下点份“公道”，话音刚落，满满一小碗鹅或鸭肉就会“砰”地一声放到你面前，旁边配份饭团。如今“公道”几乎成了鹅肉或鸭肉快餐的代名词，但过去它是琼海人非常重要的解馋方式。物质匮乏的年代，普通人平时很难吃上“三鸟”（鸡、鸭、鹅），便发明了类似AA制的“做公道”：众人凑钱，分而食之。

村里最公正热心的人会被选来当“公道头”，当众挥刀剁肉。参份者围住观看，碗也围着刀砧摆成半圆。食物煮熟后先从脖颈开始剁块，接下来是肩胛、胸脯和内脏，每个部位都切成等量的肉块，连一只肝、一段肠都要均分。分完之后，公道头还会把用三鸟汤汁煮好的米饭捏成团，同样是每人一份。人们一手抓肉，一手握饭，吃得津津有味。

当地知识

嘉积鸭与温泉鹅

位列海南四大名菜之一的嘉积鸭，曾是琼海食肆必备的佳肴，最早是清光绪年间由嘉积华侨从南洋引入的，所以又叫“番鸭”。

正宗的嘉积鸭有一套传统养殖方法，和现代家畜福利理念相差甚远。鸭子小时放养，吃淡水鱼虾或蚯蚓、蚱蜢，羽毛渐丰后装进笼子，空间“合身”得只能站、蹲，无法走动，一天填喂3次米饭和米糠等食物，20天后便长成行走困难的肉鸭。据说它们不仅肉很肥美，骨也酥软得可以嚼烂。传统做法是白切，蘸汁用生姜、蒜头、辣椒、醋、鸭油汤等制成。

但如今在市区却难觅专营嘉积鸭的餐厅，而常吃嘉积鸭的当地人则抱怨鸭肉不如以前肥嫩。究其原因，一是鸭苗供应不足，二是养殖方法变了，农户现在用改良配方的饲料喂肥鸭子，而不是填鸭——听上去，如今的鸭子们成长得更幸福一些。

如今琼海更常见的水禽美食是从温泉镇走出的“温泉鹅”，养殖方式同样是野外放养加10多天的笼养育肥。也许是因为商家经营有方，温泉鹅在20世纪90年代后渐渐风靡，而嘉积鸭则慢慢退隐。

都论斤卖，可以来一份鹅肉双拼：半斤肉质紧实有嚼头的温泉鹅，清淡香滑；半斤泛着油光的烧鹅，皮脆肉厚。

若是更喜欢农家乐，可以到1公里外的总店温泉海星田园鹅庄（☎6280 9118；温泉新村，223国道边；人均67元；⏲11:00~21:00），这是老板几十年前起家之地，树荫遮盖的庭院、游满鲤鱼的池塘和屋外大片的稻田都会让人心情舒畅。

和树银海杂粮甜品

小吃 ¥

（☎6292 9398；金海东路19号；人均15元；⏲7:00~24:00）人气极旺的街边小吃。当地人所说的“杂粮”，就是用红薯、南瓜、玉米、山药、红豆、绿豆、花生等食材做成的各类食物——这家店都很拿手。可以试试脆皮高粱卷、玉米烙或是香煎玉米面（会费点牙），如果不爱吃太甜的东西，一定要提前告诉店家别放炼乳。

五谷杂粮店

小吃 ¥

（☎6293 0359；银海度假中心正门内进50米；人均20元；⏲6:30至次日0:30）十多年老店，生意红火，主营清补凉、鸡屎藤、粗粮饼、芒果肠粉、腌粉等各种本地小吃。最新招牌甜品是椰冻奶酪（28元），奶酪装在椰壳里，味道逐渐从椰香变成奶香，最后会吃到甜甜的椰果。盐焗鸽子（40元）也好吃到流口水，姜和药膳的浓香会随着热汽喷出，小心烫手。

美乐粥

海南菜 ¥¥

（☎6292 8881；银海国际度假中心门口；人均45元；⏲18:00至次日3:00）当地人很爱来这里喝粥，最物美价廉的是白鸽粥，现场熬制，将新鲜鸽肉烫入滚粥中，格外嫩滑。当地人还会点份油条佐粥。

玉鸿堂咸水鸭

海南菜 ¥¥

（☎6283 3038；爱华东路人力资源和社会保障局路口入；咸水鸭锅79元起；⏲10:00~14:00，16:00~22:00）傍晚食客众多的火锅大排档，主要食材是咸水鸭（在淡水和海水混合处长大的鸭），做法分为红焖、干煸和靓汤。点得最多的是红焖，北方游客尤其喜欢汤里浓烈的香料。鸭肉炖烂至少需要半小时，可以提前联系店家下锅。另外，红豆木瓜火锅也很受欢迎。

潭门渔家海鲜

海南菜 ¥¥

（☎138 7616 4156；爱华东路5号；海鲜锅套餐80元/锅起；⏲9:30~21:30）店里的鱼虾都很新鲜，最实惠的吃法是点个海鲜锅，把海鱼、贝壳、鱿鱼、螃蟹和活虾倒进有姜丝和葱的清汤里，肉吃起来清淡，回味鲜甜。

狮椰老爸茶

东南亚菜，粤菜 ¥

（☎6283 4848；爱华西路与东风路交叉口东南50米；人均26元；⏲7:00~24:00）堂子很大，木楼、吊扇和厚木桌看起来很怀旧，店里经营着南洋咖喱和品种丰富的广式茶点，适合吃顿饱足的早餐。不过这里漫不经心的服务风格需要客人有点自助精神。

饮品

金晖茶店 茶馆 ¥

（前进街7号；人均10元；⏲5:00~24:00）一杯绿茶2元钱，其实就是立顿茶包加开水，玻璃杯端着还特别烫，最贵的饮料也就是6块的杏仁茶，点心柜里的包子麻花和面包一点都不讲究颜值——可店里总是人声鼎沸、高朋满座，来这里喝的不是茶而是老琼海的市井气。人们会悠闲地在你身边聊天、看报，或是戴着眼镜填彩票。

凉爽冷饮 冷饮 ¥¥

（☎138 0760 3639；爱海南路5号；人均32元；⏲12:00至次日2:00）近些年成了网红店，夜里尤其爆满。店里甜品和冷饮的种类的确丰富，而且常推陈出新。不爱吃凉的话，可以试试鲜椰露炖海底椰或椰汁西米芋头，喜欢冷饮的人闭着眼睛点单就行。

嘉积老房子咖啡馆 咖啡馆 ¥¥

（☎135 1985 8867；万泉河路御河观景台后面；人均36元；⏲10:00~24:00）据说当初这里只有一面残破的旧墙，天才的老板把它改造成了如今充满韵味的老房子。在这里喝杯老南洋奶茶非常惬意。看看菜单和墙壁上的老照片，可以更多了解这座城市的历史。

丞记传承 冷饮店 ¥

（☎3686 6868；新元亨大厦一楼；人均20元；⏲14:30~23:30）海口名店在琼海的分店，布置得古色古香。双皮奶、水牛奶、炒蛋奶可以让奶制品爱好者一次吃个够，不过最有名的还是姜撞奶，甜甜的奶香里带着微辣，让肚子微微发热。

购物

嘉积的主要购物场所集中在东风路附近，**百家汇超市**（东风路3号；⏲8:00~22:30）和**宝真超市**（金海路134号；⏲8:00~22:30）之间的区域是商业旺区，超市里就能买到各类平价特产。

若对椰壳制品感兴趣，可以看看**海南省残服爱心椰音有限公司**（☎139 7676 2808；金海北路海桂苑3栋214室；⏲8:00~17:00）的椰雕蓝牙音箱和椰壳餐具，它们都出自当地残障人士之手，在白石岭、龙寿洋万亩田野公园多文夜校、北仍村等景区均有购物点。

实用信息

作为海南第三大城市的中心城镇，嘉积随处可见几大银行的提款点。而这里的交通管理也是出了名的严格，在密集的监控头捕捉下，不乏一分钟内被拍到两次违章的外地司机，因此，斑马线有行人时停车让行、遵照线路行驶等规范一定要严格遵守。

医药服务

琼海市医院（富海路33号；☎6283 0705）

琼海急救中心（☎6293 9411）

邮局

琼海市邮政局（☎6282 2352）

旅游信息

琼海市旅游发展委员会微信公众号（faxianqionghai2015）定期发布琼海旅游的各种活动资讯，更新信息十分及时。各个风情小镇都设立了旅游服务咨询中心，但不是每家都能领到旅行印刷资料，而且服务质量也参差不齐。

文曲站（☎6288 0896；万泉镇文曲桥旁；自行车租赁50元/天；⏲9:00~12:00，14:30~17:30）

中原站（东线高速中原出口南洋钟楼旁；⏲9:00~17:30）

潭门站（潭门广场；⏲9:00~18:00）

塔洋站（七星伴月景区内；自行车租赁20元/天；⏲9:00~19:00）

到达和离开

长途汽车

作为海南东线交通的重要一站，琼海每天都有发往全省各地的长途汽车，以及开往广东等地的省际长途车。

琼海汽车站（☎6282 2327；银海路）主要经营城际和省际路线，还开通了往返于海口美兰机场的班车。查询车次或网上购票可登录www.0898hq.com或关注微信公众号“海汽客运”（haiqi0898）。另外，车站内还提供行李寄存。

南门车站（东风路红色娘子军雕像以南约100米处）聚集着去往东平农场、东太农场和龙江镇（蒙

琼海汽车站车次时刻表

<table>
<tr><th colspan="2">目的地</th><th>发车时间/班次</th><th>票价(元)</th><th>行程(小时)</th><th>备注</th></tr>
<tr><td colspan="2">海口总站</td><td>6:00~21:00滚动发车，共12班</td><td>27</td><td>2</td><td></td></tr>
<tr><td colspan="2">海口东站</td><td>6:00~21:00，每10~20分钟1班，共66班</td><td>27</td><td>2</td><td></td></tr>
<tr><td colspan="2">海口西站</td><td>6:30~16:40滚动发车，共18班</td><td>27</td><td>2</td><td></td></tr>
<tr><td colspan="2">三亚</td><td>8:40、9:40、11:00、12:30、14:00、17:00，共5班</td><td>45</td><td>3.5</td><td></td></tr>
<tr><td rowspan="3">陵水</td><td>陵水大坡</td><td>9:10、10:10、13:00、13:50</td><td>32~38</td><td rowspan="3">2~2.5</td><td rowspan="3">到陵水县城需要坐到陵水路口，再换乘风采车</td></tr>
<tr><td>陵水路口</td><td>8:40、9:40、11:00、12:30、14:00、17:00</td><td>29</td></tr>
<tr><td>陵水本号</td><td>8:30、9:10、10:10、10:50、13:00、13:50、16:50</td><td>28~33</td></tr>
<tr><td colspan="2">乐东</td><td>7:00、8:30、14:30</td><td>52~61</td><td>5</td><td></td></tr>
<tr><td rowspan="2">五指山</td><td>五指山站</td><td>9:10、10:10、13:00、13:50</td><td>44~52</td><td rowspan="2">5</td><td rowspan="2"></td></tr>
<tr><td>五指山毛阳</td><td>7:00、8:30、14:30</td><td>39~46</td></tr>
<tr><td colspan="2">保亭</td><td>8:30~16:50滚动发车，共7班</td><td>36~43</td><td>4</td><td>每天只有4班车途经保亭大本，需提前问清</td></tr>
<tr><td colspan="2">定安</td><td>7:50~18:00滚动发车，共11班</td><td>17</td><td>1.5</td><td></td></tr>
<tr><td colspan="2">屯昌</td><td>6:40~17:50滚动发车，共29班</td><td>18~21</td><td>1.5</td><td></td></tr>
<tr><td colspan="2">文昌</td><td>6:30~17:10滚动发车，共25班</td><td>15</td><td>1.5</td><td></td></tr>
<tr><td colspan="2">白沙</td><td>12:50</td><td>53</td><td>5</td><td></td></tr>
<tr><td colspan="2">那大(儋州)</td><td>6:40、8:10、13:30、14:10、12:30</td><td>40~47</td><td>4.5</td><td></td></tr>
<tr><td colspan="2">八所(东方)</td><td>6:40</td><td>65</td><td>8</td><td></td></tr>
<tr><td colspan="2">兴隆</td><td>9:30、11:30、13:40、17:30</td><td>24</td><td>2</td><td></td></tr>
<tr><td colspan="2">中原</td><td>7:00~18:00滚动发车，共66班</td><td>4.5</td><td>0.5</td><td></td></tr>
<tr><td colspan="2">广州(天河客运站)</td><td>16:15</td><td>300</td><td>11</td><td></td></tr>
</table>

养)的私人中巴车，车辆常承包给旅游团。

火车

琼海火车站(⏲售票处6:30~23:10)位于嘉积镇东1公里处，是东线铁路上的大站之一。每天有频繁往来于海口和三亚的列车经停这里。

由琼海发往三亚的列车共35班，首班为7:33，末班为22:50；发往海口东的列车共31班，首班车发车时间为7:43，末班车为22:35。具体车次可在中国铁路客户服务中心(www.12306.cn)上查询。

当地交通

公交车

嘉积的公交很方便，而且线路覆盖了周边乡镇。主要班车大部分都会经过红色娘子军纪念碑前的公交站。1路往返于塔洋镇和官塘镇，2路往返于大榕树头和博鳌镇，6路和7路开往火车站，8路开往高速路口，11路开往万泉镇，15路往返于琼海车站和潭门镇，20路往返于琼海车站和中原镇。乡镇线路运行时间大都在6:00~19:00，市内线路收班更晚一些。

出租车

当地人几乎每家都有汽车或摩托车，因此极少打车。生意清淡的出租车虽然起步价8元/2.5公里，但实际上只议价不打表，在市区内随便跑跑都至少需要20元，从火车站到市中心一般也需20元。想省钱最好使用叫车平台的快车服务，他们一般都比较遵守平台价。宝真广场外面停着许多专跑远途的出租车，若想包车到周边城镇，需要做好砍价准备。

自行车

我们调研时，琼海已经有了蓝色车身的“哈罗单车”，黄车身的电动二轮单车“小蜜单车”也刚问世，但不能骑出市区，否则会自动断电。

博鳌镇

作为亚洲论坛落户的地方，博鳌从名不见经传的小渔港成为了声名鹊起的景区。如今这里既有背包客和骑行者聚会的去处，也有富丽堂皇的酒店和令“会址游爱好者”趋之若鹜的会场。

各国政商名流的商谈毕竟只占据了博鳌一年中短暂的一周，大江大海和乡野美景才是它的日常面貌。万泉、九曲、龙滚三河在此交汇入海，古村、老屋和岛屿点缀在山色水波中，小小的镇中心被幽静安详的村落和颇富情趣的村舍所环抱。走近博鳌你会发现，国际盛会的声名之下，当地人的生活依然朴实静美。

景点

博鳌水城 园区

博鳌水城是亚洲论坛会址所在区域，绝大部分人来这里只为看看国家领导人开会的地方，跟会场合影留念。

水城共有两个会址，2001年2月举办的第一届博鳌论坛开会场地位于博鳌镇南边的水城路上，这座白色的开放式膜结构建筑如今被保存为**博鳌亚洲论坛成立会址**（见134页地图；☎6269 1068；门票30元；⏲8:00~18:00）供人参观，旁边的码头提供玉带滩游船观光服务（往返68元/人）。

而东屿岛上的**博鳌亚洲论坛永久会址**（见134页地图；☎6269 1068；套票125元，含电瓶车及往返玉带滩船票；⏲8:00~18:00，春节和国庆延至19:00）位于成立会址西南边，每年4月会迎来各国政商要客。在休会期间，从售票处坐上观光车穿过培兰大桥，途经宽阔的园林和高尔夫球场，便可以到达**国际会议中心**。以黄色为主调的会场位于第2层，近3000平方米的面积可同时容纳2000余人。平日会场里总有参观者排队上主席台，摆拍有“政要风”的照片，或是跟各国国旗合影。

景区套票包含了往返**玉带滩**的船票，从游船码头乘船出发，不久便能踏上这片景色奇异的海滩：一边海水汹涌，一边河流浩荡。它是分隔河海的最狭窄的沙滩半岛，因此还入选了吉尼斯世界纪录。沙子很硌脚，最好提前准备沙滩拖鞋。而**圣公石**则是到玉带滩必看（也许是唯一）的景点，这块屹立于惊涛中的墨色礁石被赋予了神话色彩，传说是女娲补天时落下的。

从镇中心或博鳌火车站坐13路公交车可达。

博鳌禅寺（东方文化苑） 寺庙

（见134页地图；☎6277 5772；博文路；免费；⏲7:00至日落）这座由博鳌水城创始人出资修建的佛教禅院开放于2005年，规模宏大，不过香火却不太旺。在“川”字形分布的诸多建筑中，最引人注目的是55米高的**万佛塔**，它是博鳌最高的建筑，每年新春都会举行绕塔祈福活动。塔里供奉一尊高15.3米、重1.8吨的青铜千手千眼观音菩萨像。而普济殿里的十二生肖观音像和位于后院河岸的观音独占鳌头像也很精美。

值得一提的是，这位出资人还在不远的万泉河莲花墩上竖起了一座高9.9米的观音菩萨像，经过大乐大桥时就能看到。

从嘉积市区坐2路公交车，终点站就在东方禅寺（6元；10分钟1班）。我们调研时，原先可搭船去玉带滩的博鳌禅寺码头处于停业状态，开放时间未知。近旁的**东方文化餐厅**（☎136 4755 0008；⏲10:00~13:30）供应公道文化餐（注意，是荤菜），38元/人。30元/人的斋饭需要10人以上才能预订。

蔡家宅 历史建筑

（见135页地图；留客上村；免费；⏲8:30~

博鳌镇

博鳌镇

景点

1 博鳌禅寺 A2
2 博鳌亚洲论坛成立会址 D2
3 博鳌亚洲论坛永久会址 C3
4 玉带滩 D3

活动

5 鳌强码头 B2

住宿

6 丽枫酒店 D1
7 椰林度假公寓自助式 D1

购物

8 博鳌菜市场 D1

18:00）酷似城堡的蔡家宅是海南保存最完好的老屋之一，由印尼华侨富商蔡家森兄弟于1935年回乡时建造。它共有4座院落，建筑面积1200平方米，既有青砖大瓦和海南民居常见的屋脊翘头，又有钢筋水泥和欧式浮雕，前庭后庭环廊相连，像座迷宫，屋内的黑盐木家具和印尼地砖都历久弥新。

如今蔡宅主人的后代几乎都已侨居海外，只剩下看门人守护着几座大屋。试着找到院里那棵树大根深的900岁重阳木，它是蔡先生当年选中这块福地的原因。若想了解更多蔡宅的背景，可以在第一处院落的会客厅里观看循环播放的纪录片，或是从墙上蔡家几代族人的照片中感受屋里曾有的兴旺气氛。

我们调研时，蔡宅的几栋老屋正被计划开发成展览厅，未来的展示将会更加丰富。蔡家宅地处村落深处，没有公交车可达，从博鳌镇乘坐出租车往返大约60元。

乐会古城 古城

（见本页地图；乐城村；免费）乐城岛在万

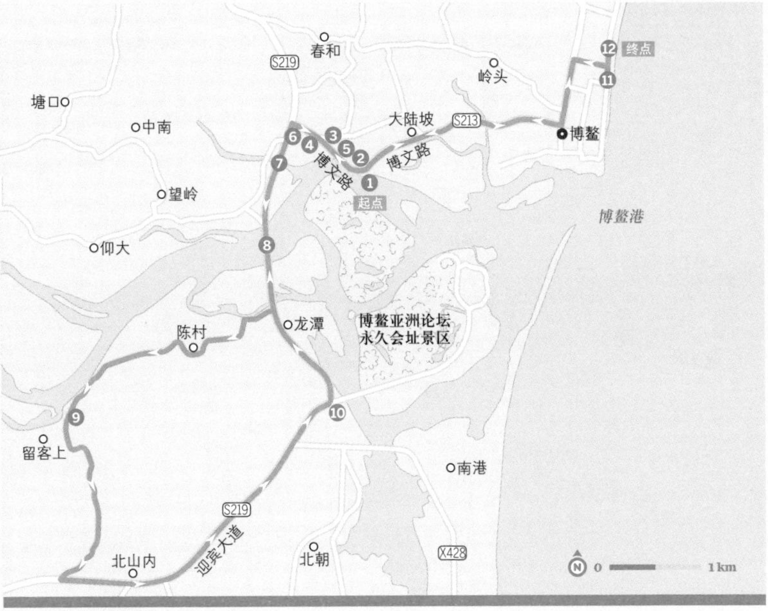

骑行游览
骑行博鳌

起点： 海滨路
终点： 滨海路
距离： 约30公里
需时： 4~4.5小时

博鳌的骑行景观充满惊喜，往潭门或嘉积方向行进，绝佳路况和乡野美景会令你心旷神怡。

最好是清晨出发，趁阳光还没有发烫，沿着海滨路出镇，向西经过东山街、博文路的绿树红花，奔向由几个相邻村落纵横交织成的博鳌乡野公园，你会先看到❶**鳌强码头**的游船和路对面❷**南强村**的青砖老屋，旁边就是被布置得颇有情趣的❸**美雅村**，乡间观景道会带你进入花田和村巷，博文路对面则是拥有万泉水景的❹**朝烈村**。你还可以登上南强村旁山丘上的❺**观鳌亭**俯瞰水乡风光。这些村子里都有小卖部和农家乐，可以稍作补给。

沿着博文路继续西行便是❻**博鳌禅寺**，在十字路口左转南下，你会先后经过424米长的❼**朝烈大桥**和近1公里长的❽**大乐大桥**，它们都是极佳的观景点，可以将开阔的河景、佛塔、莲花墩、绿岛和飞鸟一览无余。机动车没法在桥上停留，骑行者却可以随时靠边停车赏景。

过桥后留意通往❾**蔡家宅**的醒目路标，右转进入乡村公路，一路都是穿村过田的狭窄单行道，按照标志行进约5公里便是。村头常有阿婆卖便宜的椰子和椰丝糯米竹叶粑，补充体力正合适。接下来要加把油，请奋力骑上几个坡，沿着指示牌骑行到迎宾大道。那宽阔的柏油路会让你有风驰电掣般的感觉，沿途经过❿**亚洲论坛永久会址**，沿着龙潭大道、博文路、东山街一直走便能回到镇上。从通向海岛森林主题酒店的路口进入，去沙滩边的⓫**海的故事**餐厅或⓬**老房子咖啡馆**好好吃顿饭。

博鳌镇中心

博鳌镇中心

住宿

1 报告船长 …… C3
2 博鳌飞登驿站 …… C3
3 海岛森林主题酒店 …… C2
4 遇见 …… C3

就餐

5 鳌品汇汤馆 …… B3
6 滨海鹅肉店 …… B3
7 老井口味馆 …… A2
8 平哥大排档 …… B1
9 张记牛骨汤 …… B3

饮品

10 潮院酒吧 …… C2
11 海的故事 …… C2
12 老房子 …… C1

实用信息

13 博鳌医院 …… B2

交通

14 海南路行客 …… C2

泉河中央，面积只有3平方公里，现在看来它只是一座静默的小岛，但只需遥想以水为路、以船为车的时代，就可以理解它为何是元朝古县乐会的县治所在，并且从明朝至近代，繁华了600多年之久。

若是遇上城里70岁以上的老人，他们会向你回忆乐城岛内曾经商贾云集、码头上桅杆林立的情景。这座古城在近现代历史上饱受摧残，城墙、县衙、城门、老街和古物在历经日军侵华、政治运动和强劲台风后悉数被毁，而随着陆路发展，码头也渐渐消失。

喜欢怀古思幽的旅行者可以拜访城内的几处古物。城隍庙始建于明洪武二年（1369年），之后几经重建，如今香火依旧鼎盛。据说这里最老的东西是门口两只明朝石狮。庙旁就是600多岁的青砖古道，残留着城墙和城门的小小遗址。村委会旁废弃的屋子是人民公社时期的卫生院所在地，但屋上古雅的柱子不知来自哪座年代更久、业已消失的老屋。

目前进出乐城村已无水路，它通过乐城大桥与外界相连。从博鳌乘坐开往培兰—琼海的公交，在朝阳乡下车，向南沿乐城大桥步行10分钟可达。

活动

游船

博鳌水系发达，从正规码头搭船溯游，可以一路行到玉带滩，饱览河流入海的壮阔。不过我们调研时，博鳌只有**亚洲论坛成立会址码头**（往返68元/人；8:00~18:00）和**亚洲论坛永久会址码头**（往返90元，包括入岛电瓶车往返车票）可以搭船，线路较短，不够过瘾。而**鳌强码头**（博文路，南强村对面）正在修建中，从这里出发线路更长，观赏到的水城景色也更为完整。

住宿

博鳌镇不大，住宿选择却很丰富。青年旅舍和骑行驿站大都集中在离海滩不远的玉带路上，经济型宾馆集中在镇中心附近的文化街，高档酒店则大多坐落于滨海地带。在一些小区还能找到用闲置房屋改成的自助式公寓。以下房价在旺季时会上涨1~3倍。

报告船长 客栈 ¥¥

（见136页地图；150 9192 7522；玉带路2号；标单/双218元起；）道路尽头的两栋红砖房，房里有简单舒适的榻榻米。老板会在一楼的素食餐厅亲自下厨，网上订房不含早餐（15元/位），中午和晚上也供应正餐（35元/位）。店里还能订到比较便宜的玉带滩船票，也提供免费单车。不过我们调研时，这里只有6间客房，最好提前预订。

遇见 青年旅舍 ¥

（见136页地图；132 0896 9981；玉带路31号；铺45元，标单/双128元；）开业不久，房间很新，客厅里还有台小型K歌机，老板常跟客人分享他珍藏的好茶。这家店跟两家骑行驿站都有合作，可以帮客人租到山地自行车。

博鳌飞登驿站 青年旅舍 ¥

（见136页地图；157 0716 5270；玉带路24号；铺45元，标单/双118元；）博鳌最早的骑行驿站，客房狭小简陋，但服务温馨周到，对街的屋子提供相对舒适的独立卧室。

丽枫酒店 连锁酒店 ¥¥

（见134页地图；3686 2288；213省道与海滨街交叉口，金色鳌苑对面；标单/双225/243元起）开业不久的连锁酒店，淡紫色主调和薰衣草装饰看上去很治愈，房间也比较干净整洁。餐厅里提供早餐（58元/位），楼外就有2路公交车可坐。另外，在铂涛集团的App上订房有更多优惠。

椰林度假公寓自助式 公寓 ¥¥

（见134页地图；150 9197 8019；长滩雨林6号楼1单元；标单/家庭338/500元；）海边住宅区中的20多个公寓间，客房的欧式田园风显得有些老派，但床品不错，厨房也可以使用（48元/天），热带雨林般的小区里常可见到松鼠奔跑，游泳池水质也算干净，出了后门就是沙滩。住客可以到小区的业主餐厅吃到便宜的早餐。

海岛森林主题酒店 精品酒店 ¥¥

（见135页地图；6277 7777；玉带路56号；标单/双378元起；）就在海边，地理位置极佳，原为玉带湾大酒店，后由连锁酒店森林客栈接手，一改往日沉闷风格，换上了赏心悦目的蓝绿色主调，客房的藤编家具和绿树装饰充满凉意。我们调研时，这里仍在装修。通过森林客栈的微信公众号（senlinjiudian）预订有更多优惠。

东屿岛大酒店 酒店 ¥¥¥

（6270 6888；东屿岛；标单/双738元；）旅行者住在东屿岛上的两个选择之一，比同样位于岛内的亚洲论坛大酒店要新很多。房间格局方正，设施都以五星级标准建立。酒店里有两个小型温泉和一处人造沙滩。

就餐

博鳌镇上最惬意的用餐地点非东部海滨莫属，这里与东屿岛外的玉带滩隔着入海口相望，当地人也叫它“玉带滩”。不过因为排污不达标等原因，这里的“酒吧一条街”因停业整顿而没有了往日的热闹，只有几家餐饮店“幸存”下来。

我们调研时，镇上的亚洲风情广场还在招商，装修中的餐厅都经营外地菜肴。若想寻找更本土的风味，可以在海滨路、东山街或乐美街挑家本地人开的大排档。

鳌品汇汤馆

海南菜 ¥¥

（见136页地图；☎139 7676 0945；海滨路53号，博鳌镇政府斜对面；人均51元；⏲11:00~15:00，17:00~22:00）小店里不只有汤，还有很多可口小菜，而且没有大排档的空旷或嘈杂，冬天店里的小黄牛火锅特别叫座——用原汁原味的牛骨汤来涮牛肉；另一道招牌菜是红烧博鳌鱼，食材是产自博鳌万泉河入海口的红皮鱼，刺很少，鱼被煎得外脆里嫩，浇上红烧酱汁，再配以青椒、红椒、菠萝和西红柿，酸甜可口。

张记牛骨汤

海南菜 ¥

（见136页地图；☎155 0090 2976；海滨路博鳌镇政府斜对面；套餐25元起，火锅98元/斤；⏲7:00~19:30）这里有适合聚餐的牛骨汤火锅，也有刚好让独行者饱腹的牛骨汤加红米椰子饭套餐。食材选自大路镇的小牛，肉质很嫩，小火慢炖出的汤很鲜美。

老井口味馆

海南菜 ¥¥

（见136页地图；☎6277 8308；东山街；人均75元；⏲11:00~21:00）大排档得名于院子里那口开掘于明末清初的老井，店面是老板自家的祖屋，已经经营了20多年。这里可以吃到嘉积鸭、文昌鸡、和乐蟹、野生虾等各种海南菜，对胃口小的食客也愿意以半斤起卖。

滨海鹅肉店

海南菜 ¥¥

（见136页地图；☎6277 8321，海滨路61号；人均60元；⏲11:00~14:30，17:00~21:30）以早餐店起家的大排档，招牌菜白切鹅非常鲜嫩，蘸料颇受好评。另外，店里香煎的带鱼、马鲛鱼和鱿鱼也卖得不错。

平哥大排档

海南菜 ¥¥

（见136页地图；☎131 9899 1217；乐美街11号，玉带湾大酒店路口对面30米；猪肚90元/斤，鸡65/斤；⏲11:00~14:00，17:00~20:30）招牌被随意"扔"在路边，很容易错过，没有菜单，菜名都印在餐巾纸盒上。最受欢迎的菜肴是猪肚煲鸡，鸡和猪肚分开论斤卖。另外，店里的白斩鸡和白斩鹅也很有滋味。

饮品

海的故事

酒吧、餐吧 ¥¥¥

（见136页地图；☎6270 8909；天海路，海岛森林酒店背后沙滩边；啤酒40元/支起；⏲9:00至次日1:00）像一座想象力十足的小公园，由大大小小的老渔船改造而成，船木做的桌椅、海螺做的果盘、鱼筐做的灯罩、渔网做的栅栏、煤油灯做的路灯，还有缭绳、珊瑚、生锈的巨型铁锚……所有元素都跟海有关，沙滩上的小船被打造成一个个独立包厢，主厅外的露台就在沙滩边。除了酒水，特色菜品还有南洋柠檬鱼、泰式烧茄子等，味道不错，但价格不便宜。

老房子

咖啡馆、餐吧 ¥¥

（见136页地图；☎155 9587 8978；天海路；茶28元/杯起，歌碧欧38元/杯；10:00~24:00）穿过9道残门，走过贝壳和海螺铺成的小径，只见花木扶疏，眼前的砖屋像个传统建筑的拼

当地知识

歌碧欧与南洋客

"歌碧欧"就是海南话"咖啡"的意思。早期海南人漂洋过海到新加坡，利润较高的商机早已被更早移民来的福建人和潮州人占据，于是许多人当起了厨师或者管家，进而学到了西洋咖啡制作技术。100多年前，他们把咖啡带回琼岛，从那时起咖啡渐渐成为人们生活中不可缺少的味道。对当地人来说，一杯美味的歌碧欧少不了两点：烘焙豆子时要加牛油和糖，冲泡时要先将炼乳和砂糖置于杯底，这样轻轻搅拌后，咖啡有种香滑的巧克力味。

华侨们不仅在异乡传播特殊的咖啡烘焙和饮用方式，也让乡音与海外饮食相互交融。据说，新加坡的咖啡用语就深受海南话影响。例如那里的"Kopi"代表加炼乳的咖啡，读音类似海南话的"咖啡"，"Kopi-O"（读音类似"歌碧欧"）意为只加糖的咖啡，而"O"就是海南话中"黑"的意思，"Kopi-C"是加糖和鲜奶的咖啡，"C"在海南话里正是"鲜"的意思。"Kopitiam"意为传统新加坡咖啡店，而"Tiam"正类似于海南话"店"的发音。

贴馆，彩绘玻璃、雕花窗、双喜窗、衣柜门、床头板和门板经过别具匠心的搭配，焕发出别样光彩。店里主营下午茶，招牌饮品是南洋咖啡"歌碧欧"。

潮院酒吧 酒吧 ¥¥

（见136页地图；☎188 9890 3374；天海路；啤酒260元/打起；⊙19:00至次日1:00）适合在海边听着民谣喝点小酒。舞台和吧台在一艘退役的大船上，旧旧的桅杆支起了夜灯，静静照着海滩，可以坐在摸得到椰树叶子的高高木屋包厢里眺望整片海。每天20:00后开始表演，老板既是调酒师也是驻唱。

购物

博鳌镇最热闹的地方是镇政府前的海滨路，超市和特产店都在那里。如果准备亲自下厨，镇北的**博鳌菜市场**是个好地方：简陋的市场里摆满了水灵灵的鲜鱼，农户的小摊在人行道上绵延1公里，什么菜都有。这里清晨四五点就开市，不过下午很早就收摊了。

实用信息

平日里的博鳌安全而宁静，几乎所有与生活有关的机构和店铺都在海滨路上。深夜可以放心出门在主街上找夜宵，但不要独自前往偏僻的街巷和工地。另外，玉带湾的海浪较大，沙滩大都无人看管，不要轻易下海。

博鳌医院（海滨路40号；☎6277 8255）

到达和离开

琼海博鳌国际机场（☎6262 9123）位于距博鳌镇西边约21公里的中原镇，我们调研时，这里已开通了哈尔滨、石家庄、北京、济南等15条航线，但只在冬季、春运及亚洲论坛会议期间通航。

博鳌火车站 距机场仅4公里，它并非到达博鳌的首选，因为车次不多，而且从车站到镇中心的距离比从琼海站过来更远，再加上往来的公交班次不多，连当地人都更建议取道位于嘉积的琼海站——在火车站广场搭乘7路车，在红色娘子军站换乘2路车，就可以到达博鳌镇。

每天分别有一班途经博鳌的列车往返于三亚和海口。具体车次可在中国铁路客户服务中心（www.12306.cn）上查询。火车站广场有13路公交车开往镇中心，根据列车到达时间随机发车，票价6元。乘风采车（即有篷电动三轮车）到镇上大约40元，而出租车一般会要价60元。

> **当地知识**
>
> **在博鳌问路**
>
> 也许是因为发展速度太快的原因，加上路名曾经历过更换，镇上很多人都搞不清自己家在哪条路、是什么门牌号。记住他们熟悉的一些地标，对找路、问路和确定方位都有帮助。首先，海滨路和滨海路是平行的两条路，前者依海而建，连接沙滩，后者则连通镇上的主街海滨街。"鳌庄"代表海滨路北端——再往北就是连接潭门的滨海大道，镇政府在海滨路南边，"海的故事"则代表镇上东部海滨的繁华地带。

当地交通

抵离机场

机场大巴 共有两条线，1号线从琼海火车站出发，途经市政府、文化海粤酒店、琼海高速路入口、琼海动车站，到达机场；2号线从博鳌融创金湾出发，途经碧桂园东海岸、亚洲湾、男爵公馆、博鳌镇，抵达机场。前往机场的旅行者可以提前联系**机场巴士客服**（☎6293 0622），确定候车地点。而机场的发车地点位于到达口3号门右侧，凭机票免费乘车，第一位旅客上车后30分钟发车。

到达厅马路对面就是出租车候车点，一般到博鳌镇上需要60~70元。

公交车

2路公交车从博鳌禅寺发出，经过博鳌镇中心抵达嘉积镇（6元；6:30~18:30，约15分钟1班；40分钟），招手即停。

出租车

博鳌医院附近常聚集着出租车，起步价8元，但一般不打表，按人头讲价计费。镇上的"蹦蹦车"（即有篷三轮电动车）3公里以内5元钱。

自行车

很多酒店和客栈都提供自行车租赁，我们调研时，这里的共享车种类也很丰富。亚洲风情广场两侧有黄色的共享助力电单车"**11 Cycling**"，租赁须下载App"北斗智行"。镇上还有前面双轮、后面单轮的黄色电动车"**逗哈快猪**"，关注微信

"逗哈快猪"即可租赁。

电动车

海南路行客(☎136 9896 1791; 玉带路105号)提供电动摩托租赁,还提供安全头盔,24小时内费用68元封顶。另外,望海街上的海角7号酒店门口可以租到柠檬黄车身的**自驾观光车**(24小时内封顶200元),分为三座和四座,适合几人同游。

潭门镇

潭门镇位于琼海东部沿海,距西边的嘉积镇20公里。这里最大的魅力是有世代到西沙和南沙群岛潜水作业的渔民,以及他们带回的见闻和故事——据说他们是世界上唯一连续开发西沙、南沙的群体。近年来随着国家领导人的到访和中国"21世纪海上丝绸之路"战略构想的提出,这座小镇受到前所未有的关注。

对旅行者来说,潭门镇的精髓在于富港街东段旧港区的潭门中心渔港,这里停满大大小小的渔船,远远望去十分壮观。岸边的水产店个个都像小型海洋馆,水族箱里有各种让人大开眼界的鱼虾蟹贝。以往富港街西段的工艺品一条街生意红火,最受欢迎的商品是用国家一级保护动物砗磲制成的饰品和雕刻。如今,与之有关的捕捞和买卖都已被禁止。或许会有工艺品店家指着后门神秘地告诉你"我这里有很漂亮的高档货",或者向你解释自己卖的砗磲都是存货,但我们还是不建议你购买。

另一个体验海港生活的去处是潭门赶海公园(免费; ⏲24小时),沿富港路往东走,留意路牌指示左拐便能到达。虽然这里的滩涂看起来并不宽阔,但农历每月初二和十六的

潭门的闯海人

中国大多数渔民都在船上捕鱼,而潭门渔民是个例外,他们到珊瑚礁中潜水作业,全凭憋气,或是靠一根简陋的管子换气。罗盘和航海指南《更路簿》把他们带到了西沙和南沙。据说,《更路簿》起源于明清,里面记录了去三沙路上绝大部分的岛礁位置和作业路线,是文昌、琼海渔民世代累积所得,用毛笔抄写在绵纸上传承。

出生于1950年的卢家炳是潭门草堂上教村人,他见证了潭门的变迁。他向我们讲述了自己的闯海故事:

我七八岁时,每次放学回来都赶快吃饭,然后跑去海边玩,一开始海水是过胸,后来是过脑袋,第一次很害怕,后来就不怕了。我们都这样自学下水,憋气下到十到二十米,用工具把海产品拿上来——海参、海蚌、公螺,什么都有。以前没人捞珊瑚,大家说,这是给鱼下卵的,不能破坏。南海是我们的祖宗海,就像种地人的祖宗地。

潭门每个村都有兄弟庙,供着一百零八兄弟公,他们是一起出海遇难的先人。我们出海前都要祭拜他们,求平安顺利鱼满仓。外姓渔船到其他地方抓鱼,可能会被本地"烂仔"收保护费,但我们潭门一个收保护费的人都没有,我们很讲有福同享、有难同当。

以前开帆船要等风来。潭门人农历十月出海,顺着东北风,去西沙、南沙作业,在船上把海货煮熟、晒干,装在麻袋里,顺风顺水拉到新加坡去卖,赚的钱买布匹煤油。等清明南风一来,又从新加坡开船到南沙作业两三个月才回来。20世纪60年代末,帆船慢慢改成了有动力的机船,我当时年轻,就被安排学开机船。机船上可以放灯,就能抓灯光鱼(在海南泛指用灯光吸引、用围网捕捉的各种海鱼)了,也不靠风了,后来还有了卫星导航。

我爸爸说,那时他们去西沙和南沙,碰到的渔船都是潭门的,偶尔才看到一两艘外国船,还都是过路货船。19世纪70年代以后,外国船越来越多,很多岛都被插了其他国家的旗,潭门人出海被他们扣船,甚至被上船打劫……我们看到他们都离得远远的,不知是善是恶。不过现在政府鼓励我们去三沙,在"九段线"内对方(外国军警)不敢拖我们的船。

过去潭门男的一辈子出海,女的一辈子耕田持家,但现在变了,你看岸边刚潜水抓螺回来的那个女孩,她就是我们村的。

前后两天，当大潮汛来临，海水会退得又远又快，走路慢吞吞的贝类就被留在了裸露出的沙滩和礁石上。渔民们趁此打捞海产，这项活动被称为"赶海"。从2015年开始，潭门镇每年都组织**潭门赶海节**，留意微博"潭门南海小镇"可以获知活动资讯。另外，公园里的**潭门村南海文化馆**（免票；⏲8:00~19:00）也不妨一看，入口处有一面由1320片宋元明清的南海捞瓷拼成的墙，非常壮观。

镇中心西南约2公里处的**中国（海南）南海博物馆**（☎6260 5666；凭有效证件免费取票；⏲周二至周日9:00~17:00，16:00停止取票）已经正式开放，这座外形酷似黎族船型屋的壮观建筑内拥有7万多件藏品，包括外销文物、南海生物标本、南海历史文物和历代船模等。在潭门中心渔港的老码头附近可坐风采车前往，车费10元。

来到潭门，大啖海鲜是必不可少的环节。不妨直奔水产店选购一番，再选家干净卫生的餐厅帮忙加工。若是想找家实惠的馆子吃海鲜火锅，中心渔港对面的**恒绿园渔家大厨**（☎6276 8410；火锅50元/位；⏲9:00~22:30）是不错的选择。自驾者可以到滨海大道的**渔家小屋渔家乐**（☎6277 8388；日新村委会日一村；海鲜火锅100元/锅起；⏲10:00~14:00，17:00~21:00）吃饭，顺便参观老板自己布置的**渔耕展览馆**，听他拿着渔具讲述家族和渔村的故事。

不必在潭门过夜，过了潭门大桥向南7公里左右就是博鳌镇，那里的住宿选择较多。从嘉积镇出发可以在琼海汽车站或红色娘子军雕像前乘坐15路公交去往潭门（6元；6:15~18:00；40分钟）；从博鳌到潭门可以在海滨路乘坐13路车（6元；6:30~18:00）

中原镇

中原镇最吸引旅行者的是童话般的彩色骑楼和奇幻的森林。如果你是时间充裕的自驾者，正打算经过东线高速中原出口前往博鳌，那么可以顺路到这里看看，高速出口处那座方方正正的**南洋钟楼**和洋溢着异域风情的**老南洋咖啡馆**（☎151 0301 3019；⏲9:00~18:00），都可以让你一窥中原特色。

清康熙年间，中原镇就已经形成了热闹的集市，新中国成立后，还曾作为乐会县（今属琼海）县城。这个只有约3万人口的小镇，华侨数量却多达6万，来自28个国家和地区，是琼岛除文昌之外华侨最多的地区。华侨们不仅回乡捐资医院学校，还把南洋的食物和植物带回了小岛。

若是不赶时间，不妨深入到镇中央，看看主街中心北路两旁色彩鲜艳的骑楼，以及高大茂盛的**雨树**，它们正是华侨于1982年引种到这里的。如今，遒劲的树干枝杈上爬满了毛茸茸的蕨类植物，伸满整片天空，梦幻又壮观的景致吸引了许多摄影爱好者。

从琼海车站可以乘20路公交车（5元；6:05~18:15；30分钟）前往中原镇，从博鳌出发可乘13路公交车。不过除街景之外，中原镇没有其他的景点可供参观。

会山镇

位于琼海西南一隅的会山镇有着山路十八弯，距离嘉积45公里。穿境而过的万泉河两大支流在崇山峻岭间劈开绝美的峡谷风光，使这里成为漂流、溯溪、峡谷探秘等户外活动的热门地点。因为公共交通十分不便，自驾是最好的游览方式。

万泉河峡谷风景区（☎6670 7099，⏲8:00~17:00）是体验**激情漂流**（148元/人）的好去处。线路全长18公里，由牛路岭大坝下方起漂，2小时内会经过9处时速较快的险滩。建议穿易干衣裤和鞋，最好再带套换洗衣服。由于起点和终点之间没有接驳车，自驾者一般会把车钥匙留给售票处，请景区司机开到终点（50元/次）。另外，漂流需要提前致电预约，以便水库放水。

景区另一项热门活动是更具挑战性的**万泉河谷探险**（198元/人），包括丛林穿越、崖降、溯溪、溪降、跳水等7个环节，依次穿越溪流峡谷中的神秘洞、黑龙潭、叠泉和一线天。上述项目在景区微信公众号（hnwqhpl）预订有优惠。

我们调研时，当地旅行社很少经营峡谷漂流的固定路线，景区提供从嘉积或博鳌出发的收费接送服务（往返200~300元），可致电工作人员曲女士（130 0501 5487）询问。

地势更高的**万泉湖旅游度假区**（☎138

7647 1006；⌚8:00~17:00）位于牛路岭水库旁，被大坝隔断的万泉河在群山间形成宽阔的湖泊，湖光山色令人心旷神怡。度假区有客房（标双252元起）和餐厅，并且组织参观水库、游船、溯溪等活动，但都是5~10人才能开团，当地旅行社没有前往这里的线路，不妨提前致电度假区，约定周末前往，与那些组团到访者"拼团"，按人头买票（20~76元）。嘉积南门车站每天有电厂班车（20元；6:30、14:30各有1班）发往度假区，搭乘下午班车意味着需要在湖边过夜。

万泉镇

从嘉积出发，沿万泉河往西走6公里就是万泉镇。万泉河流过宁静的小镇，与文曲河、沐皇河交汇，蜿蜒流向远处的绿意。这里秀美的河岸风光、翻修后青砖白墙的仿元朝建筑，以及与元朝历史颇有渊源的古老渡口，吸引着顺道而来的旅行者。

镇上的主要景点是**文宗渡口**和**中水侯王庙**（免费；⌚日出到日落），入口在文曲桥头的琼海旅游咨询服务中心东侧，穿过蔽日椰林就能见到红墙黄瓦的中水侯王庙，庙里供奉着曾有恩于元朝太子的地方乡绅王官。每逢元宵，庙前的广场上都有舞狮和琼剧表演，场面热闹非凡；而农历二月十五的**多河中水军坡节**则更加精彩，一辆辆农用车载着闹军坡的人，在喧天锣鼓和各种令人瞠目的仪式中行过整条街。

我们调研时，起点位于文宗渡口的**万泉河国家农业公园**已经沿河建成了约5公里的漫步绿道，傍晚时分可以来渡口附近散步，听取蛙声一片，看对岸的远山被落日镶上朦胧金边。**原乡人树上咖啡屋**（☎6288 1150；文曲桥头；人均30元；⌚8:00~24:00）供应鲜美的万泉河鱼。

在嘉积镇爱华路上乘11路公交车可以到达万泉镇（3元；7:00~18:30）

万宁

人口：55.4万

109公里的海岸线上分布着众多海湾、沙滩和岛屿，几乎在万宁的每片滩涂，你都能静候日出。尽管滨海地带的房地产项目给许多海滩蒙上了精致但沉闷的感觉，但对那些渴望远离拥挤沙滩的旅行者来说，这里有着踏破铁鞋无觅处的清静。从简朴原始的大花角，到被精心打理的神州半岛和石梅湾，还有令冲浪者感到自在开怀的日月湾，人们总能找到合适的驻足处。

除了和海洋有关的自然风光，万宁还怀

值得一游

会山苗村

作为海南最大的苗族聚居区，会山镇上有6000多人是苗族。近年来政府对几个苗族村进行了改造，使之更有民族风味，但并没有改变这里的淳朴风情，值得一探，记得先用苗语"Mie Geng（你好）"向当地人问声好。

镇上苗绣产业园内的**苗绣园村**有绕村而过的绿道和明亮活泼的苗家风俗墙绘。每年农历三月初三，村里的**会山镇苗绣文化广场**都会举行黎苗文化节，届时会有歌舞表演和苗族长桌宴等活动。从嘉积镇南门车站出发，可以乘东太农场方向班车（13元；7:50~17:50，约40分钟1班；2小时）到会山下车。

如果时间充裕，不妨去镇西南2公里外的**加脑村**感受苗族自然村的生活。这个海南最大的苗村近年来新建了许多景观设施，还经营民宿和农家乐。你可以在苗语四起的村里四处走走，也可以沿着慢道拜访村里的神树，在河滩上摸摸清凉的万泉河水；或是穿过竹园登上翠绿山丘。在村口篮球场边的**农村淘宝店**里，有当地苗绣师陈秀兰的工作室（☎138 7663 7529），从20元的苗族耳环、50元的小钱包到上千元的苗族服饰都有售卖。

镇上没有直达加脑村的班车，自驾或骑行比较方便，若是参加峡谷漂流，终点站就在加脑村附近。若想歇一夜再走，可以投宿村里的民宿，或是到镇上找平价的旅店。

当地知识

文宗渡口与元朝皇帝

关于文宗渡口的传说至今仍流传在万泉镇。元泰定二年（1325年），身为太子的图帖睦尔受宫廷政变牵连，被流放海南岛，得到当地乡绅王官的诸多礼遇。3年后，图帖睦尔奉旨北还，王官带着百姓在多河渡口送别，齐呼“太子万全，一路万全”。回朝后的图帖睦尔后来成了文宗皇帝，为报答王官之恩，他下诏册封其为南建知州，并以“万全”的谐音“万泉”将多河赐名为“万泉河”。

当地百姓捐资修建了“中水侯王庙”，并在庙堂前修建了文宗渡口。在之后的岁月中，热闹的文宗渡口迎送过无数货船，往来于渡口的船工和旅人都会上岸朝拜庙堂中供奉的中水侯王。马来西亚华侨尊奉侯王，也曾在这里请神灵，在吉隆坡修侯王庙供奉。

和万泉河畔众多码头的命运相似，如今的文宗渡口已经变成了旅游景点，再不见昨日的繁忙。

抱着风景奇秀的东山岭，以及富有浓郁东南亚风情的兴隆华侨农场，而这里出产的东山羊与和乐蟹更是占据了“海南四大名菜”的半壁江山。从唐贞观五年（631年）被寄予“万全安宁”愿望的万安县，到宋高宗绍兴七年（1137年）被改名为“万宁”，这片土地在1300多年历史中历经坎坷，如今因祥和安逸而散发光彩。

方位

高速公路和环岛铁路几乎平行地穿过万宁全境。万城镇是市政府所在地，也是地理中心，从这里一路往东，国道和县道把触角渐次伸向“海南第一山”东山岭、繁忙的乌场港、静谧的春园湾和大花角；沿高速往东北可以去到“好吃”的和乐镇，它因为美味的虾蟹和粽子而闻名；而向西南延伸的高速公路则会依次经过神州半岛、兴隆、石梅湾和日月湾。

万城镇

市府所在地万城镇给人的第一印象可能不会很好，以商贸为重、看起来灰扑扑的城区里景点不多，而且喧闹忙乱，旅行者似乎只喜欢来此中转，奔向周边耀眼的明星景区。然而，如果你有耐心去探索一番，这里也有一些意想不到的惊喜，人民路和红专路一带透露着它日常中的活力，老迈但生活气息浓郁的万城老街，呈现的是与椰林树影全然不同的厚重感。

景点

东山岭 公园

（☎6223 3622；微信公众号：dslwhlyq；东山岭文化旅游区；门票 10月至次年4月 50元，5月至9月 40元，缆车往返30元/人，电瓶车20元/人；⏲7:30~17:00）屹立于市中心以东两公里处的东山岭，又有“海南第一山”的美誉，这么高的地位并不是靠个头撑起来的——它184米的海拔还不及五指山的十分之一——而是源于它丰富的人文内涵：当地人视岭上为福荫子孙的风水宝地，历代贬官视这里为“东山再起”之地，香客在佛教圣地潮音寺许愿求签，无数过路文人在嶙峋怪石上刻字题词。

东山岭的山顶非常适合俯瞰万宁风光。徒步攀登石道大约需要1小时；电瓶车只能开到半山腰；希望轻松揽胜的旅行者会选择乘缆车上山、步行下山：亿万年前火山喷发所形成的花岗岩从你脚下经过，巨石上不同字体和朝代的诗词题句让整片山岭看起来像一本超大型字帖，最老的题刻“华封岩”可以追溯到宋宣和四年（1122年）。想要避开旅行团的嘈杂，不妨下午4点后上山。

半山腰有棵系满祈福红绳的百年大榕树，旁边便是始建于宋代的**潮音寺**，几经拆建后，如今是座钢筋水泥仿古建筑，前殿安放着释迦牟尼金身大佛。从潮音寺沿着路标走上3分钟，就可以看到4.2米高的**李纲像**。相传这位宋代著名抗金宰相曾被流放至此，欲在潮音寺落发为僧。方丈见他仍有忧国忧民之意，便没有应允。三天后宋高宗就改变主意，将他官复原职。这个东山再起的故事据说就是

万城镇

万城镇

景点

1 万城老街………………D4

住宿

2 港湾度假酒店………………D4
3 皇旗大酒店………………B4
4 金都大酒店………………C4
5 绿春园大酒店………………D2

就餐

6 北楼后安粉汤………………C4
7 欢欢鲜鱼汤………………B4
8 新海府和乐蟹粥城………………D2
9 叶记猪肚鸡………………D3

购物

10 广百汇购物广场………………C3
11 华亚欢乐城………………C3

实用信息

12 万宁市人民医院………………D2
13 万宁市邮局………………D4

交通

14 老汽车站………………D4
15 万宁城北停车场………………C3
16 万宁火车站………………C3
17 万宁汽车站………………D1
18 长丰汽车站………………A4

"东山岭"之名的由来。

从市中心乘坐2路公共汽车可直达景区大门。

万城老街

街区

万宁市区没有真正意义上的"景点"，但如果你钟情于怀旧，老城里纵横交错的窄街陋巷值得漫步。在万宁老汽车站以东、红专东路南，以武丁街、南门街、朝阳街、镇南街、镇北街、仙河南街（后街）、永福东街等街道交织而成的区域，是昔日琼崖重要商埠万州的中心，而现在这里的生活节奏却比别处缓慢。

繁华喧闹的红专东路上有很多巷口可以进入这片区域，中国邮政镇北街营业厅旁边的**镇北街**就是其中之一，穿过这条零食批发店、布行和打铁铺遍布的小街，曾经盛极一时的**朝阳街**就在眼前。沿着朝阳街往东可以走到**潮州会馆**，它是清光绪年间在万州经商的潮汕商人们所建，现在已经被用作老年活动中心，在麻将棋牌声中，龙眼树和白玉兰树投下大片阴凉，中式庭院和精美建筑静默无声。

沿着朝阳路往西走到永福南街17号，对面没有门牌的褪色红砖墙内，藏着昔日万州的最高学府**万安书院**。这座始建于宋代的书院几经起落，存留至今的砖瓦房是清雍正十年（1732年）建立的。如今它的阁楼和考试堂都只剩破落潮湿的骨架，像极了掉光牙齿的老人，盘根错节的寄生树像皱纹一样爬满了屋墙；而保存相对完好的讲学堂和学舍则成了民居，晒满衣被，遍地鸡鸣。要一睹书院真容，需要从一扇铁门进入，穿过一座住着十几户人家的四合院，通往文物保护碑和书院旧址的后院小门常被锁住，你可以问问里面的居民能否为你开锁。

在万城老街四处走走，打水泵、水井、神医店、八仙桌、理发馆、大红澡盆……那些在都市里消逝的生活方式在这里依然生动。琼剧的咿呀声和手工艺人的敲打声此起彼伏，笑吟吟的老人们都很愿意停下来跟路人聊上几句。

青云塔（万州塔） 古迹

如果登完东山岭后时间还算充裕，可以从岭下出发，骑车或打车沿市区到北坡镇的万北线公路走上几公里，在田头村和联山村附近的平地间，一眼就能望见27米高的青云塔，古朴的形态会让旅途风景恍然回到几百年前。

青云塔是海南目前仅存的几座古塔之一，由红砖砌成，据《万州志》记载，它前身是建于康熙十年（公元1671年）的文魁塔，被毁后于清道光十二年（公元1832年）重建并取名“青云”。340多年来，它历经台风雷电和日军炮轰，却依然耸立如初。

想近距离观赏则需要一些探险精神：得穿过田埂，爬上一块荒草齐腰、坟冢遍处的巨大岩石。附近村民喜欢从第一层的北门进入中空的塔内，登塔眺望绿野椰林。青云塔属于免费景点。

住宿

万宁市区鲜有青年旅舍和高档酒店，这里大多是为过路中转的客人提供的商务快捷

当 地 知 识

东山岭和东山羊

东山羊是海南四大名菜之一。尽管这种全身乌黑的山羊在整个海南都有，但放养在东山岭上的羊却因山而得名，成了一些神话故事的主角，进而成了海南黑山羊里名气最大的一群羊。

东山羊在外地人的想象中是这样的：生于东山岭、喝岭上甘泉、吃野生鹧鸪茶叶、在巨石间跳跃……实诚的当地人会朝你的一腔浪漫泼冷水：“哪有那么多东山岭里的羊可以吃？！”但有一点他们说得很笃定：“羊肯定是当地的”。

相传被列入皇室贡品的东山羊到底有多好吃？它们常年被放养在热带山地里，以百草为食，脂肪分布均匀，肉紧实且没有腥膻味，皮也有嚼头。当地吃羊有三种基本方法：清汤火锅（又叫“打边炉”）可以喝到鲜美的汤，连骨带肉啃起来要费点牙，蘸料是酸甜的什锦酱；红焖做法色泽金黄，肉很入味；而白切则可以品尝羊肉的原汁原味。

农家乐餐饮园福禄东山羊店（☎6591 0956；高田坡村81号；125元/锅起；⏰11:00~14:00，16:00~20:00）开业12年，是当地人常去吃东山羊的餐厅。

值得一游

一日看尽万宁海

新修建的**旅游公路**把万宁大部分海滩串在了一起。它笔直而略有起伏，始终贴海而行，一路都是海浪轰鸣，鲜有车马喧嚣。不安于只待在某处海滩的旅行者，可以在这里"一日看尽万宁海"。

我们调研时，这条公路在地图上暂时没有命名，从万宁市区出发，沿万海大道朝乌场港方向经县道432行驶将近12公里，经过**白路坡村口**的大石后，右手边有一条蜿蜒而上的柏油路，那就是**旅游公路南段**的入口，沿途印有"旅游公路"和阿拉伯数字的绿色牌子可以帮助你辨认路径。

南段总长30多公里，大部分路段都有自行车道，沿途还设了一些停车场和观景台。前15公里是骑行的精髓：你会经过气质粗犷的**保定海**，在**太阳河景观大桥**观赏河流入海，路过打渔为生的**新群村**，然后到达一片开阔柔美的湿地，看到牛羊成群，水车飞转，鸭子游弋在池塘中，白鹅伸颈四处眺望。继续前行，在十字路口留意路牌指引，你可以选择去**神州半岛**，也可以去往**南燕湾**、**石梅湾**直至**兴隆**。

尽管旅游公路**东段**修建尚不完善，但海岸美景绝对值得一探。回到白路坡村口，沿432县道东行，**春园湾**在3公里外静候游人，圆圆的甘蔗岛就在不远处。继续东行4公里，便会抵达拥有鹅卵石海滩胜景的**大花角**，不过我们调研时，这段路只有狭窄的双向机动车道，且碎石遍处，陡坡较多，体力或经验不足的骑行者请谨慎前往。

选辆性能良好的山地车，不必骑完全程，做好防晒，路边几乎没有树荫。

型酒店，在人民路、环市一路和万州大道附近的住宿选择很多，水平也比较平均。春节时，所有酒店的价格都可能翻倍。

港湾度假酒店
商务酒店 ¥

（☎6239 8588；环市一路与红专东路交界口；标单/双138/148元起；❄📶）尽管房间比较普通，但住这里吃饭会很方便，热闹的环市一路上有不少平价大排档和小吃店。附近的生活气息比较浓郁，不远处的椰林湾小区是6路公交车起点，可以去往火车站。

绿春园大酒店
酒店 ¥¥

（☎6218 9666；环市三西路；标单/双220/200元起；❄📶P）酒店的中式装修和竹子家具给人清新之感，房间比较明亮，隔音效果也比较好，二楼咖啡厅供应简餐。

皇旗大酒店
酒店 ¥¥

（☎6218 8988；万安大道北侧中央坡公关旁；标单/双 288元起；❄📶P）市区装修标准比较高的酒店，客房明亮气派，临街的房间还有宽敞的观景阳台，适合自驾的旅行者。

金都大酒店
商务酒店 ¥¥

（☎6222 9555；人民中路64号；标单/双188/178元；❄📶P）地处最繁华的商业街区，大部分房间里都配了台式电脑，不过一些房间潮湿而有异味。

就餐

在市区里就能吃到万宁所有美味：东山羊、和乐蟹、鲜鱼汤、和乐粽、后安汤粉……不过它们大部分都是街边排档——大场子、大圆桌、塑料椅，适合几人共食。大部分排档营业都不会超过22:00。独行者想吃得分量刚好，最好的去处或许是各种后安汤粉店。

叶记猪肚鸡
海南菜 ¥¥

（☎6222 3080；环市一东路1-46-47号；128元/锅起；⏲11:00~22:00）加了党参、枸杞和红枣的猪肚鸡汤，味道很浓郁。更有海南风味的吃法是在汤里多加一份瑶柱或沙虫，还可以往锅里加白胡椒粉增添香味，再下份玉米面当主食。

北楼后安粉汤
米粉 ¥

（☎6621 7088；人民中街财政局对面；粉10元/碗起；⏲7:00至次日2:00）市区众多后安粉汤店中好评度较高的之一。后安粉源自万宁后安镇，粉条来自当地籼米，汤底是用猪骨、瘦肉、粉肠、大肠熬成的，还放了虾仁，口感细软而有劲道，一碗下肚可以使人饱足。店里的糕点味道也不错，试试有椰香和生姜味的糯米粑——椰丝猪肠粑。

新海府和乐蟹粥城

海南菜 ¥¥

（☎6222 6465；万州大道61号；肉蟹80元/只起，羔蟹220元/只起；⏲11:30~14:00，17:00至次日3:00）这家连锁店的和乐蟹粥性价比很高。另一道招牌菜是金牌烧鸡——皮被烤得油光光的，肉很嫩滑入味。另外也可以试试咬下去咔嚓有声、内里绵软有弹性的东山大烙饼，清甜的椰子糕，还有被油炸空心糯米球——“大尖（煎）堆”。

欢欢鲜鱼汤

海南菜 ¥¥

（☎156 0768 8871；人民西路49号；鲜鱼汤65元/斤起；11:30~21:00）店里的鲜鱼汤备受当地人喜爱，食材是就是当天捕到的各种杂鱼，店家对食材自信到只用清水来煮，放点盐和味精。有人觉得汤鲜肉嫩，也有人吃不惯嫌腥。中午总是人满为患，晚上比较清净。

购物

人民中路是万宁的商业旺区，其中**广百汇购物广场**（人民中路16号）是当地人逛街的主要区域，三楼的**广百汇超市**（原南国超市）是当地最大的超市，里面既有生活用品也有特产专柜。火车站附近的**华亚欢乐城**（建设北路）则是更年轻时尚的购物区。喜欢购物的话，别错过海南最大的名品折扣店**万宁首创奥特莱斯**（见154页），从万宁火车站坐102路公交车可达，票价5元。

小椰壳厨具厂（☎6213 5099；大茂镇群星村；⏲9:00~18:00）用椰壳和荔枝木生产非常精美的餐具，工人都是海南各地的残障人士，目前工厂固定向一些礼品店供货，能提供给散客的货物比较有限，但售价也会相应便宜些。

实用信息

四大国有银行在市中心都有营业厅和ATM机，主要集中在人民中路和文明中路上。环市一东路上有几家药店，可以买到常用药品。在海榆（东）线上走路要格外注意安全，这条穿城而过的国道夜里灯光昏暗甚至一片漆黑，斑马线也比较模糊。

万宁市人民医院（☎6222 2376，环市三东路）

万宁市邮局（☎6222 2123；红专中路；⏲8:00~17:30）

旅游信息

万宁旅游官网（http://wanning.hainan.gov.cn/ly/）

万宁市旅游委（☎6248 1155）

万宁市自行车运动协会（微信公众号ID：qianliqixing）

到达和离开

长途汽车

市区有三个汽车站，一是又称为新车站的**万**

海南槟榔半万宁

很多万宁人笑起来时嘴里都会流出血红汁液，嘴也染得鲜红，乍看很惊悚。不过别怕，那是生槟榔的汁。你可以在街边香烟摊看到这种鸭蛋似的青果。当地人喜欢把生槟榔切成薄片，塞进折成锥形的扶留叶里，抹上“石灰”（贝壳粉调成的膏状物），放嘴里慢慢嚼。这种清凉刺激、直冲入脑的味道非常提神醒脑，并有轻微的成瘾作用。

万宁有“中国槟榔之乡”的名号。海南槟榔种植面积占中国的95%，而万宁的槟榔种植面积超过其中三分之一。以加工和出售槟榔闻名的湖南企业干脆在万宁就地办了工厂。槟榔给万宁带来了财富和就业机会，也是当地人爱不释口的提神食品。人们每天买烟会花十几元，买槟榔却可以花掉几十元。当地还有用槟榔待客、送礼和求婚的习俗。

不过槟榔也不是人人都说好，长期嚼槟榔会导致口腔黏膜纤维化，槟榔中的有害物质也会引起消化系统的病变，另外，许多人吃完槟榔就地乱吐已经成了当地人公认的陋习，小吃店里常挂着严厉的标语：“禁止乱吐槟榔汁！”因为难以擦洗，路面上槟榔汁血渍一样的痕迹经久不褪。

车次时刻表

万宁汽车站（新车站）

目的地	发车时间/班次	票价（元）	行程（小时）
海口总站	6:00~19:00，每隔20~25分钟1班	38	3
海口东站	7:20~16:50，每隔40~60分钟1班	38	3
三亚	8:10~18:50，每隔40~60分钟1班	30	2.5
陵水	7:25~17:00，每隔25分钟1班	15	1.5
乐东	8:30	51	5.5
五指山	7:10、8:30、9:50、13:20	30	3.5
保亭	9:20、10:30、14:20、15:25	23	2.5
琼中	7:40、10:15、12:00、14:00、15:00	19	2
屯昌	8:10、13:40	26	3
文昌	8:00	27	3
白沙	8:35	35	4.5
那大（儋州）	8:10	35（坐席中级）	4
	12:40	41（海汽快车）	
琼海	8:00~18:20，每隔40~60分钟1班	20	1.5
广州	12:30、14:00、15:10	310（卧铺中级）	15~18
深圳	12:30、14:30	350（卧铺中级）	20

长丰汽车站

目的地	发车时间/班次	票价（元）	行程（小时）
海口总站	金伦快车7:30、9:20、11:50、13:20、13:30、13:50、16:30	30	1小时40分钟
	海汽快车12:30（班次不定）	40	2
海口东站	海汽快车8:30	40	2
广州	11:00（双号发车）、13:00、14:30、16:30	280（含船票）	15~18
深圳	11:20	350（含船票）	20
桂林	11:00~11:30	350（含船票）	20
南宁	11:00~14:00	300（含船票）	15~16

省际班车需提前致电139 7687 4622或180 8463 9997找曹先生订票。

万宁老车站

目的地	发车时间/班次	票价（元）	行程（小时）	备注
港北	7:00~18:00，约20分钟1班	8	1	途经和乐
礼纪	6:45~18:30，约15分钟1班	5	40分钟	途经高速路口、奥特莱斯、莲花
东澳	7:00~18:00，约15分钟1班	5	30分钟	乘客多时可继续开到神州半岛
日月湾	7:00~18:00，30分钟一趟	11	1	途经石梅湾
石梅湾	5:30~17:30，约40分钟一趟	8	40分钟	

此外，开往盐墩、乌场等方向的中巴车可以在老车站十字路口北侧乘坐，招手即停，票价4~5元。

宁汽车站（☎6222 2526；万州大道北段），主要运营城际及省际路线，有发往海南各地和广东多个城市的汽车。**长丰汽车站**（☎139 7687 4622；万安大道旁、近东线高速万宁南入口）主要经营省际班车，包括发往广西、广东等省份的班次，以及少量发往海口的班次。

位于红专路和文明路交叉路口的**老汽车站**（万宁老车站）聚集着多班往返周边村镇的中巴，首末班车时间为6:00~19:00，票价5~11元不等，但班次比较浮动，我们调研时，因为一些中巴车进入报废期，一些公交线路陷入了停滞。

具体时刻表和网上订票可以登录www.0898hq.com或关注微信公众号"海汽客运"（haiqi0898），在长丰汽车站需拨打车站电话订票。

火车

万宁火车站（☎31601542；城西路；⏲6:30~23:30）位于城区西部，是东线铁路上的主要站点之一，每天有52班往来于海口和三亚的列车从这里经停。具体车次可在www.12306.cn查询。

当地交通

抵离机场

琼海博鳌国际机场（见139页）距离万宁市区43公里，机场专线班车从兴隆汽车站出发，途径奥特莱斯、万宁新汽车站抵达机场，每天4班（9:00、12:00、14:30、16:30），票价27元。机场的发车地点位于到达口3号门外。

公交车

万宁市区有6条市区公交线路，其中2路环线车经市区开往东山岭，1路、4路和6路都会经过火车站。101路往返于长丰和大茂之间，104路可到达乌场村。另外，102路从火车站出发，途经首创奥特莱斯到达兴隆（5元；7:50~20:00，每30分钟1班）。

自行车

在万宁市区可使用"哈罗单车"的共享单车，但常遇到被损坏的车辆。

出租车

尽管万宁市区新引进的纯电动出租车号称必须打表（起步价6元/2公里，之后1元/公里），但不打表的状况依然没有太大改善。使用打车软件时，出租车或快车司机接单后很可能会打电话找你重新议价，理由是跑单程不划算，你需要根据涨幅酌情处理。如果需要包车，可以到万宁大酒店斜对面的**城北停车场**（文明北路与环市一路交叉口东北50米）看看，那里停了很多跑长途的出租车。

另外，市区往日常见的"风采车"（即有遮阳篷的电动三轮车）已经被强制退市，尽管周边乡镇仍有它们的踪迹，但鲜有司机愿意壮胆开进市区。

兴隆

茂密多样的热带植物、醇香的街头咖啡、味美价廉的南洋糕点、一年四季都在60℃左右的温泉、当地人的独特口音……兴隆有着与沙滩大海迥然不同的旖旎绿意，以及混合着东南亚风情的文化交融感，这里的美需要放慢脚步耐心体会。

清乾隆年间，在太阳河畔的瘴疠之地，一片热闹的小墟市慢慢形成，被地方官员取名为"兴隆"。1951年华侨农场在此成立，故事有了白手起家的激荡感：从马来西亚、印度尼西亚、越南、缅甸、柬埔寨、泰国等21个国家和地区回国的上万侨民陆续定居于此。他们带回了热带经济作物，与本地人和农垦建设兵团一起垦荒耕种，把这里变成了生机勃勃的花果园。

景点

兴隆名气最大的景点是1957年始建的**兴隆热带植物园**（☎6255 5900；华侨农场南部223国道西侧岔口内；门票 淡季5月至9月 50元，旺季10月至次年4月 60元，讲解20元/位；⏲7:30~17:30），农业部下属的热带香料饮料研究所在这里收集并培育了2300多种热带和亚热带植物，其中包括香草、咖啡、可可、胡椒等人们已耳熟能详的植物，以及"见血封喉"等传说中的神树。植物爱好者可以花一两个小时在这里观赏学习，不过出门前还会经过庞大的特产销售展厅。如果你在网上购票，1小时后方可入园。

兴隆有两条公交线路途经热带植物园：3号线从温泉宾馆发车（8:00、10:00、14:30、16:00），7号线从侨乡广场发车（7:00、10:30、14:50），票价均为2元。

植物园旁边的**南药园**（☎6255 2929；133 8987 1777；门票10元，讲解免费；⏲7:30~17:30）

兴隆

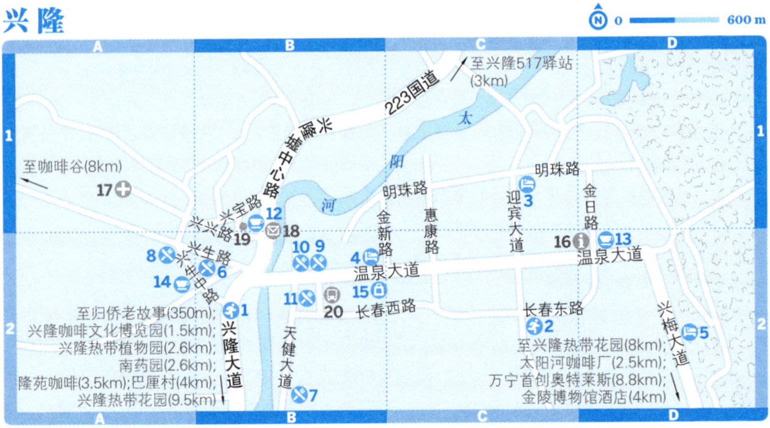

兴隆

活动

1 昌盛自行车行 B2
2 景鑫剧场 C2
3 兴隆温泉宾馆 C1

住宿

4 桢子家民宿 B2
5 中奥戴斯温泉度假酒店 D2

就餐

6 华南宝 B2
7 金三角 B2
8 南洋风味 A2
9 屯昌枫木香草鸭 B2
10 小树园排档 B2
11 伊萨娜印尼餐厅 B2

饮品

12 168炒冰 B1
13 拾光咖啡馆 D2
14 瓦西里 A2

购物

15 兴隆风情街 B2

实用信息

16 万宁旅游咨询服务中心兴隆站 D2
17 兴隆红十字医院 A1
18 中国邮政 B2

交通

19 兴隆工会公交站 B2
20 兴隆汽车站 B2

是中国医学科学院下属的研究所，不大的园区以药用植物居多——例如黑桫椤、坡垒、花梨木、沉香等许多濒危植物，但本书调研时，园区一些路段正在施工之中。

和上述两处具有科研性质和购物色彩、受旅行团青睐的景点不同，位于植物园东南约10公里处的**兴隆热带花园**（☎6257 1666；门票60元，电瓶车20元/人，5人起坐；⌚8:00~17:00）像个清幽、秀美的世外桃源，它不接待旅行团，也没有购物点。工作人员习惯于先提醒来客：“花园里没有花。”这里没有壮观而品种单一的“花海”，却有茂密的大树为你挡住最毒辣的太阳。园主是位70多岁的印尼华侨，他变卖上亿家产，用20多年时间在数千亩荒坡野地上修复热带雨林。如今这里生长着4000多种热带植物，其中包括数十种濒危植物。

因为园区很大，建议乘电瓶车游览，司机会提供专业讲解，也可以随时停下拍照。本书调研时，景区门票只能用现金支付。乘公交4号线（7:30、9:30、13:30、16:30）和7号线可达。

而距热带花园西北10公里左右的**巴厘村**（☎6255 5555；工业大道合口旅游区1号；门票15元；⌚7:00~18:00）是个有巴厘岛风情的人造公园，每天有数场免费**印尼歌舞表演**，欢乐而有韵律。景区里还有海南最大的根雕展览馆——**天涯雨林博物馆**，镇馆之宝是高达8米的千年花梨木。门票必须现金支付，乘公交3号线和7号线可达。

活动

温泉

据说兴隆的地随便打下去都是温泉，但温泉大道北侧的几十眼温泉如今都归属于各个度假酒店和地产项目了，而且大都不对外开放。要享受温泉，就选家酒店住进去吧。

不过，因为温泉水费较高，部分酒店也存在为节省成本而把水反复烧开的情况。当地人公认水质最纯的地方是老牌酒店**兴隆温泉宾馆**（☎6255 3565；兴隆华侨农场迎宾路；标单/双 308元），酒店有温泉泳池和鱼疗池，但客房极为陈旧。看守泳池的工作人员偶尔会答应外客的请求：付钱泡温泉但不住店。

东南亚歌舞

东南亚歌舞曾经存在于兴隆人的日常生活中。在农场的垦荒年代，能歌善舞的归侨给辛苦的劳作和匮乏的生活带去曼妙滋味。如今只有少数地方能一瞥这些歌舞的旧影。

景鑫剧场（原景天大剧场）[☎139 7633 5198；兴隆华侨农场迎宾大道；票价180元（包含南洋点心餐）；⏲12:50~13:00开始，时长40分钟]每天中午有一场以追忆创业年代为主题的东南亚歌舞表演——不是俊男美女云集的专业舞台，演员全部是归侨及其后代，跳舞只是副业。年龄最大的演员已经80多岁，舞步却依旧流畅优雅。不过就票价而言，更实惠的选择是在**巴厘村**（见150页）看免费表演。

住宿

作为温泉旅游胜地，兴隆的兴梅大道和温泉大道旁林立着许多自带温泉的中高档酒店，很少见到经济型旅舍。近年一些自助式公寓和民宿出现在新的楼盘里。所有住宿的淡旺季差价都会达到2~3倍。入住中档酒店前，最好问问热水是不是24小时供应。

桢子家民宿 民宿 ¥

（☎188 8999 1624；温泉大道中泰广场B栋301、302；大床房129元起；❄📶Ⓟ）用居民区里两套四室一厅的房子装修而成，中间连着一个阳光充足的大露台，正对兴隆风情街。客厅里有大餐桌和投影仪，厨房器具齐全。老板会为住客提供早餐，会帮忙租车——从自行车到汽车都行，也会热情提供各种旅行建议。

另辟蹊径

骑行在热带绿意里

兴隆国家绿道从繁华地带一路延伸到归侨村落，直至与热带花园融为一体，骑行体验极佳。1号和2号绿道各自环绕热带花园周边的山野湖泊，3号绿道可以一直通往镇墟（镇中心）。

不必非得执着于某一条绿道，不然可能会被时隐时现的路标和东岔西岔的路径弄昏头。花上3~4个小时，绕着花园随便骑骑就很美。起伏绵延的丛林小径里空气清香，旁逸斜出的枝头爬满花朵，轮胎擦过低矮的灌木丛，耳畔鸟啼虫鸣不断。槟榔林间的阳光褪去了灼热，橡胶林给人北方平原一般的苍茫感。途中还会经过不同的归侨村落，可以一睹当地人的生活。

若从镇上出发，太阳河西侧的**昌盛自行车行**（☎133 0762 3430；兴隆大道292号；租金30元/天；⏲8:30~19:00）有许多车况良好的山地自行车可供出租。从海榆东线出发，经莲兴西路和花园路就可以到达绿道的**侨乡驿站**（南旺驿站）（☎138 7613 7882；华侨农场8区55队；⏲6:00~18:00），平价的咖啡和炒面适合补充体力。

如果逛完热带花园后刚好想体验绿道，在花园附近的**中心驿站**（☎6256 5686；⏲8:30~20:30）也可以租到山地自行车（50元/天）。橡胶林深处的**马来驿站**（马来拾光）（☎189 7624 7812，133 7397 6575；1号绿道上；铺60元，标单178元起）和花园西路转盘附近的**泰国村驿站**（☎138 7673 2108；标双100元；八管区五十七队27-79号；⏲9:00~18:00）都供应饮料和住宿，吃饭最好提前预订，后者房间没有热水。

沿途几乎没有商店，比起饿着肚子找驿站，更实际的做法是带些干粮和水。

中奥戴斯温泉度假酒店

酒店 ¥¥

（☎6248 1888；兴梅大道东侧；标双340元起；❄📶🅿🏊）兴隆设施较好的一家酒店，细尖的屋顶有浓郁的泰式风格，房间宽敞明亮，每一间都有景观阳台和温泉浴缸，花园里配有温泉池和游泳池，可免费借用自行车。另外，酒店还有别墅套房可选。

兴隆517驿站

青年旅舍 ¥

（☎180 8989 7231；莱茵半岛国道202路碑东侧；铺45元，标双/标单128元；❄📶🅿）不在温泉度假区，也没有温泉池，是骑行者比较舒适的落脚处。由太阳河大桥沿G223国道往万宁市区方向行驶约3公里即到。店里提供到神州火车站和万宁火车站的付费接送，可租赁山地自行车，还会送客人到兴隆的酒店付费泡温泉。

金陵博物馆酒店

酒店 ¥¥¥

（☎6248 9104；太阳谷温泉城小区内；标单/双700/500元起；❄📶🅿🏊）宽敞得有些空旷的大堂和走廊里展示了800多件砗磲和珊瑚，极其宽敞的房间适合喜欢大空间的人。酒店与居民区共用游泳池和温泉池。

就餐

喜欢点心的人在兴隆会很有口福，这里的南洋糕点种类丰富、用料足，有甜有咸，三四元钱一个，可以随意搭配吃到饱。归侨后代们经营的众多东南亚风味餐厅，口味也非常正宗。太阳河大桥东侧的明珠路是大排档聚集地，迎宾大道夜里有许多海鲜店。而在大桥西侧的兴隆墟中心路，则可以找到当地人吃的宵夜摊。

华南宝

点心 ¥

（☎139 0752 9519；兴生中路1号；人均15元；⏲6:00~23:00）玻璃柜里那些剪得方方的小糕点特别受欢迎：木薯糕有淡淡的粗粮味，芋头糕带着让人垂涎的肉香，椰卷的椰味香浓，包着板蓝叶的“糯米其（糍）”也很柔绵香甜，配上3元一杯的咖啡，滋味更佳。试试店里的咖喱粽和粥，或是肉末肠粉加几勺红椒。

伊萨娜印尼餐厅

东南亚菜 ¥¥

（☎138 7623 0566；工业大道5号；人均75元；⏲10:00~14:00，17:00~21:00）由一对年过七旬的印尼归侨夫妇经营，供应正宗印尼美食——“巴哥爹”是土豆泥，“加多加多”是印度花生酱拌的蔬菜。伴着轻快的印尼音乐，喝着嗦哆鸡汤，吃着咖喱牛腩，恍若身在异域。店里还有奶香浓郁的素咖喱。

金三角

东南亚菜 ¥¥

（☎131 7891 3827；工业大道27号；人均40元；⏲10:00~21:00）幽默的老板是印尼归侨后代，取这个名字是因为最老的店在三角路口。招牌菜是鸡鸭鱼——辣味、酸味和咖喱味都很可口，还有香茅咖喱味的“巴东牛肉”。猪蹄莲藕花生煲也很受欢迎，但分量较大，需要提前预订。

南洋风味

小吃 ¥¥

（☎6255 6663；兴生中路；人均39元；⏲8:00~24:00）店里最有名的是咖喱系列是肉碎满满的咖喱粽、炖得软烂的咖喱牛腩饭、口感弹性十足的咖喱鱼丸，还有每天19:30后的咖喱烧烤。再试试甜中带咸的红龙果糕和可可味十足的七层糕，椰子炒冰味道也很细腻。

屯昌枫木香草鸭

海南菜 ¥¥

（☎6248 2838；温泉大道星光百货超市对面；香草鸭115元/小锅起；⏲11:00~14:00，16:30~21:00）招牌菜是砂锅焖鸭肉，据说这些鸭子是屯昌水库附近吃鱼虾玉米长大的“走地鸭”，汤汁的八角和胡椒等香料十分诱人，汤汁过浓，不适合饮用，涮洋葱却格外清甜。若觉得口味太重，可以再点份馅料十足的紫菜鱼丸汤。

小树园排档

海南菜 ¥¥

（☎6255 3161；人均70元；⏲16:00~21:30）就在枫木香草鸭旁边，只做晚餐生意，环境比较普通，连椅子都是东拼西凑的，但来吃火锅的人很多，店里总是飘满胡椒浓汤的气味，猪肚猪脚汤、猪肚鸡汤、地胆头煲鸡汤和药材煲鸡汤都很适合喝汤涮菜。

饮品

兴隆人的一天从喝咖啡开始，在路边的早餐摊子都能喝到口味纯正的咖啡。在太阳河西岸的华侨农场居民区兴生中路一带，散落着数家以兴隆咖啡为招牌的时尚咖啡店，因此又被外地人称为“老咖街”。我们调研时，老咖街正在修路，一些小店暂时停业。

瓦西里

咖啡馆 ¥

（☎6255 2151；兴生中路2号；咖啡5元/杯；7:00~19:00）门口的轮胎里种着一株瘦小的咖啡树，店名是为纪念老板的马来西亚归侨爷爷——他长得像前苏联电影《列宁在1918》里的战士瓦西里。老板还是当地咖啡行业协会的会长，店里的咖啡是自己烘焙的，喝着顺口的话，可以买些袋装咖啡粉。

拾光咖啡馆

咖啡馆 ¥¥

（☎186 8978 8178；温泉大道金日酒店左侧；精品罗豆58元/壶起；⏲11:30~22:30）开在主干道边上的小店，雅致而温馨，大大的玻璃窗在夜色中尤其闪亮。店长是个对咖啡豆的口感很较真的人，当地咖啡业界的各种行家和玩家常聚在这里一同品鉴豆子。

归侨老故事

咖啡馆 ¥¥

（☎6256 8995；华建公寓，华侨农场第一中学附近；兴隆原厂地咖啡30元/杯起；⏲24小时）不在繁华地带，一杯咖啡两三位数的售价在兴隆更属特立独行。不过贵有贵的理由——老板用高价收购本地豆子，以此说服农民不要放弃咖啡树，还一改兴隆传统的烘焙工艺，利用不同温度制作出含酒香、麦香和果香的咖啡豆。

隆苑咖啡庄园

咖啡庄园 ¥¥

（☎6256 1817；花园路；人均46元；⏲9:00~18:00）山坡上的咖啡庄园每年3月初都会开满白色的咖啡花，葱郁的园子里有木屋和小桥，

兴隆咖啡之旅

“潮州粉条福建面，海南咖啡人人传”——据说在东南亚，这句顺口溜流传颇广。而海南咖啡中最声名远扬的当属兴隆咖啡。论烘焙工艺，兴隆咖啡可谓独树一帜：将铁锅置于炉灶上，用铁铲不断翻炒咖啡豆，适时加入食用牛油、白砂糖和食盐，让咖啡既有奶香，又有淡淡焦糖味。

1952年，第一批华侨落户兴隆，带回众多东南亚作物垦荒辟壤。第二年，为了“以短养长”（即种植咖啡、香茅等短期作物，以弥补橡胶等长期作物的收入），华侨们从澄迈福山引种，选择了口感佳、适合兴隆自然环境的中粒咖啡来大面积种植。在鼎盛时期，兴隆咖啡种植面积曾多达万亩，成为农民收入的主要来源。

当地人至今仍津津乐道1960年周恩来总理视察农场、连喝两杯咖啡后的评价：“兴隆咖啡是世界一流的，我喝过许多外国咖啡，还是我们自己种的咖啡好喝。”但20世纪90年代之后，市场上咖啡价格不断下跌，兴隆咖啡的种植面积也逐渐缩小，如今已不足千亩，品种也逐渐退化。

种咖啡不易，从栽下树苗到第一次结果需要3年，开花后长达8个月的结果期里，豆子熟一颗就得摘一颗，照料颇费心思，加上收购价低，农民们宁可改种槟榔。一个让当地从业者谈来语气微妙的事实是：市面上大部分兴隆咖啡卖的是工艺，豆子的原产地并不在兴隆。

想了解历史和购买咖啡，可以参观建于1952年的**太阳河（兴隆农场）咖啡厂**（☎6257 3377；石梅大道；⏲8:00~18:30），它是新中国第一家咖啡厂，曾接待多位政要。而**万宁兴隆咖啡文化博览园**（☎6255 3100；⏲7:00~18:00）也有信息量颇大的历史图片展。它们都有庞大的展销厅。

隆苑咖啡庄园（见本页）提供少则数小时、多则数日的咖啡体验课程，须提前1天预订。距太阳河大桥约10公里的**咖啡谷**（华侨农场十一队西侧；免票；⏲8:00~18:00）则有供人散步的咖啡种植园，还计划推出摘咖啡豆、种咖啡树的体验活动。咖啡发烧友不妨到**归侨老故事**（见本页）拜访店主吴海民，听这位马来西亚归侨后代讲祖孙三代做咖啡的故事，他烘焙的咖啡豆售价不菲，但制作相当用心。

一些综艺节目也爱来此取景。店里的咖啡味道纯正，还有可爱的文创伴手礼，并且提供咖啡课程，需要提前预订。

168炒冰
冷饮摊 ¥

（☎138 7661 4453；兴隆墟中心路186号农业银行前；人均8元；⊙清明前后到10月底16:30~24:00）小摊已经开了十来年，清补凉用的是纯正的白糖老椰榨奶，里面还会加入鹌鹑蛋、芋圆、汤圆、芋头、绿豆、龟苓膏、西米露等食材，吃来相当满足。另外，芒果加红心番石榴炒冰也很有特色——味道有点激烈，但值得一尝。

购物

我们调研时，刚建成的商业综合体兴隆风情街（温泉大道17号）还在招商中。日常用品和本地特产在温泉大道两侧的商店就可以买到，而太阳河大桥西侧的居民区消费水平会更低些。

位于东线高速兴隆出口附近的万宁首创奥特莱斯（☎6227 1818；微信公众号“wns-catls”；礼纪镇莲兴大道1号；⊙8:00~18:30，春节及前后十五天延至19:00打烊）是海南规模最大的名品折扣店，商品多为3~7折，这里尤其适合购买运动户外用品。南区一楼有海南名优特产直销中心，以及售卖沉香、菩提和黄花梨工艺品的海南三宝艺术收藏馆。从侨乡广场可以乘坐公交1号线、6号线和7号线到达。

实用信息

兴隆是个比较安全的度假地。太阳河大桥东侧的温泉大道上有中国银行和建设银行，而邮局、工商银行、农业银行、邮政储蓄银行和海南农村信用社则坐落在太阳河大桥另一头的兴隆墟中心路上。

我们调研时，当地很多路名和定位在卫星地图上都不准确，当地人也没少抱怨，相关的纠错工作正在进行。如果导航“骗”了你，就多问。

兴隆红十字医院（☎6256 7755；华侨农场223国道旁）

中国邮政（兴隆邮政支局）（☎6255 6833；华侨农场223国道旁）

万宁旅游咨询服务中心兴隆站（☎6248 1155；大阳光剧场旁；⊙8:00~20:30）

到达和离开

长途汽车

兴隆汽车站（☎6255 5598；明珠路）每天有发往海口、三亚、琼海等方向的城际长途汽车，具体时刻表和网上订票可以登录www.0898hq.com或是关注微信公众号“海汽客运”（haiqi0898）。站门外还有开往万宁火车站的**102路公交车**（⊙8:00~21:00）。

当地交通

我们调研时，兴隆的8条公交线路覆盖了周边几乎所有景点，在太阳河西侧的兴隆工会公交站可以等到所有公交。其中，5号线开往日月湾，6号线开往神州半岛，8号线开往石梅湾。

但除了6号和8号线班次相对密集之外，其他线路一天只有三五班车，请留意兴隆工会公交站贴出的A4纸，上面有详细的班次时间表，也可以拨打**兴隆公交咨询电话**（☎6256 6019）询问车次。在兴隆用叫车软件也挺方便，而且司机大都遵守平台定价。兴隆汽车站和太阳河大桥边聚集了许多风采车，起步价5元。各个酒店和自行车店也都提供自行车租赁。

石梅湾

这是一片整洁的海湾，位于万宁市区西南30公里处，风微浪静、沙白水清，周围是被

兴隆汽车站车次时刻表

站点	发车时间/班次	票价（元）	行程（小时）
海口总站	7:10、8:00、8:55、9:25、11:15、12:00 12:45、13:25、14:10、15:00、16:30、17:20	45	3.5
三亚	7:30、9:00、10:45、13:00、14:10、15:45	31	2.5
琼海	7:40、11:10、15:30	26	1.5

青皮林覆盖的山丘，沙滩对面有迷人的无人岛。如今这里被规划成了高端旅游度假区，建起半山别墅、高档住宅、五星级酒店和游艇码头。专程去玩一趟或许有些单调，若是在兴隆旅行，可以顺道来此一游，如果钱包够鼓，在因电影《非诚勿扰2》而闻名的**石梅湾艾美度假酒店**（☎6252 8888；标单/双650元起；❄📶🅿🏊）小住观海，也许是更好的选择。

石梅湾有片低调的瑰宝：占地万亩的古青皮林，是目前世界上仅有的两个天然海滩青皮林之一。贫瘠的滨海白砂土上，青皮树极其缓慢地吸取营养，以千万年时间长出坚硬耐腐的枝干。清光绪二十七年（1901年），地方官府在此立下“奉官立禁”石碑，据说本意是为解决渔民伐木做船、破坏当地祖坟风水所引发的冲突，却无意中保护了这片热带雨林。不过，近些年的农业开发和房地产建设都对湿地环境造成了破坏，最好不要进入林区，远观是最大的保护——滨海路的灌木丛边，有白色“老人斑”的青灰色乔木就是青皮树。

如果对“高大上”的氛围感到乏味，你或许可以在海边的**凤凰九里书屋**（☎3202 0318，⏲9:00~20:30）找到安宁。书店会定期举行文化沙龙，关注微信公众号“凤凰九里书屋”可以获取活动信息。另外，每年12月前后，地产商都会在石梅湾举办**滨海5公里跑**和**滨海半程马拉松**活动，路线十分“养眼”，可以拨打主办方电话（☎3202 2630）或关注公众号“润赛”报名。

周边渔民常组织快艇一日游（120~200元/人）前往石梅湾对面的**加井岛**，在海田路观景台边就能遇到拉客的人，做好讲价的准备，出发务必检查救生设施。

万宁市区老车站有开往石梅湾的大巴（8元；5:30~17:30；约40分钟），而开往日月湾的大巴也会途经石梅湾。从兴隆出发可搭乘公交8号线前往石梅湾。

神州半岛

如果你只想找片清静美丽的海滩好好待几天，神州半岛会是完美的温柔乡，否则它可能只是一片从天而降的高档住宅区，精致但缺少生活气息。它位于万宁市区以南28公里处，像猫蜷起的尾巴一样靠着主岛，中间只隔着一条狭长如河的内海，东西各有一座跨海大桥，连接东澳镇和兴隆。

岛上确有动人景致：背靠六座山岭、怀抱五个海湾，地产项目和国际酒店都集中在第一湾乐涛湾——海浪柔缓，沙滩蓬松，适合踏浪玩水。爱探险的人或许会到尚未开发的第三湾圆石湾去享受充满野性的沙滩，或是在山石路上徒步，穿过丛林到达第四湾沁宁湾。

神州半岛沙滩俱乐部（☎3621 8868；⏲9:00~12:00，14:00~18:00）每天16:00前会向散客提供趴板冲浪、独木舟、摩托艇等活动，但价格不菲且内外有别，持周边楼盘的业主卡能打7~7.5折。俱乐部内的**龙缘潜水**（⏲9:00~16:00）组织到洲仔岛的潜水体验项目，可提前一天致电马教练（135 1809 1807）咨询。

岛内最奢侈的住宿无疑是高尔夫球场西侧的**神州半岛喜来登酒店**（☎6253 8868；标单/双620元起；❄📶🅿🏊）和**神州半岛福朋喜来登酒店**（☎6253 8838；标单/双536元起；❄📶🅿🏊）。而更省钱的选择是**旅达屋度假公寓**（☎6253 6563；星悦路；标单/双298/318元；❄📶🅿🏊），相当于住在居民小区，房间设施完善，可以租锅具自己下厨。而**神州飞登驿站**（☎138 7661 0692；礼纪镇后城村28号；铺45元/人，标双138元；❄📶🅿）则聚集了许多背包客和骑行者，店里有自行车免费借给客人，骑到神州半岛只要10分钟。

目前，乐涛湾畔的**神州半岛商业街**上已经开了不少餐厅，可以吃到各地菜肴，X435县道风豪大桥下则聚集着很多海鲜大排档。

万宁火车站外的公交站每小时有一班穿梭公交发往神州半岛（5元；7:30~23:00；55分钟）。距离半岛约9公里的**神州火车站**每天分别有5~6班列车发往海口和三亚。另外，在神州半岛商业广场可搭兴隆6路前往**万宁首创奥特莱斯**（见154页）。坐环岛巴士得刷业主卡，普通旅行者想坐不容易，在岛内四处逛逛建议使用打车软件。

日月湾

日月湾是万宁最南端的湾区，距市区30

多公里，新月形海滩上，白蕾丝一样的浪连绵不绝，而且总是比别处更高，这里还被誉为“东南亚最适宜冲浪的海湾”。

冲浪爱好者到这里就像找到乐园，每年9月至次年3月，日月湾的浪花平均高度在1.5米以上，最高可达4米，当北方的海已冰冷得难以触碰时，这里的水温也不至于令人生畏。此时这里会举办众多国内外冲浪赛事，包括国际冲浪协会（ISA）和国际职业冲浪联合会（ASP）的高级别国际比赛。而每年4月到次年8月，浪花变得平缓温和，非常适合初学者小试身手。

我们调研时，日月湾填海建造的“月岛”因为侵蚀岸滩而被中央环保督察组批评，施工已经暂停。西边礁石林立的海滩是旅行团聚集地，东边的风格则完全不同，礁石变少，沙滩渐软，冲浪俱乐部都聚集在此，到处是浪板、涂鸦、乡村民谣和黝黑健壮的身影，活泼自在的氛围使人惬意。

几家冲浪俱乐部的价格都差不多，课程分为一对多（400元/节）和一对一（680~800元/节）两种，课时2小时。若能停留数日，三节课（1080元）或六节课（1920~2000元）的套餐更实惠。店里什么装备都有，旅行者只需自备泳衣、浴巾和防晒霜。而无论高手还是入门者，都能找到适合自己的项目，但最好提前预订课程。

其中，**“戒浪.不”冲浪俱乐部**（☎6225 4626；微信公众号“Jalenboosurf”；⏲8:00~21:00）最早经营冲浪项目，经验比较丰富。**沙卡冲浪俱乐部**（☎6227 5026；微信公众号：沙卡冲浪SHAKASURF；⏲9:00~21:00）则是后起之秀，聚集了很多爱玩爱闹的义工，店里的西餐吧有绝好的海景。以承办赛事起家的**盘古掌冲浪俱乐部**（☎177 8842 4886；⏲9:00~22:30）是冲浪国家队的培训基地，教练中不乏专业冲浪运动员。

日月湾畔的**森林客栈**（☎6253 1111；微信公众号“senlinjiudian”；标双318元起，铺80元/人）口碑不错，通过俱乐部订房可以享受优惠。

抵达日月湾最省事的方式是自驾。从神州火车站搭风采车到日月湾需50元。从万宁出发可以乘坐老车站到日月湾的公交（11元；7:00~18:00；约30分钟）。从兴隆出发可以在侨乡广场搭乘5路公交车。

和乐镇

万宁市区东北30公里处的和乐镇上缺少

港北港的变迁——80后港北渔民小莫的自述

初春的清晨6点，港北港的渔船还没有归来。在港边的一家早餐店里，我们遇到了正在包扶留叶、准备卖槟榔的渔民小莫，听她讲了这些年港北港的变迁：

我家世代是渔民，我们这里出海一般抓马鲛鱼和灯光鱼。农历十二月、正月和二月是马鲛鱼的旺季，农历二月底到寒露是灯光鱼的季节——它们小小长长的，有长幺鱼、池鱼、巴浪鱼……秋天台风多，出海船少，等西北风一来，海上就关门了。

抓马鲛鱼需要很长的渔网，几千米长的都有，把架子焊在船舱上，固定住渔网，搬来发电机，这些重活需要很多人一起干。抓灯光鱼时，我们要把设备全部换下来，装上玻璃灯（诱鱼灯），船在下午五六点出海，一晚上都在海里，靠灯光来吸引鱼，再用网把它们围住。

我们小时候，这里很兴旺，一条灯光船上有几十上百个渔工，人们会大声议论谁家又抓了几万斤鱼，大船抓回七八千斤，小船也有三四千斤，两三千间冰库都装不完。

现在，马鲛鱼变少了，灯光鱼也比不了从前，似乎很多鱼都快绝种了。前些年有一种拖网，能把沉在海底的虾蟹都捞上来，因为网眼细，连鱼苗都抓得到，所以两年前被禁止了，因为对生态的破坏特别严重。每年，这里还有三四个月的休渔期。但不能出海的时候，我们就要喝西北风了——一个冬天下来，一个渔民赚到的钱很少，他们的老婆只好也出外打工，去酒店、餐厅、超市、食堂，还有槟榔厂。有很多人家去搞建筑，挣到的也比打渔要多很多。去年我们开了这家早餐店，我们也不抓鱼了。

当地知识

和乐的螃蟹和粽子

和乐蟹最有名的是羔蟹（即母蟹）肚里的“膏”。这可能会让外地人摸不着头脑：不是公蟹才有膏吗？其实蟹黄和蟹膏在当地近乎同义。在当地人眼里，公蟹没什么吃头，只能吃吃腿上的肉，所以又叫“肉蟹”。而母蟹都膀大腰圆，一只少说也有六七两重，煮熟后的“膏”像鸭蛋黄一样金灿灿一坨。爱吃的人赞它鲜香饱满，吃不惯的会认为口感不够细腻，肠胃不好的人尤其别吃太多。

到了春节，母蟹的价格就像股票一样蹭蹭上涨，动辄200元/斤以上——但慕名而来的外地食客依然热情不减。相比而言，公蟹价格就要亲民得多。因为产量有限，连当地人也不敢拍胸脯保证能买到正宗野生和乐蟹。

相比在附近海鲜酒家直接点菜，自己买蟹来加工会便宜很多，**和乐羔蟹专卖店**（☎6235 5513；和乐集贸市场大门入内约200米左手边；淡季母蟹130元/斤，公蟹80元/斤；⏲9:00~18:00）据说专门收购野生和乐蟹。

而和乐粽则是更亲切实惠的路边小吃：大铜锅架着柴火蒸粽子，远远就能闻到艾叶的香味。和乐粽有两种基本款，而且镇上每家店售价都很一致：排骨加咸蛋黄的10元，五花肉加咸蛋黄的8元，分量都很足，趁热吃最好。由223国道通往和乐镇方向的三岔口处聚集了几家和乐粽小食店，味道都很地道。如果想吃更有海味的蟹黄蛋黄肉粽，或是虾仁蛋黄肉粽，可以提前给**和乐粽子第一家**（☎6235 6404；和乐三角路；⏲4:00~21:00）打电话预订。

美景，但它属于那些愿为美食不辞奔波的“吃货”。“海南四大名菜”之一的和乐蟹、肥腴香滑的和乐粽都出自这里。

若想尝到鲜美的海味，一定要去和乐镇东南的**港北港**，岸边有不少船上海鲜酒家，但价格都不便宜，其中**老渔民海鲜坊**（☎189 7651 9988；港北边防派出所斜对面；人均160元；⏲10:00~22:00）是人气最高的一家。港口毗邻中国最大的小海潟湖——**港北小海**，咸淡水交汇成近50平方公里的水域，天然鱼料和藻类喂养出著名的和乐蟹和港北虾。这里的船大都去近海捕鱼，因此渔获也十分新鲜。在马鲛鱼活跃的冬季，起太早去港口买海鲜反而邂逅不到渔船，它们上午10点左右才会回来。而农历二月底后，灯光渔船清晨六七点就能返港。每年5月1日至8月中旬或9月初，处于休渔期的渔港比较冷清，只有极少渔船获准海钓，下午或许能遇到刚钓上的金鲮鱼、魷鱼和乌贼。

港北港尽头的**内峙半岛**面朝正东，是观赏日出的绝佳位置。远处是遗世独立的**外峙岛**，落满白色的海鸟。夕阳西下时来到这里，没准能遇到上百艘渔船陆续出海，场面非常壮观。

每年农历二月二“龙抬头”之日，**中华龙舟大赛**都在港北港启动分站赛第一战，海面上锣鼓喧天，岸边也会挤满周边城镇的观众。

这座小镇还拥有一处鲜为人知的秘境——英豪半岛上的**大花角自然保护区**（免票），两座马鞍形的山峦围着一片长弓形海滩，港口停满小舢板，若是准备了防风帐篷，可以在沙滩上露营等日出。而这里最特别的景致当属一片被巨大鹅卵石铺满的海滩，但这里并非常规景点，需要通过池塘边铁丝网后的兵营才能到达，最好选择节假日前往，并且带上身份证，边防军人常在此时开放参观。我们调研时，从镇上到大花角只有水路可通，大部分自驾者都会选择绕远路从万宁市区抵达大花角。若是想轻车简行，就在**港北渡口**坐5分钟的轮渡（票价1~2元）抵达小海对岸的盐墩村，再搭乘盐墩—万宁的公交在**高龙村**下车。港北渡口是东海岸线上仅存的几个渡口之一，等到跨海大桥建成时（据悉在2020年底），港北港和大花角之间将不再需要乘船或绕路。

鲜有旅行者愿意住在和乐镇，你可以到大花角去住民宿——有8间干净客房的**大花角人家**（☎139 7655 8286；新龙村；标双150元；Ⓟ）是附近渔村里条件较好的一家——或是回万宁市区找住处。万宁老车站有途经和乐镇到达港北港的中巴，票价8元。

大洲岛

大洲岛是海南沿海最大的岛屿，位于距万宁市区东南15公里的海面上，这里既有透亮海水和美丽的珊瑚，也有险峻山岭和热带植物。它因为独特而脆弱的自然资源而被列为国家级海洋自然生态保护区，曾经一度颇受户外爱好者青睐，但现在它最需要的是安静。

过去，大洲岛有“燕窝岛”之称，由于盗采者毫无节制的抓捕，在岛上生活了400多年的金丝燕已经濒临灭绝。因为人类活动过于频繁，附近海域的活体珊瑚覆盖率已经从2013年的42%下降到了2016年的20%，这意味着附近的海底离没有鱼群的“戈壁荒漠”又近了一步。而游人如织时，岛上的滩涂更曾布满垃圾。

我们调研时，这里正在修复生态环境，渔民和旅行者都被禁止登岛，普通人想要合法登岛，需向边防和海事部门以及大洲岛生态保护区报备，流程漫长。尽管在与大洲岛隔海相望的**乌场港**，有一些渔民仍在组织搭乘快艇上岛的活动，但我们不推荐这样的方式。

目前，乌场港的旅店和餐厅都因为登岛被禁而陷入萧条，但港口的鱼市依旧活跃，可以买到新鲜马鲛鱼。不必专程前往，若要去春园湾或是大花角，可以顺道来看看。

陵水

人口：36.4万

即使到了冬天，当海岛更北边的人开始小心提防湿冷空气侵袭时，以陵水为起点的海岛南部也总是特别受温暖天气的眷顾。从这里开始一路往南，热烈的阳光和薄薄的外套都会让人感到轻快喜悦。

陵水全称陵水黎族自治县，是海南东部沿海唯一的少数民族自治县，境内有一半以上人口是黎、苗等少数民族。这里有着丝毫不逊于三亚的气候和沙滩、酸甜可口的陵水酸粉和鲜美至极的疍家渔排海鲜粥。

或许是发展脚步太快的缘故，在比较发达的陵水县城和沿海地区，旅行者很难感受到真正鲜活的少数民族风情，不想看如过家家一般刻意展示的人工景点，就到吊罗山附近去结识当地黎族人吧。

方位

陵水县北邻万宁，南接三亚。小小的分界洲岛位于它东北部的“头顶”，浪涛汹涌的香水湾与万宁日月湾紧紧相依。沿着注入香水湾的陵水河向西而行，便是县政府所在地椰林镇。

椰林镇北边是云遮雾绕的吊罗山，南边则是各自坐拥一片丰饶小海的黎安港和新村港，如《西游记》中花果山一般的南湾猴岛就坐落在新村港畔的丘陵间。猴岛西边是银滩闪耀的清水湾和展示黎苗风情的椰田古寨——因为靠近三亚，许多游客来到这些景区时，甚至不知自己身处陵水。

椰林镇和香水湾

对许多旅行者来说，陵水县政府驻地椰林镇可能只是个交通中转地，但如果耐心住下，县城里的生活气息会让你的旅程很接地气。陵水河从西北绕城而过，椰林大桥和大溪桥是跨河的主要通道。河南路是县城最“洋气”的地方，而县城里最天然去雕饰的角落，是中心大道东边市井气息浓郁的老街巷。到北斗廉租房小区附近的北文南四路逛逛，文艺青年会有发现同类的惊喜。

景点和活动

陵水县农民协会旧址（顺德会馆） 历史建筑

[☎8330 8049；中山路79号；免费；8:00~12:00，14:40~17:30（冬春季），15:00~18:00（夏秋季），周一下午闭馆]旧址前身是建于清康熙五十二年（1713年）的顺德会馆，旅居陵水的广东顺德籍商人们为它捐资，并为它赋予精美的岭南建筑风格。1926年6月，陵水县农民协会在此成立，为之后苏维埃政府成立奠定了基础。

它是陵水现存年代最久的古建筑，可命运却一波三折：20世纪90年代的修缮破坏了文物原本的绿琉璃瓦和灰雕，会馆还一度被作为歌舞厅和台球厅，弄得破败不堪。幸运的

椰林镇

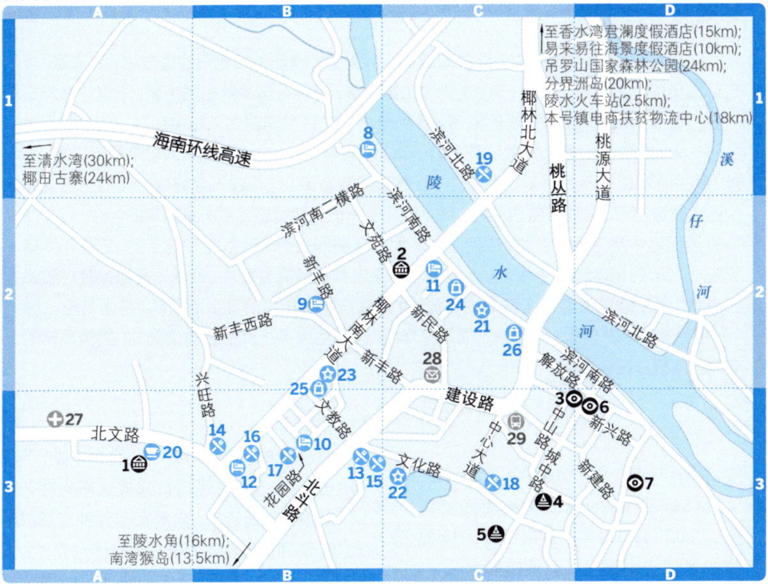

椰林镇

景点
1 复合艺术馆……A3
2 陵水黎族自治县城乡规划展览馆……C2
3 陵水县农民协会旧址（顺德会馆）……C3
4 龙王庙……C3
5 三昧寺……C3
6 苏维埃政府旧址（琼山会馆）……D3
7 张鸿猷故居……D3

住宿
8 伯明顿酒店……B1
9 海角青年旅社……B2
10 海逸通酒店……B3
11 乐龄中州国际大饭店……C2
12 星程神舟假日旅租……B3

就餐
13 安马酸粉……B3
14 澄迈味海南粉店……B3
15 光明酸粉……B3
16 黎安母海鲜馆……B3
17 林记大排档……B3
18 陵水县海鲜市场……C3
19 明瑛食坊……C1

饮品
20 荇草小院……A3

娱乐
21 1620中西餐音乐走廊……C2
22 名豪……C3
23 小光阴……B2

购物
24 海韵广场……C2
25 汇丰广场……B2
26 双帆石·陵水特产旗舰店……C2

实用信息
27 陵水县人民医院……A3
28 陵水邮政局……C2

交通
29 陵水汽车站……C3

是，它在2013年得到了全面修缮，修复理念也有了进步：修旧如旧，贴合文物原貌。如今这里会不定期展览当地书画作品，院子里的香亭常上演戏曲。

这栋建筑所在的老街巷没有公交经过，乘坐8路或9路车在陵水汽车站下，步行约10

另辟蹊径

巷陌间的老陵水

沿着琼山会馆西侧的中山路向南走，你会经过顺德会馆和老旧的理发店、杂货店，听到玩具小贩的拨浪鼓"咚咚"响。走到中山路尽头，穿过新建路就是城中路，路边总有凑成一圈打着牌的街坊，还有长长的酒席。看到陵城卫生院后向左拐入城中东路，就是张鸿猷故居（城中东路43-47号），电影《红色娘子军》取景时，曾将它作为反面人物南霸天的家，不过，屋主张鸿猷可不是恶霸，他是位备受尊敬的教育家。这栋建于清乾隆末年的四合院如今已经残破不已，居住着普通百姓，只能从几十米长的院墙感受到一丝当年的气派。

返回城中路后继续往南，在到达陵黎大道之前的东侧胡同里有座龙王庙，它建于清康熙三十六年（1697年），日军侵华时被毁，后又由乡亲们捐资复建，每年元宵都有游灯和狮鼓表演。过了陵黎大道继续往南便是城南村，昔日陵水城南门就坐落于此，村里有座三昧寺。它始建于明万历年间，重修于清乾隆年间，可惜后来毁于战乱和政治浩劫，如今复建的寺庙已不复昨日光景。

分钟可达。

苏维埃政府旧址（琼山会馆） 历史建筑

（☎8331 7957；中山东路141号；免费；⏲8:30~12:00，15:00~18:00，周一下午闭馆）平日里，挑竹筐的阿婆会坐在门口卖槟榔和水果，窄窄的街道对面是杂货铺或小吃摊，苏维埃政府旧址在熙来攘往的人间烟火中静静矗立。这幢祠堂式三进院落，前门是气派典雅的欧式抱厦，而天井厢房、彩色剪瓷和绿琉璃瓦又承袭了中国传统。

旧址前身是琼山会馆，1921年由常往来于陵水的琼山籍商人捐建。1927年12月16日，县苏维埃政府在此宣告成立，这是海南新民主主义革命史上的首个县级苏维埃政权。1981年，它被辟建为县博物馆并开放至今，里面常设陵水县苏维埃革命斗争史展览。这里同样没有公交车直达，乘坐1路车在怡景湾酒店公交站下，沿建设路、解放路步行约15分钟可达。

陵水黎族自治县城乡规划展览馆 展览馆

（☎8333 6166；微信公众号ID：lscxghzlg；椰林南干道；凭有效证件免费领票；⏲周一至周六9:00~12:00，15:00~18:00，周日闭馆）海螺形的外观设计很有特色，适合想了解陵水前世今生的旅行者。本书出版时，这里刚结束封闭改造，已经重新开馆。

乘坐3路公交到县团委站，或是乘7路公交到文化广场站均可抵达。

复合艺术馆 艺术馆

（北文南四路；免费；⏲不定时开放）一位当地80后诗人租下民居扩建成这座先锋艺术馆，聚集了当地诗人、艺术家和各种有意思的人，常举办文化沙龙，最有名的活动是"为人民读诗"——各行各业的陵水人一起朗读诗歌。常客们行踪不定，但院子大部分时候都不锁门，可以自由参观。艺术馆会在微信公众号（ID：lsfhysg）上发布活动预告。

另外，艺术馆所在的北文南四路是一条方兴未艾的文创街区，对面的心社驿站（⏲不定时开放）是陵水唯一的民间慈善机构，长期招募到边远乡镇做公益的义工，负责人"阿板叔"（☎153 4885 8400）很欢迎停留数日的旅行者参加活动。

乘坐7路车到北斗廉租房小区下车，沿北文路向东步行约50米，向南拐入北文南四路可达。

香水湾 海滩

位于县城以东约18公里的香水湾长约7公里，因香水岭流下的泉水注入而得名。因为水阔浪大，它还拥有一个富有想象力的名字——会跳舞的海。湾区北端海水激荡，南边则是银白沙滩。不过，一度清静原始的香水湾如今也成为高档酒店和地产项目的聚集地，如果盘缠够用，可以终日赖在湾畔的酒店里，再早起看个日出。在建设路跟财源街交界的公交中国银行站可搭乘去往香水湾的小巴。

住宿

中高档酒店大都坐落于椰林南大道，花园路和文教路则有不少平价的商务酒店。不过，春节期间所有房价都会上涨2～4倍。

星程神舟假日旅租 连锁酒店 ¥¥

（☎8333 5777；椰林南干道北斗小学对面；标单/双 239/218元；❄📶P）毕加索风格砖贴画、圆弧形拱门、飘窗和木制家具——酒店里充满了西班牙风情。想睡懒觉的人尽量别选临街的房间，因为对街的小学早晨7点半就开始放广播了。在华住集团的App里订房会有更多优惠。

海逸通酒店 经济型酒店 ¥

（☎8333 2368；花园路65号；标单/双128元起；❄📶P）朴实老派得像上个世纪的招待所，但房间干净而实用，性价比很高，值得一提的是——地上的"香艳小卡片"或许是这条街上最少的。

伯明顿酒店 酒店 ¥¥¥

（☎8338 3333；滨河南路；标单/双528/468元起；❄📶P🏊）名字来自"badminton"（英语"羽毛球"）——这里是中国国家羽毛球队训练基地所在地，客房宽敞明亮，设施很有质感，周边街区也十分清静，一楼还有个可爱的书店。酒店里的国家级羽毛球馆平时向公众开放（45元/小时），旅行者可以在这里租到球拍，没准儿能结识几个当地球友。

乐龄中州国际大饭店 酒店 ¥¥¥

（☎3738 8888；滨海南路1号；标单/双656/696元起；❄📶P🏊）县城里唯一的五星级酒店，紧邻椰林大桥，服务员热情周到，客房也无可挑剔，每个房间都配有观景露台，不过，房号以01和25结尾的房间才有浴缸。如果想住得更实惠些，可以去"分店"**乐龄愉家度假公寓**（标单/双476/496元起），就在旁边楼盘的C单元里。通过酒店的微信公众号（llzzjd）订房可以享受最多折扣。

海角青年旅社 青年旅舍 ¥

（☎136 9754 5280；新丰北路21号；铺48元/人；大床房98元；❄📶）尽管缺乏青年旅舍应有的情趣，但它可能是县城中心地带最便宜的住所，床铺也比较整洁。房间不多，本书调研时，客栈里只有4个四人间和1个大床房，正在装修唯一的双床房。

香水湾君澜度假酒店 酒店 ¥¥¥

（☎8330 8888；微信公众号"Narada-Villa"；香水湾；标双1438元起；❄📶P🏊）住这里恐怕是享受香水湾景致最奢侈的方式了，客房是一栋栋带院落的汉唐风别墅，里面有小花园和独立泳池，宽敞的房间每个角落都颇具心思。酒店每天有一趟从陵水海韵广场发出的免费班车，也可提前24小时预约从凤凰机场和陵水火车站发出的班车。

易来易往海景度假酒店 自助式公寓 ¥¥

（☎177 7693 8797；香水湾富力湾小区B区；标单238元起；❄📶P🏊）集中了小区里许多闲置的房子，房间既有海景可看，又能烧饭做菜洗衣，小区里还有游泳池、健身房和小型影院，比附

陵水角海岸徒步

陵水的海岸线美丽曲折，吸引了许多徒步爱好者。常规路线是从黎安镇的陆仁村出发，登上六量山，到达中国领海基准点——陵水角。荒草蔓生的岬角伸入海中，山脊小道通往海角末端，俯瞰断崖时触目惊心。许多人来此只为一睹孤绝之美。

另一条路线则要绕过六量山，沿着人迹罕至的海岸线跋涉，经过沙滩、礁石、峭壁、密林和深涧到达陵水角，全程7公里。在巨石和峭壁上时而攀爬时而速降，没路时得下海涉水，要提防能把人卷走的大浪，在坚硬扎人的荆棘密林中穿行时还会用上砍刀——听上去特别疯狂，却让许多户外发烧友心向往之。

这要求对地形和潮汐有充分了解，且有良好的体力和户外技能，请勿贸然前往。一些户外运动俱乐部时常组织挑战陵水角的活动，**海南平衡户外运动俱乐部**是经验较为丰富的一家，负责人"泰康"（☎136 9753 2100）非常乐意提供相关资讯。

近的高档酒店划算太多，适合自驾者。

就餐

陵水很少有经营本地菜肴的豪华餐厅，但遍地都是当地人所钟情的酸粉店，汽车站周围和老居民区街巷口都有许多酸粉摊位，便宜又管饱。另外，这里的海鲜餐馆也随处可见，除了新村港的疍家渔排，在县城里也能吃到各种生猛海鲜。

安马酸粉

米粉 ¥

（☎182 1786 6636；文化路157号；酸粉10元起，鲜鱼汤15元/碗；⌚8:30~23:30）店里的酸粉口味非常正宗，粉细如发丝，黏糊糊满当当一碗，汤汁酸中带甜。鲜鱼汤也很可口——汤里有一块肥美的金枪鱼或炮弹鱼肉，和清爽解腻的苦瓜一起煮。可以再试试虾饼，结实又有嚼头，花椒味很带感。

光明酸粉

米粉 ¥

（☎136 1752 1859；文化路；酸粉10元起；⌚9:00~24:00）就在安马酸粉隔壁，味道也很正，老板因为做酸粉而被评为“海南省非物质文化遗产传承人”。店里的特色是15元的沙虫酸粉，另外还供应糟粕醋粉、抱罗粉等不同风味的米粉。

林记大排档

海南菜 ¥¥

（☎8332 5518；花园路84号；牛杂煲58元/锅起；10:00~14:00，16:30~22:00）老板娘总把小小的店面收拾得干干净净，地板一点都不沾鞋。招牌菜是牛杂煲，牛杂在小砂锅里炖得软软的，没有腥味，洋葱和胡萝卜很清甜，但分量不是很大。这里还供应白切文昌鸡、演丰咸水鸭等本地特色菜。

明瑛食坊

海南菜 ¥¥

（☎135 1881 4688；滨河北路与椰林北干道交叉口西北400米；人均50元；⌚11:00~14:00，17:00~21:00）热闹的主干道旁的一家排档式餐厅，每到傍晚都会坐满本地人。店里的本地阉鸡肉嫩皮薄，可以媲美著名的文昌鸡。

黎安母海鲜馆

海南菜 ¥¥¥

（☎8332 8777；椰林南干道58号；人均90元；⌚10:00~15:00，17:00~22:00）口碑很好的老店，老板娘十几年前以挑筐卖鱼起家，逐渐攒钱经营起路边摊，如今发展成三层酒楼。招牌菜是酒糟鱼煲，用体型扁扁的金虎鳗来做汤，酸辣开胃。以黎族米酒做的山兰酒酿鸡（138元/锅）也值得一试。

陵水县海鲜市场

海鲜 ¥¥

（陵城中心大道131号附近；⌚7:00~19:30）海鲜种类很齐全，价格丰俭由人。侧面的观光电梯通往4楼的**疍家风情千人海鲜广场**（☎8332 4233；⌚11:00~14:00，17:00~22:00），提供海鲜加工服务，不过厨师上班只上到21:00。另外，这里也供应广式早晚茶。

澄迈味海南粉店

小吃 ¥

（☎131 3607 2583；北文路130号；人均

当地知识

挽面

在中山路上你或许会遇到一个巫术般的场景：树荫下放着布条、线团、石膏粉和眉钳，一位老妇人端坐着，先用布条固定住女顾客的刘海，用眉钳修整她额头和双鬓的毛发，把发际线修得圆润流畅，又在她脸上扑满石膏粉，再把长长的线挽成剪刀形状的活套，左手牵着线的一头，牙齿咬着线的另一头，右手拇指一开一合，让线有节奏地在顾客脸上划动。至少半小时的“仪式”里，老妇人龇牙咧嘴着挥动双臂，顾客也服服帖帖不敢乱动。

这场街头美容仪式名叫“挽面”（海南话叫“满面”），是中国南方地区普遍流传的习俗，目的是为了拔除女人脸上的汗毛，让脸蛋更光滑白净，未婚女子出嫁前尤其要做挽面。随着社会发展，美容院已经渐渐取代了挽面婆，这项技艺渐渐失传。但在陵水的老城区里，这种古老习俗仍有一席之地，时常还会有人排队等待挽面。“要不要试试？10块一次，弄完之后很舒服。”老妇人们会笑着邀请围观者，但也会提醒，“拔习惯了就要一直拔下去哦”。

陵水酸粉

酸粉是陵水人最爱的食物，无论早中晚，都能听到男女老少坐在店里干脆地一喊："阿姨/阿爹，朵碗稳咯（来碗粉咯）！"不管是村头排档还是酒楼宴席，酸粉的出现都毫无违和感。当地人吃酸粉不一定是为了果腹，更多时候是出于一种习惯。

据说陵水酸粉最早出自椰林镇安马村，它是由海南粉改良而成的，但比海南粉要细很多，而且会浇上米醋和卤汁做成的汤汁，味道酸甜滑顺——也有外地人吃不惯，觉得过于黏稠。另外，酸粉的配料中还会加入沙虫干、鱼饼、小咸鱼、鱿鱼丝等海产，再配上韭菜、空心菜、炸花生、牛肉干等，外加一勺当地产的黄灯笼辣椒，吃起来滋味无穷。

15元；⏲5:30~13:00，17:30至次日3:00）褪色的招牌写着"早餐炒粉瓜酸汤粉酸粉鲜鱼汤"——确实是对菜单最精妙的浓缩。简陋的店里总是坐满吃得津津有味的当地人，食物品种非常丰富，除了鱼汤和米粉，蒸笼里还热着排骨凤爪和各色点心，不是珍馐佳肴，却适合赶路时吃顿丰盛的便餐。

饮品

荇草小院 冷饮店 ¥¥

（☎138 7684 3752；北文南四路165-24号；人均35元；⏲16:00~24:00）可能是陵水最可爱的饮品店。露天小院有龙眼树和菠萝蜜树遮阴，小小的人工瀑布水声潺潺。屋里还有大书架和各种色彩明亮的手工。鲜榨百香果雪梨汁、奥利奥星冰乐、绿茶冰激凌泡芙都很美味。现烤蛋糕用料扎实，但要提前预订。院子没有雨蓬，别在雨天光顾。

娱乐

小光阴 夜店

（☎138 0753 0022；文教二横路；啤酒150~200元/打；⏲19:30至次日2:00）尽管酒水种类不多，但它是当地人心中陵水最好的清吧，很多玩音乐的人都来此聚会。22:30后常有独立乐队登台表演，有时老板也会带着吉他亲自献唱。

1620中西餐音乐酒廊 夜店

（☎155 0099 6261；滨河南路；鸡尾酒48元/杯；⏲19:00至次日2:00）欧洲情调的大堂配上浓艳的塑料桃花，虽然让人有点出戏，但不妨碍坐下来热热闹闹地喝个酒。不过，怕挤的人可能不适应这里过于密集的桌椅。每天21:30后都有民谣或摇滚演出。

名豪 夜店

（☎8333 9999；文化南二路；啤酒240元/打起；⏲21:00至次日3:00）当地人气最旺的嗨吧，音乐总是震耳欲聋，热舞表演在22:00之后开始。这里曾发生过几起酒醉斗殴的恶性事件，也许因为如此，门口的保安也特别多。

购物

海韵广场（滨河南路；⏲9:30~22:00）和**汇丰广场**（文教路；⏲8:00~22:30）是陵水县城仅有的两家大型购物中心，附带的超市可以买到海南特产及各种日常生活用品。**双帆石·陵水特产旗舰店**（☎8338 5577；建设路2号；⏲8:00~22:00）则售卖各种小鱼干、小虾干和速冻马鲛鱼。

囿于销售渠道和制作方式的局限，普通旅行者想在陵水买黎锦，选择并不多。**陵水特产网农村淘宝线下O2O体验馆**（☎139 7615 4441；海韵广场一楼；9:30~22:00）出售少量产自五指山的黎锦制品，机器绣品花两三百元就能买到，而手工绣品则要八九百甚至上千元。自驾者可以到距县城约17公里的**本号镇电商扶贫物流中心**（☎173 7206 8287；本号镇本号大道；⏲8:30~12:00，14:00~18:00）选购本地产的黎锦织品、围巾和背包。

实用信息

陵水是比较安全的目的地，当地人性格大都质朴直爽，不过要注意尊重少数民族的风俗习惯。

医疗服务

陵水县人民医院（☎8332 2047；陵文路52号）

邮局

陵水邮政局（☎8331 4210；建设路333号）

银行

中国银行、建设银行、农业银行及工商银行的营业部分布于建设路各段，且都配有ATM。

旅游信息

海航陵水城市候机楼（☎8336 3999；火车站广场正南面1楼；⏲8:30~17:30）就在火车站对面，起飞前6小时可在此换登机牌（春秋航空和九元航空除外）。调研时，这里正计划开通安检、托运、接送等服务。

陵水全域旅游服务中心（☎8308 0601；火车站广场正南面2楼；⏲8:00~18:00）可以免费领取编写详细且印刷质量很高的《陵水全域旅游地图》，以及由当地人编写、文笔细腻的《陵水旅游攻略书》。

陵水县旅游发展委员会（☎8331 0956）

网络资源

海南陵水旅游（微信公众号"lingshuilvyou"）陵水县旅游委的官方平台，常发布节庆通告和优惠活动。

陵水在线（www.572400.cn）充满当地生活气息的民间网站。

ℹ 到达和离开

长途汽车

陵水汽车站（☎8332 2264；新建路10号）每天有发往全省主要县市以及广东部分城市的班车，具体时刻表和网上订票可以关注微信公众号"海汽客运"（haiqi0898）或是登录www.0898hq.com。另外，车站还提供行李寄存。

火车

陵水火车站位于陵水河以北，距离县城4公里，每天各有34班往来于三亚和海口的动车在此经停，具体车次可在www.12306.cn查询。在火车站广场乘坐1路、3路、7路和9路车，10分钟便可到达县城，票价1元，自动投币，需提前备好零钱。

ℹ 当地交通

公交车

本书调研时，陵水公交车均可使用"天涯行"APP查询线路和支付车费。9条城市公交专线的运营时间为6:30~22:00，票价2元起，大多数班车经过陵水火车站或海韵广场。此外，穿梭在陵水县各村镇（如大墩、黎安、新村、吊罗、本号、英州等）的小巴都由三亚公交集团承运，车身为黄色。它们通常会从南岭路上的福乐多超市发车，在财源

陵水汽车站车次时刻表

目的地	发车时间/班次	票价（元）	行程（小时）	备注
陵水富力湾	6:50、09:00、11:00、15:30	6	0.5	
海口东站	7:50、11:50、15:50	54	5	
琼海	7:10~16:50滚动发，共20班	26~35	2	除了8:30的班车开到琼海嘉积之外，其余班次都只开到琼海路口
保亭	6:40~15:25滚动发车，共11班	3~15	1.5	
万宁	7:10~17:30滚动发车，共26班	15	1.5	
兴隆	12:00、17:40	13	50	
文昌	8:30	45	3.5	
五指山	6:40~15:25滚动发车，共11班	23~25	2.5	
那大（儋州）	8:50、15:40	49	6	
定安（定安路口）	7:10~17:40滚动发车，共17班	48	4	
屯昌	12:40	40	4	
琼中	17:40	26~30	4	
三亚	7:00~17:45滚动发车，共72班	18	1.5	

街和建设路的交界处停靠等客，运营时间为6:20~18:00，全程票价3~7元。

发往清水湾的专线车从陵水火车站发车（10元；7:00~17:30，每天8班）。

出租车

陵水县城内的出租车大部分在火车站出口排队拉活，理论上打车的起步价是6元，但司机通常不打表。从火车站到城区一般要价20元左右，而在县城往来需要15元左右。

“风采车”（即有篷电动三轮车）是县城内最常见的交通工具，起步价一般为5元，3公里最多15元。很多风采车司机都是老年人，不习惯用手机支付，需要提前准备一些零钱。

自行车

调研时陵水已经引进了“摩拜单车”，但数量较少。尽管黎文大道等道路旁边已经修了绿化道，但绿化树还很小，切记做好防晒。

清水湾

毫无疑问，清水湾的沙滩几近完美。它在陵水县城以北约25公里之外，长达12公里的海岸线横跨了英州和新村两个乡镇，附近的海水能见度高达25米。从清水湾游艇码头对岸的马路进入，走向红白相间的**自由灯塔**，便可以看到传说中“会唱歌的沙滩”——它得名于光脚踩上去发出的咯吱声，像在雪地里走路一样。所以，来到这里的第一件事是脱掉鞋子，感受沙滩的细腻纯净。沙滩西边的**龙头岭**有个景致独特的观景台，可以俯瞰礁石竦峙，没入无边大海。不过，清水湾的海中裂流频繁，且没有救生人员，游泳并不安全。

我们调研时，各大地产公司已在清水湾畔盖满楼盘，附近街区日渐繁华喧闹。若是预算充足，可以到**清水湾雅居乐莱佛士酒店**（☎8338 9888；清水湾大道；标双/标单1384元起）享受宽敞的房间和碧海银滩。而更划算的选择是居民区里的**万海半岛度假酒店**（☎8335 9595；瀚海银滩小区SA2栋；标单171元起）。在清水湾美食街可以方便地找到海鲜和各地菜式，自驾者也可以到8公里外的赤岭村吃海鲜。

清水湾游客中心（清水湾大道；⏲8:30~18:00）由地产商承办，这里赠阅清水湾旅游地图，提供各种型号的手机充电，也可以租到自行车（单人车10元/小时）。

雅居乐山海间小区每天都有数趟班车发往陵水火车站、海口和三亚凤凰机场，途经清水湾大道，招手即停，上车买票。

椰田古寨

椰田古寨（☎8347 0995；东线高速公路英州路口旁；门票10元，解说30元；⏲7:30~17:30）位于清水湾度假区8公里外的英州镇龙门村旁，它并非真正的“古寨”，而是一个由黎、苗族各种文化符号堆砌出来的景区，很受旅行团青睐。

作为展示民族风情的小小窗口，景区不遗余力向参观者还原黎族和苗族的生活场景，这里能看到黎族文面阿婆专心埋头织锦，还有黎苗民居、烧酒坊、谷仓等特色建筑，从进门捏耳朵、喝拦门酒的仪式，到三月三广场的鼻萧表演，再到品尝椰肉制品、听取制蛊过程、观看银器制作，略显拥挤的区域传达出极大的信息量。

口音南腔北调、自称黎族“阿妹”“阿哥”的讲解员解说十分卖力，但三分之二的时间都在讲养生知识和推荐“只有这里才有”的特产。不过景区里的特产种类倒是很丰富，食物统一20元/盒。和海南众多民俗景点类似，这里还有销售银器、苗药等特产的专柜。

开往椰田古寨的公交从清水湾游客中心公交站发出，6:50~17:00滚动发车，每天9班。若从陵水县城出发，可在海航候机楼公交站乘坐三亚城际3号旅游公交车，途经椰田古寨。

分界洲岛

（☎3181 7777；门票132元，包含往返船票；⏲8:00~17:30）位于县城东北20公里外的大海上，原本是琼岛海岸线上最高峰——牛岭的一部分，而牛岭则是五指山脉的延伸。冰川期结束后，上升的海平面淹没了余脉较低的部分，便隔出了脚印形状的分界洲岛。分界洲

留住手艺

“生态的绿洲，文化的沙漠”恐怕是对海南最大的误解。诚然，外来者很难不被阳光海浪、沙滩雨林所吸引，但假如你将目光投向在这里生活着的人们，便会发现，这座聚居着汉、黎、苗、回等多民族的海岛，在历经千百年的岁月洗礼之后，也沉淀出了朴实而独特的文化和智慧。而其中有许多，就在一双双巧手上闪耀着光芒。

1

海南国家级非遗技艺

- 海南椰雕
- 海盐晒制
- 花瑰艺术
- 黎族船型屋营造
- 黎族原始制陶
- 黎族传统纺染织绣
- 黎族树皮布制作

从左下角顺时针

1. 黎族制陶工艺
2. 白查村中留存有许多黎族船型屋
3. 海盐晒制工艺

椰雕 椰壳焕新生

椰子是海南遍地可寻的天然美食，在食客眼中，椰壳无非就是包裹椰汁和椰肉的容器，一旦被掏空便分文不值。但对于独具慧眼的匠人而言，坚硬的老椰壳恰恰是信手拈来的优质原料，只要施以一番精心雕琢，就能焕发全新的光彩。

椰雕有记载的历史最早可追溯到唐代，在明清时期还是常见的朝廷贡品，造型、纹饰及雕刻技法都不断得到发展。如今，经过历代手艺人的传承与创新，海南椰雕已经有了相当丰富的形态：可以随类赋形，做成日用的杯碗或是新婚必备的槟榔盒等器物；也可以通过切、割、拼接等方式，将椰壳粘贴在外观不受限制的胚体上，再进行雕刻。有时在椰壳雕的基础上，还会加入其他材料与工艺，例如贝雕镶嵌等。

与大多数手工艺品一样，精致的椰雕作品并不容易实现。椰雕传承人吴名驹告诉我们，由于椰壳呈曲面，新手往往连一条直线都很难刻好；在海口大致坡乡间潜心雕刻的朱凡也表示，仅做一朵花，就要花费3天的时间。因此现在成熟的椰雕手艺人寥寥无几，工艺品的价格自然也不菲。

感兴趣的旅行者可以到吴名驹在海口骑楼老街的门店“海南椰雕”（中山路88号）看看椰雕精品；若是想购买价格不那么高昂的旅游纪念品，不妨就在海南各地的特产店找找“小椰壳”牌椰壳餐具（工厂在万宁大茂镇群星村），它结合了传统椰雕与现代工艺，大部分由残障人士加工而成。

©视觉中国

刘昊摄

从左上角顺时针

1. 椰雕制作的小猴
2. 椰雕饰品
3. 椰雕的制作过程

2

1

3

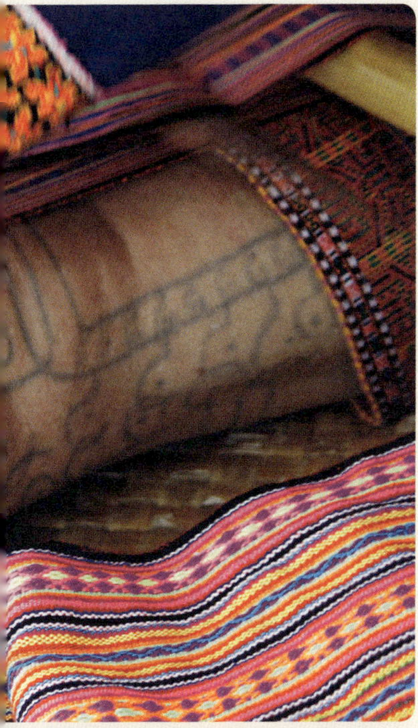

©视觉中国

©视觉中国

黎锦 锦绣黎家史

海南黎族是中国最早掌握纺织技术的民族之一，先秦时期就会用棉花纺织，汉代已能织出高水平的黎锦。被后人奉为棉纺技术鼻祖的黄道婆，最初就是向黎族人学习的织锦技艺。清代黎锦还远销海内外，其中的极品“龙被”——绣有龙纹图案的被单，更是因集合了技法之大成，而成为对外贸易中的珍品。

黎锦的特色主要在于工艺和图案。工艺包括纺、染、织、绣：黎锦讲究用纯天然的原材料来纺、染，用纯手工的方式来织、绣。图案则是织工们用丰富的想象在棉布上创造出的各种图纹，如人形纹、动物纹、植物纹等。由于黎族没有自己的文字系统，这些图纹就相当于标志符号，记录着黎族悠久的历史与文化。可以说每一幅黎锦都是一个故事。

然而，随着本地棉花和野生植物越来越少，黎锦的纺、染原料渐渐难以采集。而传统的踞腰织机（腰背和双足挺直呈90度夹角，腰间系上织机腰带，双足顶住木棍，将棉布绷直进行编织）固然轻便却让人异常劳累。在这个黎锦不再是生活必需品的时代，显然很少有人愿意坐下织一整天。

为了展现这一技艺，如今一些景区专门聘请了黎族阿婆重现黎锦的制作过程，例如陵水的椰田古寨和保亭的槟榔谷景区。要想看到真正的织锦工艺，可以去陵水本号镇的大里乡，那里近几年成立了陵水梅雅黎锦工艺农民专业合作社，发起人王玉梅常在村子里教农民做黎锦，大里村民公园的民俗文化展览馆里也可以买到当地人手工制作的黎锦小物件。

从左上角顺时针

1. 正在织黎锦的阿婆有着黎族女子独特的文身
2. 黎锦的纹样
3. 在槟榔谷织锦的黎族妇女

花瑰 木刻神佛魂

乍闻“花瑰”，可能没有人会将它与木雕联系在一起，但如果你知道这个文雅的称呼源于“花鬼”（亦作“花傀”），或许就不难理解了。这是一种为宗教而生的木雕技艺，历史至少可以上溯到儒释道兴盛的宋代。在海南花瑰艺人的雕琢中，一根根原木蜕变为一尊尊栩栩如生的佛像和神像。其中最有代表性的当属澄迈县的花瑰艺术。在精雕细刻的基础上，还绘有明亮艳丽的颜色，并抹上光油，令神像愈发熠熠生辉，故也被称为“七彩雕画”。除了宗教主题，这种技艺还同样被运用到备受海南汉族移民敬奉的冼夫人、公祖等人物雕像上。

遗憾的是，在宗教活动被视为封建迷信的“文革”时期，许多雕像遭到破坏，传统技法也逐渐流失，如今仍能较为完整掌握这一技艺的匠人已经十分稀少。而由于每年没有那么多的神佛像需要翻新或重塑，为了维持生计，仅剩不多的花瑰艺人不得不拓展雕刻题材，或是同时创作根雕等更具市场价值的工艺品。长时间的枯燥雕刻也让手艺的传承显得有些乏力。

如果你想欣赏这种木雕艺术，可以去各地的寺庙或祠堂，特别是在海口、澄迈、定安等琼北汉族聚居地区，或是等到军坡节时，遍览诸位被抬出来巡游的“公”。更直接的方法是前往澄迈金江镇的金山寺，这座寺庙在1993年重建时请了七彩雕画的第22代传承人徐日龙来雕刻所有佛像，可谓一座花瑰艺术展览馆。

1

从左上角顺时针

1. 澄迈的花瑰木雕
2. 花瑰的雕花工艺
3. 匠人正在制作大型花瑰

©视觉中国

©视觉中国

岛和牛岭是名副其实的分界线：岭北为万宁，岭南为陵水；岭北以汉文化为主，岭南则是黎、苗等少数民族的聚居区；海拔976米的牛岭还阻隔了暖湿气流，造就了不同的小气候，冬季时常可以看到北边冷雨滂沱，南边阳光灿烂。

分界洲岛是水上运动的乐园（不过几乎什么都要另外花钱），沙滩细滑洁净，四周海水透亮如琉璃，还有公共浴场可以游泳。在岛上游客中心可以订购潜水、香蕉船、摩托艇、拖伞、水下摩托、海底观光潜艇等娱乐项目，最受欢迎的项目无疑是潜水：在近海堡礁可以观赏热带鱼，远海则能看到古老珊瑚，新手和专业人士都有项目可玩。

单个项目在微信公众号“分界洲岛旅游区”（fenjiezhoudao）购买更划算，旅游网站和团购网站也售卖各种组合套票，建议提前预订。另外，岛上还开设了PADI潜水课程（☎150 0805 4390；RD课程2200元/6小时；OW课程3200元/住岛三天两夜）。

分界洲岛也是海南最好的海钓基地。岸钓（190元，包含船门票，上岛之时至次日17:00）适合经验丰富的人，平台钓（330元，包含船门票，3小时）让新手也能有渔获。海钓项目只能在景区售票处现场购票。

海洋剧场（门票130元，网购有优惠）每天有4场海豚和海狮表演（⏲9:30~15:30），还有中国第一个纯自然条件下的野生海洋动物世界——没有水族箱和海底隧道，海豚、海龟和热带鱼都在海中的网箱里供人俯瞰，小心调皮的白鳍鲳，它们常把水花甩到游人身上。另外，在活体珊瑚区和海捞瓷区还能欣赏南海沉船文物，最早可追溯到宋代。

岛上唯一不花钱又能躲避喧嚣的观景方式就是放弃电瓶车，顺着伸向岛屿中心那座山丘的步道上行，在半山腰或山顶凭海临风，看海水从薄荷绿逐渐变成深蓝，直至融入天色。

在分界洲岛唯一的住宿选择是海钓会所（☎8334 7333；标双/标单1180元起），每间房免两人上岛费用，在公众号上订房有优惠。环岛的路上有各种小吃和餐厅，但价格都比较贵。岛上只有农业银行和海南省农村信用社的ATM，游客中心有时不支持手机支付，POS机也常出故障，最好多备些现金。值得一提的是，景区的自动售票机需要刷身份证。

分界洲岛必须乘船抵达，从县城有两路免费专线大巴到达景区售票处：一班从陵水火车站出发（9:30~17:10，共8班；20分钟）；另一班从怡景湾酒店公交站出发（13:40；50分钟），车上不卖票，上车需出示网络购票凭证。此外，三亚城际3号旅游公交车（全程25元；7:00~16:30）每天从三亚火车站出发，途经陵水海航候机楼公交站、香水湾等站点到达景区。售票处旁的码头有专用游船搭载客人上岛，班次十分频繁。

吊罗山国家森林公园

见多了大同小异的沙滩和众多无趣的人工景点，吊罗山国家森林公园（☎8342 1225；门票70元；⏲24小时）丰富的植被、梦幻的云雾和清新凉爽的空气会给你带来惊喜。山区地跨陵水、保亭、琼中、五指山和万宁五地边界，但从陵水过去最方便。

这片热带原始森林中生长着3500多种植物，其中不乏像国家一级保护植物桫椤这样的稀有品种，仅兰花就有超过250个种，还有海南大灵猫、猕猴、水鹿等20多种国家珍稀动物。山顶古木参天，潭深谷幽，溪水潺潺流过，蝴蝶蹁跹飞舞。林间栈道通向一棵树龄将近1500年的陆均松，每到年节树下都会围满祈福香烛。

本书出版时，枫果山瀑布因修缮安全设施暂时关闭，据说它是海南落差最大的瀑布群，由10级瀑布组成，全长1.5公里。每年7月至次年2月雨水充沛，是最佳赏瀑时期。

公园入口位于陵水县城西北25公里处的吊罗山林业局旁。我们调研时，景区刚经历了一年多的闭门修路，正在申请重新开放。崭新的旅游公路全长17.8公里，缘路而行可以进入“听瀑”景观道观赏枫果山瀑布，在“听鸣”景观道拜访高山天湖和神树，去“听涛”景观道感受峡谷风光。为了避免砍伐和移栽，公路修建者还特意为300多棵树绕道，沿途可以看到这些被保护的“路中树”。

另辟蹊径

吊罗山深处大里乡

跟云南大理同音不同字的大里乡，近些年被冠以"梦幻桃源·世外黎乡"之名，在宣传中以歌舞宴席和手工制作的盛大场面示人。尽管当地乡民淳朴热情，但普通旅行者想要一睹这些举办时间不定、有一定表演成分的人文景观，却并非易事。

其实大里周边也算山水秀美：吊罗山景区东侧的**小妹湖**就在去大里的必经之路上，它是海南第二大湖，水平如镜，但只可远观；离大里乡约5公里的**大里瀑布**从茂密的林间奔涌而下，称不上壮观，但幽静清凉。

我们调研时，乡里的沿街民居刚被统一装修成带有民族风情的楼面，民宿和黎家餐馆仍在装修中。村民公园里设立了**民俗文化展览馆**（免费；⏲9:00~11:00，15:00~17:00），展销当地农民合作社制作的黎锦和藤编等土产。

从吊罗山没有直达大里的公交，这里适合自驾者顺道拜访。在陵水县城的财源街口可以搭乘开往本号镇和大里乡的黄色小巴（6:40和11:30各1班），途经大里瀑布，票价6元。记得向司机确认返程时间。

景区山长路远，并且暂时不会引入观光车，自驾是最佳游览方式。徒步发烧友或许会考虑在陵水县城的财源街口搭乘"陵水–吊罗"的黄色小巴（6元；6:20~16:30）到达吊罗山脚下的村子，但接下来需要面对的是十几公里盘山公路，要特别注意安全。也有旅行者选择骑车游览——你得超级爱自行车，才能忍受骑车爬山的艰辛。

翻新后的景区内尚需时日才能完善食宿等配套设施，因此最好带些食物进山。另外，山下的村子里也有一些实惠朴素的旅馆和餐厅。自驾者也可从山脚行驶约9公里，到更热闹的本号镇上去吃住。

南湾猴岛

（☎8336 0902；门票 旺季10月至次年4月160元，淡季5月到9月 152元，包含往返缆车票或轮渡和电瓶车票；讲解50元/小时；⏲8:00~16:50）陵水人很慷慨，把一座岛送给了一群猴子，而且没有放笼子关住它们。10.2平方公里的南湾半岛位于县城南边14公里处，岛上林木茂盛，从1965年起就被辟为猕猴保护区，号称世界唯一的热带岛屿型猕猴自然保护区。

售票处位于新村镇码头附近。上岛的最佳方式是在这里乘坐长达2公里的跨海索道，将近10分钟的路程中景色十分开阔动人，可以看到连绵壮观的疍家渔排、船流如织的新村港、整片翠绿的山丘和银光烁烁的长滩。旺季时，等待乘坐索道的队伍长得让人抓狂，不妨前往售票处东侧的猴岛码头乘船登岛，再换乘电瓶车到达景区，把缆车留到离开时再坐。

"岛主"是1500多只性情各异的猕猴，不同猴群各占一方势力范围，活泼机灵不惧人类。一旦一些顽劣之徒做出攻击人类或同伴的行为，就会被关进**猕猴拘留所**面壁。岛上好命的猴子都在游泳池里泡澡，劳碌的猴子则在**幽默剧场**和**杂技表演场**卖力演出，偶尔还会罢演。最好别选头顶有隔离网的地方坐，不然可能会遇到在屋顶发呆的小猴子"尿如雨下"。

我们调研时，南湾猴岛景区刚开发了可供开展水上活动的二期项目**呆呆岛**（☎8336 0896；门票96元；⏲8:00~17:00），它位于半岛西南部滨海区域，有可供漫步的悬崖，也有与清水湾相连的沙滩。在微信公众号"南湾猴岛景区旅游平台"（monkeyislet）订票价格更优。

景区正门外就是著名的**新村港**，南湾半岛轻拥着这片渔港，港内最吸引人的人文景观当属疍家渔排——渔民用泡沫和木板在海上盖房而居，以船为车穿行于海中窄巷之间，在海中隔出梯田一般的网箱，养殖从深海捕来的鱼群。不妨在港口沿岸的**旧水产码头**或**新水产码头**体验一次摆渡船（1元/次），在震耳欲聋的马达声里，穿行于江南水乡一般的蜿蜒水道中。

新村港的疍家人

传说古代皇帝乘船出巡，不慎将珍宝掉入海中，派渔民打捞未果，一怒之下禁止他们上岸，也不许他们与岸上的人通婚，他们只好把屋子盖在船上，从此以海为家，还要背负重税，生活备受磨难。

但传说只是传说，疍家人真正的来历已无史可寻。但可以肯定的是，新村港的疍家渔民500年前就在这里生活，其祖先大都来自广东南海、顺德等地。新中国成立后，政府采取了一系列措施帮助疍民“上岸”。一些人已在陆地上安居置业，而仍有一些人照旧生活在“浮岛”上，港口开放时出海捕鱼，休渔期则在湾内养殖鱼类。

我们在调研时遇到了摆渡船家霍师傅，以下是他的口述——

我现在55岁，祖先是广东汕尾人。我从小就在渔排上长大，每天去陆地上学。我爸是开船的，长大后我也开大船去打渔，最远去过西沙和越南。七八年前，我就不出海了，在这里开船上夜班，从下午5点开到次日1点半。坐船1块钱1个人，一天可以赚两三百。

渔排中间的水路就像陆地上的巷子一样，我们说地址的时候都说“篙”，一个“篙”就是一条路。从南湾码头数过来，是大篙、二篙、三篙、四篙，四篙旁边是110篙——因为110（公安边防在海上的渔排）在那里。我知道每个人住在哪里，就算那里没有“篙”。我40来岁的时候，在陆地上盖了两层楼的房子。我当然更喜欢陆地啊，人多、生活舒服，我的女儿和儿子也不愿意生活在渔排上了。这里很孤单。

在新村港就餐首推疍家渔排。开业20多年的**猴岛渔排海上餐厅**（☎151 2061 9990；南湾码头旁边，刺豚鱼168元/斤起，燕子鱼120元/斤起，加工免费）供应极其鲜美的鱼粥，美中不足的是鱼普遍较大，不适合独行者。到码头后打电话给餐厅，他们会开船把你接上渔排。

从陵水县城前往南湾猴岛，可在财源街口乘坐开往新村的小巴，下车后向猴岛码头方向步行约300米便是。另外，景区与陵水火车站间也有往返班车（9:10、10:20、11:30、12:40），上车时购买全价门票即可免费乘坐（淡季时售票处会返还门票差价），对网上购票的旅行者，许多司机会要求购票1小时后才能乘车，最好提前下单。

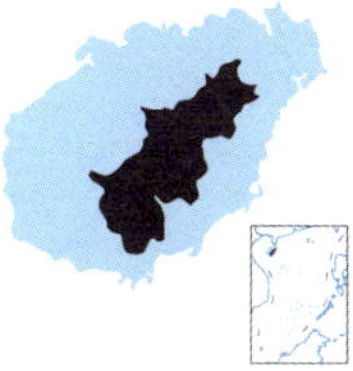

海南中线

包 括➡

最佳节庆

- 军坡节（见68页）
- “三月三”（见188页）
- 嬉水节（见28页）
- 端午节（见182页）

最佳户外目的地

- 五指山骑行（见197页）
- 黎母山徒步（见191页）
- 飞水岭寻瀑（见193页）
- 七仙岭温泉（见204页）

为何去

海南并不只有“海”。224国道纵贯琼州中部，串起了这片岛屿腹地。到了中线，你会打破对海南的刻板印象，收起泳裤和沙滩裙，因为山才是这里的主角。

“海南屋脊”五指山和其他绵延不绝的崇山峻岭孕育着岛上硕果仅存的热带雨林，也是海南三大河流的发源地。鲜有人工痕迹的户外宝地常让装备闪亮的驴友大呼过瘾，无论攀岩、漂流还是林间徒步都能找到心跳加速的刺激，丰富的动植物资源也令自然爱好者痴迷。大山之中还藏着黎母的传说和海南最后的船型屋村落，你可以走村串寨感受黎村苗寨的生活气息，若赶上一场当地婚嫁仪式，那可比亲历“三月三”热闹非凡的庆典更有意思。

在中线旅行，你不必疲于赶赴各个景点，而是跟随着当地人慢吞吞的生活节奏，在老爸茶馆听听本地人的高谈阔论，在路边的热带水果摊和头戴斗笠的黎族妇女杀杀价，把自己融入本地琐碎质朴的生活图景中。发达的公路网络为你深入内陆提供了便利，如果有一天你对椰林细浪审美疲劳，不妨放开手脚，探访这片海岛的另类之地。

何时去

2月至4月 春节、军坡、“三月三”等传统节日盛宴接连而至，气温和雨水适中，利于出行。春节前后物价攀升，但除了七仙岭和五指山，其他地方受到的影响很小。

11月至次年1月 这是进行户外活动的最好时节。温暖晴朗的天气令人振奋，层林尽染的冬景有别样风情。山区小路不会因为连日暴雨而变得泥泞不堪，蛇和蚂蟥的困扰也很小。

5月至10月 气温最高，雨水最多，但价格最低，游人也最少。在户外穿行要担心无孔不入的蚂蟥，在室内需和无数蚊虫蛾蚁和平共处。但比起岛内其他地方，中线山区反倒成了避暑胜地。

海南中线交通

忘记环岛高铁吧，海南中线至今还没有铺设一根铁轨。公路才是海南中线的交通生命线，中线高速连接起了除保亭外的中线各县，但离县城和景点通常较远。与高速几乎平行的224国道从海口出发终到三亚，途中穿过屯昌、琼中和五指山主城区，并且串起了众多景点，是更为灵活的选择。旅行者可以体验自由的班车模式：在国道上随时随处拦下一辆营运客车，只要它路过你的目的地，就可以上车。自驾和骑行更可以方便地从海口南下沿着国道探访，然后奔向三亚的海滩。虽然标准的双向单车道和数不清的盘山路考验你的驾驶技术和耐心，但一路的雨林美景就是最好的补偿。

雨林探险，请记得

结伴而行：户外环境复杂多变，许多地方没有手机信号，绝对不能孤身涉险。前往尚未开辟道路的野山，最好找向导带路。

重装出击：速干耐磨的户外服装（长袖长裤）是基本配置，如非当日往返，要携带露营和野炊设备，备足水和干粮。

小心蛇虫：原始山林里，要时刻警惕蛇虫。请携带蛇药以及花露水、盐等驱赶蚂蟥的物品，做好防护措施。

遵守规定：大多数海拔1000米以上的山都建成了林场和自然保护区，有些区域限制旅行者进入，请遵守规定。

保护环境：在雨林区严禁使用明火，不要伤害地貌和动植物。带走一切垃圾。

黎苗家园

海南中线南部的琼中、五指山和保亭都是黎族和苗族聚居的地方，这些市县的汉族仅占当地人口总数的三分之一，反而成了“少数民族”。黎族是海南最早的居民，在3000年前从大陆的南越迁居而来，始称“骆越”，自此在海岛繁衍生息，宋代起称“黎”并沿用至今。黎人善织锦、唱大歌、拜黎母、住船型屋。因语言、服饰和居住的差异，黎族分为“哈、杞、润、赛、美孚”5个方言，海南中线穿过的地区主要为杞方言区。苗族多为明代从广西等地因征兵或谋生迁至海南。他们居住在山林深处，过着“一年一砍山，几年一搬家”的游猎生活，直到新中国成立以后才陆续下山定居。

近30年来，黎苗人的生活方式已经产生了很大改变，明亮的砖瓦房代替了船型屋，传统文化竹器乐、手工黎锦、盘皇舞的传承面临断层的危机。普通旅行者想要追寻黎苗余韵，恐怕只能依靠日益品牌化、商业化的“三月三”。不过有足够运气和耐心的人，或许还能在村落中偶遇迎面而来的文面老妇。

快速参考

➡ 电话区号：0898

如果你有

➡ **2天**

第一天在保亭**七仙岭**（见204页）脚下的温泉里卸去疲惫的沉重感，一身轻松地迎接后面的挑战。记得在第二天清晨起床看看云蒸雾绕的仙山，然后直奔**红峡谷漂流**（见199页），体验过水头浪尖的刺激后，在水满乡的农家乐美美吃一顿野味，下午来到**五指山自然保护区**（见197页），追寻昌化江的源头。

➡ **3天**

前两天同上。第三天花一整天时间攀登**五指山**（见198页），最后在山下的雨林酒店体验一把“秒睡”，作为你登山自虐的补偿。

➡ **6天**

前三天同上。第四天沿着224国道继续北上，爬上**牙胡梯田**（见200页）制高点，将美景定格在你的相机里。在“天上**什寒**”（见192页）投宿，享受无须空调的凉爽夏夜。最后两天可以在琼中大山中挑一座小试身手，或者干脆直奔**黎母山**（见191页）。

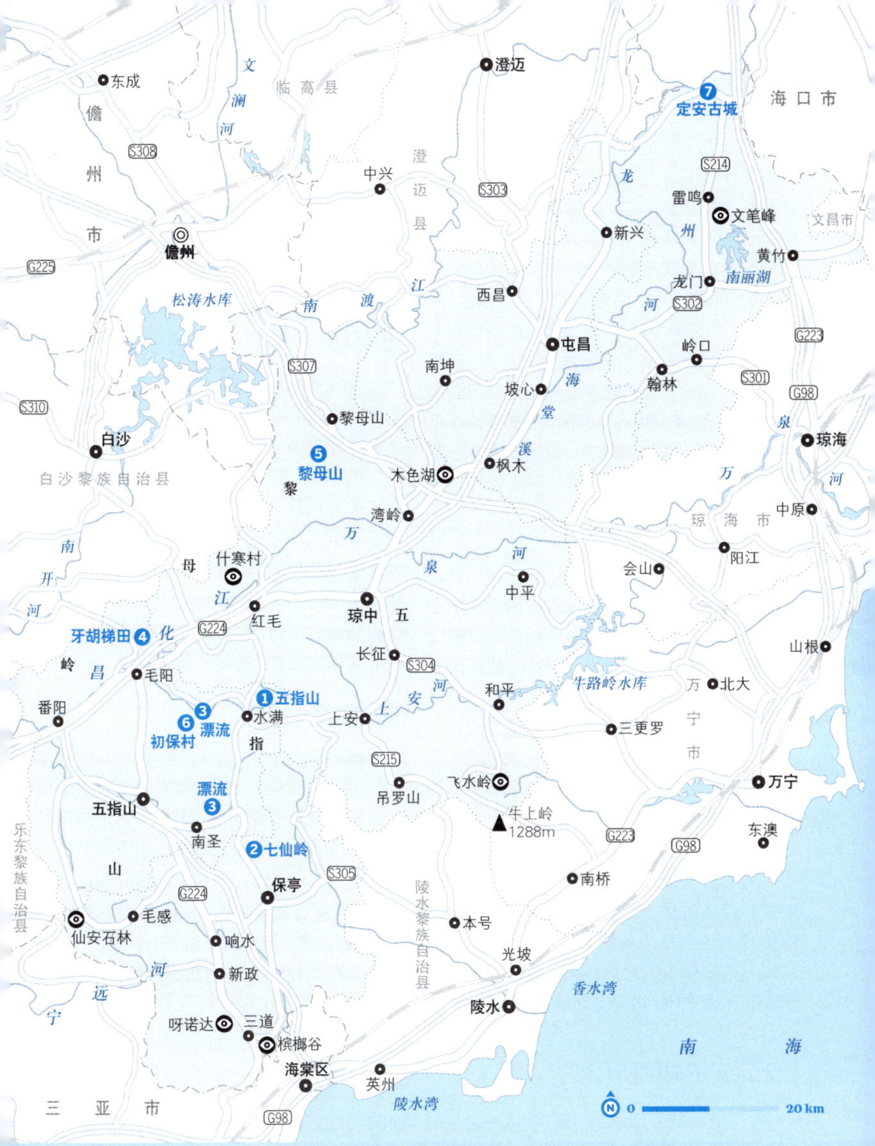

海南中线亮点

❶ 攀登**五指山**（见198页），向“海南屋脊”发起挑战。

❷ 在**七仙岭**（见204页）山脚下，找一池露天温泉，美美地泡上一阵。

❸ 感受五指山峡谷**漂流**（见199页）的刺激：戴好头盔，抓稳船桨，下一个弯道还有3米到达。

❹ 灌水插秧或稻熟时节，带上相机，捕捉**牙胡梯田**（见200页）的最美画面。

❺ 在**黎母山**（见191页）的原始山林里撒点野，寻访瀑布、雨林奇观和黎族传说。

❻ 去**初保村**（见199页）看看海南保存最完整的黎族船型屋。

❼ 漫步于**定安古城**（见180页）的骑楼老街，寻找小巷里的隐秘角落。

定安

人口：34万

海南引以为傲的海滩、雨林和黎苗风物，定安哪样也不占。相比自然风光，人文和历史才是这里的亮点。定安丰满的历史藏于古城的青石砖下和南建州遗址的断壁残垣内，而文笔峰和见龙塔蕴藏的学士风度则体现在定安人的言谈举止中。民俗也同样令人惊喜，海南素有“无定安不成剧团”之说，民间票友组织起的琼剧演唱队仍活跃在定安街头，而军坡和端午等传统节日则让你有机会见识海南汉族的狂欢。在国际旅游岛大张旗鼓的建设中，定安显得比别人慢半拍，也因此能享受到别处少有的清净。正如它的名字一般气定神闲，安乐平和。

历史

从盛唐到明清的历史流转，记录下了定安乃至整个琼北地区由蛮夷之地走向文明沃土的历程。唐懿宗时，为伐黎平乱，朝廷出兵琼崖，其中一支军队屯兵如今定安南部的一座无名山峰，由皇帝亲赐李姓，取名李家岭，这是汉族文明首次入驻定安。进入元代，定安完成了两次提升，先是于元初正式设为县，不久后又升为州，管辖琼州大片地区，一时风头无两。

海南历来是中原贬谪流放的热门地，但定安却迎来过史上唯一到访的皇帝。元文宗图帖睦尔还是皇子的时候，曾被贬定安，在回到大都即位为帝之后，或为感念当地黎族峒主的礼遇之情，将定安升级为州，取名“南建”。可惜好景不长，40年后江山易主，明朝又把“出道即巅峰”的南建州变回了定安县。现在定安岭口镇还能见到元代的城垣遗址。

明朝时定安县治迁到了南渡江边的定阳，筑城池、修渡口，促成了明清两代定安的繁荣昌盛，也留下了今日的定安古城。同时，李家岭改名文笔峰，成为这里文脉振兴的根基。

定安县

县府驻地定城镇位于定安最北端，称得上海口的后花园。然而区位优势和便利交通没能带来更多旅行者，倒吸引了不少“候鸟族”来此投资和定居。其实单是“海南保存最完整的古代县治城垣”这一项已经足够让你为它停留了，虽然不修边幅的古城看起来十分颓废，但质朴真实的姿态更显可贵。从高速路口进入4公里的见龙大道，从高楼林立的新城来到南渡江边的老城，道路两旁的建筑仿佛带你穿越几十年的时光。

景点

定安古城 古镇

（见179页地图；定安老城区；免费）素面朝天的古城没有成排的仿古建筑、热情的红灯笼和鳞次栉比的纪念品商店，几乎闻不到任何旅游气息。本地人聚集在街角的茶馆喝茶聊天，理发店老板和老主顾在沧桑的牌匾下寒暄，到处都是真实鲜活的怀旧景象。但古城也因这种“自然生长”的状态而缺少保护，百年历史的骑楼斑驳残破，几处省级和县级文

无定安不成剧团

“无定安不成剧团”这句老话中的“剧”指的是琼剧。作为岭南四大剧种之一，琼剧融合了斋事（道教仪式）、木偶戏、外来戏的特点，最早被称“土戏”。一个“土”字概括了琼剧的精髓，不仅仅是说它接地气，也反映了琼剧和本土文化之间的互动。比如海南人常用“张文秀”指代包袱，就是出自现代戏《张文秀》中偷包袱的桥段。

定安从清代起就坐稳了海南琼剧的头把交椅，戏班遍地，名伶辈出。虽然在改革开放后新派文艺的冲击下，“村村都有琼剧团”的光景已成过去时，不过定安广大的戏迷为琼剧传承提供了新的生机，自发组织的琼剧演唱队依然活跃在舞台上。仅在定城镇就有四个社区民间剧团（山椒社区、中南街社区等），他们不仅在军坡、端午美食节和其他节庆场合登台表演，也会定期聚在一起，过过戏瘾。定安太子庙（定城镇沿江二路）偶尔会举行琼剧同乐会，可找当地人打听一下近期是否有演出。

定安老城区

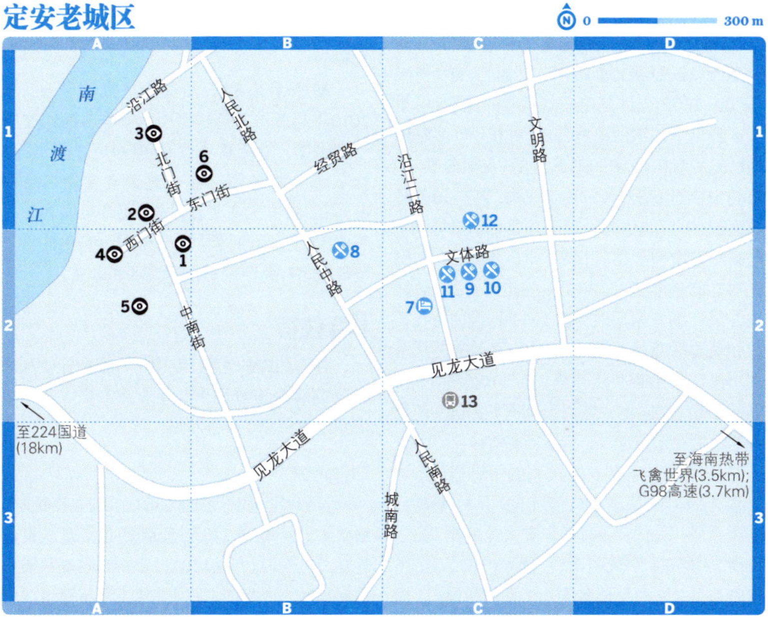

物保护单位危然欲倾。

古城格局清晰，基本以**定安县衙**（免费）为中心和地标，向东南西北延伸出四条街道。县衙距今600多年历史，为四合院式布局，现保留下来的房屋为清代县衙的主体建筑，但仔细端详，还能看出大门台阶和大堂的几根柱础保留着昔日的模样。从县衙里向门外望出去，正对的便是骑楼最多的中南街，依稀可以看出金融商埠曾经的风采。定安著名明代文人胡濂的后人所建的**胡宅大院**（中南街47号和49号中间西侧）素雅整洁，古朴别致，值得一览。大院内仍住着胡氏后人，入内参观要先礼貌地打声招呼。东门街最有古城的烟火气，城内的慵懒生活和城外的车水马龙在这里过渡相融，明代名臣王弘诲修建的**解元坊**（东门街，原定安小学对面的巷子里）曾是古城最具人文气息的景观，但如今落魄地"骑"在一座小房子上，境况令人堪忧。

定安原有的城墙只余西北、西南各一段，共1公里，西门和北门尚存。西门小巧古朴，保存完好的城楼现作为社区办公室使用。一条古旧的青石板路通往浑厚大气的北门，嵌入路面的民国时代长石（上有刻字）和镶有五星的小拱门记录下古城近100年来的历史。

定安老城区

景点

1 定安古城 A2
2 定安县衙 A1
3 古城北门 A1
4 古城西门 A2
5 胡宅大院 A2
6 解元坊 B1

住宿

7 仙都宾馆 C2

就餐

8 春阳餐厅 B2
9 嘉香苑 C2
10 明晖美味鹅饭店 C2
11 新泰来 C2
12 新竹四季鹅饭店 C1

交通

13 定安汽车站 C2

走出北门就到南渡江边，气象顿时开阔。

古城距离定安汽车站只有10分钟步行路程，或乘1路公交车在东门街下，见到邮政储蓄拐进去即是。

海南热带飞禽世界

动物园

[塔北路和富民大道交叉口；门票 旺季/淡季54/45元(1.2~1.4米儿童28元，1.2米以下儿童免费)；⏲7:00~17:30]也许是定安新城唯一的看点。景区本身是个浓缩的雨林公园，种植了许多华南地区的特有树种，比如传说中的“见血封喉”。雨林中栖息着3万余只热带飞禽，包括50多种海南独有的“原住民”。所有鸟类都活泼好动，以鸣叫和展羽和你打招呼。景区不大，在你感觉累之前就能逛完。如果不想走回头路，最好从九凤广场开始逆时针游览一圈。园内有孔雀园和鸟语林两处开放的游览区，飞鸟突然从密林中出现会给你一点惊喜。上午10点和下午3点的鹦鹉表演(不一定每天都有)令成人和挑剔的小朋友难以起兴，不必特意前往。

公园中心还有一处重要的历史建筑。钟灵毓秀的见龙塔建于乾隆年间，是一座典型的风水塔，塔成后一时间定安人才辈出，频中科甲。一层正门“风调雨顺，国泰民安”八个字清晰可见。塔的每层各有八个真门和假门，虚实交替来承受风力。

从定安老城乘3路公交车到飞禽世界。或乘1路、2路到春阳假日酒店下往南步行5分钟。记得在售票处要一份定安旅游手册。

节日

军坡

传统节日

定安军坡的盛况不比海口逊色，如果能在正月初十到农历三月期间到访，千万不要错过。军坡都在村子里举行，届时不仅有穿杖、过火山等令人惊叹的表演，更有难得一见的乡间琼剧团登场，每家每户也会摆出宴席。虽然军坡乐迎八方客，但主要迎的还是亲戚朋友，若是陌生人(尤其是人多的时候)贸然前往，最好还是和村长或主人打个招呼。

端午节

传统节日

端午节是定安人非常重视的节日，从2010年起就被打造成吸引八方吃客的定安端午美食节。传统意味少了，但却更热闹了。美食节通常为期3天，在天九美食文化广场举办，除了品尝定安美食以外，还有琼剧表演、啤酒大赛等活动，俨然一个初夏时分的庙会。节日期间有免费班车往返广场和老城。

住宿

住在热闹的老城，吃喝出行都十分便利，宾馆酒店众多且便宜，但条件差强人意。如果想清静一些，就去新城。

仙都宾馆

酒店 ¥

(见181页地图；☎6382 8888；沿江二路和文体路交叉口；标单/双 140元起；❄📶)位于老城黄金地带，离定安汽车站100米，步行到古城只需10分钟，所在的沿江二路上餐饮、商超等生活服务也很便利。条件在老城里算一流，房间宽敞，服务周到，卫生也让人满意。宾馆分南北楼，前台在南楼一层，北楼不临街的房间比较安静。

东云阁度假酒店

酒店 ¥¥

(☎6398 3888；进士路天籁谷小区；标单/双 208元；❄📶🅿)公寓式酒店，每个房间里有阳台和简易厨房，停车位充足。高一点的房间更安静，低楼层的阳台更亲近热带雨林般的庭院。酒店没有餐饮服务，但隔壁的南建州酒楼(☎6382 8888)从早到晚都营业，供应潮汕风味餐点。

丽景度假酒店

酒店 ¥¥

(☎6383 3888；见龙大道645号；标单/双

包在叶子里的定安小吃

定安有两样著名小吃：定安粽和菜包饭。粽子精选七分瘦、三分肥的黑猪肉，加上咸蛋黄和米饭，一同蒸十几个小时才出锅。肉质松软且不油腻，入口回味不绝。想要吃到定安粽，不一定要端午节前来，茶楼和一些饭店平日也有的卖，不过要碰运气。

菜包饭又叫裹菜糒(bèi)，选用猪肉、腊肠、虾米、韭菜、芹菜、酸菜、花生等十余种食材配合米饭炒得喷香，用生菜(当地叫油菜)叶包来捧在手里吃。但不吃韭菜和蒜苗的话最好别尝试。菜包饭在一般本地小馆和排档就可以吃到，不过依照传统，这是属于春节的“特供”，所以过年前后吃到的最正宗。

定安汽车站车次时刻表

目的地	发车时间/班次	票价(元)	行程(小时)	备注
海口总站	5:50~21:00(每20分钟1班)	14	1	
海口东站	5:50~20:50(每20分钟1班)	14	1	
三亚	7:40、8:50、11:50、13:00	52	4	
屯昌	6:50、7:40、8:05、12:00、13:00、14:20	15	1	
文昌	7:30、13:00	19	1.5	
澄迈	7:30、12:20	12	1.3	
琼海	6:25~16:15	17	1	
龙门镇	5:40~18:30(每10分钟1班)	8	0.5	
雷鸣镇	5:20~20:20(每10分钟1班)	5.5	0.5	
翰林镇	5:50~17:20(每20分钟1班)	12	1	经岭口镇
中瑞农场	6:30~17:20(每小时1班)	14	1.5	经雷鸣、龙门、岭口和翰林镇
南丽湖	7:00、12:00、17:20	8	0.5	经文笔峰

188元;❄️📶🅿)位于见龙大道上,下高速路口后300米就是,前往定安周边各景点都十分方便,适合自驾者下榻。酒店有些年头的装潢略微过时,床也硬了些,临街的房间有阳台,但见龙大道的车流比较扰人。

餐饮

定安鲜活地保留了喝老爸茶的传统。定城的人气茶馆都有种朴实的气派,偌大厅堂内摆几十上百桌不成问题,白天大多数时间坐满了喝茶聊天的当地人,以中老年男性居多。**春阳餐厅**(见181页地图;☎6382 1777;人民中路37号;红茶、绿茶 2元,奶茶3元)和**新泰来**(沿江二路和文体路交叉口)是老城最热闹的两家老字号茶楼,除了早点,一天中其他时候只供应茶和茶点,端午节前后几个月也出售定安粽。

只要天气允许,傍晚时分,各大排档就热闹起来,宵夜种类多样,但定安人偏爱食鹅,文体路上很多家主打鹅的饭店,其中**明晖美味鹅饭店**(文体东路72号)和**新竹四季鹅饭店**(文体路和白蒙路路口往北100米)都异常火爆。早餐可以在路边吃碗粿汤或酸粉,茶馆里也有几样简单的点心。文体路上的**嘉香苑**全天生意都不错,主打时尚火锅,但也有炒菜,选择不少。

实用信息

定安汽车站正对的沿江二路上能找到药店、网吧和超市。宽阔的人民路从古城外经过,两侧有银行和ATM。目前这里的景点和住宿并未普及手机支付,要准备适量现金。

到达和离开

定安汽车站(见181页地图;☎6382 3495;见龙大道和沿江二路交叉口)有前往海口、三亚以及周边市县和村镇的班车。售票厅内的自助购票机可以查询和买票,支付方式包括支付宝、微信、银行卡和现金,站内有行李寄存、卫生间和小超市。售票处可能18:00以后就不营业了。

当地交通

城区共有4路公交车,其中2路和4路沿见龙大道行驶,连接老城和新城,并经过定安汽车站。票价1元。

三轮车和摩的可以带你到定城大多数地方,若只在老城内,通常3~5元就够了。从老城前往新城打车15元,三轮车和摩的8元左右。

定安没有大型连锁租车公司,需用车可联系**九九租车**(☎135 1880 6690;租车300元,包车500元起)。

文笔峰和南丽湖

和海南岛上险峻奇秀的众山相比,文笔峰只是一座百余米高的小土坡,却因鸾翔凤

定安

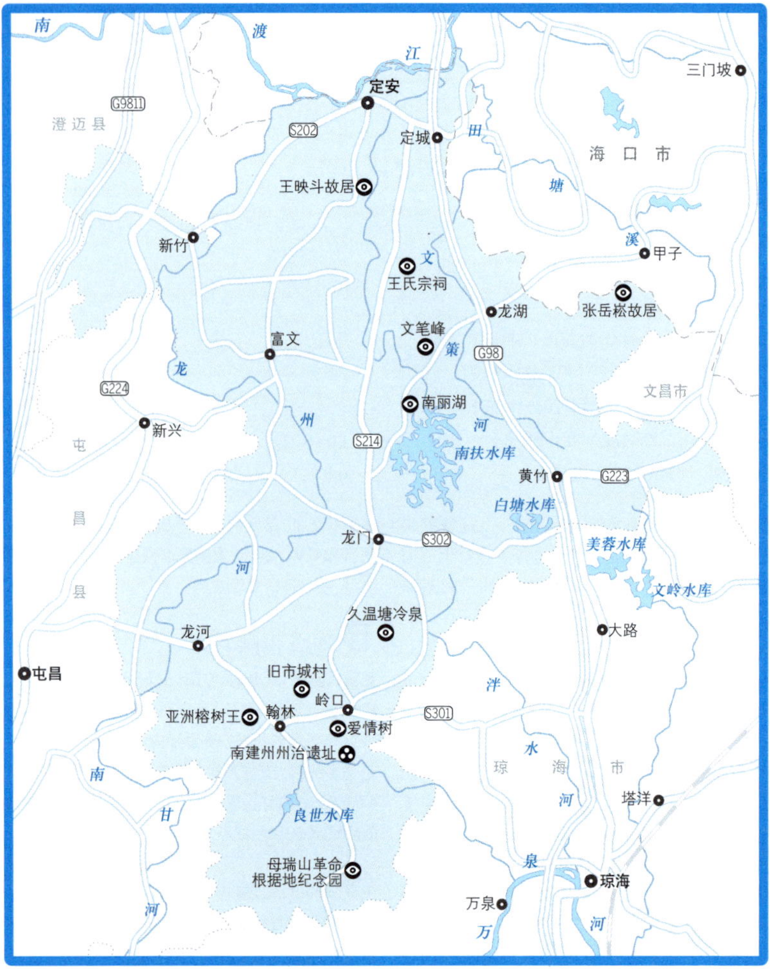

集的文人气息和奇幻的道教传说成为定安首屈一指的文化景观。传说这里是道教南宗祖师白玉蟾（南宋）最终羽化升仙之地。明朝中期，为正定安文风，鼓励向学之道，原先的李家岭更名“文笔峰”，自此定安的才学之士果真层出不穷，享誉琼州。文笔峰附近的南丽湖是定安另一处风景胜地，大多数人选择把它和文笔峰一同游览。

如今盘踞于文笔峰上的**文笔峰盘古文化旅游区**（见本页地图；龙湖镇，226县道路西；门票81元，电瓶车19元；⏲8:00~18:00）已成为定安旅游的头号招牌，重金打造的道教南宗宗坛就坐落其中。整个景区依文笔峰山势而建，容纳了几处原有的自然奇石景观。虽然各殿堂都是新修的仿古建筑，但不至于让人感觉庸俗。

主要的看点从宗坛主殿玉蟾阁一直延伸至山顶，两侧修建了药王殿、钟楼等建筑。八卦形的**玉蟾阁**内供奉白玉蟾坐像，每逢农历三月十五其寿辰时，大殿内和门前的广场上会举行纪念活动。从玉蟾阁后的山路拾阶而上，经南天门到达**三清坛**，可纵览文笔峰山景以及远处的村庄农田。此外，一条环形游览道串起了几座各具名目的殿堂。元辰殿内供奉五方帝君和六十甲子命神，一层正中的皇帝太一天君像贯穿三层直达殿顶。附近的碧霞殿和妈祖殿都临湖而建，精致秀丽。

景区面积很大，徒步游览至少需要几小时，最省时省力的方式是乘电瓶车在元辰殿、月老殿和玉蟾阁三处常规站点下车依次参观，再从玉蟾阁往返山顶后沿中轴线徒步下山。景区讲解员（100元）的演绎玄之又玄，可以把钱省下。每座大殿内都有求签问道的项目，若不感兴趣便不要理会。

从文笔峰沿指示牌继续往南10公里，就来到了南丽湖国家湿地公园（见184页地图；黄竹、龙门、雷鸣镇交界；免费）。这是一处主要用于度假休闲的人工湖，原名南扶水库，散落湖中的小岛上栖息着白鹭和其他水鸟，不过湖面和周遭的景致略显单调。

老牌酒店丽湖水庄（☎6398 2688；标单/双238元；❄📶🅿）现只有伸进湖中的几间水上房还开放，在房间的阳台上就可以支杆钓鱼。酒店环境清幽，但设施陈旧。湖边几处农家乐能尝到特色的啤酒鸡。

海口东站每天有6班发往文笔峰的班车（17元；7:45~16:10；1小时）。定安县城每天只有3趟班车（8元；7:00、12:00、17:20；0.5小时）经文笔峰前往南丽湖（返程时间8:00、13:00、18:00）。文笔峰和南丽湖之间可以乘坐出租车或三轮车往返，单程不超过20元。

百里百村

定安南部散落着许多各具特色的村庄，除了拥有田园绿野和森林氧吧构成的自然风光，还包含了从元代南建州至抗日革命根据地时期的文化景观。当地旅游部门将这些村

定安才子何处寻

自明代起，定安文风昌盛，人才蔚起，"海南四大才子"（丘濬、海瑞、张岳崧、王佐）之中就有两位出生于定安（海瑞出生于屯昌石峡村，明代时属定安县）。文笔峰下走出了张岳崧、王弘诲、王映斗等学霸，在定城地图上能找到几条以他们命名的道路。

张岳崧在才子中学历最高，是科举时代海南唯一的探花，据说当地人在大考前都会来张氏宗祠拜探花郎。龙湖镇高林村保存了几座与其相关的建筑，张岳崧晚年返乡时居住的张岳崧故居庭院中有张本人亲植的含笑和百合，后人修建的张世宗祠内展示了这位书法名家的几幅墨宝。如果宗祠和故居关门，可以联系张氏后人张党权（☎138 0769 8203）。高林村本身也是海南的历史文化名村，形制优雅，山水温润，曾培养出六任县长，村内还保存着老旧的石板路和清代建筑。

明万历年间，定安进士出身的王弘诲奏请皇帝在海南设立院试考场，以免去海南儒生漂洋过海去广东赴考的危险与麻烦。龙梅村村头的太史坊（雷鸣镇龙梅村）就是为了纪念他这一功绩而修建，定安老城也有一处与王弘诲有关的解元坊（见181页）。从太史坊往东走几十米，就能看见红墙褐瓦的王氏宗祠，大门左右的对联透露了王氏一族的渊源，不妨猜猜看。

王映斗故居（定城镇春内村）曾是清末远近闻名的豪宅，曾出过定安的一对父子进士王映斗和王器成。这里背山面水，地势高低错落，坐拥6院2园72门，建筑风格融合中西，很是壮观。在经历了抗日和"文革"的洗劫之后，池塘边的这座"豪宅"如今只余骨架，破落异常。

从定安汽车站乘到永丰的班车（7元；6:20~17:00，每小时1班；0.5小时），然后坐三轮车往返高林村。注意，百度地图的"张岳崧故居"定位有误，自驾者请沿高速路上的指示行驶。去往龙梅村则要先乘坐到雷鸣镇的班车（5.5元；5:20~20:20，每10分钟1班；0.5小时），再坐三轮车前往。到春内村没有班车，从定城打车往返需要50元。

庄中的看点串联起来，打造成几座大型乡村公园，冠上了“古色古乡，百里百村”的名号。所有乡村都是开放的，分布在龙门、岭口、翰林、龙河四镇和中瑞农场。各镇皆有班车到达，你可以有选择地进行一日游。

位于龙门镇的**久温塘冷泉**（见184页地图；免费，停车10元；⏲全天）是继台湾苏澳冷泉和黑龙江五大连池冷泉后国内的第三大冷泉，也是迄今为止发现的最大的热带富硒冷泉。冷泉附近的元宝山是一个万年火山口，围绕着冷泉的十几个村落民居都以火山岩建造而成。但对许多游人来说，火山冷泉并不是最大亮点，真正的明星是栖息在冷泉中的野生小鱼。泉水温度常年保持在23~25℃，当人们把脚泡在水中时，这些小鱼就会凑上来亲吻足底，为你做一次免费鱼疗。旺季时冷泉就如同一个巨大的露天泡脚池，十分壮观。

岭口镇曾居住过中国历史上唯一到过海南的皇帝，元文宗图帖睦尔和定安的青梅娘子留下了一段爱情佳话和两株据说二人手植的榕树，被称为**爱情树**。在这个以爱情为主题的乡村公园中，还保留了一条800米长的**古官道**，是元代南建州官员外出的必经之路，已有700年历史，如今两侧的农田和往日风貌并无二致。再往南走，便是仅剩残垣断壁的**南建州州治遗址**（九锡山村）。

翰林镇的**旧市城村**（良星村委会）完整保留了清末修建的300米城墙，石墙环抱着一座典型的火山岩村落，民居古朴自然，十分幽静。4公里外的**亚洲榕树王**为元代定安第一位县长手植，它还见证了在树下进行的一次国共联合抗日的重要谈判。

中瑞农场的**母瑞山革命根据地纪念园**（见184页地图；☎6370 2034；母瑞山中瑞农场；免费；⏲8:00~12:00，14:30~17:30）是很多红色之旅爱好者的必到之地。母瑞山被称为海南红色革命的摇篮，曾是中共领导的琼崖纵队师部所在地。纪念园修筑得十分宏伟，免费开放的陈列馆内展示了“琼崖革命23年红旗不倒”的辉煌，记录下这支英雄武装部队在土地革命、抗日战争和解放战争中的卓绝贡献。除了革命故事，母瑞山本身也值得探索，可以尝试走一下当年红军走过的路，比如到马鞍岭山脚看看当年阻击战发生的地方，或是徒步探索红军潭。

“百里百村”范围内有4座旅游驿站，但本书调研时全部无人值守。一路的指示牌还算清晰，可以顺利找到散落各处的景点。各村镇的道路状况很好，且地势平坦，少有弯道，非常适合自驾和骑行。在以爱情树为核心的皇坡遗址公园中有若干慢骑道，可以惬意游览农田和密林，只是雨后路面湿滑，要格外留神。深入村庄时，要小心家养的大狗，它们对擅入的外来者很警惕。登陆母瑞山官网（hd.hinews.cn/2/mrs_index.php）可了解更多百里百村的信息。

定安汽车站每天都有多班发往龙门、龙河、翰林、岭口和中瑞农场的班车（见183页），也可以从屯昌前往，距离更近。到镇上后再搭摩的或步行，一天时间只够看两三处景点。

屯昌

人口：30万

这个琼北内陆县在明代前还是一片荒原，明末清初时福建、广东的难民渡海来此开荒屯田，此后逐渐昌盛。但几百年间，一直分属琼山、定安等管辖，直到新中国成立以后，才在屯昌正式置县。这里地处平原和山区交界处，北有南渡江，南面环绕鸡咀岭、南吕岭，是从琼北进入南部山区的咽喉地带。

平心而论，屯昌没有太多留住旅行者的理由，无论是城区还是郊外，都找不到激动人心的看点。但因为整洁的城市规划和便利的食宿条件，使这里对于往返中线的自助旅行者来说也是个不错的落脚地。

景点

城北新区的**油画步行街**是屯昌着力打造的“油画之乡”的门面，但街道和店铺都很冷清。城南郊野的**羊角岭水晶矿遗址**是个十分原始的“景区”，唯一看点是山上的迷你天池，偶尔能遇到挖水晶的村民。羊角岭十分偏僻，建议结伴同行。如果在屯昌县城过夜，饭后可以去文体公园散散步，看看当地居民的文化生活。

木色湖 湖泊

（枫木镇）这个名字挺美的人工湖就在屯昌和琼中之间的224国道旁。“景区”由木色水库、雷公滩水库和木色村等组成，游客很少。附近的枫木鹿场破产后变成了枫木场，小鹿不知所踪。这里并没有所谓的景区入口，我们建议从屯昌过来时，看到木色湖的牌子下车，沿荒草丛生的公路走到木色水库堤坝上观赏，绕着水坝步行半圈后继续前行回到国道上。天气晴朗无风时，漫步或骑行在堤坝上，灰蓝色的湖水和另一侧浓郁的热带绿意能纾解你的心神。五六月份槟榔花开的时候，空气中会弥漫着甜甜的味道。堤坝路面很宽，机动车亦可通行。

木色湖附近有几家临水而建的农家乐，湖畔的景致很是开胃，可以尝尝本地特色香草鸭，据说因投喂香草而鸭肉也带有清香。

从屯昌车站乘坐琼中、五指山、那大方向的班车（7元；8:00~16:00，每20分钟1班；0.5小时），买到湾岭（注意：不是弯岭）或枫木的票，告诉司机在木色湖下车。离开时在国道路边等候屯昌方向的车返回，或者继续南下前往琼中、五指山。

团队游

坡陈武术村 武术

（☎3638 0608；88元/人）屯昌北部的坡陈村是海南著名的“武术之乡”，村里老幼都将五行桩耍得风生水起，武术一日游包括半天的环水库骑行、午餐和半天的武术师傅指导练武。从海口出发，提前一天预约，15人以上成团。

食宿

从东风路往南到解放路以北的核心区域，酒店集中，吃东西的选择多，交通也方便，坐三轮车到屯昌车站不超过5元。**谢家烤王**（昌盛二路131号；人均45元）在当地攒下了口碑，大菜从烤鸭烧鹅到煲仔铁板一应俱全，推荐试试特色小吃木薯饼和肉粽。解放路上的**乡味**（解放路和屯昌步行街路口；人均25元）供应的简餐出乎意料地丰盛。中华路上的**老礼堂**（☎6781 1886；大华路和商贸二路交叉口；早餐人均10~15元；☎7:00~23:00）装修讲究，是吃早餐和喝茶的好去处。

如果想吃得简单又不失地方特色，就钻进那些看起来简陋的卷帘门后的小店，几张油腻的桌子，摆在厅堂里的蔬菜，挑两样让老板炒一炒。请忽视地图上看到的“美食一条街”——那只是个失败的招商项目。

屯昌城区

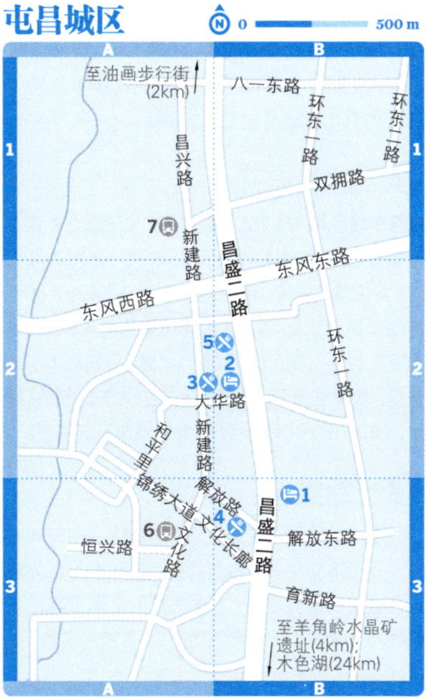

屯昌城区

住宿
1 帝豪花园宾馆 ……B3
2 康英大酒店 ……B2

就餐
3 老礼堂 ……A2
4 乡味 ……B3
5 谢家烤王 ……B2

交通
6 城南客运站 ……A3
7 屯昌车站 ……A1

康英大酒店 酒店 ¥¥

（☎6783 9888；昌盛二路和大华路交叉口；标单168元起；❄📶🅿）因为刚刚开业，所以家具和设施都非常新，不过没什么刺激气味。原木色的装修让人舒服，宽敞的房间和舒适的床铺使这里成为过夜的好选择。一楼大厅两侧有茶室和博彩中心。

帝豪花园宾馆 酒店 ¥

（☎3681 8889；昌盛二路，建设银行隔壁；

标单/双150元；❄📶🅿）从里到外都和“花园”没什么关系，是屯昌县城的老字号，装修虽然过时，但是有种对得起价格的中式典雅风格。房间内有电脑，不过并不好用。

到达和离开

屯昌车站（☎6781 2813；新建路）位于城北新区，每10分钟就有班车（25元起；6:00~20:20；1小时）发往海口总站，且每天有3班车（25元；9:30，14:00，18:30；1小时）直达海口美兰机场。去琼中的班车（13元；8:00~16:00；1小时）平均每半小时一趟。如果去三亚，许多人会先坐汽车去琼海（18元；7:00~16:20；1.5小时），然后搭乘环岛高铁。

当地交通

县城内有1~5路公交车，车费1元，末班车时间大多在18:00左右。最可能打到出租车的地方就是县城主街昌盛二路，不过主要的交通工具还是摩的和风采车（三轮车），它们没有统一定价，去县城内大多数地方只要5元。

去羊角岭要在恒兴路和文化路交叉口的**城南客运站**坐到岭肚或南坤的车，告诉司机在羊角岭下（2元），回程时在马路对面等返程车。注意，所谓的“客运站”并没有站厅或站牌，看见几辆小巴聚集在路口就是了。

琼中

人口：23万

被称为“海岛之心”的琼中被黎母山、吊罗山、鹦歌岭、五指山连成的“海南屋脊”高高托起，将近84%的森林覆盖率高居全省之首。崇山峻岭中的涓涓细流汇聚成南渡江、昌化江和万泉河三大河流，在奔向大海的途中留下了海南落差最大的瀑布和古老的石臼景观。丰富的山水地貌凭借自然之力打造出的多条登山、涉水路线，吸引了一众户外爱好者来此大展身手。在严格的生态保护下，小心翼翼的旅游开发使你仍有机会亲近千峰万壑间的质朴之美。当地旅游部门以“奔格内”（黎语，意为“来这里”）为口号，规划了多条“乡村自由行线路”和“国家步道”，引领你深入山水间的黎、苗村落，虽然它们大多看起来和普通的汉族乡村无甚区别，但田园风光和生动的劳作场景仍会黏住你的目光。

琼中县

尽管多数人只把县政府所在的营根镇当作一个中转站，匆匆打个照面就直奔黎母山或什寒，但这里的确精致得令人心情愉悦。镇上四五层的楼房都刷上了淡黄、嫩绿、天蓝等柔和的色彩，像五彩缤纷的糖果盒子，被轻轻放在群山环抱的平原上。建筑外墙和道路隔离带上绘有大力神等黎族图腾，提示你来到了少数民族的故乡。

景点

营根镇没有什么景点，两处新修的地标性景观位于城区南北两端。城北的**三月三广场**（国兴大道）平日里就是附近居民散步下棋的地方，到了每年“三月三”就变成热闹的节庆海洋。**百花廊桥**（营根路）是座仿古廊桥，成排的朱红柱子好像日本伏见道荷大社的鸟居一样重重叠叠。跨过廊桥是通往**百花岭**的山路，也是一条“奔格内国家步道”，缓缓爬升的小路可欣赏山水美景，是当地人早晚散步的好去处。海南落差最大的瀑布从百花岭二峰上飘逸而下，在闭关5年之后，百花岭景区再度开放，旅行者可以步行或者乘坐电瓶车上山，观赏瀑布和雨林景观。

节日和活动

三月三 少数民族节日

“三月三”是海南黎族、苗族共庆的重要节日，旧时每逢农历三月初三，人们便身着盛装，挑着山兰酒和竹筒饭，从四面八方汇集到一起祭祖、歌舞。黎族关于“三月三”的起源有许多传说，但无论你听到的是“天妃和南音”还是“阿贵和俄娘”的版本，它都是一个与爱情有关的节日。黎族青年男女借这个机会对歌起舞，相看对象，不负明媚春光。苗族“三月三”更重视祭祀祖先和神祇，兼而求子，因此也称其为清明节。

近年来，传统的“三月三”不再藏于深山，而被打造成了民俗品牌，大有“文化搭台旅游唱戏”的趋势。对多数旅行者来讲，参与这场盛会是唯一能将黎、苗风情一次看过瘾的机会。每年“三月三”会在琼中、五指山、保亭等地设置主会场，举行为期一个月的狂欢，

琼中城区

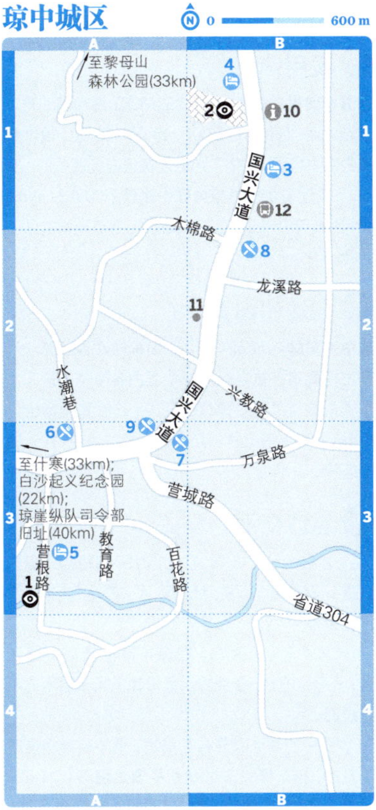

琼中城区

景点

1 百花廊桥……A3
2 三月三广场……B1

住宿

3 佳捷精品酒店……B1
4 乐园酒店……B1
5 琼中宾馆……A3

就餐

6 吃得香肥牛火锅大排档……A3
7 大维饭店……A3
8 绿橙专卖……B2
9 新瑞香美食店……A3

实用信息

10 旅游咨询服务中心……B1

交通

11 平安达租车……B2
12 琼中汽车站……B1

大半个海南岛都笼罩着欢庆的气氛之中。届时不仅有盛大的开闭幕仪式，还包含美食、服饰展示、传统体育竞技、民歌比赛等一系列活动。

团队游

清风雨林户外俱乐部（☎139 7610 0060）组织琼中和海南其他地区的登山、徒步、探险活动。可关注同名微信公众号查看活动信息。

住宿

琼中汽车站北面有好几家酒店，方便搭班车去往各个乡镇。如果想住在老城接接地气，营根路附近也有几家宾馆，条件则比较简陋。

乐园酒店 酒店 ¥¥

（☎8623 3333；三月三广场北；标单/双288/238元；❄📶P）营根镇最高级的住处，给人一种热带度假酒店的感觉。酒店位于三月三广场北面一处高地上，有些房间的阳台可以看到绿意浓浓的广场和远山。房间面积很大，卫生间干湿分离，寝具舒适度也令人满意。二楼餐厅供应的粤式早茶（人均25元；⏲7:30~10:00）值得一试。

佳捷精品酒店 酒店 ¥¥

（☎8623 3888；www.jiajiehotels.com；琼中汽车站以北约160米处；标单/双188/158元；❄📶P）海南的连锁酒店品牌，统一装潢的房间没什么特色，窗外也没有风景可言。房间内设施齐全，床铺更适合习惯睡硬床的人。好处是离汽车站不到200米，酒店二楼有餐厅，楼下有超市。

琼中宾馆 酒店 ¥¥

（☎8622 2840；营根路95号；标单/双 138/188元；❄📶P）位于县政府旁边，离百花廊桥很近，透着浓浓的20世纪90年代招待所的感觉，走廊长且窄，窗户大而破，优点在于安静。标准间陈旧潮湿，贵100元的豪华间更值得考虑。可以在旁边的**三江源·知味**（☎8622 2290）用餐。

就餐

琼中特色美食包括小黄牛、湾岭土鸡、蜂蛹等，在各乡村的农家乐都吃得到，县城里也能找到几家正宗的餐厅。若是路过想打发一顿午饭或晚饭，就去国兴大道（224国道）上的新瑞香美食店（☎8622 5310；公路局公交站旁；套餐15元）。琼中绿橙是海南水果的一大品牌，在木棉路和国兴大道的交叉口有一排绿橙专卖的摊位，绿橙上市时（9月底以后上市，不过10月底时最饱满），很多海南人特地开车过来扫货。

吃得香肥牛火锅大排档 火锅 ¥¥

（☎189 7666 0303；水潮巷；人均60元）当地人推荐的这间排档藏身于狭窄的小街里，店面极不起眼，但若是去得晚些必然满座。主打牛肉火锅，以肥牛（牛颈肉）为主，也可以涮小黄牛、土鸡、海鲜等，淋上独家蘸料（一定要加点小桔子）鲜味十足。需要提醒的是，牛肉肉质很硬，本地人喜欢这种强力的嚼劲，但吃不惯的话恐怕会觉得难以下咽。

大维饭店 海南菜 ¥¥

（☎3182 7166；海榆路442号；人均50元）招牌菜是湾岭鸡，鸡肉过油之后大火烹炒上桌，配合辣子的香气，令人食指大动。据说选用的土鸡体格精壮，健步如飞，才成就了紧实的肉质。菜量偏大，点菜时要慎重。

实用信息

旅游咨询服务中心（☎8623 8000；海榆路三月三广场对面；⏲9:00~12:00，15:00~18:00）提供免费的琼中地图、宣传手册以及其他咨询服务。

微信公众号**奔格内琼中旅游**（www.qzlvyou.cn）发布琼中“三月三”、绿橙季、春节期间的活动详情。

到达和离开

琼中汽车站（☎8622 2704；海榆路/224国道上）有发往海南各市县以及琼中县内各乡镇的班车，购票时要选“琼中营根站”。从三亚和五指山沿224国道北上海口的非直达车都经过琼中，路边招手即停。

当地交通

营根的公交车票价1元，2路和3路都沿国兴大道（224国道）行驶，经过三月三广场、汽车站和百花廊桥。

三轮车（风采车）在琼中属于禁运交通工具，几乎见不到。搭摩的到营根镇上大多数地方不超过8元。

琼中的看点都分布在周边，乘坐公共交通限制较多，租车或包车可联系**平安达租车**（☎8623 5166，135 1805 9520；租车230元/天起，包车380元/天起）。

琼中汽车站车次时刻表

目的地	发车时间/班次	票价（元）	行程（小时）	备注
海口总站	6:00~19:30（每半小时1班）	35	1.5	
海口美兰机场	8:00、14:00	39	1.5	
三亚	8:15、10:00、14:00、18:00	51	4	
屯昌	7:40~17:15（平均每半小时1班）	13	1	
五指山	6:50~14:00	19	1.5~2	
琼海（嘉积）	6:50、7:30、9:50、11:20、14:00、17:15	28	2	
万宁	8:00、12:00、13:20、14:30	20	2	
儋州（那大）	7:20~17:30（平均每40分钟1班）	19	1.5~2	
黎母山林场	7:30、15:30	12	1	终点为黎母山公园管理处
红毛	9:20、10:45、15:30	6.5	0.5	
长兴	14:30	12.5	1	
什运	6:50~15:30V	9.5	0.8	

大山深处的三线工厂

224国道旁有一个平淡无奇的什统村（什读“zá”；琼中县什运乡，224国道181公里处），你绝不会想到其中藏着一代人的特殊记忆。

20世纪60年代中期，国际局势日趋紧张，中央为保障国防安全，做出了向“三线”转移重工业、军工产业的战略布局。在“好人好马上三线”的口号声中，大量企业从东部城市迁移到西北和西南的偏僻地区。彼时海南隶属于广东省，琼中大山为“三线”建厂提供了绝佳的地理环境，曾坐落于什统村的“光华机械厂”就是万千三线工厂中的一个。

20世纪80年代末，光华厂整体搬迁到海口，什统村回归平淡，曾经不为人知的军工基地也揭开了神秘面纱。国道旁的二层建筑是原先的供销社，从那里往村子里走，沿小学旁边的小路来到昌化江边，过了桥就是原先庞大的厂区。整修过的村道两旁立起了子弹头形状的栅栏和长枪雕塑，展示给外来者一张旧日的名片。问起村中的长者，他们会略带神秘和骄傲地告诉你，这里曾经是一座造子弹和弹药的军工厂，曾经是中央为了预防国民党反攻大陆建造的诸多兵工厂中的一座。沿着子弹头路继续前行，就能见到废弃的二层礼堂，外墙上“把我厂办成毛泽东思想大学校”的标语依然醒目，礼堂对面大量厂房已变为堆堆瓦砾，一些更为隐秘的车间则藏身于山洞和坑道之中，被荒草掩盖了入口。在远处高架桥的背景中，这残破的一幕仿佛诉说着三线工厂被时代抛下的命运。

黎母山森林公园

（☎8630 8000；hilmsfp.forestry.gov.cn；黎母山镇；门票20元）黎母被认为是黎族的守护神，黎族人对黎母的感情和东南沿海一带的妈祖崇拜如出一辙。关于黎母山的传说有成百上千，但都和黎母在此现身有关。

如今这座神山已被开辟为国家森林公园。从公园大门向上十公里左右就是半山腰处的公园管理处（也叫场部），这里也是班车终点站。管理处附近的锦绣谷景区包含了几处可轻松游览的景观，徒步或自驾皆可，但很少能见到指示牌。管理处西侧的**曲岭古林**是一处原始森林，有绿楠、油丹、黑椎等珍稀树种，千年的陆均松巨木参天，需数人合抱。管理处南1公里处的**石臼**位于万泉河北支源头的一段长200米的河床上，造型各异的石臼仿佛巧夺天工的艺术品。自驾者可驱车前往管理处西北5公里的**槟榔湖**，这里既是白鹭和多种候鸟的栖息地，也是夏季避暑垂钓的好去处。

离开管理处和锦绣谷景区，黎母山的自然山林鲜见开发痕迹，因此成为户外爱好者的天堂。管理处南面的小路通往**吊灯岭瀑布**（距管理处10公里左右），高手们可循着落差100多米的瀑布溯溪而上。石头非常光滑，小心摔跤。**黎母山主峰**位于管理处东面，要攀上海拔1400多米的山巅，需在原始树林中摸索前行，沿途会经过桫椤古林和千年古树洞等景观。我们不建议你自行登顶，可在管理处附近询问向导事宜，或拨打景区电话（☎8630 8000）。登山往返至少需要6小时，向导费用200元左右。

从管理处按路牌指示继续向上9公里是**黎母庙**。位于山顶的庙宇虽小，但香火甚旺，尤其是每年农历三月十五黎母诞辰，前来朝拜的人络绎不绝，整条山路堵得水泄不通。即便不登上主峰，在黎母庙前的平台上亦可一览琼中层峦叠嶂的美景。

若时间充裕，可以顺道游览黎母山镇大保村的**水会所城遗址**，水会所曾是明代琼山县交通要冲，现城墙轮廓犹在，但建筑都已坍塌。进入遗址后继续深入来到水上市村，穿过竹林和仿古建筑后左转，就能见到一整条街保存完好的**水上墟民宅**，低矮的白色民居使用的建筑材料最早可追溯到明代。

食宿

公园服务站附近有几家餐厅。**兰溪水上林家乐**（☎8630 8818，139 7616 4940；管理处南侧1公里；标单258元起；❄ P）可以住宿和用餐，**七家访度假村**（☎8630 8866；管理处西侧2

公里；标双200元；❄P）在人工湖畔建起一排水上小屋，还有露营场地，环境非常好。如果错过了末班车可以放心住下。

学而山房 客栈 ¥¥

（☎183 8977 1127；管理处西侧1.5公里；标单368元；❄Wi-Fi）谁想到素面朝天的黎母山里藏着这么雅致的驿站，从外部环境到各项设施都与名字的格调极为相称。几年前它还是一所废弃的学校，如今一层的教室被改造成陶艺坊、书画室等活动室，兼具展示和手作坊的功能。走廊尽头的大厅可以用餐品茶，坐在木桌旁就能被落地窗透进来的阳光暖暖包围。二层、三层开辟出8间客房，陈设雅净，体现出老板的好品位。从进入公园大门开始一路都能看见指示牌，很容易找到。

到达和离开

琼中汽车站每天有2班车（12元；7:30和15:30；1小时）前往黎母山公园管理处（购票时选择“黎母山林场”），返程时间后推1~1.5小时。千万不要在公园大门就下车，否则剩下10公里只能自己走上去了。

什寒村

（红毛镇）自从2013年摘得了“最美中国乡村”的桂冠，什（zá）寒便走出深闺来到世人面前。将近800米的海拔使这里收获了“天上什寒”的美称，云雾在每个清晨如约而至，村寨仿佛被托起一般。高地势也造就了什寒独特的气候，常常山下清空朗日，山上暴雨突至。即使在最热的夏天，这里的夜晚仍有凉意。

参拜过村口的千年重阳古树，就踏进了富于民族风情的童话世界。先别急着钻进整洁的白色小巷，可以在水寨居旁边的观景平台一览什寒全貌，欣赏流云叠翠间村寨的遗世独立之姿。什寒并不大，弯弯绕绕的小路串起了几个小村子和若干零散的看点，如果更喜欢看自然风光，两条“国家步道”可以带你深入绿色之中。

一夜成名后的什寒建起了精致的客栈，老房也都粉刷一新，这或许会让远道而来的旅行者有一丁点失落，但多看一眼还是能体味这里的民族文化底蕴。从内地迁居来的苗族与海南的“原住民”黎族在其他地方都各立村寨，然而却在什寒世代友好，比邻而居。在村口大门上并排印着的两个词“奔格内”“待内典”，分别是黎族和苗族语言中“来这里”的意思。在村子里则可以通过建筑的细节来区分：屋脊两端如牛角般翘起的是苗家，没有的就是黎家。

值得一游

琼中红色之旅

琼中南部有两处革命纪念基地，如果对红色文化感兴趣，可以顺道游览。在日军入侵海南岛之后，国民党军队败退至海南中部，对当地少数民族进行了残酷欺压。1943年，黎族领袖王国兴领导黎族、苗族人民进行了武装起义，史称白沙起义。琼中红毛镇的**白沙起义纪念园**（红毛镇番响村；免费；8:30~17:30）通过文字、图片和实物展示详实地介绍了这一重要历史事件。纪念园宁静肃穆，中间立有17米高的花岗岩纪念碑。

纪念园西南20公里处的便文村还有另一处红色圣地。白沙起义后，王国兴的武装力量主动寻找共产党，终于和冯白驹将军胜利会师，而后壮大的队伍在便文村建立了革命根据地。村内的**琼崖纵队司令部旧址**（什运乡便文村）只剩下一座纪念方碑，旁边新修建了一座纪念馆记述琼崖纵队首次代表大会的召开。如果想要参观，可请村民帮忙寻找看门人。便文村属于琼中乡村步道的一部分，村内有简易的旅游设施（食宿、宿营地和驿站），通往便文村的路上还有一处五指山观景台。

白沙起义纪念园就在224国道路边，可乘往返琼中和五指山的班车（买到红毛镇的车票）抵达。琼崖纵队司令部旧址可从在国道上的指示牌处向西拐进小路，继续前行8公里，可导航到便文村。

鲜为人知的黎、苗渊源

黎族是海南岛最早的开拓者，已经在此生活了3000年。而关于海南苗族的来历，学界普遍认为，明代时中原统治者为管理黎人，从广西征兵至琼岛“以夷制夷”，这些兵士大部分是苗族人，而这段过往也成为两族历史上最为剑拔弩张的时期。还有一说是明代时有另一部分广西苗人迫于生计渡海而来。苗族人在海南定居时，黎族和汉族已经分别占据了海岛的山地和平原，他们只得住到深山里去。地理上的交集使得两族表面上成为了邻居，并萌生了相似的文化景观，比如“三月三”等共同的节日。但由于语言和风俗的障碍以及“主客身份”产生的微妙情绪，两族交往不频繁，对彼此的了解也带有偏见，向有“黎怕苗法，苗怕黎毒”之说。

民国时期，黎族和苗族才逐渐展开了频繁的交流。一些苗族人向黎族山主租山耕种、捕猎，由此产生了经济联系。五指山一带的私立国民小学，为黎、苗子弟提供了文化交流的机会。新中国成立后，越来越多的黎、苗人有机会走出山区，随着改革开放、海南经济特区设立以及国际旅游岛建设三项政策的层层递进，人口流动速度日益加快，两族产生了更紧密的联系，在城市里出现混居的状态。互不通婚的坚冰也日渐瓦解，在2011年的一次农村抽样调查中，只有三分之一的人仍持有族内通婚的观念。超过半数的苗人和近30%的黎人能熟练地说对方的语言。

村子最美的时候还是清晨，所以在什寒住一晚绝不是坏主意。你可以住进设施良好的民宿和驿站，如**奔格内客栈**（标单/双 118元起）和**待内典驿站**（标单/双 238元起），或者在圆圆的**高脚屋**（标单/双 328/318元）里度过山居静夜。所有正规的住宿都要在村口的服务中心统一登记入住，节假日前往最好事先打电话预订（☎8628 6800）。

本书调研时，琼中到什寒的旅游专线暂停运营，旅行者可提前致电琼中汽车站（☎8622 2704）咨询近况。也可以从琼中坐去红毛镇的车，镇上通常有候客的摩的去村里（30元），让司机在村口等候，或者留下电话第二天来接。自驾和骑行者出琼中沿224国道南行25公里，在路西拐进055乡道，再行9公里即到。沿路的梯田和绿野绝对是不容错过的风景，但是路窄弯多，请谨慎驾驶。

飞水岭

（琼中县和平镇长兴村）位于营根镇东南40公里的飞水岭瀑布也许不是琼中众多瀑布中最秀丽的，但穿越田野和丛林的寻瀑之旅富于乐趣，又能找到一丝探险的感觉。

在473县道上“飞水岭热带雨林6km”的牌子下拐进小路，狭窄的砂石路十分考验车的性能和驾驶技术，建议自驾者把车停在路口步行进去。1个多小时的脚程共需渡水四次，旱季时可以踩着石头过河，雨季时就免不了涉水前行。遇到岔路就走右边那一条，人工林里的小路和铺设的水管都是你前行的指引，循着水声钻进密林，就来到了瀑布边。

准备好迎接拨开树丛见到瀑布的一刹那，飞水岭瀑布从落差200多米高处奔涌而下，虽比不上庐山瀑布壮观，仍有“千古长如白练飞，一条界破青山色”的气势。不过你看到的景色也取决于季节（水量有差别）和攀爬的高度，飞瀑从山顶跌宕而落，中段被天然的平台截成几段，这些平台不仅提供了丰富的观景角度，也是休憩和野餐的场所。户外高手可以带齐装备，尝试岩降。要注意的是，飞水岭是一个相对原始的“景区”，缺乏旅游服务设施，且由于邻近水滨，可能有蛇出没。暴雨后水位升高，水流湍急，涉水和溯溪要量力而行。

琼中汽车站每天14:30有一辆中巴开往长兴（12.5元；1小时），或者坐到和平镇（每小时1班）的班车，之后包车前往飞水岭。和平镇中心有一处**石臼**景观，枯水期从和平大桥处可以看到长约1公里的石臼群，被河水磨去棱角，雕琢出各式造型，可顺道一看。

五指山

人口：10.6万

对很多旅行者而言，这可能是海南中线上唯一熟悉的名字。和庐山、黄山一样，五指山是一座因山而更名的城市，在2001年之前，它一直叫作“通什”（当地人发音“tōng zá”，意为山谷中连片的田地）。如果说三亚是海南水的象征，那五指山就是琼岛山之灵魂所在。从海拔1867米的主峰绵延开来的无数山岭是黎族、苗族共同的家园，万仞大山中藏着黎母和雷公的传说。但随着传统民族信仰和文化风俗日益凋零，你已经很难找到原汁原味的黎、苗风情了。除非继续往大山深处走，还有可能邂逅黎族姑娘的筒裙和苗族少女的花帽。

五指山市

224国道从五指山市区（通什镇）纵向穿过，南圣河从东面的五指大山流经此处，轻巧地拐了道弯又缓缓西去。热闹的老城区挤在南岸的半岛上，被宜居美名吸引来的外地人则住进了城区四周的高楼大厦。这个小小的山城早已习惯了被30公里外同名的大山抢去风头，但坐落城中的海南最好的博物馆足以打动你。在跳上长途班车之前，留些时间在城里转转，感受这里引以为傲的负氧离子和慢节奏生活吧。

景点

海南民族博物馆　　博物馆

（海榆北路琼州大学旁，汽车站背后；免费；⏲8:30~17:30，周一闭馆）海南省最大的民族博物馆，经过整修后于2018年2月以全新面貌重新开放。建筑保留了原有的四合院形制，但内部装饰和展览设施都焕然一新，变得更气派、更有现代感。博物馆以全媒体方式展出了海南少数民族的历史、文化和手工艺，可以帮你迅速建立直观的认识。从一层大门左侧的第一展馆开始顺时针游览，在了解了黎、苗、回、汉四大民族在海岛的历史后，来到最有趣的第二展馆——展品和视频详细阐述了海南先进的纺织工艺如何完成由“衣被海南”到“衣被天下”的进阶，中间的交互体验区通过电子模拟的方式，让你尝试用各种矿石和树汁调和出黎锦美丽的色彩；展览后半段，黎锦的两大品类（龙被和服饰）都展示了纺、染、织、绣的最高水平。第三展馆展出了编织、雕刻、剪纸等民族工艺，以憨厚朴实的独木器具最为特别，小至针线盒，大到独木舟，日益精湛的雕工见证了黎族人手工技艺的发展历程。

二层长长的走廊左侧有两个小展室，陶器和书画展品的品相一般。下楼前别忘了望向窗外，这里有俯瞰山城全貌的好角度。

从汽车站北面的小路上山，路过原琼州大学南门的111级台阶，再继续上坡300米即是。

住宿

相比五指山旅游区，市区的住宿选择更多，从青旅到高级酒店，各个价位都有。而且淡季时通常都有折扣。

福德莱大酒店　　酒店 ¥¥

（☎3186 8888；怡景路与沿河南路交叉口；标单/双 288元；❄📶Ⓟ）市内最讨人喜欢的住处，位于高楼林立的新街区，建筑面水而立，外观气派时尚，内部虽算不上新，但天井式的设计并不呆板。房间雅致的色调和床品亲切的质感令人十分舒服，河景房的小阳台上不仅可以收获城区景观，还能看到河畔蓬勃的文化生活。提前在各大旅游网站订房，价格更优惠。

驴二青年旅舍　　青年旅舍 ¥

（☎135 0463 1287；224国道富田酒店旁；铺40元，标单/三人间 100元；❄📶）海南中线上为数不多的青年旅舍之一，颇受骑行者青睐。位于小巧的二层别墅中，有实木高低床的多人间、简单的大床房、露营场地、一间公用厨房以及热爱骑行的年轻老板，公共空间的氛围轻松友好。旅舍位置偏僻，从市区坐摩的要15元，往返市区和南圣的5路公交车从门口的国道上经过。

红叶大酒店　　酒店 ¥¥

（☎3862 1111；三月三大道27号；标单/双 178元；❄📶Ⓟ）位于城市主干道上，离汽车站不到5分钟步行距离，周边的小饭馆和商铺很

五指山城区

五指山城区

景点

1 海南民族博物馆 C1

住宿

2 福德莱大酒店 C3
3 红叶大酒店 C2
4 水云山庄 C3
5 珠江水晶酒店 B2

就餐

6 四川酒家 B2
7 五指山民族风味园 C1

购物

8 民族织锦展销中心 C2

实用信息

9 海南省第二人民医院 B3
旅游咨询服务中心(汽车站分部) ..... (见11)

交通

10 唯乐旅行社 B2
11 五指山汽车站 C1
12 友和租车 B1
13 至尊租车 B1

多，位置极佳。房间窗大，光线好，卫生条件尚可。房价含早餐。

珠江水晶酒店 酒店 ¥¥

(☎3862 8888；河北沿河西路2号；标单/双 379/498元起；❄📶🅿)酒店按四星级标准建造，设施较新，服务态度也不错。房间明亮宽敞，卫生间很大。酒店在南圣河北岸，与老城区隔河相望，过桥就有很多小店可以吃火锅。这一段的河景有些单调，不如选择更清静的山景房。

水云山庄

民宿 ¥

（☎3186 2000；翡翠花园水云山庄5栋1层；标单 有/无窗 100/80元；❄📶）开在居民区里的这家民宿能满足以下三个条件——住在新城，享受周边的美食和河景，同时经济实惠。来自东北的老板夫妇热情友好，房间简单干净，小院雅致舒适。从怡景路的翡翠花园大门进去，直走右手边第二栋就是。

就餐

五指山市区没有发展起旅游城市常见的美食街，大多数人都选择去旅游区品尝山珍，城里反倒变成外地菜的天下。怡景路附近的地产楼盘多被"候鸟族"占据，因此街道两侧聚集了许多北方菜馆，其中炭火锅和铁锅炖是主打，还有几家专门的野菜馆。汽车站周边有成排10元吃饱、30元吃撑的小餐馆，还能解决早餐。

五指山民族风味园

海南菜 ¥¥

（☎8662 8003；泰翡路；人均70元）伴着山城景色和凉爽清风品尝五指山美食如何？这家餐馆建在汽车站后面的山头上，山脚下就是五指山城区，山崖边修建了一条凉廊，排开十几张大圆桌，大盘的小黄牛、五脚猪、蚂蚁鸡和各种野菜热气腾腾地端上桌，让你大快朵颐。从民族博物馆继续往山上走200米就到。

四川酒家

川菜 ¥¥

（☎139 0761 6372；沿河北西路2号，珠江水晶酒店东100米；人均40元）万一吃腻了五指山美味，或者只想吃顿心满意足的饱饭，可以选择这个车站不远处的川菜馆子。价格公道，菜品完美符合"下饭"的标准。

购物

海南省民族研究所内的民族织锦展销中心（农林路18号）有几个出售黎锦的柜台，有手工和非手工之分，价格从几百到上千不等。不过这里出售的苗族蜡染制品来自贵州，并非本地所制。柜台后面还有个民族服装展厅，周一至周五开放。

实用信息

医疗服务

海南省第二人民医院（☎8662 2337；奥雅路24号）

旅游信息

旅游咨询服务中心（☎8673 0333；224国道和南圣路交叉口；⏲8:30~17:30）提供各景点的即时资讯，包括五指山漂流的开放信息，可免费领取旅游手册和手绘地图。五指山汽车站门口有一个分部。

到达和离开

五指山汽车站（☎8662 2857；海榆北路50号）位于城区北部，有频繁发往海口、三亚、琼中、保亭、陵水、万宁和乐东的班车。去往各乡镇的车也从汽车站出发，但去水满乡要在马路对面坐车。

当地交通

五指山的公交车没有站牌，路边招手即停，上车后需要请售票员提醒你下车。1路经过汽车站

五指山汽车站车次时刻表

目的地	发车时间/班次	票价（元）	行程（小时）	备注
海口总站	6:30~18:30（每20~50分钟1班）	49/58	3.5~4	
三亚	6:20~18:30（平均半小时1班）	23	2	经保亭槟榔谷和呀诺达
保亭	7:20~17:40（平均每40分钟1班）	10/11	1	
琼中（营根）	6:30~17:00（平均每小时1班）	19	1.5~2	
陵水	7:20~17:40	25	2	经保亭
乐东	7:00~17:30（平均半小时1班）	18	1.5	
水满	6:30~17:30（平均每40分钟1班）	10	1	
毛阳	6:30~17:30（平均每20分钟1班）	7	0.6	

挑战五指山骑行制高点

224国道五指山阿陀岭段因道路曲折、坡度大，成为海南环岛骑行的终极考验路段。以下介绍的骑行环线不仅让你向这条“魔鬼之路”发起挑战，还串起了五指山大多数看点，加上绝美的风景和良好的路况，很可能成为你海南中线之旅的一大亮点。

五指山市区—阿陀岭 10公里

从五指山市区出发，一路沿224国道北上，冲上海拔757米的公路制高点。道路极为曲折陡峭，常有180度的大拐弯，对体力和经验都有较高要求。

阿陀岭—毛阳镇 12公里

继续沿224国道行驶，一路下坡，畅快之时千万要小心，大折角的陡坡远比上山危险。

毛阳镇—水满乡 32公里

高峡深谷的幽静水色，搭配雨林和稻田的浓郁绿意——我们认为这一段路可以算作海南中线公路最美之处。全程盘山道上坡，沿河行驶，途经五指山大峡谷漂流地。水满乡食宿便利，你可以在此休整一天，去五指山自然保护区和雨林风景区转转。

水满乡—五指山市区 35公里

经590县道回到市区，右侧的南圣河谷风光静谧，平缓的下坡路弯道较少，是环线最惬意的一段。途经红峡谷漂流地。

小环线 22公里

如果想一天完成五指山骑行，也有一条小环线路可以选择。从五指山汽车站沿050乡道北向太平水库进发，一路急速上坡，穿过太平村后驶上崎岖的山道。之后继续向红山乡方向北行，经新平、什干到达224国道，完成去程。回程时一路沿224国道南下，翻越阿陀岭，回到市区。

和怡景路，2路经过三月三广场，票价1元。5路往返市区和南圣，全程2元。

当地人在市区乘摩的一般近途3~5元、长途10元。外地人可能略贵，可以按每公里3元砍价。

唯乐旅行社（☎8662 6730；灯光球场；普通车50~80元/天，山地车120元/天）出租自行车，并且定期组织周边的骑行活动，比如前往毛道和南圣的一日游。租机动车可以去河北西路（珠江水晶酒店西面）的**至尊租车**（☎182 8930 1017；租车180元起）或**友和租车**（☎186 8954 3258；租车200元；包车350元起，自行车10元/小时）。

五指山旅游区

雨林、峡谷以及藏在密林深处的古老村落——“海南屋脊”的精华尽在此处。五指山旅游区并不是一个封闭的景区，而是以五指山市东部的水满乡为核心，包含五指山主峰在内的多个景点组成的区域。被五指山捧红的水满乡是探索旅游区的大本营，吃住方便。从五指山市区到水满只有1小时车程，可以当天往返。

景点

★五指山自然保护区 自然保护区

（水满乡东南；门票 旺季/淡季 50/42元；⏲8:30~18:00）五指山自然保护区是中国生态系统和生物种类多样性最丰富的地区，原始热带雨林占保护区面积的70%。从海拔250米到1867米，几乎分布着海南热带雨林的所有植被类型，包括沟谷雨林、热带山地雨林和热带亚高山矮林，其中后者在中国的热带地区为五指山独有。保护区内常见枫香、海南柿、蝴蝶树、鸡毛松等高达30米的乔木以及桃金娘、琼棕、鹅掌柴等小乔木和灌木，你会被包围在360度的无尽绿意中。山间四时兰开，各种内地见不到的花卉也会令人大开眼界，而冬季（11月至次年1月）被山槐树、山海棠和枫树染红的山岭又是另一番风情。动物资源同样丰富，但旅行者最可能见到的还是

五指山旅游区

色彩斑斓的林鸟和蝴蝶。不过，如果你想要观五指山全貌的话，“身在此山中”可看不见任何一根“手指”。

保护区内有两条路线——“赏树根古道”的登山路线和“寻昌化江之源”的溯源路线，难度和景观大相径庭，如果都想走完至少要一整天时间。沿**登山路线**的木栈道往返需要3～4小时，全程都在原始雨林之中，艰苦攀登了一段迂回爬升百米的阶梯后，回身可以看到水满乡全貌。在到达海拔1250米的半山腰时，木栈道猝不及防地结束，低矮的铁门和“禁止入内”的警示牌会拦住去路。接下来的路不属于游览区域，缺乏保护措施，近年来也曾有驴友失足涉险，故而保护区也不鼓励游人继续前行。如果决定登顶，请确保自己的体力和安全。从这里开始经一峰（海拔1839米）到二峰（主峰，海拔1867米）都几乎无“路”可走，只有裸露的树根盘错组成的路径，而且全程没有任何补给点和厕所。

比起登山路线，**溯源路线**轻松且迷人。昌化江支流的源头之水从五指山的一座小瀑布如碎玉般跌落，汇成涓涓细流，整条徒步路线就沿着溪水逆流而上。往返只需1.5小时，一路沿着木栈道行走，一侧是昌化江的细流，一侧是雨林，虽然也要耗费些体力攀爬百米，但风光秀丽，途中美景会让人频频举起相机。

雨季栈道湿滑，需格外小心，树根道更是泥泞难行，最好不要冒险。从水满乡到保护区只能乘坐三轮车，通常为10元。下山后在景区售票处等候回程的空车。

五指山热带雨林风景区　　森林

（☎3862 7555；水满乡东北；门票 包含电瓶车50元；⏲8:30～16:30）这里对外宣传的最大卖点是可以眺望五指山全貌的观景平台，不过和想象中五指分明的凌厉造型有所不同，这个角度看到的五指山体态颇丰盈。景区内还修建了3公里长的雨林栈道，是个悠闲漫步的绝好场所，沿途可观赏雨林特有的板根、绞杀现象以及神石龟、树抱石等趣味景观。

进入景区后，可乘坐摆渡车到达**观山平台**，正对着云海间的五指山。从平台旁边的小路进入栈道，前半段是精华所在，景致丰富且游览轻松。随后栈道在水满亭分为两条岔路：沿一环线经丹枫广场回到观山平台，要攀登十几层楼高的台阶，沿途古树参天，藤萝密布，再从观山平台乘摆渡车返回大门，全程约

2小时。如果选择了二环线就能一路沿着水满河步行到大门，踏过铺石古栈道可以观赏葱绿的田园风光，最后还会经过水满黎村，全程约3小时。

雨林风景区虽是成熟的景区，但仍然有村民在此耕作，不要贸然钻进那些通往农民自家田地的林间小路（小心毒蛇和蚂蟥）。从水满乡到这里乘三轮车10元。

初保村

村落

（毛阳镇牙合村委会）这座高海拔的村落堪称黎族传统民居建筑的博物馆，保留了五指山乃至海南省最完整的船型屋建筑群。船型屋因外形似船蓬而得名，平面呈长方形，在两侧的山墙处开门，顶部扎藤架，上覆厚厚的茅草，侧面看呈半拱形。船型屋经历了从高架（干栏式）向低架（落地式）转变的过程，高架屋二层住人，底层养牲畜。现在已经很难看到标准的吊脚楼式的高架屋，初保村的几座高架船型屋离地只有1米左右，更多的是直接"坐"在地上的低架屋。

路过"黎家第一村"的石碑后，一座朴实无华的村寨便出现在眼前。村内建筑沿着山坡错落无序地铺开，没有贯通的经纬道路，各家各户挨得十分紧密。许多船型屋实际上是改良后的金字形屋，屋顶线条趋于平直，亦不再垂落地面。尽管已跻身国家级非物质文化遗产，但这种古老民居在现在看来并不宜居，采光就是最大的问题，因此现在真正居住在船型屋中的黎族人少之又少。在初保的原始风光被外界熟知后不久，初保村民便陆续搬到了两公里外的新村，但因为远离了农田，农忙时许多村民仍会回到老村居住。老村几乎未经旅游开发，因此也没有食宿选择。

初保村距离牙合村的大峡谷漂流终点尚有几公里，步行也能到达。自驾可从538县道拐进牙合村方向的小路，山路虽窄，但还算平整，

不要错过

玩转五指山漂流

五指山独特的山体地形及热带雨林景观造就了岛内首屈一指的漂流圣地。山涧河水清澈，河湾急缓交错，乘坐橡皮艇顺流而下，不仅可以体验水头浪尖上的惊险刺激，还能一览峡谷两岸的石林绝壁。

大峡谷漂流（☎8663 6655；水满牙排水库下游；门票198元；⏲周六、周日10:00~16:00）位于水满和毛阳之间的牙合村，名气最大，也最刺激。河道位于峡谷深处，谷内奇石林立，全长6公里，总落差80多米。前往大峡谷可以在水满乡（13公里）或者毛阳镇（20公里）乘摩的或三轮车，为30~50元。

红峡谷漂流（☎8666 6688；南圣镇；门票200元；⏲每天13:30~15:30）多岩滩激流，崖壁险峻，全程3.8公里，漂流时长1.5~2小时。在五指山市区乘坐到水满乡的车，在红峡谷下车。

雨林谷漂流（☎3862 7555；水满乡水满村；门票186元；⏲每天13:30以及周末和节假日的10:30）位于五指山雨林风景区内，是三处漂流中最温柔的一处，全程1.5小时，水满河两岸植被密布，绿色宜人。漂流起点就在雨林风景区售票处外。

以上三处的门票都包含救生衣、安全帽、更衣、储物和淋浴。去之前记得带上全套更换的干衣服，鞋子最好是塑料的，而且脚后跟要有鞋带绑着。如果鞋子不合适，现场会有专门的漂流鞋租售（大峡谷漂流 出租13元/双，雨林风景区漂流 售价10元/双）。戴眼镜的旅行者需要用带子（5元/条）将镜框固定住。自驾前往大峡谷和红峡谷，可以把车停在起点，漂流后在终点乘坐景区的摆渡车回起点取车，反之亦可。

漂流属于高风险的户外活动，请确保门票包含保险，虽然翻船的几率不大，但身处激流险滩中，再小心都不为过，漂流前务必认真听取漂流安全讲解。三处漂流都有年龄限制，男性55岁以上、女性50岁以上以及未满16岁者禁止参加。枯水期（通常为11月至次年3月）或者恶劣天气下漂流不开放，请提前电询。

小心驾驶便不会有太大问题。从水满乡到这里没有公共交通，搭三轮车开价60元左右。

食宿

旅游区内的食宿皆可在水满乡解决，广场周围有几家简餐和特色餐厅，从水满到保护区山路两侧有不少农家乐，供应特产的五脚猪、小黄牛、石鲮鱼、小河鲜、蚂蚁鸡和各种野菜。

五指山亚泰雨林度假酒店 酒店 ¥¥¥

（☎3862 0000；www.wuzhishanyatai.com；五指山自然保护区；标单/双 580元起，别墅 880元起；❄📶🅿🏊）酒店就在五指山保护区山脚的雨林之中，别墅和花园本身就是一道风景。对于不匆忙往返市区的旅行者来说，在这里下榻是绝妙的选择。休闲轻松的度假氛围、精致的客房和露台、高品质的美食都能极好地安抚你爬山的辛劳。网上订房能便宜200元左右，性价比非常高，房价包含丰盛的自助早餐和自然保护区的门票。酒店有往返市区的免费班车，就在五指山汽车站旁的红叶大酒店对面接驳客人，每天2~3班，需要提前致电预约。

水满园酒店 酒店 ¥¥

（☎8655 0338；水满乡；标双268元，含早餐；❄📶🅿）水满乡的老牌酒店，建筑外观别致，庭院郁郁葱葱。房间设施简单，空间也不大，但考虑到水满乡的物价水平，价格也算合理。一些带阳台的房间可以看到五指山主峰。

登山点农家乐 露营地 ¥

（☎139 7616 3677；五指山保护区大门外1公里；露营 自带/租借帐篷 20/50元）位于前往保护区的公路旁。没有客房但可以宿营，对于骑行者和预算紧张的旅行者是个好选择。因为远离水满乡农家乐聚集的地方，这里显得格外清净，小院内的池塘和亭子构成一幅田园风景画。就餐价格也很美好，简单的炒小黄牛肉便令人惊艳。老板可以帮忙安排登山向导（登主峰200元/天）。

实用信息

水满乡有几处小超市，可以为登山采购饮品和干粮。保护区内有梦仙楼小型超市，登山起点处也有小卖铺和摊位，但是价格较高。

危险和麻烦

身在原始山林之中，应对自然报以敬畏之心。保护区严禁烟火，除指定地点外，切勿吸烟和野炊，也不要丢弃垃圾。五指山山高林密，海拔千米以上信号越来越弱，且常有蛇虫出没，游览时一定不要偏离常规路线，且不要独自登山。雨后蛇虫活动频繁，山路湿滑，安全起见最好挑晴天前往。

医疗服务

水满中心卫生院（☎131 7894 2500，151 0302 5383；水满园酒店对面）

旅游信息

旅游咨询服务中心（☎3862 8333）就在水满乡的广场对面、邮局旁边，可免费取阅五指山旅游地图、手册，以及雨林风景区的介绍册。工作人员很热心，能提供许多有用信息。

三亚、万宁和海口都有前往五指山的常规旅行团，通常为两日游。

到达和离开

水满乡前往五指山市区的小巴（10元；7:45~18:30，每40分钟1班；1小时）从水满乡广场旁边的公共厕所对面发车。

自驾与骑行者无论从毛阳或南圣前往水满乡，所行路线都堪称景观公路，分别经过大峡谷和红峡谷漂流地，路况也很好。

当地交通

五指山旅游区内除了往返市区的班车，没有公共交通工具，只能依赖三轮车。从水满乡到保护区和雨林风景区均为10元，到大峡谷和初保村，司机可能会看人开价。

牙胡梯田

（毛阳镇）海南的梯田美景在过去极少被列入旅行者的清单，这片“海南第一梯田”也是近年来透过驴友的镜头才令世人惊艳了一把。黎族人世代在鹦哥岭的大山上开山造田，引水灌溉，成片的梯田绵延在牙胡、牙防、坎通等黎族村落之间，连成灵动的曲线。和云南、广西气势磅礴的梯田相比，牙胡小巧得多，因山势陡峭，每层的宽度很窄，被形容为

当地知识

谁才是少数民族

在五指山、保亭一带和当地人交谈，你若冒昧地问上一句，对方很可能告诉你他是黎族人，或是东北人。这令人不禁好奇本地的汉族人都到哪里去了？

在中线的山区，汉族人口比例仅占三分之一，因此谁是“少数民族”反倒成了个耐人寻味的问题。从外表上，你很难区分出汉族和黎族与苗族，古老的民居和刺青密码也难以寻觅，令人感到些许遗憾。但是若能和黎、苗朋友聊上一阵，不难发现他们言语中流露的民族自豪感。城市中的各族人通常混居，在保亭还可以看到城区开辟的黎苗城中村。而到了乡下，黎村和苗寨仍是最基本的聚居单元，村里的奥雅（黎族长者或首领）十分受人尊敬，你偶尔还能看到身着对襟织锦上衣的老妪。

而相比近年来被推上风口浪尖的三亚，中线外来人口的存在感低了许多，实际上五指山公交的东北司机比例极高，在各县的新城区都有成片的外地人开的餐馆。这些从内陆飞来的“候鸟”一族已经安居此地，在与本地人细碎的矛盾之中逐渐达成了默契。

“一床棉被盖过田”。不过这并不妨碍你从高处俯瞰时，感受层层梯田海浪般的节奏感。

随季节变换，梯田也呈现出不同的主打色，但最美的时候还要数灌水插秧季，4月至5月和8月至9月到来，梯田倒映着天光云影，澄平如镜。6月和10月是稻熟时节，梯田流金异彩，别有韵味。

离开224国道后沿山路走上三四公里就能见到梯田蜿蜒的轮廓，经过每一个村子和岔路口都有路标提示方向，路标到尽头时，最好沿着水泥路步行爬上梯田。距离路标终点1公里左右，可以拍到美丽的梯田景致，不过村子里还有若干小路带你攀上不同的山头，你也可以在小路和田埂上寻找最好的观景点。

你可以乘坐五指山到毛阳镇的班车（7元；6:30~17:30，平均每半小时1班；40分钟），再坐摩的游览牙胡梯田并返回。

保亭

人口：17万

从明代的“保亭营”到民国时期初设“保亭县”，保亭在琼岛历史上辨识度并不高，在这片低调的土地上，没有留下许多惊心动魄的传奇故事。但如今，它凭借对热带雨林和黎苗风物的精心雕琢，从海南中线脱颖而出。因为毗邻三亚，保亭的旅游开发意识比中线其他地方更早觉醒，近年来用雨林、温泉、民族风情这些关键词打造出呀诺达、槟榔谷和七仙岭三块旅游招牌，民间也渐渐流传起“蓝色看三亚，绿色看保亭”的说法。精致起来的保亭似乎少了几分淳朴气质，但当你遇到口嚼槟榔的阿哥阿妹时，这种顾虑就烟消云散了。

保亭县

相比保亭周边的热闹景点，县城的看点乏善可陈。如果你从三亚到保亭周边游玩，几乎不需要经过县城。但如果你能待上一阵，就会明白这座仿若热带江南的秀丽小城，因何成为海南中线上房价最贵的地方。

从**七仙广场**到**黎苗风情街**的区域是保亭打造旅游门面的重要工程，配合河岸景观和花木种植，看上去气派华丽又不失热带风情。如果你对混合了汉黎风格的仿古建筑不感兴趣，就看看广场上的旺蛙石雕吧。蛙崇拜是黎族原始图腾崇拜中最重要的一种，因为蛙的强大生育力，且和雨水紧密关联，所以黎族民俗敬蛙，以祈求多子多孙、风调雨顺，蛙型纹也成为最常见的黎族纹饰。

广场西南侧的文化中心二楼是**非物质文化遗产名录陈列馆**（⏲8:00~12:00，14:30~17:30，周一闭馆），三楼是**保亭民族博物馆**，两处展馆均免费，展厅布置合理，介绍详实，从几米长的独木舟到一纸苗族合婚书，都值得一看。

节日

三月三 少数民族节日

黎族、苗族的传统节日“三月三”时，七

保亭城区

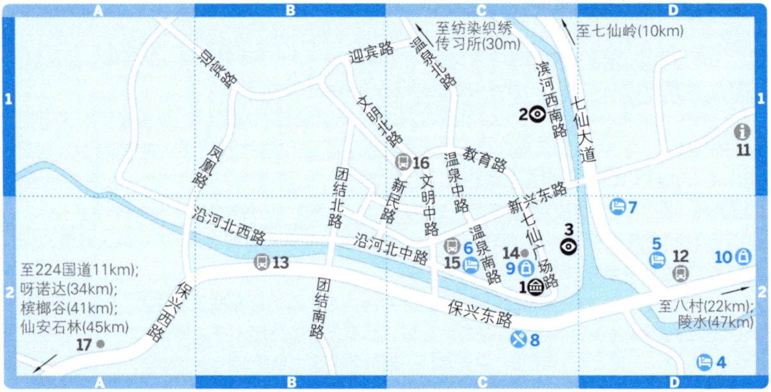

保亭城区

景点

1 保亭民族博物馆 C2
　非物质文化遗产名录陈列馆 .... (见1)
2 黎苗风情街 C1
3 七仙广场 C2

住宿

4 戴斯温泉酒店 D2
5 金州度假休闲宾馆 D2
6 七仙河畔度假酒店 C2
7 泰鑫酒店度假公寓 D2

就餐

　七仙河畔度假酒店中餐厅 .... (见6)
8 沁园春咖啡茶餐厅 C2

购物

9 匠心黎锦苗绣坊 C2
10 幸福超市 D2

实用信息

11 保亭旅游咨询中心 D1

交通

12 保亭汽车站 D2
13 保亭县汽车运输公司 B2
14 捷安特 C2
15 去往八村的小巴站 C2
16 去往七仙岭的2路公交车站 C1
17 县城补票点 A2

仙广场上会有如体育竞技、纺织比赛和对歌等庆祝活动。有时也会有大型歌舞演出。

嬉水节　　文化节

这个节日据说源自七仙女温泉嬉水的传说，于每年农历七月初七于七仙广场举行，届时广场会开放喷泉。从2000年举办第一届起，吸引了远近不少人慕名而来打水仗。因在2012年发生过女性被袭胸的事件，我们提醒女性旅行者注意安全。

住宿

相比保亭的旅游热度，县城的住宿选择并不丰富，且性价比较低。以保亭市场为核心的老城区有一些居民楼中的小旅馆，汽车站附近的新区也有温泉酒店和公寓式酒店。城里的老牌酒店海航迎宾馆在调研时停止营业，但其旁边即将开业的假日酒店（Holiday INN）值得期待。

金州度假休闲宾馆　　酒店 ¥

（☎8366 3888；七仙大道41号，汽车站旁；标单/双 110元起；❄📶P）房间设施简陋，卫生条件尚可，紧挨车站的地理位置是其不多的优点。如果想安静些，不要选一楼临街的房间。有保安执勤。

泰鑫酒店度假公寓　　酒店 ¥

（☎3866 0778；七仙大道泰鑫花园4栋；公寓房140元；❄📶P）是县城内比较干净的经济型住宿选择。分为酒店房和公寓房，价格相同，一室一厅的公寓房带有迷你厨房和阳台，房间陈设简单但非常整洁。酒店前台在“雨琴商务酒店”的招牌下。从汽车站步行七八分钟就到。

七仙河畔度假酒店 酒店 ¥¥

（☎3866 1888；温泉南路和文化路交叉口；标单/双 338元起；❄📶P）酒店出众的“身高”和醒目的招牌使它从七仙广场附近的建筑中脱颖而出，是保亭老牌的高级酒店。装修风格略显陈旧，有的房间阳台可以看到保城河，有的可以看到七仙广场。房价包含一日三餐（自助餐），菜品丰盛。

戴斯温泉酒店 酒店 ¥¥

（☎3392 1888；保兴东路拦河坝桥南；标单/双 390元；❄📶P）这家2015年开业的酒店算是县城住宿的一个惊喜。与汽车站隔河相望，雄踞高地，绿树环绕，半合抱的建筑具有现代设计感。每个房间都有阳台，更棒的是阳台上私密性很好的“温泉泡池”，虽然工作人员会诚实地告诉你流出来的只是烧热的水，但惬意的体验很容易让你忽略这一点。

餐饮

保亭人钟爱排档，夜灯初明，**沿河北东路**上的排档就红火了起来。**新兴路**上有数不清的简易小吃店，供应海南粉、麻辣烫以及冷饮和甜品。七仙广场西边的七仙广场路上也有几家快餐和饭店，还有清补凉可解暑热。

要是想吃得讲究一些，可以去**七仙河畔度假酒店**（人均80元）二楼和三楼的中餐厅，本地菜做得比农家乐精致许多，也有粤闽风味。保兴东路上的**沁园春咖啡茶餐厅**（☎8366 9268；保兴东路保亭庄园豪都1楼；点心5~20元，菜品20~60元；⏲7:00~24:00；📶）口碑不错，供应饮品和餐食，可以品尝椰子鸡和五脚猪等海南风味。早茶7:00~11:00供应，品类较丰富。

购物

购买黎锦可以去七仙广场路上的**匠心黎锦苗绣坊**（☎139 7622 2860；七仙广场路和文化

从吉贝到黎锦

海南是中国纺织的发源地之一，早在几千年前，黎族人就穿上了“纯棉”的衣服。古时海南将棉花称为“吉贝”，有一些说法将木棉和吉贝混为一谈，实际上我们今天见到的高大木棉树的棉絮宜“纫”不宜“纺”，树棉和草棉这两种灌木和草本植物的棉花才是海南棉纺织的主要原料。早在东周时期，就有海南织贝入贡的记录。汉代时，传入中原的吉贝被称为“广幅布”。宋末元初，黎、汉文化的使者黄道婆流落海南生活了三十年，返回江浙故里后，将黎族先进的棉纺工艺广泛传播，才有了后来“松郡棉布，衣被天下”的美名。

吉贝工艺集大成者即为黎锦，传统织锦共有纺、染、织、绣四大工艺，其中最重要的环节就是织。黎族人发明出一种可以随身携带的踞腰织机，农活间隙，妇女席地而坐，用双脚勾住机杼，拉开作为背景色（常为蓝或黑）的经线，再用竹片交织出红、黄等色的纬线，形成各式图案。黎锦分为两大品类：服饰和龙被，后者多用于红白事，从单幅至五联幅，织造难度大、耗时长，乃是黎锦中的精品。在过去，黎族女性从小学习织锦，一台踞腰织机就是她们传情达意的媒介，每一件黎锦制品都凝聚了数月的手工和心血，因此远比徒有外表的量产货富于情味。经典图案有自然纹（山川、流云等）、人形纹和动物纹，其中最常见的大力神形象，就表达了黎族朴素的祖先和力量崇拜。五指山的**海南民族博物馆**（见194页）和保亭的**非物质文化遗产名录陈列馆**（见201页）均展有龙被珍品。

随着现代纺织技术的兴起和服装产业的冲击，这种依靠口口相传的手工艺陷入了发展和传承的困境。为保护黎锦工艺，海口、五指山、保亭等地相继创办了黎锦传习馆，一些中小学校和职业学校也纷纷开设黎锦兴趣班。你可以去保亭的**纺染织绣传习所**（负责人周女士☎135 1886 4171；温泉北路，新兴花园小区对面）看看，这里开放时间很随意，最好提前致电。

路交叉口），注意观察手工和机织的差别，前者的平整度通常不如后者，从价格上来看，一二百元的筒裙不可能是手工制造。开门时间要看老板心情。

保亭周边的呀诺达等景区消费较高，可以在县城采购补给，汽车站往东300米的幸福超市（8:00~22:00）商品种类齐全，有不少进口食品。

实用信息

保亭旅游咨询中心（☎8366 9169；保亭大道芙蓉小区正门旁20米，地税局斜对面；⏲8:00~12:00，14:30~18:00）提供保亭旅游手册和许多有用的信息。

到达和离开

保亭汽车站（☎8366 2623；保兴东路和七仙大道交叉路口）有发往省内各市县的班车。从保亭到三亚的海汽大巴平均每30分钟一辆，途经呀诺达和槟榔谷。去海口可以乘坐海汽大巴，或者先坐班车到陵水动车站，然后坐环岛高铁。

要去往保亭县下属各乡镇则需要在**保亭县汽车运输公司**（☎8366 7481；保兴西路95号）乘车，这里没有车站，连站牌也没有，只有路边停靠的几辆小巴。到毛感乡（仙安石林）和三道镇的中巴都从这里发车。

县城补票点（保兴西路，县二小旁）是另一个班车集散地，所有前往三亚、五指山方向的班车都在此经停，可以从这儿买票上车。

2017年底，三亚开通了前往保亭的城际1号旅游专线公交（7:00~16:30，每30分钟1班），从三亚火车站始发，在保亭境内经停槟榔谷、呀诺达等，终点为七仙岭。

当地交通

公交1路、4路、7路经过汽车站（新汽车站站）、汽车运输公司（县交通运输局站）和县城补票点（县二小站），票价1元。2路从原县政府广场始发，终到七仙岭（3元）。

可在**捷安特**（☎155 9598 0066；七仙广场路；山地车80元/天，头盔10元/天，押金500元及证件；⏲8:30~22:00）租到车况不错的自行车。

七仙岭

（保城镇以北7公里；门票48元；⏲8:30~16:00）如果要选出海南最上镜的一座山，我们会投给七仙岭一票。七仙岭原名“七指岭”，因状似手指的七座山峰得名，起伏的轮廓极富美感。天气晴朗时，七仙岭如七柄刀斧直指天际，从周围十几公里的范围内都能清楚见到（包括保亭县城内）。山脚下大小40多口泉眼汇聚成池，传说中昔日仙人沐浴的地方如今已经成了海南岛最负盛名的温泉疗养地。

攀爬七仙岭往返共需4小时左右，全程沿交错的木栈道和石栈道迂回向上，山虽不高，但有几段百余级的台阶也颇考验体力。最后登顶的峭壁上没有步道，需要攀着铁索上行，不过难度不大。登山尽量避开5月至10月的雨季，雨后的石栈道湿滑危险，偶尔也会遇见蚂蟥。但雨天的好处是你几乎可以独占山下任意一片露天温泉，欣赏聚集在半山腰的云层和踏在云海上的七座山峰。大小温泉都藏在各度假酒店之中，非住客也可以付费使用。

保亭汽车站车次时刻表

目的地	发车时间/班次	票价（元）	行程（小时）	备注
海口总站	6:50~18:50（平均每小时1班）	65	4~5	
三亚	6:20~19:00（平均每小时1班）	22	2	经呀诺达和槟榔谷
五指山	7:00、8:00（陵水过路车）、8:40	11	1	从县城补票点出发的车次更多，全天滚动发车
陵水	9:30	15	1	到汽车站内
陵水火车站	7:30~16:30（平均每小时1班）	13~15	1	到“陵水路口”的车也有部分会停到火车站，买票时要问清楚

值得一游

仙安石林

保亭县西部的毛感乡拥有一处充满神秘色彩的自然景观，它就是中国唯一一处热带岩溶石林**仙安石林**（毛感乡亲隆村）。一座座石峰从四周雨林之中如悬崖峭壁般骤然拔起数十米，大大小小的石芽形态各异。因为这些似刀劈斧砍而成的尖峰和溶沟而被当地人视为神山。若你以为这里和云南的石林景区一样拥有迷宫乐趣可就错了，仙安石林更类似马来西亚巫鲁山的刀锋石林，但“刀片”更为尖锐——这样的地貌很对摄影爱好者的胃口，也吸引了一批批户外爱好者攀爬石峰。当地政府不鼓励这种行为，因此原本进入石林的入口已经被封闭。有驴友仍另辟蹊径，借助尖石和藤条近乎垂直地攀爬，这对体力和胆量都有很高要求，安全难以保障，而且攀登石林很有可能对其造成损害，我们并不建议你这样做。

石林之中藏着无数溶洞、地底瀑布、地下河流和鬼斧神工的石笋群。但目前被命名的溶洞只有几处，最著名的是400多米长的**千龙洞**（当地人叫“亲隆洞”），大小洞厅通过蜿蜒的洞廊相连，洞内石笋如林，千姿百态，造化神秀。但探洞难度更高，而且没有向导势必迷路，最恼人的是雨季蚂蟥肆虐。还是在石林外围观赏拍照，听听传说，给想象留一份空间吧。

在保亭县汽车运输公司（见204页）乘前往仙安石林的班车（18元；7:25、11:30、15:30；1小时15分钟），班车到达即返程，要算好返回时间。或者乘坐到毛感乡的班车（票价8元，每天11班），从毛感乡找摩托车前往石林（13公里）。通往石林的路沿途经过深谷和田园，小小村落如同被白云托起一般，一个多小时的车程几乎不给你瞌睡的机会。

住宿

仙山净泉流入各大高级度假酒店，成为你留宿七仙岭的最好理由。各酒店的房间基本都自带温泉泡池，也有泳池和公共露天温泉。你需要提前和酒店沟通确认房价是否包含七仙岭的门票。淡旺季房价差别较大，提前在网上订房有优惠。

七仙岭鹤川温泉酒店（七仙岭宝亭荔苑温泉酒店）

酒店 ¥¥¥

（☎8366 6666；1110202.hotel.cthy.com；七仙岭温泉国家森林公园；独栋别墅 900元含早餐；❄📶P）普通房间略显平庸，真正值得推荐的是独栋温泉别墅，性价比非常高，中式小院内圆形的石泡池朴素雅致，春季到来，沐浴之时偶尔掉落一朵火红的木棉花，给人意外的浪漫。酒店有公共温泉（非酒店住客128元；⏲8:30~23:00）和晚餐烧烤自助（128元/人）。

七仙瑶池温泉度假酒店

酒店 ¥¥¥

（☎8360 6666；七仙岭热带雨林旅游区7号；标单/双550元起含早餐；❄📶P）酒店坐拥远处云山雾绕的美景，真如瑶池一般。入住时记得要朝向山景的房间，在阳台上泡温泉。酒店内有**93.2℃户外温泉**（非酒店住客98元；⏲8:00~22:30），这个数字代表七仙岭自喷温泉的温度。

希尔顿逸林度假酒店

酒店 ¥¥¥

（☎8360 8888；www.doubletree.com.cn；七仙岭热带雨林旅游区4号；房间760元起含早餐；❄📶P🏊）从服务到装修都符合希尔顿的一贯风格，房间陈设和床品低调舒适，比别处略高的房价体现在贴心的服务细节之中。花园景观房的室外温泉十分有意境，可惜暴露在雨林房的窗下，对追求私密性的人来讲有点为难。

君澜度假酒店

酒店 ¥¥¥

（☎8388 8888；www.naradahotels.com；七仙岭温泉国家森林公园；山谷房 788元起，别墅房1080元起含早餐；❄📶P🏊）曾经是七仙岭最豪华的温泉度假酒店，虽然设施有点陈旧，但庭院和大堂还算雅致。酒店的镜面泳池和药浴温泉（非酒店住客108元）是亮点，此外还可免费参加酒店的太极、瑜伽等课程。可惜并没有独栋别墅。

南美温泉山庄

酒店 ¥¥¥

（☎8388 8999；七仙岭温泉区2号；房间590元起含早餐；❄📶P）在众多高档度假酒店

七仙岭

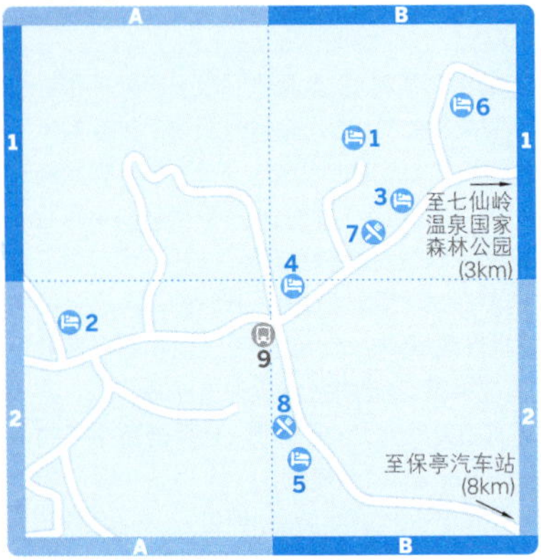

七仙岭

住宿

1 君澜度假酒店 B1
2 南美温泉山庄 A2
3 七仙家庭旅馆 B1
4 七仙岭鹤川温泉酒店
（七仙岭宝亭荔苑温泉酒店）........ B2
5 七仙瑶池温泉度假酒店 B2
6 希尔顿逸林度假酒店 B1

就餐

7 阿清嫂农家乐 B1
8 脏鸭子农家乐 B2

交通

9 2路汽车终点站 A2

中没有什么特色，但房间阳台上的泡池设计是私密性最好的。由于七仙岭的一个温泉口就在这里，所以公共温泉池（160元；⏲8:00~22:00）很受欢迎。

七仙家庭旅馆 客栈 ¥

（☎139 7622 3407，188 7606 1789；房间 淡/旺季100/200元；❄📶🅿）如果错过了末班车又不想花费太多，可以在这处农家民宿歇一晚，房间的条件对得起价格。

就餐

你可以在下榻酒店用餐，就餐环境和菜的品质基本都令人满意。鹤川温泉酒店南面的转盘附近有两家农家乐，**阿清嫂农家乐**（☎8360 7376；七仙家庭旅馆旁；野菜20~38元，肉菜58元起）就在路旁的一栋二层小楼里，每到饭点总是热热闹闹，菜量很大，味道也不错，不要介意粗放的就餐环境。**脏鸭子农家乐**（☎8360 1234；人均100元；⏲11:00~14:00，17:00~21:00）是位于七仙瑶池酒店内的高级农家乐，水上亭阁神似巴厘岛，菜品多样，但价格较高。

到达和离开

从保亭县城原县政府广场（农业银行旁）乘坐**2路公交车**（票价3元；⏲6:30~22:30，每15~30分钟1班）可以到七仙岭景区，最终停在鹤川温泉酒店门前的转盘处。无论往返都尽量在下午4点前上车，之后的发车频次无法保证。转盘附近车站有往返森林公园大门的电瓶车（单程/往返 20/30元；8:00~17:00，半小时1班）。

三亚汽车总站有发往七仙岭的班车（7:00~7:50发车，15:30~17:10返程），也可从三亚火车站乘坐城际1号旅游公交（7:00~16:30，每30分钟1班）到达七仙岭。停车地点在景区大门外。

呀诺达

距离三亚市区35公里的地理优势和5A级景区的名声使得呀诺达收获了海南中线最多的游客。距景区500米的布隆赛乡村旅游区为呀诺达的雨林风光补充了田园之乐，悠闲的氛围更适合慢节奏的旅行。

景点

呀诺达热带雨林文化旅游区 森林

（☎8388 1101；www.yanoda.com；三道镇三道农场；门票 成人/1.2~1.5米儿童/1.2米以下儿童180元/120元/免费，导游200元/3小时；⏲8:00~17:30）用手比一个V，然后热情地喊出"呀诺达"，就是这里打招呼的方式。呀诺达是海南方言里"一二三"的意思。景区开发相当成熟，各项服务设施一应俱全。结合了雨林地貌和游乐项目的形式恐怕会让渴望山林野趣的人失望；但如果把它当作一个开放式雨林博物馆和主题公园，就找到了正确的打开方式。

巨大的呀诺达由雨林谷、梦幻谷和三道谷三个子景区组成。**雨林谷**展示了原生态热带雨林景观，3.5公里长的木栈道连接起"兰花溪""幸福天道""碧玉亭"等无数小的景观，岔路极多，但无所不在的路标和工作人员总会把你带回正确的方向上。步行路线分为小程、中程、大程三个环线，最短的线路也要游览一两个小时，而距离越远，游人越少。号称亚洲最长的**雨林滑索**（150元）全长608米，在整个雨林谷景区都能听到空中兴奋的尖叫声。

梦幻谷在落差200米的天然沟谷中打造出巨树、怪石和溪流组成的景观，你可以一路顺着瀑布和水流拾阶而下。但探索这里的最佳方式还要算**踏瀑戏水**（150元，包含头盔和草鞋），你可以跟随教练溯溪而上，踏过砾石窄桥，穿越激流险滩，还需借助绳索攀登瀑布。全程1小时左右。

常规的游览路线是从大门乘坐游览车到达哎哇噜观景台，然后进入雨林谷景区，再穿过湿地景观区到达梦幻谷，全程大概要3～4个小时。本书调研时，新近打造的**三道谷**即将开放，层峦叠嶂的峡谷景观沿着3公里的步道展开。

景区大门有售票处和自助售票机，网上订票能便宜几十元，不过至少要在进场前1小时完成预订。导游服务能让你避免迷路，适合多人同行时选择。如果要参与踏瀑戏水，必须在大门处购买，并由专门的入口寄存行李后乘车来到活动起点。到达终点后在梦幻谷大门旁的戏水服务中心提取行李并更换衣物。

布隆赛乡村文化旅游区 村落

（保亭县三道镇什进村）开发商借着呀诺达的热度在这里打造出一片乡村文化旅游区，将老旧的黎族村寨整饬一新，农民从船型屋搬进了精致的小洋楼，只有几间保留在村口，作为村史陈列馆使用，值得一看。虽是精心修饰的旅游地产项目，但田园风光仍然吸引了不少城市来客。踱步在田野间的步道和1公里长的木栈道上，面对着稻田和池塘有归田园居式的畅意。旺季时，这里还组织农活体验和烧烤等活动。

住宿

呀诺达景区很大，如果带着孩子，最好能待上两天一夜。大部分游客从三亚来此进行一日游，并一同游览槟榔谷，如果时间紧张，可以在这两处或者布隆赛住下。

黎家民宿 客栈 ¥

（☎133 8988 8914；布隆赛独栋别墅14号；标单/双 130/150元；❄📶）如果本来没有太多预算，这里是个过夜的好选择，位于布隆赛核心区的一栋三层小楼中，紧挨着布隆赛度假酒店。房间装修简单，但麻雀虽小五脏俱全。年轻的老板夫妻非常友善，还能帮忙预订槟榔谷的折扣门票。

布隆赛度假酒店 酒店 ¥¥¥

（☎8388 3888；三道镇布隆赛乡村文化旅游区；标单/双480元起含早餐；❄📶P）酒店的房间非常有民族味道，而且都带有白色的蚊帐。很多房间窗外就是农田，酒店有免费小车往返呀诺达。

呀诺达雨林一号度假酒店 度假酒店 ¥¥¥

（☎8388 1555；呀诺达雨林景区内；标单/

海南中线 呀诺达

另辟蹊径

绿水绕八村，木棉红胜火

在海南凡言及木棉，必提昌江。其实在七仙岭脚下的**绿水八村画廊**也有一片不为人知的木棉美景。所谓"八村"其实是由八村、毛辉等几个村子组成的开放式乡村景区，村庄被溪涧环绕、雨林覆盖，确似田园绿意的天然画廊。但最大的看点当属花期时登上毛辉村山顶的观景塔，看漫山遍野火红的木棉花盛放在翠林间。最保险的观赏时间是2月下旬至3月上旬，除此外或早或晚都要碰运气，有时一场风雨可能就让你和美景失之交臂。

去八村的班车（7元；每小时1班；半小时）在保亭县城加州南巷和新兴东路交叉口乘坐，终停在毛辉村路口南面的八村警务派出所旁，从那里步行3公里到毛辉村，一路走一路景。绿水八村画廊非常适合自驾和骑行，道路平整，沿途三个观景亭可赏山水村郭，可将导航定位到毛辉村。

双580元起 含早餐；❄📶🅿）酒店就在雨林谷景区内，适合带孩子的旅行者在这里小住，慢慢游览，亦可选择包含门票的套餐。酒店小巧秀丽，林木茂密，房间宽敞，竹木家具十分雅致。一层的房间不够明亮，也比较潮湿；二楼的房间都带有阳台。酒店也有一片露营场地（360元/人，包含呀诺达门票、踏瀑戏水、雨林滑索、帐篷、早餐和自助烧烤），10人起预订。

就餐

如果预算紧张，最好在市区备齐干粮，否则就要忍受景区内的高物价。呀诺达有几处就餐的地方，不过88元的**药膳自助餐**（☎8388 1103；⏲10:30~15:30）物非所值，人均超过100元的**香巴拉养生餐厅**（☎8388 0645）也只是环境尚可。不如在布隆赛度假酒店的**田园餐厅**（人均60元）尝尝“五只脚的猪”和“不回家的牛”等特色硬菜。

到达和离开

从保亭县城出发，在汽车站乘坐三亚方向的海汽大巴（11元；0.5小时），到呀诺达下车。或者从保亭县汽车运输公司乘坐到三道的小巴，在呀诺达下车。

从三亚出发，可在三亚总站乘坐保亭/五指山/琼中方向的大巴（12元；1小时），到呀诺达下。或者从三亚火车站乘坐城际旅游公交1路（7:00~16:30，每30分钟1班）。

槟榔谷

（☎3866 0888，3866 1116；www.binglanggu.com；三道镇甘什岭；门票 旺季/淡季 120/100元，1.2米以下儿童免费，观光车35元；⏲8:00~17:20）槟榔谷被称为海南黎苗文化的“活化石”，虽然新修的仿古建筑和拿工资的“村民”让人对此报以怀疑，但它确实集中展示了已难得一见的黎、苗文化遗产和生活情景，特别适合时间不够的旅行者。

槟榔谷是处于保亭山区中的一条槟榔谷地，依地势建造了包含非遗村、甘什黎村、雨林苗寨三部分的大型主题景区。**非遗村**的看点在于无纺馆、麻纺馆、棉纺馆和龙被馆四大主题博物馆，其中龙被馆中展出了海南最大的一组龙被精品。**甘什黎村**令人仿佛置身黎族村落，村民忙着各自的营生，男人三五成群坐在树荫下吹奏竹木乐器，文面妇女坐在船型屋门口织着黎锦。但一阵音乐响起，他们会停下手中的活计，跳起槟榔谷健身舞，令人一秒“出戏”。**雨林苗寨**具有山地雨林风貌，你可以走一遭令人提心吊胆的雨林吊桥，一览槟榔谷全景，再到山上苗寨参观苗银苗绣技艺、石祖崇拜和毒蛇蜘蛛等神秘展览。位于非遗村和甘什黎村之间的**槟榔·古韵**（⏲10:30、12:10、14:30、16:10各一场；普通座/VIP 140/160元）将钻木取火、织黎锦、舂米等技艺串成一出展示原始黎苗文化的实景表演。

这里也是“三月三”和嬉水节的主要活动场地，尤其嬉水节时的圣火长桌夜宴吸引了许多人专程前来。平日景区内也有“上刀山下火海”“闹隆闺（未婚的黎族少年少女居住的茅草屋）”“摘槟榔”等表演。

景区出口处有几处吃饭的地方，就餐环境最好也最贵的是**波隆人家**（套餐78元起；⏲10:30~16:00），其他的摊位价格也不低（椰子饭40元，香茅鸡88元/只），自驾者亦可在槟榔谷和呀诺达之间的224国道上的众多农家乐里选一家。

从三亚汽车总站乘坐开往保亭、五指山方向的客车（12元；7:00~20:00，每15分钟1班；1小时），从保亭乘坐三亚方向的班车（12元；6:20~19:00，每半小时1班；1小时），在槟榔谷下车，从呀诺达来此可以在224国道上等过路的班车。呀诺达门口也有一些带你去槟榔谷的“顺风车”，司机会带你去买门票从中赚差价，以抵车资。

海南西线

包括➡

最佳餐饮

- 黄记源兴缘清补凉（见217页）
- 三得正宗羊羔店（见222页）
- 姐妹四更烤乳猪（见224页）
- 福哥老鸭店（见225页）

最佳海湾

- 棋子湾（见221页）
- 莺歌海湾（见226页）
- 盈滨半岛（见211页）

快速参考

电话区号 0898

为何去

与大力发展旅游业的东线不同，建省之初被定位为“工业走廊”的海南西部似乎从一开始就注定了不会成为这座“国际旅游岛”的焦点。这未尝不是件好事——西部沿海公路串联的市县大多保留着朴素亲切的小城镇气质，旅行团难觅其踪，丰富的物产和合理的物价还能让旅行者吃得又好又省。

但这并不意味着西线的看点乏善可陈——恰恰相反，这里的自然景观与文化遗产能给你更均衡的体验。你既可以徜徉棋子湾享受阳光海滩，在尖峰岭和霸王岭回归原始的静谧，也可以去铁路博物馆探望“退役”的老火车，到罗驿古村、中和古镇寻找宋代“流浪诗人”苏轼的足迹。从千年古盐田到莺歌海盐场，古法制盐工艺仍在世代传承；同样延续着的，还有传情达意的儋州调声、数百吨木船的营造技艺、黎族村落里的船型屋等。如果吃腻了海味，西线也准备了一系列充满农家气息的地道美食：那大的狗肉、黄流的老鸭、澄迈的白莲鹅、昌江的乌烈乳羊，以及临高和东方各具风味的烤乳猪。

由于交通比较闭塞，西线最适合自驾游玩。但随着西环高铁的开通，通向内陆的公共交通也越来越完善，覆盖了大多数目的地。抛开顾虑，这里比你想象中精彩得多。

何时去

11月至次年4月 海南全岛的旺季，即便是较冷门的西线也会迎来不少避高峰的旅行者，尤其是尖峰岭、东坡书院等地，春节期间最好提前预订住宿。2月至3月上旬是昌江的木棉花季，旅游活动不少；“三月三”的黎族节日里，不妨前往东方和昌江感受少数民族风情。

5月至10月 天气炎热，旅游进入淡季，值得期待的是昌江5月和6月的芒果节以及中和古镇的中秋节。6月至9月是台风季，但对西线的影响较小。

海南西线亮点

❶ 漫步在**千年古盐田**（见218页）一块块砚台般的黑色石槽间，尝尝用当地老盐焖制的盐焗蛋。

❷ 2月，去昌化江畔看当季最“红”的**木棉花**（见222页）漫山遍野地盛放。

❸ 登上**尖峰岭国家森林公园**（见227页）的尖峰山，饱览林海、云海、雾海、大海的“四海齐观”。

❹ 深入大山里的**白查村**（见224页），寻访难得一见的保存完好的黎族船型屋聚落。

❺ 去**棋子湾**（见221页）享受品质不输三亚却要清静得多的阳光海滩。

❻ 走进澄迈隐秘的火山村落，探寻宋朝古塔**美榔双塔**（见212页）的秘密。

澄迈

人口: 55万

澄迈是海南最早建立县制的古城之一，已有2000多年的历史，隋代时因县治老城镇里有“澄江”和“迈山”而改名为澄迈。清代，南渡江边的金江镇靠着便利的水运成为新的县治，此后一直延续至今。不过在西线高速公路和环岛高铁都已通车的当下，对于旅行者而言，县城金江不再是必经的中转站，周边景点也不值得大费周章前往（顺路的话可以去免费的金山寺看看）；反倒是西环高铁沿线的老城和福山更有看头，前者适合海口出发的一日游，后者有浓郁的咖啡文化。

老城镇

“老城”并不老，它的现代感让人很容易误以为这里才是澄迈县城（尽管它曾经的确是）。如今的老城是海南的省级经济开发区，距离海口西海岸不过半小时的车程。境内坐拥内外双海湾的盈滨半岛被誉为“海口后花园”，海滩相对清静，尤其适合观赏日落。

景点

永庆寺 寺庙

（盈滨半岛永庆大道10号；门票50元；⏲8:30~17:30）盈滨半岛西端的永庆寺始建于宋代，是古代澄迈八景之一，据说流放至海南的苏轼也曾到访这里。不过现在的寺庙是2009年按照宋代伽蓝七殿的格局重修而成的。新的永庆寺由鲁能集团出资，规模在琼北寺庙中数一数二，就连各殿所供奉的佛像都是采用整块缅甸白玉雕刻而成。平日没什么亮点，但逢年过节的庙会时会有民俗汇演，还有澄迈本地土特产的展销和特色小吃摊。寺庙东侧不远有条鲁能大道，道路北端就是海滩。

从海口市区去永庆寺，可以在万绿园等候公交游6路（16元；8:30和13:30；1小时），但每天只有两班。在老城镇内乘坐公交10路（2元）也可到达永庆寺。

罗驿古村 古村

（老城镇南8公里，罗驿村；免费）罗驿古村自南宋末年发展至今已有近800年的历史，仍保存着上百处火山石建造的民居、石塔、炮楼、牌坊等，村东还有一条火山石古驿道，是一千年前琼州西路的官道，据说苏轼前往儋州时就曾打此经过。整个罗驿古村规模不小，本村户籍者3000多人，多数姓李，从始祖李文英在当地设私塾执教以来，就有尊师重道的传统，元代时还走出了澄迈史上的第一位举人，被誉为澄迈科举仕宦第一村。

古村主体在进村的水泥道西侧，**李氏宗祠**的入口十分显眼。宗祠有三进三间，始建于清雍正年间，2006年进行了重修，现在也作为村史馆开放。从老城前往罗驿古村可以在南海大道路边搭乘海口到金江（澄迈）的班车（半小时1班），到罗驿村路口下车，再步行20分钟；或者在白莲下车，转乘电动三轮（10~15元）进村。

食宿

盈滨半岛的海湾沿线集中了多家中高档海景、温泉酒店，但周边餐饮和公共交通都比较少，适合自驾旅行者过夜。老城镇政府附近有许多商务酒店，性价比好些，就餐出行也更方便。时间来得及还可以去海口，选择更加丰富。

不过，就算你不住老城，也至少可以尝尝距离老城5公里的白莲墟特产——白切白莲鹅。经营了30多年的**利群白莲鹅**在当地口碑不错，在老城镇上也有分店（☎188 0897 5585；南海大道179号，海岛港湾酒店南侧；白切鹅50元/斤；⏲10:30~21:00），找到环境简单、类似室内大排档的那家就对了。

到达和离开

老城和海口之间通有公交55路、57路、59路、游6路等，除了游6路班次很少外，其他线路20~30分钟1班，票价最高5元。老城到金江可乘坐海口到金江的过路车，15~20分钟1班（8元，1小时），在国道225和澄迈北路交叉口附近等车。

老城站 位于镇中心以南3公里，是海南西环高铁上的一站，每天有5对列车经停。在本书调研时没有开通接驳公交，站外有很多摩的或电动三轮，10元就能去镇上。

福山镇

福山是澄迈西北部的一座小镇，咖啡几

乎是它的代名词。1933年，华侨陈显彰怀着“实业救国”的抱负，从印度尼西亚一路辗转到海南，带回约200公斤的罗布斯塔咖啡种籽，将咖啡引入福山镇并种植成功，开启了海南种植咖啡的历史。而福山特有的红土壤与雨量丰沛、光照充足的好气候，也造就了福山咖啡上好的品质，口感香醇浓郁、绵柔顺滑。

如今在福山镇北建起了一座**福山咖啡风情小镇**，咖啡馆随处可见，就连小镇邮局里都辟有一块休闲区供应咖啡。特别值得一提的是，福山咖啡可以免费无限量续杯！不着急赶路的话，你完全可以像当地人一样，点上一杯咖啡（25~30元），配上几块各种口味的咖啡糕（一种粘性十足口感劲道的特色甜点），悠闲地坐一下午。风情镇内还有一间三层的**福山咖啡文化馆**（门票35元；⏲9:00~11:30，14:30~17:30），介绍了福山咖啡的发展史以及关于中国和世界各地咖啡的科普知识，只是就收费展览而言性价比不高。

如果你想喝得更有氛围一些，不妨走出风情镇的中心区，往西线高速方向走上300米，高速入口南侧有一家**天福咖啡园**（☎6758 8529；咖啡30元/杯；⏲8:00~22:00），餐位设在各种热带树木环绕的木亭里，环境非常宜人。这里也作为**天福假日酒店**（标双280元起；🅿📶）提供住宿，多层楼内的房间舒适整洁，十分宽敞；咖啡园内的平房式房间氛围不错，但设施有些老旧。

前往福山最快速的方法是乘坐动车，但要注意停靠**福山站**的列车每天仅有5对。车站距离咖啡风情小镇约2.5公里，有对应动车班次的公交车接驳，上车2元。或者可以从金江镇的**澄迈汽车站**（金江镇文明路中段）乘坐澄迈5路、6路公交（开往桥头镇），告诉司机在咖啡风情镇下车。

临高

人口：50万

追逐美景的旅行者很少会在临高停留，但美食爱好者不应错过这个南国“鱼米之乡”。地势平坦、土壤肥沃的临高不仅农产品丰富，乳猪全岛闻名，还有一百多公里长的海岸线，分布着多个海港，海鲜触手可及。此外，临高还拥有一些独特的风土民俗，例如被列为国家级非遗的“哩哩美”渔歌和全国罕见的人、偶同台的人偶戏，逢年过节或大型活动时从县城到乡间都有机会见到。

值得一游

神秘的美榔双塔

（金江镇美亭乡美榔村境内；免费；⏲全天）海南的古建筑不多，能真材实料留存至今的，大多属明清遗迹；然而令人惊叹的是，在澄迈这座隐蔽的村庄里，竟然藏着一对始建于南宋的石塔，造型别致，保存完好，在1996年就与海瑞墓、东坡书院、丘濬故居一同被列为海南省首批全国重点文物保护单位。

这两座塔被当地人称为姐妹塔，姐塔为六角五层，妹塔为四角七层。二者的塔座、塔身都有雕刻讲究的石像、浮雕，用黑色的火山岩建造，呈仿木结构空筒楼阁式，远远望去，与东南亚的佛塔颇有几分相似。根据寥寥无几的文字记载，二塔是一生信佛的乡人陈道叙为两位品行端正的女儿所建。这样的解释似乎过于简单，有怀疑者甚至找出了双塔在设计和布局上的风水奥义，推断建塔初衷可能与南宋皇室有关。但究竟有没有更深的秘密，至今尚无定论。

现在双塔附近建起了一座小小的陈列馆，简单介绍了双塔的由来。双塔所在的美榔村本身也是羊山地区典型的火山村，火山岩民居和村道都很古朴。村内有个小杂货店，同时供应简单的粉、面。

美榔双塔位于澄迈县城金江镇东北方向40公里处（海口火山群世界地质公园以南30公里），自驾是前往美榔双塔的最好方式。也可以从老城镇乘坐开往金江的班车，在美亭下车，再找一辆三轮摩托前往美榔村（约25元）。

临高城区

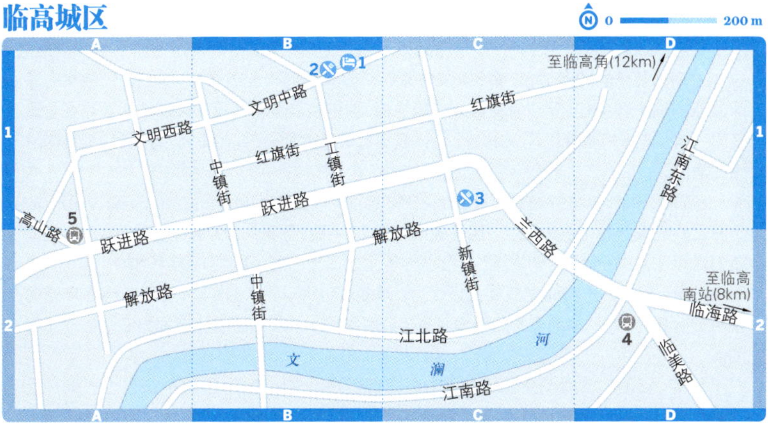

景点

临高角 海滩

临高角是临高县的最北端，与广东徐闻县的滘尾角遥遥相对。清光绪二十年（1894年），法国殖民者为了控制琼州海峡，就在滘尾角与临高角各建了一座灯塔。如今，已有百年历史的红白相间的**临高角灯塔**依然挺立，是国际航标协会认定的百座世界历史文物灯塔之一，2013年还被列入了第七批全国重点文物保护单位。不过灯塔不开放攀登，你只能从围栏外远远观看它的身姿。

但临高角的扬名，更多还是因为1950年的解放海南岛战役。当年4月17日，正是在临高角，中国人民解放军首次完成了近2万人的大规模渡海登陆，创造了木帆船打败军舰的奇迹。1995年，这里建起了**临高角解放公园**（免费；⏲全天），园中一座高大的解放海南纪念塑像巍然屹立在海边，仿佛在提醒人们，脚下的每一寸海滩都是战士们用鲜血换回来的。公园内还有一间**解放海南临高角登陆纪念馆**（门票15元），再现了当年渡海作战的景象。

临高角距离临高县城14公里，在文明中路和文明东路的路口可以等到去临高角的公交车（4元；半小时1班；40分钟）。

食宿

临高县城不大，住哪儿都很方便，酒店也大同小异。紧邻文化公园的**临高佳捷精品酒店**（☎3117 1888；文明中路黄金大厦正对面；标双162元起；P 📶）是海南本土连锁品牌的旗下酒店，品质比较有保证。

相比之下，这里的食物要让人惊喜得多。你绝不会想到，临高人的一天是从皮酥肉香的烤乳猪开始的——早上刚过七点，街头出炉的乳猪就开始用香气提供叫早服务了。如果你实在没办法一大早享受这样的盛宴也没关系，现在越来越多的店家全天营业，**公园乳猪**（☎151 0305 6726；文明中路10号附近；⏲7:00~21:00，晚上关店时间不定，卖光为止）就是其中口碑不错的老店，供应烤乳猪和蒸乳猪，每份20元起卖，可以配上米饭和小炒当一顿正餐。

像海南许多县市一样，临高也有本地引以为傲的粉——临高粉，与海南（海口）粉类似，但口感略带酸咸，可以去**老字号海南粉**（新镇路和解放路交叉口以北40米；海南粉6元；⏲24小时）尝尝看。如果你愿意跑得更远些，在新盈镇还有一种土窑海鲜，将被锡纸包裹

临高城区

住宿

1 临高佳捷精品酒店 B1

就餐

2 公园乳猪 B1
3 老字号海南粉 C1

交通

4 临高汽车站 D2
5 新盈、调楼班车上车点 A2

百吨木船，手工制造

“海口餐桌的10条海鱼，有9条来自临高。”这句坊间传言或许有些夸张，但临高的海洋渔业的确不容小觑。更令临高渔民自豪的是，他们祖祖辈辈传承下来的造船手艺在全岛首屈一指。从海南岛内到两广、福建，再或是更远的东南亚一带，都有不少慕名前来订购船只的渔民。

临高船中制作历史最悠久、也最有名气的当属木船。在调楼、新盈一带的海边船厂，数十名工匠们操作着传统的墨斗（用于画线裁板）、手钻、鲁班尺、大锯等工具，熟练运用榫接钉合等工艺，在分工合作之下，花上小半年就能造出一艘一两百吨的大木船。这些木船耐久抗风，在远洋出海时尤其能显出优势。调楼镇明路造船厂的厂长、造了三十多年船的张明告诉我们，他们的很多木船订单就来自琼海潭门——那儿的渔民被视为海南最敢闯海的人。

如今，临高广船造船技艺已被列为海南省非物质文化遗产；而这种技艺也的确开始“遗产化”：木船订单越来越少，船厂制造的多是钢质船和玻璃船。对此，张厂长也很无奈：“政府提倡环保，不鼓励砍伐木材，木船工艺又比较复杂，导致现在同样吨位的木船，造价要比钢船高20%。”所幸还有老木船不时送回船厂维修，运气好的话，你仍能亲眼见到工匠们在大木船上忙碌的场景。

在临高县城跃进路与高山路的交界处（靠近西门农贸市场）乘坐班车到调楼（5元；20分钟1班；40分钟），下车后搭三轮车（10元）或者步行（约2公里）到黄龙港。

好的食材放入烧红的土窑中焖制（类似《射雕英雄传》中叫花鸡的做法），味道也很不错，当地的**土窑野外第一家**（新盈桥南行100米；人均80元；⏲10:00~21:00）人气很高。

到达和离开

乘坐县际班车是抵离临高县城（临城镇）最直接的方式。**临高汽车站**（临美路和江南路交叉口）频繁有车发往海口（29元；6:30~20:30，半小时1班；2小时）；也有前往西线各县市、三亚的班车，可通过微信公众号“海汽客运”（haiqi0898）查询购买三日之内的车票。如前往调楼、新盈等乡镇，可在西门农贸市场附近等车。

高铁站**临高南站**位于县城东南10公里处，每天约10对动车在此经停。车站到县城可乘坐公交2路（3元），发车频繁。

儋州

人口：104万

在以海岛风情为主要卖点的海南，藏在西线中部的儋州并不出众；但要说历史和人文底蕴，这片土地绝对是海南西部甚至全岛的翘楚。从海边流传千年的制盐工艺，到城门犹在的儋州“故都”中和古镇，从贬谪而来的苏东坡埋下的文教种子，到致力于发展全国热带农作产业的“两院”，儋州“文化中心”的称谓名副其实。不过比起这些，食客们应该会更沉迷于儋州花式繁多的美食——千万记得留些精力给晚上，凉爽夜风中的儋州街头，可比白天热闹得多。

历史

2000多年前，汉武帝时的一位伏波将军率军登陆海南，随后政府破天荒地在海南岛设置了珠崖、儋耳两郡，首次将这个孤悬海外的岛屿划入中原王朝的版图。这其中的儋耳，正是儋州的前身。但此次置郡并未能带来一劳永逸，叛乱时有发生，直到南朝时期岭南部落的首领冼夫人出征儋州后，才重新稳定了儋耳及整个海南的局势。也是在她的指导下，儋耳郡治从旧址迁到了中和镇；不仅如此，据说此后冼夫人还多次来到儋州，带领百姓移民南荒、传授农经，为儋州的发展做出了巨大贡献。

到了北宋，儋州又迎来了苏东坡。在儋州谪居的三年间，苏轼讲学明道，使儋州教化日兴，“诗乡歌海”的美誉也由此而来；而他在临走前挥毫写下“我本儋耳人”的故事，至今仍让一些本地人津津乐道。

2015年，儋州一跃成为海南继海口、三亚、三沙之后的第四座地级市。这一升级固然少不了国家级经济开发区洋浦港的功劳，但儋州自身的发展确实可期：白马井一带的滨海新区与那大市区上演着儋州“双城记”，2017年儋州的GDP增速也在海南各市县中挤入前三，种种迹象都不禁让人对它的未来拭目以待。

方位

那（当地人读作“ná”）大镇是儋州市政府驻地，也是市县际班车抵达儋州的第一站，食宿的选择相当丰富，十分适合作为中转地。但儋州更具吸引力的景点大多在西北部，例如洋浦的千年古盐田、苏东坡曾经谪居三年的中和镇；而要前往这些景点，靠近高铁站的白马井镇在距离上更有优势。

那大及周边

景点和活动

那大市区的老城风貌可以一观，但更成规模的景点都在周边。在本书调研时，松涛水库已不再作为旅游区对外开放。

海南（儋州）热带植物园 植物园

（www.hnrdzwy.com；宝岛新村，市区以西6公里；门票36元；⏲7:30~17:30）当地人口中的“两院”植物园，即这座隶属于中国热带农业科学研究院、原华南热带农业大学（现海南大学儋州校区）的植物标本园，也是兴隆热带植物园（见149页）的姊妹园。经过60年的发展，园内已有2600多种热带、亚热带植物，分成了棕榈区、热带果树区、观赏花木区等8个游览区。园中一棵高达20米的见血封喉树堪为“镇园之宝”，此外果实硕大的吊瓜树、柬埔寨国王赠送给周恩来总理的糖椰子、两排充当行道树的大王棕等，都是园中的看点。

从那大去植物园，在解放路和中兴大街交界路口的广安堂药品超市门口搭4路公交车（2元），终点站“两院”下车即到。园内蚊虫多，建议穿长衫长裤或使用驱蚊喷雾。

蓝洋温泉 温泉

（兰洋镇，市区以南约12公里）蓝洋温泉的历史据说可以追溯到明代，当时就记载了这里一口独特的“冷热泉”，所谓“一潭之中，一凉一热”。如今这个小镇围绕温泉发展起了度假旅游，不仅开了多家带温泉设施的酒店和农家乐，路边的大排档也显得格外兴旺。镇上有一座**温泉公园**（门票20元；⏲8:00~18:00），里面有温泉潭可以直接泡脚。你还可以像当地人那样带上各种食材，直接用温泉烫熟，煮一顿“无火火锅”（有专门的烫餐区，温泉炉租用一次60元）。**蓝洋温泉度假村**（☎2335 8878；温泉票68元，标双288元起；P 📶）是镇上一家设施相对不错的酒店，有15个温度各异的温泉池和一个常温28℃的游泳池。

前往兰洋镇，可在城南金洲大厦附近的兰洋车站乘车（5元；6:30~18:10，10~15分钟1班；30分钟）。

住宿

宽敞的中兴大街和建设路两侧有许多酒店（儋州汽车站周边尤为密集），出行、就餐相对便利。更热闹的老城内有一些实惠的小旅馆，只是找起来不容易，且狭窄的街道和混乱的摩托车对自驾旅行者是个挑战。

儋州517驿站 青年旅舍 ¥

（☎189 0765 2388；人民中路318号阳光巴洛克商城内，宝真超市对面；铺/标双45/128元；P 📶）遍布全岛的517驿站加盟店之一，同样为骑友们提供单车租赁、骑行信息咨询、后勤救援等各种服务。相比其他驿站，儋州这家显得更加宽敞，不仅多人间可住4人（带独立卫浴），还有不少整洁的独立双人间。四楼开阔的天台上设有专门的洗衣晾衣处，并砌了个小鱼池，颇为惬意。驿站距离儋州汽车站约15分钟步程，前往那大几条美食聚集的街道也很方便。客房在二楼、三楼，楼梯较窄，携带大件行李上楼可能有些吃力。

森林客栈（两院植物园店） 精品酒店 ¥¥¥

（☎2383 1111；宝岛新村，两院植物园旁；标双418元起，含双早；P 📶）如果你是自驾游而且预算充足，那么这家极具特色的度假酒店

儋州城区

儋州城区

住宿

1 儋州517驿站 …… A3
2 儋州海航新天地酒店 …… C3
3 泉港商务旅租 …… A3

就餐

4 红旗市场 …… B4
5 黄记源兴缘清补凉 …… B4
6 沐晨家鸡屎藤专卖 …… B2
7 新海府 …… B3

实用信息

8 儋州市人民医院 …… B4
9 海南西部中心医院 …… D1

交通

10 儋州汽车站 …… A3
11 军屯车站 …… A1

就是你逗留那大的首选。名副其实的“森林”客栈选在了距离植物园不到1公里的位置，从房间布置到开放中庭都充满海岛气息，南洋风的复古吊扇、传统茅草顶的休息亭、绿意盎然的香蕉树，很难不让人为之心动。所有房间都带露台，整洁舒适，服务贴心（每逢节庆还有小惊喜）；住客可享受植物园门票优惠。酒店有充足的停车位以及免费单车（也有共享单车），对于非自驾前来的客人提供接送服务（至儋州汽车站30元/程）。森林客栈在那大市区也有**分店**（中兴店）（☎3693 2222；中兴大街X2-1，儋州汽车站东侧800米；标双196元起，含双早；P 📶），虽特色不及前者突出，但品质同样有保证。

泉港商务旅租 酒店 ¥

（☎2338 0188；儋州汽车站西侧200米，时光廊休闲会所旁；标双116元起；P 📶）4分钟步行到儋州汽车站，房间干净舒适，设施完备且好用，有电梯和停车位，实属一处高性价比的过夜地。门口就有一家经营至凌晨的大排档，能满足你半夜不安分的胃。

儋州海航新天地酒店　星级酒店 ¥¥

（☎3678 0888；中兴大街168号，近兰洋路；标双278元起；P 🛜）兼顾地段与档次的一家酒店，房间打理得不错，干净且带有清香，只是设施稍显陈旧。酒店后方的游泳池与楼层内的健身房均可免费使用。房价不含早餐，一楼餐厅供应早茶，也有米烂、粽子等儋州特色美食，点单计费。停车位充足。

就餐

那大市区集中了儋州各地的美食，长坡米烂、王五狗肉、光村沙虫、洛基粽子、洋浦盐焗鸡，等等。最接地气的就餐地莫过于当地无人不晓的“美食街”（这个叫法比“先锋路”更常用），大排档在马路两侧一字排开，海鲜、烧烤、醉鹅、狗肉一应俱全。那大第一小学附近，则充斥着各种煎炸、烫串和卤味小吃。发展了20多年的大勇商业街如今光鲜了许多，一条不长的步行街围在建筑外，也有不少餐馆；2015年年底新开的夏日广场是目前儋州最大的商圈，一些最新最潮的餐厅就在此落户。

红旗市场　小吃 ¥

（红旗街和幸福路交叉口；人均15元；⏲6:00~18:00）处处透着年代气息的红旗市场本身就是感受当地生活的好去处，而更令人兴奋的是，在市场西北角你能找到一溜儋州特色小吃——米烂、猪肠馍、粽子、各种颜色和口味的“馍”（柔滑有韧性的面食，类似海口、文昌等地的“粑”），等等。你可以像来买菜的阿婆阿公们一样，直接在摊位前坐下，边吃边点，大快朵颐。虽然口味不能与外面各家专营的老店相提并论，但“一站式”品尝的便利性和怀旧感十足的就餐体验就够吸引人了。

新海府　海南菜 ¥¥

（☎151 2065 1361；先锋路西端，路南；人均50元；⏲11:00至次日3:00）这家开了多年的老牌食府位于大排档云集的先锋路上，新装修升级后的店面在一片室外雨棚中尤其显眼。海鲜粥是这里的招牌，蟹粥（时价，两人份粥约140元）据说采用和乐蟹烹饪而成，浓稠鲜美。这里的卤味、烧腊以及门口蒸笼里的各色点心也都是点击率较高的菜品。

沐晨家鸡屎藤专卖　小吃 ¥

（☎131 9895 5355；通源小学外围，发祥路南端，路东；人均15元；⏲8:40~24:00）传统的糖水鸡屎藤在海南各地都不罕见，但儋州这家小店却研究出了鸡屎藤的各种花式吃法，包括人气很旺的海鲜鸡屎藤面（16元）、酒糟鸡屎藤（10元）以及鸡屎藤北海道蛋糕（8元）。小店布置得简洁大方，许多本地人都喜欢来这儿吃点东西歇歇脚。

黄记源兴缘清补凉　小吃 ¥

（☎139 7665 3887；胜利路93号；椰奶清补凉7元；⏲19:00至次日2:00）胜利路的儋州市公安局附近可谓是清补凉大本营，其中这家经营超过10年的源兴缘清补凉就是许多本地食客的最爱，遇上开私家车来打包两份的都不稀奇。椰丝、蜜枣、芋头、薏米各种“补品”浸在一大碗清甜的椰奶里，相当解馋，足量的用料诚意满满。这里的芝麻馍（如同凝固状的芝麻糊）也可一试。注意，这些清补凉店大多在天黑后才营业。

实用信息

儋州市人民医院（☎2333 2717；那大镇大通路21-1号）即农垦那大医院，已有60多年历史，距离红旗市场很近，当地人最常就医的地方。

海南西部中心医院（☎2383 5002；那大镇伏波东路2号）在儋州市第一人民医院基础上建立的新院区，2017年由上海第九人民医院全面托管，是目前儋州医疗资源最完善的大型医院。位于那大城区东郊，公交7路、10路、14路可到。

到达和离开

那大市区最主要的汽车站是**儋州汽车站**（☎2332 7166；中兴大街豪威麒麟大酒店旁），即汽车总站，每天有频繁发往各市县甚至海口美兰机场的班车。站内也有电子屏实时更新当天机场的航班时刻表。可通过微信公众号“海汽客运”（haiqi0898）在线购票。

儋州汽车站车次时刻表

目的地	发车时间/班次	票价(元)	行程(小时)	备注
海口	6:00~20:30，15分钟1班	36	2	到达海口汽车西站
洋浦	5:40~16:30，15分钟1班	11	1.25	无须在车站买票，直接在出站口等车
三亚	6:40~16:30，1小时1班	78	3.5~4	到达三亚西站
美兰机场(海口)	8:00~18:10，2~3小时1班	42	2	
金江(澄迈)	7:10~16:40，1小时1班	21	2	
白沙	8:20~17:30，40~60分钟1班	15	1.5	
八所(东方)	8:00~15:10，60~80分钟1班	34	2~2.5	
屯昌	7:30~17:30，1~1.5小时1班	23	2~2.5	
五指山	7:00、9:00、12:30、14:10	35	3.5~4	

儋州到下属各乡镇的班车则从多个城郊汽车站发出。城北**军屯车站**(前进路12号，儋州四中以南500米)有开往中和的班车(8元；6:30~18:30，15分钟1班；1小时)，经过东坡书院。城西**儋州西站**(人民西路与云月路交叉口)有开往白马井的班车(10元；6:30~18:20，15分钟1班；1.5小时)，经过白马井高铁站。

那大及周边没有火车站，最近的高铁站是白马井站(见220页)和银滩站(光村)，但经停前者的列车更多。

当地交通

那大市区有多条公交线路，大多1元。

出租车起步价10元/3公里，超出每公里2元。但更普遍的是三轮摩托，5元起步，按乘客人数和距离远近要价，最好上车前先说定。

市内有共享单车，只是不如三亚、海口常见。

白马井及周边

作为儋州市的滨海新区，白马井一带近年来备受关注，到处都是开发建设的新景象。西环高铁在城南飞驰而过，气势恢宏的洋浦大桥连接起对岸的洋浦经济开发区，海岸线上的高楼又吸引了"候鸟"人群成群涌入，活力丝毫不输那大市区。对于自驾或利用高铁移动的旅行者来说，这里也是适合逗留、小憩的一站。

景点

★千年古盐田 盐田

(洋浦新英湾沿海区域；免费；全天开放)走近古盐田，眼前的景象可能会令你大吃一惊：数以千计的黑色石槽仿佛形态各异的砚石一般，在海边顺着坡地错落铺开，远远望去，蔚为壮观。而这些石槽，就是洋浦近千户人家世代进行古法制盐的重要工具——盐槽，它们从唐朝保留至今，是海盐晒制工艺的见证者。

洋浦盐田的传统日晒方式，主要是利用海水涨潮淹没蓄海水池，使海水浸泡晒盐泥地(盐田)里的泥沙，之后经过晒沙、收沙、过滤得到卤水，再将卤水倒入石盐槽中晒干，就能收获海盐。

如今这里仍保存着750多亩盐田，其间散落着数不清的石槽、盐泥地、卤水池和蓄海水池。你可以沿着规划出来的参观路线行走于盐田之间，感受流传千年的民间技艺。不过，此时不同彼时，卖盐的微薄收益已不能满足生活所需(何况这些无碘私盐也无法进入正规市场)，大多数年轻人都选择外出打工，留守村庄继续制盐的只是少数。许多村民在路边卖着盐焗鸡、盐焗鸡蛋，不妨买来尝尝，也算是对传统工艺的支持。如果时间有余且自驾，还可以往东北方向走20公里，到**峨蔓镇盐丁村**看看规模更大、样式更丰富的盐田以及存放盐的火山石屋。

在白马井高铁站可乘坐3路公交(1元)到古盐田的路口，下车走1公里即到。或者从那大儋州汽车站乘坐班车到洋浦，再乘摩的到盐田村。

中和古镇

古镇

（中和镇）距离那大45公里的中和镇今天的扬名与曾经贬谪于此的北宋大文豪苏轼不无关系，但比起文物稀少、如同公园般的**东坡书院**，我们更推荐你到中和镇的老城里走一走。

中和镇看似不大，却曾是儋州（儋耳郡）的治所，有着长达1300多年的“州城”史。如今老城仍保留着诸多遗迹，包括两座历经沧桑的**城门**（北门和西门）、海南首座供奉冼夫人的**宁济庙**（始建于唐代，据说苏东坡初到中和时就曾拜访此地）等。城内的**关帝庙**是后世迁址重建，不过你仍然能在原址（宁济庙南侧的小巷内）找到清代留下来的**魁星塔**。苏东坡被逐出儋州官舍之后栖身的**桄榔庵**并无遗物，好在还有一块文物碑供人凭吊。游览时可以留意街边小吃，中和的芝麻豆腐、不老馍馍等都很有名。

白马井到中和约25公里，没有直达的公共交通，可在洋浦乘坐到那大的班车，中和路口下，转乘摩的。那大军屯车站有直发中和镇的班车，车次频繁。

东坡书院

历史古迹

（中和镇东郊1公里处；门票25元；⌚8:00~17:00）东坡书院始建于北宋，是在苏轼屈居桄榔庵之后，由儋州州守张中和黎族读书人家黎子云兄弟共同集资建造，使其有个体面的地方居住、会友。苏东坡根据《汉书·扬雄传》中“载酒问字”的典故为房屋取名“载酒堂”，并在此给汉、黎各族学子讲学授业。元泰定四年（1327年），载酒堂扩建成为儋州的最高学府，明代改称为“东坡书院”。

如今，经过几番修建（大多建筑是1984年重建）的东坡书院内绿树成荫，有载酒亭、莲池、载酒堂、东坡祠等。值得注意的是东坡祠侧的《东坡先生祠记》碑刻，是元代为重建书院所刻，至今有600多年的历史。总体来说，东坡书院的纪念意义大于观赏价值。

从中和镇步行前往即到；那大到中和的班车也经过东坡书院。

节日

儋州调声是儋州特有的传情达意的民歌形式，现在也已被列为国家级非物质文化遗产。为了更好地传承调声，儋州政府每年中秋节前后（有时在十一黄金周期间）在多地举办调声比赛、调声艺术节等，中和镇就是重要的

海花岛的梦想与现实

在儋州滨海新区，一条宽阔的滨海大道连接起了白马井镇与西南侧的排浦镇，各大地产商的楼盘就沿着这条路一字排开，彻底把沉寂多年的荒滩变成了投资的热土。而在海岸的对面，还有一片更加野心勃勃的人工岛屿——这便是2015年11月正式问世的恒大海花岛，号称将斥资1600亿，填海造地1.2万亩，打造出一座融合旅游、文化、会议、会展、商务等28大业态的“东方迪拜”。一时之间，海花岛成了海南乃至全国房地产界的明星项目，首次开盘10天就创下了122亿的销售业绩，堪称当地发展的强心剂。

然而现实中的海花岛建设却没有宣传中那么鲜亮，不仅“未批先建”，过程中还埋下了生态隐患。2017年12月，海花岛遭到中央环保督察组的点名批评，被指出项目施工造成了大面积珊瑚礁和白蝶贝受损；紧接着次年1月，项目就被强制“双暂停”（暂停建设、暂停销售）。停工持续了两个月，3月底海花岛复工并重新开售，据媒体报道，作为“解禁”的前提之一，恒大必须在未来三年每年投入不少于1亿元用于生态修复。

没人知道海花岛的“迪拜梦”能否成真，但可以确信的是，海南的生态环境已经在为此付出代价。而这还不是个例：万宁日月湾填海建造的“日岛”和“月岛”也导致了严重的岸滩侵蚀和淤积，昌江棋子湾旅游度假区擅自侵占破坏了沿海防护林，三亚半山半岛洲际度假酒店的“海上餐厅”更是直接建在了三亚珊瑚礁国家级自然保护区内……在陆上圈地运动临近尾声、“向海要地”愈演愈烈的海南岛，环保真的刻不容缓。

活动场地之一。

中和镇的传统节日（例如元宵、端午、中秋等）往往很热闹，常有舞狮、抬公巡游等活动，如果时间凑巧，不妨就到那里过个节。

食宿

白马井镇和洋浦经济开发区都有许多食宿点，档次不一，丰俭由人。白马井镇的人民路北段和幸福路聚集着许多小餐馆，夜晚更是大排档林立，猪肚包鸡、醉鹅、海鲜粥都很受欢迎，挑个人气最旺的去吃准没错。当然更加丰富的选择仍在那大镇，一日往返时间也很充裕。

到达和离开

高铁站**白马井站**位于白马井镇南7公里，每天有至少15班往来于海口（45元，1小时）和三亚（135元，2小时）的动车经停本站。

白马井和那大儋州西站（见218页）之间通有班车，十分频繁。

当地交通

公交3路连接白马井和洋浦，具体路线可在微信公众号“洋浦公共交通有限公司”（ypgjgs）查询。

昌江

人口：26万

长久以来，海南人眼中的昌江就是一座工业重镇——它因矿而生，境内拥有号称“亚洲第一富铁矿”的石碌铁矿和海南少有的大型石灰石矿山，光是铁矿和水泥两大支柱产业，就能为当地GDP贡献半壁江山。但也正是工业形象的深入人心，使得昌江很少被列入旅游目的地——直到近些年，面临资源枯竭、经济增速滞缓的昌江开始将目光投向旅游业，人们才恍然大悟：原来这是个被工业耽误了的旅游大县。

如同“山海黎乡、纯美昌江”这一宣传语所言，昌江有山有海，还有黎苗风情。西线最值得一去的海湾棋子湾、国家级自然保护区霸王岭以及每年2月“红”遍了昌化江畔的木棉花，都是这里的招牌景观；传统的黎苗盛会“三月三”、5月至6月的芒果成熟季也逐渐发展为一年一度的旅游节，为昌江赢得了更多关注。在西线的旅游市场上，昌江无疑是一颗冉冉升起的新星。

景点

昌江的主要景点都分布在周边乡镇，从县城石碌镇出发，可分为北部海尾、昌化一线以及南部七叉镇、霸王岭、王下乡一线。海尾有一片保护较好的淡水湿地，现在开发为了海尾湿地公园，内有多栋度假别墅，适合冬季前来观鸟，但没必要特地为湿地景观前往。位于霸王岭腹地的王下乡距离石碌镇约60公里（车程2.5小时），有石灰岩溶洞皇帝洞和黎族村落洪水村，从景点到沿途路况和风光都

另辟蹊径

低调的鹦哥岭

深藏于海南中南部的鹦哥岭地跨白沙、琼中、五指山、乐东、昌江等5个市县，历史上由于山高坡陡、交通闭塞、人烟稀少，始终未有大规模的利用开发，就连建立保护区，都是2004年的事。相比起周边的五指山、尖峰岭、霸王岭等热带雨林区，鹦哥岭在旅游界的名声算不上显赫。但也正是因为这样的低调，在保护区5万多公顷的总面积中，基本未受人为干扰的原始森林就占了64.2%。区内还拥有许多珍稀、濒危甚至尚未被记录的物种，以鹦哥岭命名的新物种鹦哥岭树蛙就是在这里首次被发现。

如今鹦哥岭依然没有正式对外开放，通常只有科研人员才能进入；但它也不是完全封闭，仍然不定期开办面向中小学生的考察营或自然课堂，个别获得批准的自然教育机构（例如松鼠学堂、鸟兽虫木）也会来此进行亲子活动。我们不建议旅行者擅自进山，可以先前往鹦哥岭保护区管理站（白沙县牙叉镇白沙村，白沙汽车站以南6公里）了解情况，有机会的话再在护林员的陪同下感受最原始的雨林风光。

很原生态，班车非常少且无法直达，比较隐秘，我们只建议自驾旅行者在时间充裕的情况下前往。

火车迷可以去石碌镇南端的矿区走走，日本侵占时期建造的石碌火车站至今仍在，偶尔还有拉着矿石的火车从铁轨上驶过。

棋子湾　　海滩

（昌化镇镇北；免费）在不以海景见长的西线，棋子湾算是难得的阳光沙滩。将近20公里长的海岸线上既有怪石林立，也有平缓沙滩，你可以攀爬礁石看惊涛拍岸，也可以漫步海边戏水玩沙。更重要的是清静，平日里连海边免费的沙滩椅也常常坐不满。面对如此无人争抢的美景，不搭帐篷露个营都说不过去（当然也要注意安全）。

棋子湾沿岸分为大角、中角、小角三个小湾，各有看点，自驾旅行者可以沿着恒大棋子湾和昌化镇之间的旅游公路依次游览，全程约8公里。大角拥有非常开阔的海滩，相对人气最旺。中角有木栈道通往礁石海岸，附近还能找到中国领海基点之一的峻壁角方位点石碑。小角的亮点在于奇石，最常出现在棋子湾宣传照中的两块如人形般并立的“夫妻石”就在小角石林中，日落时景色尤佳。

注意，我们调研时海湾一带都少有商贩（更不用说海水冲淡之类的设施），如果计划在海边逗留时间较久，建议自备干粮。昌化镇上有不少餐馆和旅馆，尚算经济实惠；5公里外有座在当地颇有名气的峻灵王庙，据说许愿很灵。你可能还会被路上“昌化古城”的路标吸引，但除了新建的牌坊式城门和旁边的土丘，已经没有什么值得一看。

石碌到昌化的班车（12元；6:20~17:40，约20分钟1班；70分钟）很多，每天还有6班专线车（13元；7:20、8:30、9:30、12:40、14:00、17:00；50分钟）直达棋子湾海滩。到达昌化镇后搭乘摩的到大角海滩，约25元；如果中途还要游览小角、中角就得另外议价。乘坐西环高铁在棋子湾站下车，可以等候从石碌开往昌化或棋子湾的过路车，或是搭站外的私车（到棋子湾50元）。

霸王岭　　自然保护区

（七叉镇境内）霸王岭是海南主要的热带

昌江城区

昌江城区

住宿

1 佳禾连锁酒店 A2

就餐

2 三得正宗羊羔店 B1

交通

3 昌江汽车站 A2

4 石碌汽车北站（小车站）........ B1

雨林林区之一，与五指山、尖峰岭同为国家级自然保护区，但与其他保护区不同，这里最主要的功能是保护海南长臂猿及其栖息地。海南黑冠长臂猿是当今世界最稀有的灵长类动物，也是被列入国际自然保护联盟红色名录的极危物种。即使霸王岭保护区十几年来陆续种植长臂猿喜爱的树种和高大乔木，增加了种群的生存繁衍机会，如今茫茫林海中也仅有20多只长臂猿，而这就是全世界海南黑冠长臂猿的总数，比大熊猫罕见许多。如果不是专门蹲守追寻，根本就见不着踪影。

尽管如此，霸王岭自身繁茂的雨林景观、超高的负氧离子浓度仍然值得你前往。目前向公众开放的**霸王岭国家森林公园**分为雅加景区和白石潭景区（门票各需50元；⏲7:30~17:30）。雅加景区铺设有“情道”“霸道”“天道”“天霸连接线”4条观光木栈道，形成上下山的一条环线，全程3.6公里，体力好的话走完大约需要3~4个小时。“天道”很陡，可以更快登到山顶；想要边逛边爬山的可以走“情道”“霸道”一线，除了林海和巨石，还有落差150米的雅加瀑布。白石潭景区相对较远，更适合自驾旅行者（景区售票口进去还有10公里上山的公路），山上铺设有起伏不大的“钱道”，一个多小时即可轻松走完，沿途景观更加原生态，有百年古藤、古蕨、沟谷雨林棕榈科群落，也可看到见血封喉等珍贵树种。“钱道”尽头接着一条“王道”，但只对科考人员开放。

两个景区都不允许露营或烧烤，雅加景区内有一间雅加山庄（☎2688 1888）可供住宿。山下霸王岭林业局所在的小镇比较热闹，吃住都不成问题。石碌至霸王（7元，1小时）最早的车6:30，霸王返回最晚17:30，约半小时一班。海口到霸王也开通了直达车，每天对发2班（59元，3.5小时），海口汽车西站发班时间为10:00和13:40，霸王发班时间为7:30和14:00。到霸王的班车停在山下小镇，可坐三轮摩托到雅加景区登山栈道口（30元）。

节日和活动

木棉花季　　赏花

（2月至3月初）这绝对是昌江一年中最美的季节：此时的木棉花从海岸开到山间，到处都是一片热烈的红色。昌化江畔木棉观景台（七叉镇以西4公里；免费）是最受推崇的赏花点，你还可乘坐游船（50元/人，20分钟）在江面上欣赏漫山遍野的木棉花。摄影爱好者通常会在清早到达江畔，捕捉雾气缭绕中的美景。七叉镇有住宿，但木棉花季时非常抢手，打算过夜的话务必及早预订。可从石碌乘坐班车前往七叉（6元，1小时），再在镇上找摩的去观景台（15元）。

三月三　　少数民族节日

（农历三月初三）三月三是海南黎族、苗族共同的传统节日，昌江作为黎族自治县，自然也少不了各种盛大的活动。往年的主会场都在县城的文化公园（石碌镇环城东路中段），常有黎族传统的竹竿舞表演以及黎陶、黎锦的现场制作等。2018年的三月三活动期间，公园对面的兴业广场上还新设了美食一条街，可以买到各种昌江特色的小吃和土特产。

芒果节　　旅游节

（5月至6月）这个又名“芒果飘香昌江情”的旅游节已经连续举办了几年，通常都有以芒果和乡村为主题的活动，包括采摘体验、乡村自行车赛、摄影大赛等。当然，你也能购买和品尝到各种见过或没见过的芒果品种。七叉镇的果园和县城的文化公园是活动期间最热闹的地方。

昌江核电科普观光　　导览游

（海尾镇塘兴村）你没看错，昌江有核电站，而且可以参观！这是中国最南端的核电基地，一期工程已于2016年建成投产。厂内设有核电科普展厅，并配有专人讲解，除了图文介绍、等比例的核燃料组件模型等，参观者还能亲自操纵手柄体验一把核燃料的投放。不过目前这里只对团队（20人以上）开放预约参观。旅行社在木棉花季和芒果节时会推出带有核电工厂游的团队行程，可以留意。

食宿

昌江县城的住宿选择很多，不过由于主要景点都在周边乡镇，住在汽车站附近会更加便于出行。佳禾连锁酒店（☎2669 7777；人民北路131号，昌江汽车站北侧；标双 168元起；P📶）与汽车站仅几步之遥，房间中规中矩，只是设备较陈旧。景点附近的镇上（例如昌化镇、七叉镇）也有住宿，但数量不多，旅行旺季常常爆满，价格也会翻倍。

昌江除了芒果出名，最不容错过的还有乌烈乳羊。你不妨去当地备受好评的老店三得正宗羊羔店（☎2663 0655；石碌镇惠民路20号；乳羊 108元/斤；⏲10:30~21:00）来一份白切乳羊，肥而不腻的口感绝对超乎你的想象。

到达和离开

昌江汽车站（☎2662 2821；人民北路131号）县际班车主要进出站，发往海口的班车（快车50元，商务车63元，5:00~18:30，车程2.5小时）每半小时1班；发往三亚的班车（快车57元，商务车72元，

7:20~16:30，车程2.5小时）每隔1~1.5小时1班。开往儋州那大、东方八所的班车也非常频繁，20分钟就有一班。可通过微信公众号“海汽客运”（haiqi0898）查询购买三日之内的车票。

石碌汽车北站（人民北路215号，昌江民族中学斜对面）当地人俗称“小车站”，可在此乘坐班车前往石碌以北的各乡镇（如昌化、海尾），与昌江汽车站相距1.8公里，公交1路、2路、3路、6路都到。但这里没有班车开往石碌以南的乡镇（如七叉镇、霸王岭），那些车停靠在昌江汽车站南边500米的路边。

棋子湾站（昌江县乌烈镇境内，石碌镇以西36公里）海南西环高铁上的一站，每天仅3~4对往来于海口和三亚的动车会经停，要看准时间出行。高铁站到石碌镇有专线班车，对应到站时间，票价10元，行程约40分钟。高铁站到昌化镇（棋子湾）的班车时间不定，主要是石碌到昌化的过路车。

当地交通

石碌镇有多条公交线路，上车1元。到矿区可以乘坐1路、2路至矿山候车站。

东方

人口：44万

与海口就在出海口不同，东方这个地名和它的地理位置没有任何关系。当你打开地图搜寻东方，会发现它恰恰是整个海南岛的最西方，面临北部湾，与越南隔海相望。之所以得名东方，只是因为解放初期县城定址在了黎族聚居的东方峒（峒是旧时少数民族地区类似乡一级的行政单位）。

1940年，侵琼日军为了转移海南西部的铁矿及其他自然资源，动用了3万多名劳工在东方修建八所港。这在当时绝不是一件好事，但不可否认，正是这座优质的深水港，为东方带来了发展的机遇，城区八所由此逐渐建成。近年来随着海南养老置业的升温，房价低于东线市县、位置又靠近三亚的东方，又成了一大批北方“候鸟”的落脚地。在今天的东方市，你已经能嗅到都市的气息：这里不仅有林立的高楼、宽阔的马路，连最新落成的汽车站都达到了国家一级客运站的标准。

景点

依山近海的东方有着怡人的自然景观，

东方城区

东方城区

景点
1 海南铁路博物馆 A2
2 鱼鳞洲 A2

住宿
3 东方517驿站 B1
4 乐客斯酒店 B2

就餐
5 八所中心渔港 A1
6 姐妹四更烤乳猪 A2

交通
7 东方汽车站 B2
8 东方站 B2

但谈得上有特色的不多，其中白查村的黎族船型屋比较值得一看。本书调研时，大田坡鹿保护区已停止对外开放，融合了喀斯特地貌与热带雨林的“小桂林”俄贤岭正在进行景区建设。还想感受点不一样的？傍晚东方站的车站广场以及附近密不透风的山海湾小区建筑，一定能给你留下深刻的印象。

鱼鳞洲 海滩

（八所镇西端；免费）鱼鳞洲早在清康熙四十年（1701年）就被列为海南风景名胜之一，今天依然是东方市内游客最密集的地方。鱼鳞洲的主体是海边的小山（只能爬至一半），由于地处岛屿西端，日落时海天交相辉映的金色染上小山，嶙峋岩石会如鱼鳞一般泛起光泽。山上矗立着一座灯塔，灯桩于1957年设立，至今仍是重要的海上航标。

除了登高，你还可以在海滩边溜达一圈，爬爬礁石戏戏水，远望吊臂林立、忙于装卸货物的八所港。晒日光浴可能不太适合，除非你受得了海滩上粗糙的砂砾。我们也不建议在鱼鳞洲游泳，这里浪大、暗石多；想要游得痛快，海东方（16路公交始末站）小区对面的海滩最合适。

紧邻着鱼鳞洲的是1993年国家建立的对越边贸口岸，附近边贸城里也有多家商店售卖越南商品，感兴趣的话也可以顺便逛逛。到鱼鳞洲可乘坐公交1路、9路、17路、18路至边贸城下车，投币1元。

海南铁路博物馆

博物馆

（八所镇滨海南路西端；免费；⏲9:00~11:30，14:30~17:00，周六日和节假日闭馆）这间位置偏僻的铁路博物馆毗邻八所港，前身是海南铁路总公司，更早之前是日军侵占海南时的驻军指挥部所在地。随着铁路公司迁往海口，原先的办公楼就改成了展厅，展出着关于海南铁路建设和发展历程的实物、图文资料。

但你很可能完全不想待在建筑里——外面露天院子里停放的各种“退役”的庞然大物绝对要激动人心得多。你会看见海南铁路史上最后一台停运的蒸汽机车、第一批从国外引进海南的内燃机车、日占时期由日本制造的天车（吊车）和矿石车以及宋美龄乘坐过的“美龄号”等，每一台都是沧桑历史的见证。

乘坐边贸城方向的公交到港中路口下车，沿着解放西路拐入友谊路，走到底就是滨海路，再左转走上300米即可到达。

白查村

村落

（江边乡白查村；免费）想象一艘狭长的V形船底的简易渔船，将它倒扣过来，就是船型屋大致的模样。过去的黎族百姓就地取材，以竹木为架，以茅草为盖，只需很低的成本就能建造出一间供全家人居住的茅草屋。而为了应对海南频繁的台风和降雨，房屋通常建得十分低矮，厚厚的人字形茅草顶几乎延伸至地面，远远望去只见屋顶不见墙，极具原始风貌。

不过，随着时代的变迁（和政府的茅草房改造补贴），如今即使深入黎乡，你也很难找到保存完好的船型屋，成片的船型屋聚落更是屈指可数，而白查村就是其中之一。村子里不仅保留了60多间船型屋，还有8间为防潮而架高的谷仓。你可以仔细观察谷仓的构造，它的屋顶与墙体是分离的，据说这是黎族向汉族金字形房屋的借鉴，屋内的通风采光更好，结构也更加稳定。类似的金字型茅草屋在昌江王下乡的洪水村也有留存。

前往白查村，可在东方汽车站乘坐发往江边乡的班车（14元；12:10和15:00；1.5小时），在白查村路口下车，之后步行进村约2公里，即可到达船型屋所在的老村（需穿过新村）。

食宿

东方市区的住宿非常丰富，你可以按照自己的需求和预算来选择。海景酒店大多集中在滨海北路；若想要出行、购物和就餐更方便，则可以住在东海路和解放路一带。2018年新开的乐客斯酒店（☎2558 3999；东海路三角公园旁；标双138元起；P 📶）房间相当宽敞舒适，地段便捷，性价比很高。东方517驿站（☎182 0898 3716；琼西路西街59巷27号；铺35元；📶）是一栋三层住宅改造而成的骑行主题旅舍，房间简单干净，能获得不少旅行建议，只是位置稍偏。

四更烤乳猪是来东方旅行最不应错过的一道美食，农科路上分布着多家烤乳猪店，东港路的姐妹四更烤乳猪（☎176 8973 3338；东港路5号；烤乳猪120元/斤；⏲8:30~21:00）也在当地备受好评，生意好到已经在距离不到300米的地方开起了分店。八所中心渔港（东港路西端，新港码头）在2017年新建了一座新港海鲜市场，过往脏乱差的交易环境和缺斤短两、以次充好的情况在一定程度上得到了整治，总体来说比较实惠。附近有很多海鲜加工店，挑间人气最旺的一般不会错。

到达和离开

东方站（解放东路东端）是西线各县市中唯一一座建在中心城区、通有高铁的火车站，每天都有近20对开往三亚（51元，80分钟）或海口（77元，100分钟）的动车。除此之外，三亚开往北京西、长春的火车也在本站停靠。

东方汽车站（解放东路和海榆西线交叉口西侧）2018年全新启用的汽车站，距离火车站约1公里，环境明亮整洁，还设有旅游咨询服务台。省际和乡镇的班车都从这里发出。东方到三亚的班车（38元，6:30~17:10，2.5小时）每隔30~40分钟一班，另外也有到乐东、昌江等西线各地的车次。

当地交通

东方市区的公交线路全部1元，旅行者比较常用的是5路（动车站—新港码头）、9路和18路（动车站—边贸城）。

出租车起步价5元，超出每公里2元，可使用电话叫车（☎2553 7666）。但比起出租车，街头更常见的仍是大量私人运营的电动三轮，上车议价，通常费用更低。

乐东

人口：53万

作为海南岛西部最靠近三亚的海滨城市，坐拥莺歌海和尖峰岭两大著名景点，乐东尽享地利。不少看腻了三亚椰林树影、水清沙幼的旅行者，会安排一两天给乐东，这里也就此从“土豪邻居”的旅游生意中分得一杯羹。我们不建议你选择乐东县城作为前往莺歌海和尖峰岭的中转站，而更推荐从黄流镇出发——这里离景区更近、食宿交通也更方便。

黄流镇

对旅行者来说，黄流可能是个乏善可陈的小镇，但作为交通的中转站还是很称职的。若选择住在黄流车站附近，可安排一天前往莺歌海，一天前往尖峰岭，回程从黄流镇离开。

食宿

黄流镇并不是旅游区，旅业配套设施一般，住宿集中在中心商业街和黄流汽车站附近。

亨安花园宾馆　酒店 ¥

（☎8585 7999；黄流镇黄金大道68号；标双100元起；❄@📶P）汽车站对面的亨安花园宾馆算是黄流镇最规范卫生的旅馆之一，老式的别墅洋房自带小花园，安静舒适，入住送水果盘，有免费停车场。

福哥老鸭店　大排档 ¥¥

（☎8585 5408；黄流镇黄金大道25号；人均65元；⏲11:00~13:00，17:00~19:00）位于黄流汽车站北侧，亨安花园宾馆斜对面，是本地名菜黄流老鸭最正宗的老字号，招牌菜是100元一只的老鸭，选用一年以上的下蛋老鸭，或白切、干煸吃其嚼头，或炖汤吃其酥绵，还附送一碗鸭血空心菜汤。

到达和离开

抵离黄流镇可乘搭高铁或汽车，黄流汽车站位于镇中心，是抵离的交通首选。相对而言，高铁的往返班次较少，且高铁站离黄流镇较远，不过在节假日往返三亚的公路时有塞车，高铁可能是更好的选择。

长途汽车

从三亚汽车站可乘坐前往黄流的汽车，每天6:00~19:30密集发车。**黄流汽车站**（☎8585 1515；黄流镇黄金大道上汽车站广场）每天有多班汽车开往海口、三亚等城市。在黄流镇内前往黄流汽车站只能坐风采车（3~4元/次），节假日会上涨到5~6元/次。

黄流汽车站车次时刻表

站点	发车时间/班次	票价（元）	行程（小时）
海口	8:00、8:20、8:35、9:10、9:50、10:30、11:30、13:50、14:30、16:20	87	5.5
三亚	6:30~19:15，每隔20分钟1班	26	1.5
乐东	6:50~17:25，每隔20分钟1班	19	1.5
八所	7:30~17:30，每隔20分钟1班	19	1
那大	8:00	54	3.5

火车

作为海南高铁西环线的途经站，从三亚凤凰机场或三亚火车站均可乘高铁抵达距离黄流镇东南约10公里的**黄流站**，每天有十几班列车发出，约半小时车程。从车站外可乘风采车去黄流镇（15元；15分钟）。黄流汽车站有前往高铁站的班车，无须在车站售票处买票，在车站发车右侧站台上车买票，比高铁时刻提前约40分钟发车（1元；6:32~22:22，17班车）。

莺歌海

莺歌海是距离黄流镇13公里的小镇，这里西、南面环海，面临北部湾与越南隔海相望，有着海天一线的壮阔海景，因为拥有中国南部最大的海盐生产基地而享誉国内外。在这里你能看到渔民带着渔获回到古朴的老屋，顺便体验一下海乡依海而居，以渔为家的浓郁生活气息。

景点

莺歌海湾 海滩

（莺歌海镇西侧；24小时）过去的莺歌海湾是渔民出海捕鱼归来停靠的港湾，一直养在深闺人不知，如今政府打造旅游区配套，新建游客广场和观景栈道，沐浴硬件完备，宾馆和餐厅渐渐多了起来，外地游客也纷然而至。莺歌海的小镇有点文艺味道，拥有不少古朴的老建筑，闲暇看海之余，值得花时间在小街中逛逛，细心欣赏这些老房子。沿着莺歌海湾的海上石栈道走到海中心，沿途的蔚蓝海景尽收眼底，蓝绿相间的渔船点缀着海平面，回首眺望港湾，你可以发现另一个赏景的好角度。

以前，你可以在这里找到当地人包渔船到附近岛屿游览，但由于莺歌海的出海游船尚未规范化，本书调研期间，政府为了保障游客安全，已强令禁止游客随私船出海。

从黄流镇搭乘开往莺歌海镇的班车，在莺歌海镇下车步行几分钟可到莺歌海滩。

莺歌海盐场 盐场

（莺歌海镇东面约5公里；24小时）这里是一片30多平方公里的滩涂地带。从黄流镇驱车过来，当公路边开始出现一个个小池塘，池塘边上矗立着一座座“雪山”时，莺歌海盐场就到了。这片中国最咸的海域，造就了南方最大的海盐场。盐场使用机器收盐，但造盐原理还是依靠日晒蒸发，和儋州的千年古盐田并无二致。有人说莺歌海盐场的日落是“中国最壮观日落”，黄昏时分无疑是到访的最佳时间，免受烈日炙烤，也最适宜摄影，建议避开7月、8月的雨季。

从黄流镇前往莺歌海镇的路上会经过莺歌海盐场入口，建议包风采车连同莺歌海湾一起游玩，15~20元。如乘坐去莺歌海镇的汽车，可事先与司机打招呼在盐场下车。从入口行驶约5分钟车程会抵达一片开阔的盐场和盐山处，如果自驾进入，可和门卫打声招呼。

食宿

从黄流前往莺歌海的路上有一些农家乐，但并没有特别值得一试的馆子。你可以前往莺歌海湾品尝最新打捞的海鲜，幸运的话遇上渔民捕鱼，会有大批渔船外出归来。在渔民整理战利品时，可以直接向渔民购买，然后到岸边的小餐馆加工，推荐到**杰哥海鲜城/海鲜饭店**（☎150 0894 0789；莺歌海镇海滨街东路）店里海鲜都是当天捕捞现做，种类丰富，加工费不到20元/斤。当地人会把新捕捞的海鲜在岸上晒干货，大量新晒的虾米、鱿鱼、墨鱼、海马、红鱼和各类小鱼干，海边的小卖部/宾馆也有专门贩卖。

观海主题客栈 客栈 ¥¥

（☎8586 7897/187 8958 2025；莺歌海镇海滨街与海英街南路67号交叉路口（海边广场对面）；标单128元起；❄@📶）在莺歌海占据着最好的观景位置，正对一望无际的大海，摄影发烧友喜欢挑最高层五楼的海景房，可以在客栈里观日落。友善健谈的女老板有问必答，会主动向你介绍莺歌海的来龙去脉，客栈的厨房免费对住客开放，大可从海边买回海鲜自己烹饪。

乐东莺歌海莺海纳里民宿客栈 青年旅舍 ¥

（☎180 8978 6591；莺歌海镇建设街东路43号，近居委会；铺/普单/普双45/100/120元；❄@📶）一进门就停满了自行车的旅舍看起来像个自行车俱乐部，是很多骑行者的首选。

装修比较简陋但活泼好玩，有不同的私人活动小房间，可以让你在这里找到志同道合的骑友。无论单间或通铺都是公共卫浴，并不是每个房间都有空调，床铺以四人间为主，门口的自助饮料便宜实惠。

到达和离开

在黄流汽车站沿225国道往南第一个路口（多福轩超市对面）搭乘开往莺歌海镇的公交（3元）或风采车（15~20元），车程约15分钟。前往莺歌海镇的路上会经过莺歌海盐场。

尖峰岭

无论你从八所还是黄流方向前来，行驶在西线高速公路上，就能远眺笔直指向天际的尖峰岭主峰和其连绵的山脉。尖峰岭地区气候独特，进入通往尖峰镇的林荫路便能立即感受到清凉和湿润。山上常年雾锁群峰，年均气温19.7℃，是三亚附近的避暑圣地。

景点

尖峰岭国家森林公园 自然保护区

（☎8572 0343；门票60元；⏲7:00~24:00）尖峰岭被誉为“中国的亚马逊”，是全国面积最大、保护最完整的热带雨林保护区，曾被评为“中国最美十大森林”。垂直分布着与恐龙同时代的活化石“桫椤”“见血封喉”等3000多种植物，黑长臂猿等4700多种动物（包括600多种蝴蝶和200多种鸟类）在此生息繁衍。尖峰岭的原始生态不会让自然爱好者失望，值得花上两天时间去蝴蝶谷观蝶，去鸣凤谷观鸟。海拔810米的天池有景色奇幻的高山湖，在尖峰山主峰（海拔1412米），你还可以一睹林海、云海、雾海、大海的“四海齐观”。

入景区大门后直行16公里通往天池和鸣凤谷，往右15公里通往主峰，目前并没有公共交通接驳，如果不是自驾或包车，建议在景区大门打风采车进入。而且由于两路不互通，只能先前往一个景区后原路折返，再驱车前往另一个景点。天池是波平如镜的高山湖，适合休闲散步，从天池步行2公里到鸣凤谷，沿着环形栈道可以欣赏千年古树、空中花园、大板根、绞杀等热带雨林的独特景观，也是合适的观鸟点。东面的雨林谷能观赏溪谷和紫荆瀑布。攀登主峰来回约3小时路程，而且到了半山以上基本都是野路，适合对体能较有自信的旅行者。登顶后天池和峰林美景尽收眼底，清晨或雨后如同置身云雾奇观。另一条“铁人”级别的线路是徒步雨林沟谷，耗时一整天，必须在景区请向导（1000元）并报备登记，可咨询景区售票处。

每年5月到10月的雨季，尖峰岭山上有很多蚂蟥，尽量呆在栈道行走，不要进入雨林或草丛，最好穿缝隙较密的运动长袜裹住裤腿。被蚂蟥咬后不要硬拽，可用火烫（打火机或香烟）或涂抹清凉油，蚂蟥会自行脱落。

尖峰岭的交通设施并不完善，无论是景区内游览或是抵离景区，均没有公共交通服务，最好全程自驾或包车，从尖峰镇包风采车前往各个景点的价格约60~80元（单程），由于下山返程还有3公里的路程才能回到镇上，如果不打算徒步回去的话，要事先联系好风采车司机在门口接送，或预订酒店接送服务。包车游玩天池和鸣凤谷的全程往返价格在250元以内。

食宿

尖峰岭有十来家农家乐，主要集中在天池附近，有山猪、走地鸡、大白鹅、野生小鱼等鲜味十足的本地菜，有的还主打天池系列，如天池鱼汤、天池野菜等，比较受欢迎的有**铁拐李农家乐**[☎139 7623 6665；天池至雨林谷路段（近尖峰岭天池景区）；人均60元]。有些农家乐内提供应季水果采摘（芒果4月至5月，荔枝5月，黄皮5月至6月，龙眼7月至8月），如果路上碰到农户刚摘的新鲜芒果和芭蕉，不要错过。

尖峰岭天池避暑山庄 酒店 ¥¥

（☎152 0306 0000；尖峰岭国家森林公园鸣凤谷自然保护区内；标单/标双340/280元；❄@📶P）紧邻鸣凤谷景区，依山而建，硬件一般，但如果你喜欢野趣和清静，或许会喜欢这里，这里海拔比天池边的酒店更高，冬天有点冷，但夏天适合避暑。酒店提供接送服务，可以五折购买公园门票。

海南天池桃园酒店

酒店 ¥¥¥

（☎8572 9999；尖峰岭国家森林公园天池景区内；标双646元；@ 📶 P）由散落在天池畔的多栋欧式别墅组成，静谧清幽，早晚云雾缭绕，在阳台饱览山水美景，犹如置身仙境。不足之处是没有空调，木制房间的隔音一般。早餐比较简单，没有接送服务，住宿不包门票。

到达和离开

从三亚出发去尖峰岭，可乘坐前往八所的班车（见106页），在尖峰路口下车，再乘坐到尖峰镇的公交车（3元）。若从黄流出发，可在黄流汽车站门口搭乘前往尖峰镇的公交车（6元），或乘前往八所的过路车，在尖峰路口下车再转公交到镇上（相距7公里）。

没有公共交通可以抵达尖峰岭大门，你可以打风采车从尖峰镇（约6元）或尖峰路口（约20元）前往。自驾的话，可从西线高速公路拐入，依次经过尖峰路口、尖峰镇，抵达尖峰岭景区大门（距尖峰路口10公里）。

从尖峰镇回尖峰路口的公车18:00后停运，可以打风采车（约8元）到尖峰路口后再等过路的长途汽车离开。

了解海南

今日海南

它是中国最大的经济特区，也是国人最方便度假的热带海岛，从建省开始，海南就被寄予过无数关于发展的畅想。在建省30周年之际，它又收到了自由贸易港的政策“礼包”。而现在人们更关心的是，面对机遇，海南是否做好了准备？

最佳读物

《海南纪行》，香便文著，美国传教士1882年徒步考察海南的记录，里面充满了简洁、优美、妙趣横生的描写。

《我们的三六巷》，崽崽著，海南本土作家笔下的海南建省20年往事。

《风从南洋来》，蔡葩著，以女性视角书写海南人下南洋的故事。

《海南岛：阳光与水的叙事》，散文集里收录了许多作家的海南往事。

最佳影片

《望海南》（2012年），由国内顶级纪录片团队拍摄，用优美的影像呈现海南的历史、自然、民俗和文化。

《没有冬天的海岛》（2002年），以1988年“十万青年下海南”为背景的电视剧。

《非诚勿扰Ⅱ》（2010年），呈现的是一个象征时尚、现代和休闲度假胜地的海南，男女主角的曲折爱情就在阳光旖旎的林荫大道和海边小屋上演。

《红色娘子军》（1961年），著名导演谢晋执导的经典影片，里面既有第二次国内革命战争时期的女性形象，也有海南亘古不变的风物：椰林、竹笠，还有洪常青谈起革命时劈开椰子倒的椰青水。

经济：从“炒楼岛”到自由贸易港

受限于薄弱的工业基础和腹地优势的缺乏，尽管海南曾经数次被寄予厚望，但它的经济在国内一直处于相对落后的位置。2017年，海南全省的GDP仅排在西藏、青海和宁夏之前。虽然它为大陆贡献了许多热带瓜果、茶叶、鲜花，乃至水泥和原油，但这里的农产品深加工水平和科技农业水平都比较低，工业整体发展也还处于初级阶段，旅游业和房地产业一直是海南最大的经济引擎。

2018年无疑会成为一个重要的转折点，在建省办经济特区30周年之际，海南得到了中央关于建设全岛自由贸易试验区的政策支持。在随后发布的国务院文件中，赛马运动等项目第一次在国家层面得到鼓励，竞猜型体育彩票和大型国际赛事即开彩票被给予支持，离岛免税政策也覆盖了所有游客。

紧随其后的是，在GDP中占比达到49%以上、为当地贡献了一半以上税收的房地产业则被一系列政策迅速降温。针对外地购房者即时生效的全域限售、限贷、限建政策更是让滨海地带的大部分楼盘骤然失去买主。彻底告别“炒楼岛”这个角色，海南的愿景很美好：“自由贸易港”让人联想起繁华的香港、釜山、汉堡和鹿特丹，“国际旅游消费中心”对应的是西方游客云集的普吉岛和巴厘岛。但要实现这些愿景，它还需要下很多功夫。

仿佛趁热打铁一般，自由贸易港政策刚一出炉，海口和三亚就启动了密集的“总部经济”招商引资。2020年6月1日，中共中央、国务院印发了《海南自由贸易港建设总体方案》，提出60项重大举措。在诸多政策利好的加持下，经历了新冠疫情（COVID-19）考验的海南省，在2021年第一季度，GDP的两年平均增速暂居中国各省首位，昭示着相当强劲的复苏能力。

旅游业：整治市场乱象，国际旅游岛未来可期

2017年，海南全年接待的境外游客数量首次突破了100万人次，但这个数字还不及国内游客人次的六十分之一，"国际旅游岛"还远远没有达到它的目标。2018年，海南将入境旅游免签国数量扩大到了59个，飞机和邮轮都在持续增开国际航线，仅在海南的重要客源地俄罗斯，就有8座城市与之实现通航。作为海南另一经济支柱的旅游产业将带来更多的增长点。

除了日渐火热的乡村游和户外游，海南的"玩法"也在变多，例如会展游、婚庆游和医疗游——据统计，2017年海南共举办了107场千人以上会议；三亚每20个游客中就有1对是婚庆旅游游客。另外，博鳌成为国内唯一可以尝试最新国外药物和器械的地方。

尽管"宰客"行为大部分并非本地人所为，但以往海南旅游业却背负了欺客宰客的坏名声，尤以三亚为最。不过，目前这样的状况已经有所改善，人们可以在这里方便地找到官方认定的"诚信一日游"。本书截稿时，三亚"旅游警察"制度已运行近3年，一个为人称道的案例是，看到批评海鲜消费存在欺宰行为的网帖后，当地警方连夜办案，涉事海鲜店因为多收游客16.8元而被罚了5000元。

社会："候鸟"现象与人才需求

2017年海南商品房的买家中，超过八成都是外地人，琼海、陵水等二三线城市的部分楼盘，岛外人购置比例甚至达到了100%。很多人甚至没有实地看过房，就跟着亲戚朋友搭伙买了同个小区。尽管"黑龙江省三亚市"的说法和集中购房避寒的东北人成为舆论的焦点，但事实上买家来自全国各地。无论如何，这使得房价远远超出了本地居民的收入水平。

每年节假日期间，爆满的游客促进了海南经济的发展，但也增加了当地人与游客摩擦的可能，"候鸟"老人也给当地的公共服务带来挑战。旺季时三亚的全境拥堵、海口渡海港口的汽车长龙以及动辄上万元的机票，都降低了人们的旅行体验。

比起抱怨外客过多，海南更需要正视的问题是：这里需要人才。尽管有自然条件和政策方面的优势，但它的人口基数、院校数量、经济和消费水平都不足以支撑国际自由港的发展。2018年，海南发布百万人才引进计划，以吸引年富力强的人定居海南，这是不是又一次"十万人才下海南"还未可知，但海南必定要学会不失风度地迎接外界的到访。

快速参考

人口：945万（2019年）

岛屿面积：约3.54万平方公里

国内生产总值（GDP）：5532亿元（2020年）

GDP增长率：5.8%（2019年）

如果海南有100人

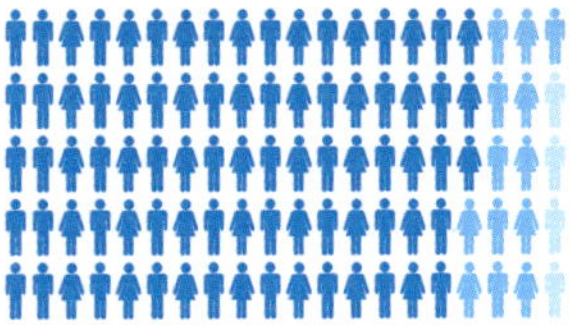

83人是汉族
13人是黎族
4人是其他民族

2019年游客数量(万人次)

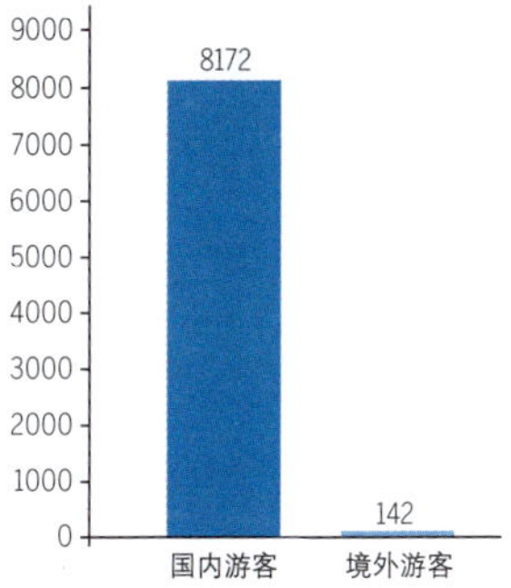

历史

在南海进入中国普通民众的视野之前，海南似乎一直是被正史遗忘的角落。即使是因为水清沙幼、蓝天白云的自然环境而成为富裕起来的中国人最向往的旅游目的地之一，即使每年有数百万游客进入海南，却很少有人去探究海南的过往。而这座嵌于南海的岛屿，真的只有近几年被无数崭新的星级酒店修订过的海岸线，却没有自己的传奇与历史吗？那些世代居住于此的人们，那些四海为家、曾在此停留的打鱼人，那些宦海沉浮、被流放于此的文人，他们又在海南书写了什么，留下了什么？尤其是近代解放海南岛的战火、知青大潮在无边无际的橡胶林里挥洒的青春、海南建省20多年以来下海潮的涨涨落落……海南曾经错失的发展机遇，反而成就了如今吸引旅行者前来的最本真的生态环境。

远古到先秦：断续的足迹

海南最早的人类活动遗址在三亚市落笔洞古人类文化遗址、东方市的付龙园遗址和文昌市凤鸣村遗址。这些遗址上发现的大量石器陶器残片，是海南岛石器时代的宝贵遗存，证明海南的历史至少可追溯到旧石器时代早期。但此后这里古人类的踪迹又湮灭于时光的洪流中，找不到延续的证据了。

海南岛有迹可查的原始居民，在距今3000年前（相当于历史上的商周时期）陆续迁移到平原、台地、河岸和海湾地带生活，从事原始农业、手工业、狩猎、捕鱼和采集活动。秦末汉初，这里的原始社会开始瓦解。在漫长的时间内，先从岛屿北部开始，逐渐向东部、南部沿海及内地山区推移。但是在相对闭塞的五指山地区，少数民族一直到清末民初还保留着原始社会的风貌。

冼夫人传奇

秦朝，海南隶属于象郡。西汉元封元年（公元前110年），路博德占

大事年表	约3000年前	公元前140年至公元5年	公元前110年
	中国内地南方的“骆越人”陆续迁入海南岛，成为黎族的先民，催生了原始文化。	汉武帝至平帝间，西汉王朝多次派官员出使东南亚和南亚各国进行国际交往和贸易活动，首次开辟了南海航线，航行途中发现并经过南海诸岛。	汉武帝平服南越后，在海南岛设珠崖、儋耳两郡，领16县，隶属交趾部刺史。汉族陆续移民海南岛，传入中原文化。

领了海南岛，设置了珠崖郡和儋耳郡。西汉末年，汉王朝放弃了珠崖、儋耳二郡的设置，但还控制着海南。三国时期的吴赤乌年间（238~251年）又设珠崖郡。晋武帝太康元年（280年），珠崖郡被并入合浦郡。南朝宋文帝元嘉八年（431年）再次设立珠崖郡，治徐闻，不久又再度废弃。

数百年间，珠崖郡立了又废，废了又立，几次三番，说明海南的历史长久以来就在边地和属地间徘徊，没有太多历史值得书写。直到冼太夫人的出现，海南才开始占据历史舞台的重要位置。

冼太夫人名冼英（512~602年），是中国古代岭南地区最受赞誉、也最具传奇色彩的政治家。她出生于高凉（今广东电白），当时的雷州半岛和海南岛乃至岭南多数地区都属南越国，冼氏世代为南越首领，冼英从小就展现出不凡的文武才华。梁朝大同年间（535~546年），高凉太守汉人冯宝为争取地方势力的支持，娶冼英为妻。550年，高州刺史李迁仕图谋反叛，冼夫人出谋划策，率众佯装献礼，在州府（今阳江）出其不意地击败了李迁仕，率兵到达江西赣石。

陈永定二年（558年），冯宝去世，岭南越族各部首领人心涣散、各怀异志，冼夫人忍着丧夫之痛，劝服各越族首领保全地方安定，接着她派儿子冯仆率各首领到京城觐见陈武帝，冯仆受封为阳春太守。冼夫人陪冯仆往阳春任职，一住就是十多年。

陈太建二年（570年），冯仆的上司广州刺史欧阳纥谋反，欧阳纥召冯仆往南海，要挟他一起反叛。冼夫人接到消息后立刻率兵北上，会合官兵击败欧阳纥，救出了冯仆。冯仆于是被封为石龙（今廉江）太守，冼夫人为高凉郡夫人。

陈后主至德二年（584年），冯仆去世。589年，隋灭陈，岭南陷入混乱局势。附近的州县推选冼夫人为领袖，尊称圣母。隋文帝派总管韦洸南下，在南康遇到抵抗，受阻于此。隋将向冼夫人出示了陈后主的信，辅以扶南犀杖及兵符为证，告诉她陈已亡，让她归顺隋朝。冼夫人顺应大势，派长孙冯魂北上迎接韦洸，岭南避免了战乱，顺利归入隋朝版图。朝廷于是封冯魂为仪同三司，册封冼夫人为荣康郡夫人，另一个孙子冯盎被封为宋康令。

第二年冬天，番禺王仲宣起而反隋，附近的州跟着反叛，韦洸战死。冼夫人已七十多岁高龄，仍策马奔波于各地，与隋朝使者一起安抚岭南各头领。冼夫人威名所致，所到之处首领纷纷出来拜谒。岭南又一次避免了战

627 ~ 649 年

唐贞观年间，朝廷官员王义方被贬为儋州吉安（今昌江境内）县丞。他挑选学生，亲自为其讲经说礼，史籍称其为开启海南儒学文化教育的第一人。

848 年

唐大中二年（848年），丞相李德裕被贬为崖州司户。他在抵达贬所后，仅半年有余便病死，终年63岁。李德裕为海南五公祠奉祀的“五公”之一。

1042 ~ 1044 年

文昌孔庙始建于旧县，治所在地安知乡何恭都潭布村（今文昌市东路镇下路桥南），是海南的早期孔庙。琼山县（今海口市琼山区）东南隅建立琼州学宫，为海南的第一所最高学府。

1097 年

2月，大文学家苏东坡被朝廷贬为琼州别驾，移昌化军安置。昌化军使张中，在旧城东建“载酒堂”（今东坡书院），提供给苏东坡讲学。

乱，恢复了安定的局面。同时，永嘉之乱以来280余年南北分裂的局面也就此结束，隋文帝统一南北的大业正式功成。隋文帝深感冼夫人有功于朝，封冯盎为高州刺史，册封冼夫人为谯国夫人，还特准她调动六州兵马，遇非常事可先斩后奏。

601年，番州总管赵讷贪婪残暴，百姓难以忍受他的盘剥，纷纷起来反抗或逃亡他乡。冼夫人派长史张融向文帝告状。文帝派人查实之后，将赵讷处死，然后宣冼夫人招抚反叛。冼夫人受命往返十余州，向各首领宣谕诏安。在她的努力和影响下，各首领安定下来，岭南又一次转乱为安。隋文帝赐冼夫人临振县（今海南临高）汤沐邑一千五百户，追封冯仆崖州总管。遗憾的是，冼夫人毕竟年事已高，积劳成疾，第二年便不幸去世。

贬官笔墨香琼州

唐贞观五年（631年）增设琼州，海南简称“琼”即源于此。

从秦汉到唐宋，中土朝代更迭，在繁华与战乱中辗转反复，嵌于南海的海南岛却在平静中缓慢地过着日子。但随着一群贬官的陆续到来，这个海岛开始有了笔墨书香，岛民们听闻见识到文化的力量，平静的岛屿泛起了不一样的波澜，开启了诗书传家的新篇章。从汉到明，被贬到海南的贤相、名臣、学士有15人之多，其中有10人居住在水南村（今三亚崖城镇）。一直到现在，崖城仍有这些贬官的后代居住。

据记载，第一个在海南岛普及“正统”文化教育的是唐代的王义方。贞观二十三年（649年），王义方被贬到吉安县（今昌江黎族自治县境内）。被贬谪后，他深入黎族村寨体察民情，看到这里因为地处偏远、经济文化极端落后的状况，决心兴办教育以启迪民智。他召集黎族各洞首领，商议“稍选生徒，为开陈经书，行释奠礼，清歌吹龠，登降跽立，人人悦顺”。

继王义方之后，唐德宗时代的门下侍郎、同平章事杨炎被贬来琼，为崖州（今三亚）司户。杨炎是一位经济学家，他在前往崖州的路途中留下了经典的感叹：“一去一万里，千之千不还。”用这句诗来形容海南山长水远，真是再恰当不过了。

晚唐时有两位宰相被贬至海南。韦执谊是唐顺宗时的丞相，柳宗元、刘禹锡等大名鼎鼎的文人都曾是其门徒。支持改革派的唐顺宗在位八个月后病死，支持保守派的唐宪宗一继位就将韦执谊发配到崖州（今海口）

1279 年	1295－1297 年	1368 年	1565 年
占越（今越南）回族人因战乱，携家逃来海南岛沿海一带散居，后聚居三亚里番村（今三亚市回辉旧村），伊斯兰文化开始在海南传播。	黄道婆从吉阳（今三亚市）返回故乡松江府上海县乌泥泾，在当地传授棉纺织技术，改进制造出一套先进的棉纺织工具和方法，被后人誉为女纺织家。	明朝成立琼州府，统辖全岛3州13县，并进行了户口和土地调查。在此基础上建立黎区基层行政组织——黎图（若干黎图为一都，若干都为一乡）。	海瑞任户部云南司主事，痛感嘉靖皇帝沉迷享乐、不理朝政，上疏指责，同时备棺等死。人称“刚峰先生”。

充当司户参军，摄理琼郡事。另一位李德裕是唐武宗时代的丞相，因参与“牛李党争”失败后先贬荆南，次贬潮州，大中二年（848年）三贬崖州。李德裕与李光、李纲、胡铨、赵鼎合称“五公”。海口的著名景点五公祠即为纪念他们而建。

进入宋代，贬谪官员作为惩罚官吏的一项主要制度被长期执行下来。第一位被贬来海南的是宋太祖时的宰相卢多逊，他因触犯龙颜而被全家发配至崖州古城（今三亚）水南村。不过卢多逊生性乐观，有“远客杖藜来往热，却疑身世在桃源”的诗句为证。另一位宰相丁谓是寇准的徒弟，在宋仁宗即位后被指控犯有图谋不轨的罪状而被贬至崖州（今海口）充当司户参军。

南宋时，四位抗金主战派忠臣相继被贬海南。1129年李纲抵琼，但仅仅六天后就被赦北返。即便只有短短六天，殷勤的海南人民还是把李纲列于“五公”，筑祠纪念。两年后，主战派大臣李光来此。这位被秦桧恨之入骨的大臣被贬海南长达十七年，是“五公”中滞留海南时间最长的，后蒙诏返回江洲。赵鼎因为力荐岳飞抗金而被贬至吉阳郡（今三亚吉阳），后绝食而死。胡铨则是因为上书请斩秦桧而与赵鼎同时被贬至吉阳。胡曾作《哭赵鼎》一首：“以身去国故求死，抗议犯颜今独难”，以歌颂赵鼎的高贵品质。

苏轼在儋州：“东坡不幸海南幸”

苏氏东坡恐怕是中国旅游业最应该感谢的人，他一生游历也广，宦海沉浮中到过的地方也多，加上大文豪的笔杆子厉害，为今人创造了许多旅游景点。也幸好有了东坡先生，海南的文化历史才不至于太过苍白，甚至多了好些值得津津乐道的传说与故事。

在所有被贬人士中，苏东坡无疑是对海南的文化风气、风俗习惯影响最大的人，甚至成为了海南文化和文明的代言人。如今在海南有两处纪念苏轼的胜地——与五公祠相连的苏公祠和位于儋州的东坡书院。苏公祠是东坡路过住宿的地方，东坡书院则是苏轼被贬儋州后的居住地。此外，儋州也有“东坡村”“东坡井”“东坡巷”“东坡田”等地方。现在的东坡书院比当年的东坡居住地不知大了多少倍。

宋哲宗绍圣四年（1097年），苏轼被贬广东惠州，心里不服，写了一首诗讥讽朝廷，结果再次被发配至海南昌化（今儋州中和镇）。前往海南的苏轼认定自己“生还无期”，给弟弟苏辙写信说：“他年谁作舆地志，海南

与被贬官员有关的景点

海口五公祠（见66页）

儋州东坡书院（见219页）

崖城镇水南村

崖城学宫（见109页）

1583年

由进士梁云龙始建的海南岛规模最大、庙会最盛的“冼夫人庙”，在琼山县新坡镇梁沙村落成。后每年的农历二月举行隆重的“军坡节”。

1605年

7月13日，琼北7.5级大地震，陆地发生大面积沉降。《琼州府志》记载，琼山、文昌相邻地区长达30多公里的海岸线上72个村庄同时沉没海底。这是海南岛历史上破坏力最大的地震。

1615年

明朝政府征调广西苗兵300名屯田驻守乐安营（今乐东黎族自治县抱由镇），后乐安营被废，退役苗兵及亲属落籍海南，成为海南苗族始祖，苗族文化开始在海南传播。

1662～1722年

清康熙年间，海南开始出现采矿业，主要是锡矿的开采，到乾隆年间（1736~1795年）也进行过铜矿的开采，后来因崩坑死人而停止。

万里真吾乡”，还写了封悲凉的信给朋友王敏仲：“某垂老投荒，无复生之望，贻与长子迈决，已处置后事矣。今到海南首当作棺，次当作墓。乃留手疏与诸子，死则葬海外。”

没想到蛮荒之地的海南却对大文豪苏轼倾慕有加，昌化军使张中安排苏轼和苏过父子“住官房，吃官粮”，结果因此受了处分。黎族同胞则在桄榔林中为苏轼盖了一间草房，苏轼称其为“桄榔庵”。不仅如此，当地百姓还为苏轼送来食物和粗布，供其饱肚御寒。

一方面感动于海南人民的深情厚爱，一方面出自东坡先生大道公义的本性，苏轼在儋州也做了许多移风易俗的事。以前，当地民众的饮用水都是咸滩积水，导致罹患各种疾病。苏轼则亲自带领乡民挖了一口井，这个技术很快普及到远近乡村，造福乡民，现在东坡祠和东坡书院都还有东坡井可供取水。又比如讲学，苏轼在儋州开设书院，编写讲义，亲讲诗书，学生姜唐佐便成为海南历史上第一个举人。此外，他还在海南利用当地的药材开药方治病，甚至写《劝和农六首》，劝诫当地人改变“朝射夜逐”这种单纯狩猎的谋生方式；他重视农耕，通过改进工具发展水稻生产……东坡先生到了这片不曾开化的蛮荒之地，如同百事通般大放异彩，一言一行都被恭敬地学习模仿，甚至连先生的口音都成了一种“时尚”。由此可见，东坡影响海南之深，无人能及。

元符三年（1100年）六月，苏轼离开海南岛，临行时写下了著名的《六月二十日渡海》：“参横斗转欲三更，苦雨终日也解晴。云散月明谁点缀，天容海色本澄清。空余鲁叟乘桴意，粗识轩辕奏乐声。九死南荒吾不恨，兹游奇绝冠平生。”后人评论苏东坡的贬谪经历，会感慨地说“东坡不幸海南幸”。的确，正如《琼台纪事录》所载：“宋苏文忠公之谪儋耳，讲学明道，教化日兴，琼州人文之盛，实自公启之。”

苏东坡与狗仔花

相传北宋宰相王安石写了两句诗：“明月当空叫，五犬卧花心。”苏东坡看了认为诗句不合事理，遂改为：“明月当空照，五犬卧花阴。”

后来苏东坡谪居儋州，看见狗仔花当真如五只小狗围坐花心，又听到名为“明月”的一种鸟儿鸣叫着飞过，这才恍然大悟，知道自己见识有限，当年错改了王安石的诗。

今天，儋州东坡书院还种有狗仔花，儋州的洋浦千年古盐田也有这种花。花色淡紫，花开五瓣，长相精致。

1858年

清政府分别同俄、美、英、法签订不平等的《天津条约》，琼州也为被迫开辟的商埠之一，英、美、法、日等国先后在海口设立领事馆。

1886年

两广总督张之洞令雷琼道、朱采建造秀英炮台。

1922年

粤军陈炯明在广州叛变革命，邓本殷乘机出兵南路，自称高雷钦廉罗阳琼崖八属联军总指挥，在海口设总部，对琼崖人民进行残酷的压迫和剥削。

1926年

1月17日，国民革命军的南征军奉命渡琼，讨伐盘踞在琼崖的军阀邓本殷，光复了琼崖。6月，中国共产党琼崖第一次代表大会在海口召开，宣布成立中共琼崖地委。

问着青梅价也高

贬官文化延续到元朝，海南迎来一个特殊的角色：皇亲国戚——元武宗皇帝次子图帖睦尔。王佐的《琼台外纪》里记录了图帖睦尔在海南的一段情事，唐胄的正德《琼台志·杂事》中也写道："元帅陈谦亨家有侍娃，名青梅，通词翰，善歌舞，声色并丽。至治间，文宗在潜邸，慕之。尝示其家，以觊窥之，意不就。因赋诗云：自笑当年志气豪，手攀银杏弄金桃。溟南地僻无佳果，问着青梅价也高。"

图帖睦尔于英宗至治元年（1321年）五月谪居琼州，住在府城南的观音阁，至泰定元年（1324年）正月被召回朝，天历元年（1328年）即帝位，史称元文宗。上述故事中的元帅陈谦亨是文昌县人。元朝对海南的治理是采取"以黎治黎"的政策，设立黎兵万户府作为全岛最高的军事机构，万户府的首脑被称为元帅。陈谦亨的父亲陈仲达曾任琼州路安抚使（正三品）、海北海南道宣慰使都元帅（从二品）。至元二十八年（1291年）五月，陈仲达被任为主帅，统兵镇压不肯归附的黎族人民。十月，陈仲达病死，其子陈谦亨统率诸兵，后升为黎兵万户府元帅（正三品）。

元皇子图帖睦尔原以为自己到海南这样的蛮荒之地必死无疑，没想到海南不但滋养了他的性命，还带给他一段爱情，所以对海南有着深厚的感情。据地方史志的记载，图帖睦尔登基后，升定安县为南建州，是元代海南唯一的州级建制，设州治于今定安县城。其实在设州之前，定安作为独立的行政区域仅有30多年历史。建州之后40年，定安又被撤州复县。如今的定安还残存着一段坚固的城墙，或许就是那段短暂而超规的建制留下的遗存。

自古纳入版图的三沙

根据东汉杨孚的《异物志》、三国万震的《南国异物志》、东吴将领康泰的《扶南传》等书的记载，中国人在汉代便发现了南沙群岛。1279年，元朝著名天文学家、水利学家郭守敬进行了"四海测验"，其中在南海的测量点就是如今的黄岩岛。《元史·地理志》和《元代疆域图叙》记载元代疆域也包括了南沙群岛。同时，《元史》中还记载了元朝海军巡辖南沙群岛的事件。

从明朝开始，琼州府便隶属于广东省，州府所在地为琼山县（今海口琼山区府城镇），管辖全岛。自此，西沙、南沙群岛正式划归琼州府管辖。明代《海南卫指挥佥事柴公墓志铭》中的记载表明南沙群岛在版图上，明代海南卫也巡辖西沙、中沙和南沙群岛。

1939	1942 年	1950 年	1961 年
日本侵占海南。自1939年至1945年先后投入开发资金6亿多日元，重点开发矿业和农林业，大力开发石碌铁矿和田独铁矿，共掠夺300多万吨富铁矿矿石。	为了配合掠夺铁矿资源，日本人在昌化江上游修建了装机容量7000千瓦的东方水电站（1948年该电站厂房被洪水淹没）。	5月1日，海南全岛宣告解放。	海南革命斗争题材的故事片《红色娘子军》由上海电影制片厂拍成。编剧为梁信，导演为谢晋。

在清代，中国政府的权威地图上不但标注有南沙群岛，还对南沙群岛行使行政管辖。1724年《清直省分图》、1755年《皇清各直省分图》两图中的《天下总舆图》、以及1767年、1810年和1817年《大清万年一统天下全图》等诸多版次的地图上，南沙群岛都在中国管辖内。

1949年6月6日，南沙群岛编入海南特别行政区。1959年3月24日，中国中央政府设立了海南省西沙群岛、南沙群岛、中沙群岛办事处（简称“西南中沙办”），负责行使三个群岛及其周边海域的主权与管辖权。1983年，中华人民共和国地名委员会公布包括南沙群岛在内的南海诸岛标准地名。

2012年6月21日，国务院撤销西沙群岛、南沙群岛、中沙群岛办事处，在西南中沙办事处的基础上设立地级市——三沙市，市政府驻地为西沙群岛的永兴岛。

琼崖纵队斗争史

中国的近代史烽烟四起、战乱频仍，海南不但没有因为远离大陆而幸免于难，反而深深陷入战乱之中，军阀角逐、日本侵略、内战不断给这座岛屿带来深重的灾难。

1916年10月，龙济光被滇桂护国军和广东民军击败，退守海南岛，管治直至1918年。接下来的两年里，桂系沈鸿英和滇系李根源先后统治海南岛。1921年1月，邓本殷率部队打败旧桂系的琼崖驻军团长何福昌，进驻海南岛。5年后的1926年1月，国民革命军张发奎部和陈济棠部联合打败邓本殷，接管小岛。1927年，蒋介石发动“四一二”反革命政变后，中共琼崖特别委员会和琼崖军事委员会先后在文昌、琼山等县组建琼崖讨逆革命军。革命军领导举行武装起义，却遭到了国民党围剿下的重创，余部退守定安县母瑞山。这支队伍就是著名的琼崖纵队的前身。

自1939年日军占领海南之后，共产党领导的工农红军游击队与国民党军队度过短暂的联合抗日时期，接着又因为红军快速地发展壮大而被国民党打击。1940年1月下旬，中共中央指示琼崖特委：海南岛应作长期抗战的打算，应以全岛为目标，大力发展党和武装，开展民运工作，不顾国民党的任何阻碍，坚决组织全岛人民的抗日斗争。要自力更生，把琼岛创造为争取900万南洋华侨的中心根据地。

这支海南人的抗战队伍几经易名，在逆境中仍在发展壮大。1945年7月初，建立起白沙抗日根据地，至抗战胜利，纵队发展到7000多人，解放了海南岛五分之三的地区。

1966年

6月26日，《海南日报》刊登署名文旭东的文章《琼剧〈海瑞回朝〉是一株大毒草》，随后，全区掀起批判《海瑞回朝》运动。

1970年

11月，袁隆平及其助手李必湖，在崖县南红农场山地水沟边采到一株花粉败育的野生稻种源，经过多年杂交繁育出高产籼稻，创造了世界奇迹。

1975年

1月，西沙气象台开始发布西沙群岛海域的海洋天气预报。

1988年

4月26日，中共海南省委、省政府悬挂衔牌。4月23日至28日，海南省人民代表大会第一次会议在海口举行。

抗战胜利后，1946年2月，国民党第46军集中主力并纠集保安团队和地主武装共 3万多人对五指山进行“清剿”。此时，纵队改称为广东省琼崖游击队独立纵队。

1949年年底至1950年4月，琼崖纵队配合中国人民解放军第四野战军渡海作战，终于解放了海南岛。而这支英雄的队伍，在艰苦的环境下，在多方围剿的情况下坚持23年红旗不倒，书写了游击队伍的英雄史诗。

两次“十万青年下海南”

海南岛解放以后，并入广东省管辖。其后由于作为国防前线要地，海南不被列入计划发展地区，导致长达30多年的时间得不到发展，经济基础薄弱。

1955年毛泽东提出的“农村是一个广阔的天地，在那里是可以大有作为的”，成为后来“知识青年上山下乡”的口号。像所有其他省份一样，偏僻落后的海南前后迎来了八九万知识青年投身农垦事业，开发海南广袤无边的原始森林，他们主要的工作就是种橡胶。海南的热带气候、蚊虫蛇兽以及匮乏的物质条件，给知青们带来巨大的考验，而这批年轻人在海南奉献的青春与热血，即使到今天还能找到痕迹。

1984年5月31日，全国人大第六届第二次会议审议了国务院关于成立海南行政区人民政府的议案，决定设立海南行政区。1984年10月1日，撤销海南行政区公署，海南行政区人民政府才正式成立。

1988年4月13日，全国人大第七届第一次会议通过《关于设立海南省的决定》和《关于建立海南经济特区的决议》，批准海南岛为海南经济特区，实行更加灵活开放的经济政策。13天后，中国共产党海南省委员会、海南省人民政府正式挂牌，定海口为省会。这一天的海口沸腾了，《海南日报》出版了号外，满城人拿着号外奔走相告。街头上舞狮敲锣，鞭炮齐鸣。无数带着梦想的年轻人，坐火车到广东湛江，再换长途汽车到海安码头，然后乘上开往海南的渡轮。他们挤在狭小的船舱中，忍受着难闻的气味，憧憬着美好未来。此举被坊间称为“十万人才下海南”。

“十万人才下海南”为特区的大规模开发填补了人才空缺。海南人才交流服务中心当时曾收到来信和接待来访18万余人次，其中不乏各类高素质的专业技术人才，像当年的苏东坡那样，他们在各行各业为海南带来了新鲜的文化、鲜活的思想，注入了时代的活力。海口街头在一夜之间挤满了大量知识分子，而位于海口海秀路、博爱路与海府路三条路交叉地带的

1996年

9月18日至21日，受9618号台风的影响，南渡江流域普降特大暴雨，海口、琼山、澄迈、定安严重受灾，直接经济损失19亿元，其中海口市直接经济损失11亿元。

2000年

琼海博鳌港一带由于其独特的地貌类型和优美的自然景观，被确定为亚洲论坛永久性会址所在地。

2010年

1月4日，国务院发布《关于推进海南国际旅游岛建设发展的若干意见》，将海南建设国际旅游岛上升为国家战略。

2011年

11月，海南省免税品有限公司通过审查，被允许在海南省范围内开展经营国家批准的离岛免税品、建设免税店等相关业务。

"三角池"，也成为外来人聚集的场所，这里靠近当年的人才交流中心，贴满了各种招聘信息和自荐材料。很多人在此唱歌、咏诗，或者铺一张报纸，垫一块砖头，席地而卧。这个躁动而充满激情的景象，此后出现在各种回忆录和文学作品中，成为海南的珍贵记忆之一。就此，海南终于进入了高速发展时期。

从海南省到自贸区

2008年是海南建省20周年，在建省创办经济特区的二十年间，海南实现了前所未有的大发展。当年的"闯海人"一部分扎根海南，至今仍是社会发展的骨干；一部分人折戟而返或者挖到第一桶金后北上创业。

但是海南不再是从前的海南了。飞机纵横翱翔、公路四通八达、火车跨海通行、海轮畅游世界，虽然海峡仍隔着海南与大陆，可交通之便利完全称得上"天堑变通途"。岛内交通更加便捷，"一脚油门踩到底"，海南在1993年率先实现过路费摊入加油费，全岛公路免费行驶，成为海南司机的最大福音。

2010年1月4日，国务院发布《关于推进海南国际旅游岛建设发展的若干意见》，将海南建设国际旅游岛上升为国家战略。海南又一次迎来发展的机遇，但是率先做出反应的是海南的楼市，海口的房价飙升了两到三倍，三亚的房价更是普遍突破每平方米两万元大关。即便如此，仍有无数大陆人拎着钱袋子漂洋过海来买房，更有无数企业、财团到海南看地圈地。三亚从一个酒店之城迅速成长为房地产之城，楼市之炙手可热令人叹为观止。

2010年年底，海南东环高铁建成通车。2012年年底，中线高速海口到屯昌段建成通车。目前西线高铁、中线高速屯昌到三亚段、横跨海南的万宁杨浦高速也正在建设之中。而海南的农业、休闲农业、旅游业都将得到进一步的发展。

2018年4月13日，在海南建省办经济特区30周年纪念大会上，国家主席习近平宣布，中央支持海南全岛建设自由贸易试验区，逐步探索、稳步推进中国特色自由贸易港建设。从5月起，海南更是对59国入境游客实行免签政策，新的历史正在书写之中。

2012 年	2014 年	2015 年	2018 年
6月，国务院正式批准，撤销西沙群岛、南沙群岛、中沙群岛办事处，建立地级三沙市，隶属于海南省，市政府驻西沙永兴岛。	7月18日，超强台风"威马逊"在文昌市翁田镇沿海登陆，造成死亡或失踪31人，文昌、海口众多房屋倒塌，水电、通信一度中断。"威马逊"成为自1973年以来登陆华南的最强台风。	12月30日开通的海南西环高铁与东环高铁合龙，至此，全球首条环岛高铁贯通运营。以环岛高铁、昌江核电、国电海南西南部电厂为代表的一大批"十二五"重大基础设施顺利建成。	4月13日下午，中共中央总书记、国家主席习近平在庆祝海南建省办经济特区30周年大会上宣布，党中央决定支持海南全岛建设自由贸易试验区。

海南人

海南人的生活态度简单而轻盈：房子建得似乎漫不经心，穿着也不是非常讲究，吃的东西喜欢白煮白灼，简便至极，好像没有什么值得大费周章地去追求和争取。海南人在海洋文化和海岛文明之中浸染而形成的生活哲学——那种豁达、坚韧和包容，常常令人感慨良多。

老爸去喝茶，凡事有老妈

要说海南是一个由女人撑起的地方，估计不会有人表示反对，田里劳作的是女人，开摩托开出租的是女人，骑三轮送货的是女人，高速公路和房地产工地上干活的还是女人。事实上，早在宋代，地理学家周去非已将这个情形记载在《岭外代答》中："城郭虚市负贩逐利，率妇人也。"追溯缘由，也许是因为在海南，母权社会延续的时间较长（南北朝时期的巾帼英雄冼夫人更是对海南的"女权主义"起到了推波助澜的作用）。女性从很早以前，便顶起了海南不止一半的天空。

而海南的男人们，常常喜欢坐在老爸茶摊中，三五知己，三两壶茶，便可消磨一整天的时光，不免给外人一种慵懒、无所事事的感觉。海南物产丰富，又被认定为"化外蛮荒"之地，人口一直较少，当地人无须如北方那样春种秋收冬藏，便可享受安逸的生活。经年累月中，海南人与人之间的关系简单，生活单纯，淡泊财利，既无"吃了上顿没下顿"之忧，自是可将"及时行乐"常抱于心。

海南在明朝盛产清官，以海瑞（海口琼山人）、廖纪（万宁人）和邢宥（文昌人）最为有名，根据海南大学张朔人教授的研究，明代的贪腐官员中没有一个是海南籍的。

虽然20世纪八九十年代的那场"泡沫"狠狠打击了海南的经济，但海南人却依然乐天，保持着对人的亲切和内心的单纯，他们的"恋家"程度在中国也算是排得上号的，无论走到哪里，他们都认为只有海南的环境和风物才是最值得留恋的。也正是因为骨子里对海南的爱，才让行走在外的海南人喜欢抱团，在他们看来，只要你是海南人，都值得帮助。这种团结也为海南人落下一个"排外"的名声。而在旅游业大开发的背景下，某些当地小贩会"痛宰"外地人，用普通话询价和用海南话询价可能一个天上一个地下，这也给海南人一直引以为傲的真诚蒙上了一层灰尘。

"呀诺达"和"哇爱鲁"

海南话属汉语闽方言在海南的分支，是唐宋以后从福建迁徙至海南岛的移民的语言。由于特殊的地理位置，海南话受外界语言干扰较少，其中大量的古汉语词汇和语调保存至今，被称为古汉语的活化石。文昌的海南话口音便是海南的"普通话"，用文昌话可以直接阅读文章，而海口话却做不到。所以有个有趣的现象就是，其他市县都能听懂"文昌话"，文昌人有时候却难以理解其他市县的海南话。

儋州调（diào）声仅流传于儋州一地，以当地方言演唱，近似民间小调，以表达爱情、幸福生活为主。多为男女集体对唱，伴以简单的舞步。唱调声不分时间场合，但农历八月十五最盛。

在海南话里，"呀诺达"是"一二三"的意思，现在已经被呀诺达景区用作给自己命名，还将其当作景区内大家互相打招呼的用语。“哇爱鲁”则是“我爱你”，听起来很有韵律感。不过海南话是出了名的难学，来这里可以挑战一下，看看自己的语言天赋。

儋州话特指海南儋州的地方方言，传说是在南朝梁大同年间（公元535~544年），世居高凉郡（今广东阳江）的冼夫人领兵出征，把粤语带到海南，最终发展成今天的儋州话。儋州话在海南是独树一帜的存在，属汉藏语系汉语粤语方言系统，也是“活化石”级别的古汉语。海南人听不懂儋州话是很正常的事。

少数民族

海南世居时间最长的是南越族的后裔黎族，黎族先民开发了海南岛。秦汉时期，海南岛同汉朝关系密切，汉武帝先后数次兵征琼岛，设置珠崖、儋耳两郡，部分大陆汉人迁居海南岛，与黎族土著居民杂居。以后，汉族大量移民海南岛，苗族和回族也先后迁徙入岛。

黎族

黎族传统纺染织绣技艺被确定为“联合国教科文组织急需保护的非物质文化遗产”，掌握这项技艺的人数已不足千，且多为年过七旬的老人。

作为海南最资深的原住民，黎族大多居住于海拔较高的山林之间，以农业为主，种植稻、薯、玉米等作物，还从事手工业、渔猎、饲养家畜家禽、采集野生植物等，商品生产和贸易不发达。中国纺织业的鼻祖黄道婆流落琼州后，正是向黎族妇女学习了纺织，回到大陆后在此基础上研发出效率更高、操作更便捷的纺织技术。所以，毫不夸张地说，是黎族人的发明温暖了中国。

能发明如此复杂纺织术的黎族，所用的语言也格外难学。黎话属于汉藏语系壮侗语族黎语支，是海南岛独有的语种，也是汉藏语系壮侗语族中最为独特的语言，原无文字，在海南民间以口头流传的方式保存至今。有研究发现，它与马来语、菲律宾汤加禄语、中国台湾的少数民族语言等南岛语言关系密切。

黎语分为哈、杞、润（旧称本地）、美孚与赛（又称加茂）五个方言。1956年6月，国务院指示中国社会科学院少数民族语言研究所等多家单位，对海南黎族聚居的九个市县进行了语言调查，并于翌年2月颁布了以哈方言为基础方言，以乐东黎族自治县抱由镇保定村的语音为标准音，以拉丁字母为书写文字的《黎文方案》（草案）。但是相比这套“人造”文字，黎族传统服饰的象形图案则蕴含着黎族的历史文化密码，借助黎族纺织品、旅游纪念品，你可以走得“更远”。

海上吉卜赛人

疍民即以船为家的渔民，有个浪漫的别称叫“海上吉卜赛人”，但其实他们的生活一点都不轻松，常年居住在船上，四海漂泊。疍民的起源并无定论，但因为他们的家就在船上，而船漂浮于海面，状似蛋壳，所以得名“疍民”。

疍民一般聚集在港口海湾，但也不会固定在同一个港湾。自20世纪70年代开始，政府为了改善疍民生活，采取优惠政策鼓励疍民上岸，因此许多从事渔业捕捞的疍民多有两个家，船上一个，岸上一个。海南现在的疍家人主要集中在海口海甸港、陵水新村港、昌江海尾、临高新盈港、三亚港、保平港、望楼港一带，目前全岛有疍民后裔近10万人。

1949年后，黎族的文化在各种浪潮中受到了不同程度的冲击，一些新一代的黎族青少年，已经以讲海南话和普通话为荣，逐渐摒弃了黎语，若一个民族对自己千百年的传承文化产生了自卑感，这无疑是它走向尽头的一个预兆。在海南大学2008年进行的关于黎族人的社会调查中显示，黎族人对自己的生活状况满意和不满意比率基本均等，整个群体还是趋于封闭。在近年的“国际旅游岛”开发大潮中，黎族人期望能从中得到真正的益处和上升的空间。

苗族

海南苗族自称“金门”或“金第门”。他们迁移至海南岛，始于明嘉靖至万历年间，从广西等地作为兵士被朝廷征调到海南，撤防后一些苗族士兵便落籍海南，也有一部分因谋生而移居至此，至今已有400多年的历史。苗族主要分布在海南岛的中南部山区，以农耕和种植业为主，现有人口6万余人，居海南少数民族人口总数的第二位。海南苗语属于汉藏语系苗瑶语族中的瑶语支，有语音而无文字，全岛统一，没有方言差异。

回族

海南现有回族8000多人，三亚分布最多，有近7000人，聚居于回新、回辉两村。根据历史记载和考古学家鉴定，回族先民从唐代就已开始迁入海南岛，宋代时较为频繁，儋县、万宁和海口曾是他们的居住地。三亚回族在发展过程中，民族的来源是多元化的，有从阿拉伯、波斯地区迁来的移民，有从越南占城地区迁来的移民，也有从内陆地区迁来的移民，但从他们的生活习惯和语言、相貌特征来断定，主要还是阿拉伯人占多数。

海南有超过20万的客家人，儋州是海南客家人的主要聚居地，而南丰又是客家人数最多的一个镇，客家人占全镇的70%，故有“客家镇”之誉。

宗教信仰

黎族可算是海南真正意义上的“先人”，他们的祖先崇拜和自然崇拜深深影响了后来的汉人和其他少数民族。在苏轼的《书柳子厚牛赋后》中，曾经对海南黎族的巫文化有详尽的描写：“痛不饮药，但杀牛以祷，富者至杀十数牛。”黎族人“万物有灵”的信仰波及了后来者们的宗教信仰。而后来者因为来自不同的地域，也将不同地方的宗教带到海南，在唐宋时期，中央封建王朝更对海南民间信仰的神灵进行了敕封，这加速了地方神灵信仰的传播与推广。

海南人与海洋打交道的历史太过悠久，因此，对海洋的敬畏成为海南人宗教信仰的根基。祈求出海平安，祈求风调雨顺，都离不开妈祖娘娘的眷顾（妈祖和天后的信仰由漂洋过海的福建人带来）。所以，妈祖庙和天后宫是海南岛上常见的寺庙。

由于海南多山，山神信仰也有广泛的民间基础。热带地区风雨无常，人们古时对雷神、电母、雨神（龙王）的信仰也能从海南各地或存或毁的庙宇中得见一斑。当地的关帝庙、真武庙、马王庙等也表现了大陆文化对地方信仰的渗透和冲击。

近代以来，旁支宗教的影响力慢慢被佛教所取代（或者说，被各种新修的佛教建筑、佛像所取代），佛教在海南香火渐盛，从最古老的澄迈永庆寺，到香火最旺的近年兴建的南山寺，都能看到人们虔诚祈祷的身影。

海南的原始宗教信仰根基深厚、分布广泛，无论村庄还是城市，常能见到大小不一、神主各异的庙宇。但是这座岛屿并没有一个大一统的信仰。

建筑和艺术

谈到海南的建筑与艺术，不能绕过的是这里移民岛的特点。作为中国历史最长的移民岛和多种文化交会的地区，海南的建筑在每片区域都各有特征。南宋时期，移民大多由闽南地区迁移而来，主要聚居在海南北部和东部，所以早期民居体现出浓郁的闽南风格。随后，岭南、云贵以及东南亚等周边地区的移民带来了各自地区的文化，海南民居也逐渐加入了岭南风格。同时，来自中原地区的驻军也给海南民居带来了中原的建筑元素。

后来，大批海南人下南洋，带回了受西方殖民影响的南洋文化，以海口骑楼老街为主的建筑群，体现了海南曾经作为中国最早开放港口城市之一所蕴含的南洋文化、欧陆风情的特征。因此，多元建筑元素交融是海南民居最大的特点。

长年以来，相对独立的地理单元，相对闭塞的文化空间，让海南得以保留独特的艺术样式和文化生态。入选国家级非遗保护名录的崖州民歌产于南部，儋州调声源于西部，黎族民歌源于中部五指山腹地，而琼剧则是东部和北部地区的最爱。知名的《天涯》杂志和新移民艺术与本土文化相结合的“海南画派”，都显现着海南文化的包容共生。

骑楼和侨乡建筑

2009年，海口骑楼入选首批“中国历史文化名街”。

骑楼从形成至今已有100多年历史。鸦片战争之后，这种建筑模式经由南洋传入我国沿海地区。19世纪中期至民国年间是骑楼的全盛时期，沿海市镇商埠纷纷建成骑楼街，形成了一道独特的南国风景线，海口的骑楼街就是典型代表之一。在陌生而又熟悉的故土，华侨将手中的图纸和金钱变成了一栋栋骑楼，并在其中继续培育他们的商业之花，这种改变是如此显著，以至于海口建筑风格为之一变，商业贸易也明显活跃起来。据统计，当时七成以上的海口骑楼由华侨投资建设，这些连缀成行成片的新式建筑个性张扬、风姿招展，不仅有单边外廊，甚至扩展到双边、三边以至四边回廊，虽然也可以居住，但更利于商用。另外，和传统的族屋不同，这些骑楼“一”字排开，连缀成行，面向街道，没有高低贵贱、一进二进、正屋厢房等区分，平等、开放的意识，似乎也融入到骑楼的建筑精神之中。

海南东部文昌、琼海素来有侨乡之称，它们的建筑也富有侨乡特色。以文昌会文镇十八行村古建筑群为例，所有的房子都是多进式的老宅，门相对、屋相连，前后一条线、高低有次序，从第一间可以看到最后一间。这种通透的建筑理念，充满侨乡人兄弟同心、妯娌和谐、邻里平等的人文内蕴。从外观来看，多进院落中的这几户人家是一个密不可分的大家族，而在内里，他们又都有各自的生活秩序和空间，体现了对外封闭、对内开放、互相照应的特点。

多种文化交会的海南音乐

海南是个移民岛，岛上汇聚着中国多个地方的音乐和歌舞元素，可惜

古建筑群里的崖州往事

2010年，当三亚市崖城保平村被评为“中国历史文化名村”时，不少海南人也才恍然意识到，其实三亚也有悠久的历史与丰富的人文积淀。古称崖州的三亚，曾是海南南部的交通、商贸和军事重镇，也是中国古代海上丝绸之路必经的天涯驿站。

保平村似乎是上天留给三亚的历史凭证。整个保平村古民居建筑群大部分建于清代，有的可能始建于明代甚至更早，是截至目前海南发现规模最大的连片明清民居建筑群。村中多处民居都具有古崖州的地方风俗和审美情趣。知名的陈家宅院建于清代光绪年间，面阔三间、进深九檩，恢宏大气，看起来颇具中原建筑的神韵，前堂保存一尊完好的神龛，上雕龙凤麒麟、鹤松梅竹，其图案精美、工艺精细，堪称神龛精品；而蔡家宅院的多处彩绘或是鸟兽、或是花草、或是文字，清晰可见，栩栩如生。

作为古代官员最遥远的流放地和中国最南端的统治辖区，历朝历代来到三亚的官员和他们的后裔，都对这一地区的建筑文化产生了深刻的影响。何家宅院尚有保存完好的“明经第”小门楼，额上中间的阴阳太极纹，左右两边的汉纹，堂屋的墙楣门额上正中雕刻一个巨大的篆体双“喜”字，左右两边彩绘着“喜鹊登枝”和草龙的优美图案，将住户主人追求的“福”“禄”“寿”“喜”的思想文化也表露无遗。

一直缺乏展示的舞台。入选国家非遗名录的黎族民歌、崖州民歌、儋州调声与海南琼剧，分别代表着海南不同区域的艺术特征与文化气质。比如流放到三亚的宋代文化人参与创作的“崖州民歌”，文辞古雅，曲调悠长、婉转而略带忧伤，具有民族史诗性质，至今在民间长唱不衰。那些即兴创作的“嘴前歌”张口即来，在秋收时分或休闲的假日不时响起，让闻歌而来的人类文化学者惊叹不已。

大多数没到过海南的人是由《我爱五指山，我爱万泉河》初识海南的，海南中部五指山腹地正是黎族民歌的摇篮。这个盛产歌谣的民族积累了不少民歌矿藏，由黎族民歌改编的《打柴舞》《我编斗笠送红军》《叫依唱歌侬就唱》《请到天涯海角来》等都来自五指山民歌优美的旋律。海南黎歌各地都有自己的歌调，如舒缓流畅的琼中“地亲调”、保亭的“罗尼调”、昌江的“哩哩调”、五指山的“水满调”、陵水的“长桌调”、高亢豪放的乐东“千家调”、节奏快速鲜明的东方“滚龙调”等。

从陈楚生开始，海南流行歌手便受到全国瞩目。他的成功大大激励了海南本土歌手的创作，冯磊的海南话歌《三姐》在街头巷尾、同学聚会时唱响，金安仔的《定安娘子》在网上一夜走红。

热烈欢快的儋州调声、温婉动人的临高哩哩美，是海南西部最为动人的歌谣。欢乐的调声配以热情的舞蹈，让人感受到这片土地上人们的天性乐观与不知疲倦。

或许是岛屿自由浪漫的性格使然，海南和鼓浪屿一样，琴童比比皆是，而且屡屡在国际比赛中获得大奖。祖籍海南琼海的旅美著名指挥家黄若出生于音乐之家，是美国茱莉亚音乐学院第一个获得作曲博士学位的华人。学成后的他一直在欧美乐坛耕耘，并将家乡的音乐元素融入到自己的作品中，曾被《华尔街日报》评价为“具有极度冲击力和实力的年轻作曲家”，是继谭盾之后备受西方乐坛追捧的作曲家。祖籍文昌的韩铣光则是新中国圆号专业的奠基人，其两个儿子也子承父业，尤其是次子韩小明，更成为享誉世界的圆号演奏名家。2014年3月，韩家三父子回到故乡，上演了一场“天涯情思乡曲”专场音乐会，感动了不少父老乡亲。

海南的另一个"天涯"

在海南的一次民间问卷调查中，作家韩少功和亚龙湾等名胜一起，并列为热爱海南的12种理由。这与韩少功改版的《天涯》杂志有着无法拆解的关联。

1988年春节，36岁的韩少功已经在文坛上声誉日隆。这一年，因为向往"一个精神意义的岛"，他带着妻子和8岁的女儿来到了海南，淡泊心境，潜心创作。1995年5月，在他主持下，《天涯》杂志改版。韩少功要求从文体上突破"纯文学"的框架，把《天涯》办成一本真正意义的"杂"志。有了这块阵地，海南的文学群体开始慢慢被外界所知，从此逐渐告别文学小省的边缘地位。直到今天，读书界仍流传着"北有《读书》，南有《天涯》"的口碑。

自由的岛屿盛产诗人

在人们印象中，海南文化积淀似乎不够深厚。其实，海南自古以来并不缺少诗人。作为中国移民史最漫长的地区之一，唐宋以来不少中国一流的诗人、文人、朝廷命官都来走过一遭。唐朝名相李德裕，北宋文豪苏东坡，南宋李纲、李光、赵鼎、胡铨，都是响亮的名字，有诗文留世。南宋以降大批中原世家为避战乱纷纷登岛，为海南明代出现大批诗文俱佳的文人墨客埋下了伏笔。

南宋大诗人白玉蟾的出现至今似乎仍是一个谜。1194年他出生于海南琼山，为道教金丹派南五祖之一。白玉蟾年少聪明，能诗善赋，常乘酒兴即席挥毫，《天朗气清诗帖》便是白玉蟾的传世之作，现收藏于台北"故宫博物院"。《足轩铭》卷是其草书佳作，现藏于北京故宫博物院。他留下来的诗文有《道德宝章》《海琼词》《武夷集》《罗浮山志》等。

海南画派当属近年来由岛上辐射到岛外的热门话题。海南自身鲜明的风物如热带雨林、海洋、黎苗文化等，都是画家的创作题材。

明朝一代，海南文化进入鼎盛时期，仅明朝中进士者就有62人，中举人者594人。文运兴盛，才贤大起，以"海外衣冠盛事"为天下称羡。其中，户部尚书兼武英殿大学士丘濬，一生致力于探求治国富民之道，其编著的《大学衍义补》，提出"政在养民""藏富于民"的思想，至今仍不过时。一代廉吏"海青天"海瑞，"刚直不阿，公正廉明"，其"革除时弊，为民谋利"的为政之道，至今仍为人们乐道。在大师辈出的民国时期，海南也占有一席之地，文化大师陈序经、王兴瑞、岑家梧等，以他们的学人风骨、学术成就深刻影响着当时和后世。

从20世纪90年代末到21世纪初以来，著名诗人、评论家耿占春、多多、王小妮、徐敬亚、江非、蒋浩等先后到海南工作和生活，海南诗歌气氛随之浓厚。写诗的年轻人多了起来，海南诗人在国内外著名诗刊发表作品和出版诗集的记录逐渐增加，诗歌活动愈加活跃。2004年5月，南方出版社出版"海拔诗丛"，集中推出海南诗人孔见、李少君、卢炜、白然、艾子、纪少飞、纪少雄、远岸、黄海星和潘乙宁共10人诗集，代表着当时海南诗歌的海拔高度。

饮食

琼菜虽不入中国八大菜系，但受粤菜影响深远，再糅合了本地的独特天然食材，自成一派。虽然琼菜如海岛人性格一样，只是就地取材，款式和卖相都不求精致巧妙，但在强调食材新鲜和保留食物原味上，却比以“原汁原味”著称的粤菜更吹毛求疵。取当季水果入馔，海鲜现捕现烹，烹饪以白切、清炖和清炒为主——琼菜的所有精华集中在“新鲜”二字。

不要小看海南饭桌上一大盘说不出名字的汤水、不锈钢碟子里其貌不扬的蒸鱼、套着塑料袋的碗里素面朝天的海南粉——保持你味蕾的敏感度，你就能和海岛人一样，吃出上天赐予这个海岛的纯真味道。

清淡饮食背后的养生之道

海南终年炎热，重口味饮食肯定吃不消，所以当地人养成了清淡的饮食习惯，烹饪调料的主角不外乎葱、蒜、盐或酱油，下手也极轻。最“重口”的不过是用来做蘸料的本土黄灯笼椒和蒜蓉配小红椒。烹饪手法上讲究简简单单：禽肉或下清锅开涮，或蒸熟后不卤不炒，直接白切；身价再贵的海鲜也和其他食材同等待遇——白水煮开，大刀砍成三两块，和其他配菜一股脑倒进去，开锅即食。没有纷繁复杂的炫技和层层叠加的调料，哪怕下馆子，你吃到的也尽是家常菜的亲切味道。

看似简单的烹饪，其实需要食材与功夫的相辅相成。在海南人的味蕾体系里，不活不鲜的食材是不能入席的，一桌美食的评断标准，不在摆盘不在调味，只在于是否保持了食材本来的风味。这种崇尚“纯天然”、几近无添加的饮食理念，也是海南人长寿的秘诀之一。跟随时令进食追求天然滋补，加之丰富海产蕴含的营养，让海南人的祖祖辈辈自成了一套养生之道。

米粉家族

如果非要挑一种食物代表海南人的主食，相信非米粉莫属。这种遍及海南各地的主食可以当早饭，也可以当正餐。

海南粉有广义和狭义的范畴。广义的海南粉泛指粗细不同，做法各异的各种粉，如抱罗粉、后安粉、港门粉、陵水酸粉、澄迈粉、加积牛腩粉，等等。而狭义的海南粉则特指腌粉。腌粉是在煮熟的粉上浇淋少许粘稠的汤汁酱料拌着吃。

文昌抱罗粉 盛起于文昌抱罗镇。抱罗粉粉条圆长，是海南最粗的一种米粉。抱罗粉属汤粉类，其贵在汤好，汤质清幽、鲜美可口、香甜麻辣。

石山粉 产于秀英区石山镇，是圆条状的腌粉，调料爽滑不腻，配料里有牛肉干、芝麻花生和油炸的薄脆。

名字不讨好的美味街头小吃

鸡屎藤 海南特有的鸡屎藤叶做的甜品，包括鸡屎藤糖水和鸡屎藤粑仔，有清热去湿等功效，味道清香。

灰水馍 又称碱水馍，以碱水和新鲜糯米磨成浆，揉搓而成嫩滑的膏状，淋上晶莹剔透的糖汁，是儋州著名的地道小吃。

米烂 把米浆通过漏器形成比普通米粉更细的米丝，再配以当地的各种肉丝、海味，混上酱料干捞。

海南咖啡

海南咖啡承载着当年大批下南洋归国华侨的故事，最早从澄迈福山镇开始种植，渐渐在兴隆成为独特的产业，祖祖辈辈传承下来，饮用咖啡的习惯也沿袭至今。兴隆人的一天从喝咖啡开始，咖啡店随处可见，在路边的早餐摊子都能喝到口味纯正的咖啡。如今咖啡已成为海南岛特产，不但有自己的咖啡品牌，而且国际知名品牌的咖啡厂家也到海南来采购咖啡豆。

海南人喝咖啡不加淡奶，而是加炼乳，杯底还铺着厚厚一层白糖，是为了方便续杯，所以不要一次性把糖和奶搅开，而是任咖啡与奶和糖自发结合，喝一口咖啡会有先苦后甜、层次丰富的味道。

长坡米烂 又叫米烂仔，制作方法与海南粉相似。因儋州长坡的米烂风味最好而闻名。

陵水酸粉 最早出自椰林镇安马村，如今在陵水一带是当地人主食之一，是极细的米粉，入口即化。加牛肉干、鱼片、鱿鱼丝、韭菜、炸沙虫等。特色在于最后淋上去的米醋卤汁，再配以黄灯笼椒，拌一拌开吃，回味无穷。

万宁后安粉 后安粉是汤粉，好吃与否完全在于汤的制作，有用海鲜汤的，也有加猪肉骨头汤的。

三亚港门粉 起源于三亚崖城地区最早的出海口，以鱼饼、海螺、炸虾米和花生米、白花菜为佐料，汤粉清甜。

琼海塔洋粑炒 既不是汤粉，也不是腌粉，而是炒粉，即广东常见的“炒河粉”。粑炒是20世纪初从广东传入嘉积、后又传入塔洋的。

靠山吃山，靠海吃海

海南物产丰饶，除了四季佳果供给无忧，无论山地平原还是临海地区，都有各自的招牌食材——“文昌鸡”“嘉积鸭”分别取材于文昌市谭牛镇的散养鸡和琼海嘉积镇的本地鸭苗，“东山羊”多来自万宁东山岭的放养羊。此外还有五指山上的蚂蚁鸡，这种野生放养的鸡以吃山上的蚂蚁为生，运动量大，肉质弹牙而味香。

靠海吃海的地道食材便是无人不晓的海鲜了，海南海鲜的种类之多，可能连当地人也说不清每一样的名字，所以简单知道螺、贝、鱼、虾、蟹有什么区别，能分清鲍鱼和生蚝就可以啦！

海南常见的海鲜里，贝壳类的主要是海白（颜色白的居多，也有黑灰色条纹的）、芒果螺（有独特的灰黄色花纹，色彩很波希米亚风）、扇贝、生蚝、带子（灰黑色，壳薄肉大，一般论个卖）、象拔蚌（又叫象鼻蚌）。虾蟹类的有基围虾、皮皮虾（没有北方的皮皮虾丰满，但更甜美）、花蟹（红色有花纹，适合炒食）、三点蟹（清蒸吃原味、做蟹粥、煮汤下面，或是爆香炒蛋）、和乐蟹（锯缘青蟹，海南四大名菜之一，膏满肉肥为其他蟹种罕见）。

海鱼种类更为丰富，石斑鱼营养丰富，肉质细嫩洁白，代表菜式为清蒸石斑鱼。红鱼是肉食性鱼类，体健身壮，肉厚刺少。青衣品种很多，也叫隆头鱼、猪齿鱼。扒皮鱼学名为绿鳍马面鲀，鱼皮粗糙如砂纸，必须把皮扒掉才能烹煮。苏眉则是名贵的海产鱼，生活在礁岩海域中，体色会随环境变化，故称为珊瑚鱼。马鲛鱼刺少肉多，非常鲜美，个头较大，一般切成块卖。

四季佳果

海南式的幸福生活包括一年四季吃不完的各式水果。最常见的当属椰子，遍布全岛的椰树四季结果不断，已有2000年以上的栽培史。海口的很多行道树都是高大又婀娜的椰树，别称“椰城”，而三亚湾也有浪漫的“椰梦长廊”，文昌则享有“文昌椰子半海南”之美誉。四季都能结果的还有木瓜和香蕉，海南公路上随处可见扎堆的香蕉园。

在春夏之交，荔枝、芒果和龙眼是主角。荔枝的栽培历史悠久，主要分布在海口市琼山区的永兴、石山等多个乡镇。海南也是芒果的主要产区，品种众多，除了夏季品种还有秋芒。夏天的水果最多，黄皮、菠萝、西瓜、莲雾、菠萝蜜纷纷成熟上市。黄皮在两广以外的地区比较少见，但在海南近乎野果般常见，有消食健脾、预防感冒的功效。莲雾很惹人喜爱，形状好看，味道清甜，不用削皮和吐核。杨桃又叫五敛子，原产印度、越南，在海南的栽培历史已逾千年。杨桃一般会横切开，像一个个五角星，漂亮又好吃，又叫“星果”。

海南还有许多长相奇特的水果，比如红毛丹，外表毛茸茸的长满软刺，却包裹着晶莹洁白的果肉，口味像荔枝却更有风味。番荔枝也是长相奇特的一族，又名释迦，就是因为长得很像结着发髻的佛头。

海南鲜果时间

1月至3月 草莓

3月至5月 荔枝

6月至7月 龙眼

3月至7月 莲雾

5月至10月 芒果

7月至10月 火龙果

11月至次年1月 福橙

5月至12月 杨桃

10月前后 红毛丹

12月至次年1月 青枣

旧街头的炸炸，新江湖的烧烤

海南人在饮食上也有剑走偏锋的一面，尽管四季如暑，他们也可以一边吃着清补凉降温去火，一边打着热气腾腾的羊肉火锅，或汗流浃背地吃着街头烧烤。在本地吃货的心目中，海南美食的平民三宝，除了清补凉、海南粉，还有“炸炸”。

“炸炸”，又称炸串、炸东西，是将食材放在油锅里烹炸的小吃，它藏身于海南街头巷尾，一年四季都能吃上。炸炸是不少海南人的童年回忆，如今多见于海口。传统的炸炸取自当地常见的荤素食材，素菜包括空心菜、茄子、豆腐、年糕、海带等，而荤菜则有牛肉、丸子、蟹柳、鸡柳、鸡翅、云吞等。最后刷上每家炸炸店各自的独门酱汁：由麻油、蚝油、蒜蓉、芝麻、胡椒粉、椒盐、番茄酱等配制而成。

海南人喜欢吃炸物可能源于南洋饮食的影响，而近年日渐成为海南夜宵主角的烧烤，则更多受外来的东北、西北移民影响，还有为数不多的蒙古、墨西哥、韩国风味烧烤。如果说炸炸是海南小吃里的一脉，那么烧烤则是一片各领风骚的江湖——其中分布最广的当属东北烧烤，和炸炸一样，荤素搭配任君选择，少不了东北特有的鱿鱼和各种肉串，配以东北传统酱料。而新疆和内蒙风味的烧烤，则以烤羊腿羊排和羊肉串为主，海南的本地羊肉配上西北的烤法和香料，搭配出让人难忘的美味。在海鲜市场，最主流的烧烤类似粤西风格，将生蚝扇、贝类以蒜蓉剁碎铺面而烤，鱼类、菇类则用锡箔纸包裹，以保持天然的鲜甜水分不致流失。

热带雨林

如果你在先秦时代跳上木筏，从内陆渡过琼州海峡，出现在你眼前的是绿莽遍地和巨木参天，那时，整个海南岛几乎就是由沙滩和礁石包裹着的绿树海洋。两千年后，频繁的人类活动已经改变了海岛的面貌，尽管拥有62%的森林覆盖率，但原始热带雨林已少之又少。即便如此，海南仍拥有中国面积最大、物种最丰富的热带雨林，它也是海岛生态系统的核心。

雨林探秘

尖峰岭国家森林公园（见227页）

吊罗山国家森林公园（见174页）

七仙岭国家森林公园（见204页）

霸王岭国家森林公园（见221页）

黎母山国家森林公园（见191页）

五指山自然保护区（见197页）

从90%到10%

热带雨林的衰退是随着人类定居和干扰活动，从沿海开始向内陆紧缩的过程。汉代之前，原始热带雨林覆盖了海南岛90%的面积。从西汉开始，汉族人南迁带来的先进生产工具和贸易繁荣造成的资源开采逐步造成对原生林的破坏。近代战火烧至海岛，日本侵华战争结束后，海南热带雨林的面积从战前的50%下降至33%。当然，最严重的侵害还是来自近30年来的经济飞速发展，雨林的消失成为了GDP增长的牺牲品，2013年海南热带雨林面积仅有21.2万公顷，比建国前下降了八成。如今你认为满眼绿色的海南，其实天然热带雨林的面积只剩不到10%，主要分布于中南部山区。

热带雨林拥有强大的造氧力和极为丰富的生物物种，但其生态环境非常脆弱，原始树种遭到砍伐、野生动物被盗猎都对生物多样性和土地的可持续发展造成不可逆的伤害。为加强对热带雨林的保护，海南至2015年底已建立自然保护区49个，其中三分之一以热带雨林生态环境为主；划定陆域生态保护红线区1.15万平方公里，占陆域总面积的33.5%。但随着海南国际旅游岛建设将热带雨林景区开发列为十大旅游产品之一，如何平衡商业开发和生态保护之间的矛盾，将成为政府的又一个新课题。

雨林生灵

对于常年生活在温暖或寒冷地带的人来说，来到热带雨林如同进入陌生的异域世界——植物品种之多足以颠覆想象。在海南的雨林之中，能找到600多种珍稀特有植物，包括海南苏铁、桫椤、箭毒木、野荔枝、青皮等国家一级保护植物。随着海拔高度变化，热带的天然林呈现出明显的垂直地带性，分为热带沟谷雨林、常绿季雨林、山地雨林、山顶矮林等不同类型。雨林中拥有常绿喜湿、高逾30米的乔木，以及厚茎的藤本和草本附生植物。由于植被茂密，植物间的生存竞争也很激烈，它们使出各种手段争夺养分，形成了许多独特的自然现象。气生根是最常见也最好辨认的一种，比如榕树从枝上产生多数下垂的气生根，经过次生生长成为粗大的支持根。板根也可以看作气生根的一种，是由乔木的侧根向外向上隆起生长所形成，一些巨树的板根可延伸出十多米。寄生、附生现象也非常普遍，一棵树上有20种以上的植物是很常见的，如同穿了毛裤一般。

独特的自然环境孕育了许多珍稀野生动物。海南长臂猿被世界自然保护联盟（IUCN）列为极危物种，目前不足30只，霸王岭保护区海拔700~1200米间的沟谷雨林成为了它们最后的家园，被称为“最孤独的灵长类”。雨林中的地面世界是蛇、蜥蜴、蛙以及各类昆虫的天下，近年来霸王岭睑虎等新的海南特有种不断被发现。海南拥有600多种蝴蝶，超越“蝴蝶王国”云南位列全国之首，在山地雨林中栖息着全国最大的蝴蝶“金裳凤蝶”（翅展超过160毫米）和最小的“福来灰蝶”（翅展不到10毫米）。

尖峰岭是我国面积最大、保存最完整的热带雨林，拥有引以为傲的“七剑客”（7种国家一级保护动物）和“十三太保”（13类国家一级保护植物）。

雨林的困境

疯狂的砍伐曾经是造成海南热带雨林锐减的最大因素，但自从1994年海南省全面停止天然林采伐以来，雨林并没有像预想中恢复得那样顺利。

自然保护区缺乏资金和人员管理是重要的问题。据统计，在霸王岭国家自然保护区，每一位工作人员都要守护着近33平方公里的雨林生境，这让工作人员的密度可能比濒危动植物还低。他们很难组织起足够的力量控制和监管盗伐盗猎的发生。

对比尖峰岭的天然林和1年生人工林，7月份地面20厘米处的温差可达1.7℃，人工林对于气候调控的作用远逊于天然林。

而为了追求经济利益（如浆纸、橡胶、木材）大规模种植的人工林，成为对热带雨林更大规模的威胁。浆纸人工林的入侵造成了海南中部海拔300米以上天然雨林的大量流失，一些企业在保护区内违规种植经济作物，并将天然林转换为桉树和马占相思等经济树种。根据相关环保组织的统计，霸王岭自然保护区、鹦哥岭自然保护区、五指山自然保护区内及周边的天然雨林均存在人工林的侵入干扰，仅在2001~2010年，中部山区就有13.02%的热带天然林被转换为人工林。

由于大面积种植单一树种，经济人工林在生物多样性和生态安全上都无法和天然林相提并论。以鹦哥岭为例，马占相思林的广泛渗透已经造成天然林的破碎，而由于林型单一，林下落叶层薄，这样的林地不再适宜野生动物栖息，甚至阻断了长臂猿可能的迁徙路线，使得霸王岭的长臂猿栖息地日益孤岛化。

虽然在过去5年间，海南对于人工林建设的管控愈发严格，林业生产总值在农林牧渔中所占比重也由2010年的15.7%下降至2015年的7.5%，但是距离实现违规零容忍、生态零破坏仍然道路漫长。

环 境

无论从平面还是立体来看，海南岛都形似一个纵向切开的大芒果。1823公里长的海岸线包围着3.4万平方公里的绿岛，而200万平方公里浩瀚南海使得海南成为中国陆地面积最小、但所辖总面积最大的省份。海岛地势中央高、四周低，生物种类和人文风貌随着等高线产生着丰富的演变。这是中国唯一一个全部处于热带的省份，湿热的气候和迥异于内陆的生物种类造就了独特的自然环境，也成为海南最大的魅力所在。

地理和气候

地形

海岛中南部的五指山、鹦哥岭高高隆起，地势逐级向四周下降，直至滨海地带，由山地、丘陵、台地、平原构成环形阶梯状地貌。海南岛的山大体上分为三大山脉：五指山山脉、鹦哥岭山脉和霸王岭山脉，一般山岭海拔都在500~800米，超过1500米的山峰大都赫赫有名，比如五指山、鹦哥岭、霸王岭、吊罗山等。

海南岛比较大的河流基本都发源于中部山区，南渡江、昌化江、万泉河为海南岛三大河流，流域面积占全岛面积的47%。南渡江是海南的“长江”，全长311公里，几乎是万泉河的两倍，但因为没有人给它写首“我爱五指山，我爱南渡江”，所以许多外地游客基本只知道万泉河。

海南第一高峰是五指山主峰，也是五指山五个“指头”里的“食指”，海拔1867.1米，比泰山高300多米。

火山和地热

海南是我国火山活动最强烈、最频繁的地区之一，主要活动发生地都在琼北地区，尤其是海口周边。海口火山区主要为第四纪火山喷发的熔岩，由于其喷出地表后冷凝较快，未能结晶形成一些金属矿产资源，而是直接成为玄武岩、火山渣和浮岩等石材。以火山岩建造的村落、石塔、石牌坊等也成为了琼北的特色景观。

火山土壤还含有丰富的矿物质和有机质，土质十分肥沃，适合种植热带水果和经济作物。海口永兴的荔枝和菠萝蜜、福山的咖啡、澄迈的红心地瓜等热带水果和经济作物，就是得益于肥沃的火山土壤，口感好且营养丰富。

火山活动频繁的地方，少不了宜人的温泉相伴。海南岛地热资源丰富，以水热型为主，水质优良，富含偏硅酸、偏硼酸、硒、碘、钙等对人体有益的微量元素和组分，属优质医疗热矿水，长期浴用可有效治疗各种慢性疾病，并能刺激自律神经、内分泌及免疫系统，促进新陈代谢，增强身体抵抗力。目前海岛已打造琼海官塘、保亭七仙岭、万宁兴隆、三亚南田和海坡、儋州兰洋、澄迈西达等多处温泉胜地。

海岸线

海南1823公里的海岸线并不都是由白沙细浪构成，沙岸约占50%~60%，其余的均为礁石和滩涂。沙滩宽百米至1000多米，普遍地势缓和，岸边绿树成荫，自海口至三亚东岸线就有60多处可辟为海滨浴场。海水温度全年维持在18℃~30℃，一年四季大部分时间皆可下水，但翻滚的海浪和肉眼不可见的漩涡都是海浴的潜在危险因素，一般礁石多的地方也不适宜戏水。

海南岛东南部有百余座岛屿，西沙群岛有岛屿22座，陆地面积8平方公里，其中永兴岛最大。分隔海南岛与雷州半岛的18海里宽的琼州海峡，是海南岛与大陆之间的海上通道。

优质沙滩

三亚湾（见96页）
亚龙湾（见90页）
大东海（见95页）
海棠湾（见90页）
清水湾（见165页）
石梅湾（见154页）
高隆湾（见118页）
月亮湾（见121页）
棋子湾（见221页）

气候

海南是一个没有冬天的地方，全年暖热，雨量充沛，干湿季节明显，热带风暴和台风频繁，具有强烈的热带海洋气候特色。夏季从每年3月中旬，一直持续到11月上旬，最热的当属5月至6月。1月至2月的平均温度也有16℃~24℃，极端低温天气很少低于5℃且持续时间短，因此人们常说海南“冷不过三天”。

大部分地区降雨充沛，全岛年平均降雨量在1600毫米以上，是新疆的十倍。在降雨量的分布上，呈现出明显的“东湿西干”特征。多雨中心在中部偏东的山区，年降雨量可达西部少雨区的两倍。降雨季节分配也很不均匀，冬春干旱，夏秋雨量多，5月至10月的降雨量占全年的70%~90%。

海南是台风多发地，但不是所有台风都会登陆，所以很多时候只是借着台风的威力下一场雨而已。台风一旦登陆，通常会造成一定的灾害，城市的户外广告牌、移栽的树木都是首当其冲的受害者，养殖户和种植户庄稼绝收、鱼虾全军覆没，也是司空见惯的情形。海岛比陆地有更多的生存风险，民众也练就了淡定从容甚至及时行乐的人生态度。

文昌是海南岛台风登陆最频繁的地区，建国后到访海南的台风中，有近三分之一从文昌登陆，万宁其次，琼海和陵水再次之。

生物多样性

植物

海南的植物让人眼花缭乱，不仅有很多我们连名字都没听过的树种，如坡垒、子京、母生、艮珠等，就连许多常见的品种也颠覆了人们的想象。比如在海南能够疯长到屋子那么高的海芋，在北方拥有了“滴水观音”的美称，价格高昂。作为南药药材的巨大宝库，海南的药用植物达千种以上。兰花资源也十分丰富，海南独有的30多个兰花品种盛放在几乎每座叫得出名字的山岭。

另外，东部海岸线上分布着特殊的热带海涂森林景观红树林。红树并非单一树种的名称，而是生长在热带、亚热带海岸滩涂浅滩上的红树科植物的统称，根系发达，是唯一能生长在海水中的绿色树种。红树林是陆地向海洋过渡的特殊生态系，海南省近年来已成立了若干保护区，曾经的热门旅游地文昌清澜港红树林，为了保护生态系统已不再对游人开放。

去哪里认识植物

海南热带野生动植物园（见79页）
海南（儋州）热带植物园（见215页）
兴隆热带植物园（见149页）
兴隆热带花园（见150页）
呀诺达热带雨林文化旅游区（见206页）
五指山热带雨林风景区（见198页）
文昌椰子大观园（见116页）

野生动物

海南拥有国家重点保护野生动物123种，其中包括海南坡鹿、海南长臂猿、云豹、巨蜥等一级保护动物。已发现的436种鸟类占中国鸟目的八成、种数的三分之一，包括海南山鹧鸪、海南孔雀雉、海南柳莺等特有鸟类。海南岛还有“两栖爬行动物天堂”之称，我国8个科的蛇类在这里都能找到。

海南热吗?

常常有外地人用同情的口气问海南人：你们热不热？其实和高温湿热的江南地区比起来，海南都可以算避暑胜地了。当地很少极端酷热的天气，“热”更多体现在温度高的时间比较长。热带海洋性气候决定了海南雨水充沛，盛夏时候的海口经常在下午来一场暴雨，雨后立刻凉爽许多。还有海风能解暑，到了晚上也不觉得很热。

如果海南的朋友托你买棉袄，别以为他是调侃你。琼北地区的冬天也有冷的时候，尤其是赶上连绵阴雨，在大街上看到穿羽绒服的一点也不稀奇。

一个令人痛心的事实是，许多野生动物被搬到了餐桌之上，偷猎捕捞活动已严重威胁到了它们的生存。蜡皮蜥是一种在沿海木麻黄林等环境中栖息的穴居蜥蜴类动物，其数量在以惊人的速度递减，据说仅海口每天就有近千条蜡皮蜥被做成菜肴。海蛙主要以蟹类为食，亦名食蟹蛙，主要栖息环境为沿海红树林下半咸水或咸水地区，在一定程度上维护了海岸红树林生态系统的食物平衡。但是肉味微甜的海蛙被沿海居民当成美味佳肴，种群生存面临挑战。

环境面临的挑战

地下水开采和水质破坏

琼北火山区的火山岩潜水，是无污染的地表水或浅层潜水，经过含有丰富矿物质的火山岩下渗、过滤、净化、矿化而成，富含有益于人体健康的微量元素，水质纯净、口味甘甜，不需人工净化和处理。然而，由于大规模地开采地下水用于日常生活，已使得海口地区地下水呈漏斗形大幅下降，长此以往会造成地下水枯竭，甚至地面沉降以及海水倒灌，污染地下水质。

在海口，20世纪90年代前，只要打一口深度超过700米的深井，便有热矿水自流，甚至喷出地表达数米之高。然而由于大规模开采地下水，致使地下深部热矿水含水层上部承压大幅下降，热矿水储量减少。近海养殖业对水质损害同样深远，红树林在被放养的大量咸水鸭以及虾塘污染的海水中成片死亡。

海岸环境破坏

如果说在内陆自然保护区的严格管控下，山地雨林的砍伐行为已逐渐收敛，那么被开放商瞄准的海岸线则没有这么幸运了。经济利益驱动下的无序开发已经使得海岸环境受到了巨大冲击，鳞次栉比的酒店、高尔夫球场与地产项目遍布滨海地区，虽然客观上推动了当地经济，但对海滩环境、防护林和近海珊瑚礁都造成了毁灭性的破坏，人为干扰造成的垃圾更是带来了深远的生态环境影响。

逐步活跃的填海造地活动不仅压缩了渔业生产空间，更加改变了海洋地形地貌环境。通过遥感影像对比，填海建造的凤凰岛使得三亚海月广场东南岸段的滩肩普遍后退15~35米，植被也有明显减少。野心勃勃的海花岛已经被环保部门勒令修复环境，以减少生态损失。此外，填海活动使人口越来越向海岸线聚集，台风、海啸等自然灾害造成的人员伤亡和经济损失也势必增加。海南岛的生态环保迫在眉睫，这不仅是政府面临的新一轮挑战，更是每一个到访海南的旅行者应自觉深化的意识。

生存指南

出行指南

住宿

住宿在海南向来不是问题，关键看是否物有所值。海口和三亚的住宿类型繁多，从五星酒店到青年旅舍和民宿，各个档次都能找到许多选择。但其他县市仍以商务酒店和宾馆为主。

各地住宿在淡旺季都有不同程度的浮动。一般而言，三亚的价格波动最大，差价可以达到3~4倍。在东线县市的热门景点和度假区，淡旺季也有2~3倍的差价，旺季时不妨住在市府或县府所在地，它们的房价涨幅相对较小。在旅行气氛较淡的中线，除了七仙岭、五指山等热门目的地的高档酒店涨幅夸张之外，其他地方基本没有分别，但周末的房价会稍稍上扬。

除了春节、国庆等长假之外，在其他时间提前预订住处也是必要的。博鳌亚洲论坛举行期间，琼海的嘉积镇和博鳌镇都会一房难求。每年2月中旬到3月中旬的木棉花季，昌江住宿也十分紧张。农历“三月三”是黎苗自治县的小高峰，也需提前预订。

青年旅舍

海南的青年旅舍大部分都是以骑行为主题的小店，床位不贵而且干净，公共空间往往被布置得很有情趣。住在这里很容易遇到志同道合的旅行者，老板也都热心于提供各种旅行资讯，而且店里通常会有公共厨房和洗衣机，其中一些还会提供订票和租车服务。

三亚既有国际青年旅舍，也有不少舒适惬意的独立青旅，海口也有很多具有青旅形式的旅馆，铺位价格在50元上下。但海南其他地方的青旅较少，且地段大都比较偏僻。遍布全岛骑行线路上的517驿站也可视为青年旅舍，但大部分位于郊区国道上，比较适合骑行或自驾抵达。你可以在**国际青年旅舍组织中国总部**（www.yhachina.com）或是其他旅行网站上查询。

民居客栈

家庭旅馆分布于热门旅游城市或乡村度假区，有些乡村农家乐也带有住宿设施，但住宿条件参差不齐，淡季人均在75~150元。你可以在**缤客网**（www.booking.com）或**爱彼迎**（www.airbnb.com）上预订。不少村民也会整理出自家房舍供人投宿，这类住宿信息通常不会挂在网上，只有到当地才能找到，你可以仔细考察卫生条件和安全状况再决定是否入住。

食宿价格范围

本书所列的食宿是按照作者推荐程度而不是价钱高低排列的，推荐度高的会排在前面。我们在书中标注的房价，一般为标间价，即包含一张大床或两张小床，以及独立卫生间。青年旅舍会加标床位价格。除非特别注明，否则房价不含早餐。所有的价格都是淡季价。

分类	住宿价格范围	就餐价格范围
¥（经济）	150元以下	人均30元以下
¥¥（中档）	150~400元	人均30~80元
¥¥（高档）	400元以上	人均80元以上

度假公寓——更接地气的住宿选择

对于想要躺在床上看海，又不想承受五星级酒店高昂花销的旅行者来讲，那些拔地而起的新楼盘中的度假公寓是最好的选择。它们大都是外地投资者闲置的优质商品房，坐落在高档住宅区，被集中起来统一装修和管理，但价格通常是附近豪华酒店的一半甚至更低。

虽然在度假公寓中无法享受酒店式的专业服务，但轻松自在的居家感可以让你的假期更接地气，也很适合长住。这些公寓从景观到设施都不比豪华酒店逊色，有的小区还带有游泳池和健身房，房间里经常配有冰箱、洗衣机等家用电器，付一定租金后可以使用各种厨房设施，方便自己采购海鲜回来烹饪。

在三亚的大东海和三亚湾、陵水的清水湾和香水湾、万宁的神州半岛以及兴隆和博鳌的一些高档小区，你都可以找到这样的度假公寓，直接联系店家可能会拿到折扣价。

连锁快捷酒店

海南岛内有本地的常见连锁品牌佳捷，在一些非热门的县市，它旗下的酒店通常是性价比最高的选择。在一些小县城里，全国性的连锁快捷酒店并不常见，偶尔还会遇上质量远逊于整个集团标准的孤例，最好选择连锁酒店旗下更年轻的品牌，例如星程、丽枫等。下载华住、铂涛的App注册会员，可以享受比网络平台更好的优惠。

酒店

商务酒店和宾馆是海南最常见（在有些地方也是唯一）的选择，但所谓的“星级”经常不能作为考量酒店条件的参照，少数中低档酒店也有价廉质优的客房。另外，新开业或重新装修的酒店经常比老牌但年久失修的酒店更舒适。

对背包客而言，最好住得离汽车站或公交站近一些，中转比较方便。不少县城都在开发新城区，新老城之间大都相隔几公里，新城的酒店卫生和设施通常比老城好得多，高档酒店也往往集中在新城区、热门度假区和滨海地带。在我们调研时，海南已经出现了具有地域特色的本土精品酒店，例如从儋州起家的森林客栈，目前在万宁、琼海等地均有分店。

许多五星级酒店甚至国际酒店都有自己的微信公众号，不时会推出一些其他渠道没有的优惠价。

证件和优惠

随身携带你的身份证件，以备前往博物馆、展览馆（例如文昌航天城）时领票，分界洲岛的购票机也需要刷身份证。如果去一些靠近边防要地的海滩，可能也会用上它。学生证、军人证、老人证和残障人士的证件在一些景区可以享受半价或免票待遇，如果你有导游证，在绝大部分景区都可以享受国家法律规定的免票待遇。

许多景点、游乐项目和酒店都会不时放出独家渠道的优惠，你可以在出发前关注它们的微信公众号，价格比旅游网站更便宜。例如微信公众号“微游三亚”（whgl66）就常推出度假产品的限时抢购。

保险

旅行出发前买份保险是很有必要的，尤其在你打算包车、租车的情况下，一份合适的旅行保险能对旅途中因人身意外、财物遗失、医疗急救乃至交通延误而导致的损失进行一定比例的赔偿，但在购买前应认真阅读保险细则条款。

如果你不打算在海南进行登山、徒步等有一定风险的户外活动，那么一些短期险种就能满足你的需求。如果你打算参加难度较高的徒步穿越活动，建议购买针对户外活动推出的保险，例如美亚保险（www.aiginsurance.com.cn）推出的“拉磨无忧”险种，在磨房网（bx.doyouhike.net）可以找到你所需要的旅行保险。

在当地租车时，除了强制购买的基本保险之外，你最好购买“不计免赔险”，它能将大部分车主事故责任所承担的免赔金额转移给保险公司。自驾旅行者可以考虑为汽车购买全车盗抢险或车辆损失险，比较昂贵的摄影器材也可以考虑购买财产险。

银行

在海南县级以上城市的主要街区，都能找到四大国有银行的网点，而农业银行的网点在县城和乡镇比较密集。通常在较大的乡村，中国邮政储蓄银行和海南农村信用社是比较常见的。上述银行都有ATM，支持跨行或异地取款，不同银行手续费各异。

在当地大中城市的酒店、商场和超市都可以使用储蓄卡或信用卡消费。但在很多县城的酒店、宾馆和超市，手机支付比刷卡更为普遍。乡镇的宾馆和便利店就更难看到POS机了。

现金

手机支付（特别是微信支付）在海南的大多数地方已经非常普遍，一些村子里也能找到刷二维码的小卖部。不过，随身带现金还是很有必要的，因为在一些景点、部分汽车站售票窗口和少数酒店都只接受现金，风采车的司机也大都是不能熟练使用智能手机的老人家。去偏远村镇，最好还是按每天150~300元的预算带足现金，在这些地方吃饭可能比你想象得要贵。

购物

大中型城市都有特产专卖店和超市特产专柜，春光、品香园和南国是三个规模较大、品类较全的特产品牌，小县城的超市和商场也能找到特产。如果你对伴手礼没有特别的要求，店内的海产品、水果、椰子制品和咖啡粉就能满足你。特别提醒，请不要购买珊瑚、砗磲、玳瑁制品和鱼翅制品，即便有人告诉你这是存货。

海南最受欢迎的特产是水果和海产品。四季都能买到各种海产干货，但除椰子外，大多数新鲜水果都有很强的季节性。较有特色的手工艺品是黎锦、椰雕、贝壳工艺品和珍珠制品。质量好的珍珠制品在许多商场中都有销售。三亚第一市场（见本页）聚集了贝壳工艺品、椰雕的小摊位，但鱼龙混杂，需要货比三家。当地残障人士制作的小椰壳（见147页）、椰音（见131页）的产品也有椰雕元素，但若想买到真正工艺精美的椰雕，就要做好花大价钱的准备。黎锦若是手工制作，围巾大小的面积就要800元以上，而机织的会便宜很多。在五指山的海南省民族研究所（见196页），保亭的民族风情街或匠心黎锦苗绣坊（见203页），以及陵水本号镇电商扶贫物流中心（见163页）都能买到黎锦。在海口的鼎臻古玩城（见74页）可以淘到许多木雕，但我们不推荐你购买珍贵的海南黄花梨制品。

邮政

快递网点已经深入到海南绝大部分县、市，一些特产专卖店可以帮忙联系寄送。在一些偏远乡镇，即使找不到民营快递网点，也可以找到邮局。

电话

除非是在1000米以上的山峰或特别偏远的山沟，一般不会有手机无信号的困扰。市区、县城及一些乡镇基本都有中国移动、中国联通或中国电信的营业厅，4G网络覆盖所有城镇，导航或登录社交媒体都很方便。

上网

在海南的中高档酒店甚至是县城小宾馆，一般都已经有了Wi-Fi，只有信号稳定与否的差别。一些景区的无线覆盖也很到位，可以寻找相应的指示牌。许多咖啡厅和饮品店也会提供Wi-Fi。县、市一级的商业区都能找到网吧，但大都环境嘈杂而且烟雾弥漫。

地图

如果你只是去一些常规景点而非长距离徒步，使用高德、百度等网络地图资源就足够了，担心地方偏僻手机信号差的话，可以提前下载离线地图。当然，你可能偶尔会被导航"坑"一下，在我们调研时，兴隆正在纠正卫星地图上很多路名和位置的错误——很多骑行者会因此找不到绿道驿站。好在绝大部分景点都不至于荒无人烟，被导航弄得晕头转向的时候，记得这个朴素的真理：路在嘴边。

工作时间

海南的大多数旅游景点都是全年开放的，其中一些会在旺季把关门时间延后1小时。开放时间通常为7:30~17:30。各地银行和邮局的营业时间一般在9:00~17:00。咖啡馆通常的营业时间是10:00~23:00，而酒吧大都从20:00后营业至次日2:00。海口、琼海等大城市的公交线路通常运行到较晚，但一些景区的公交车收班可能比景点还早，县城的公交车常常在18:00后就没踪影了。

气候

海南属于热带季风气候，夏季（5月至10月）十分炎热潮湿，冬季（11月至次年4月）相对凉爽，除降水外，总的来说季节变化不算明显。不过，牛岭北部的冬天比南部要更难过一些，偶尔有让北方旅行者难以忍受的湿冷天气，海口、万宁、文昌等地近年曾下过冰雹。如今已有多种手机软件可随时查询并关注天气情况。

海口

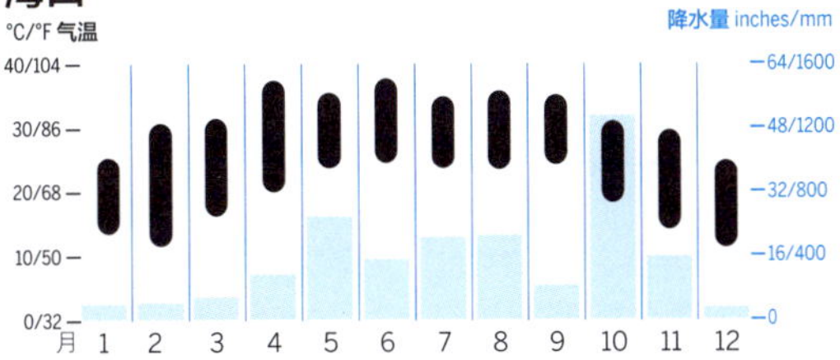

三亚

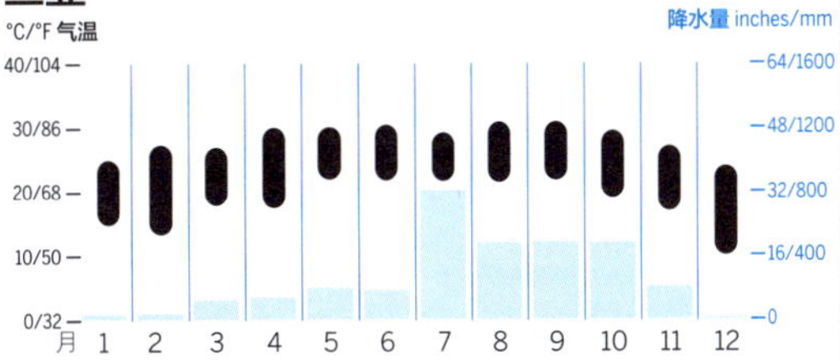

旅游信息

尽管海南的大多数市、县乃至镇上都设立了这样的服务站，但别对各地的旅游咨询服务中心期待太高，在海口、三亚之外的许多地方，你很可能无法获得太多有效的帮助。想获取最新的官方旅游信息，可以关注各地旅游委的微信公众号。海南省旅游委的公号“阳光海南网”（yghnw12301）发布全省各地的旅游信息。

团队游

对于一些地点分散且票价昂贵的景点，不妨在海口、三亚等地报名参加一日游，通常一日游信息都能在旅游网站上看到，请尽量选择正规且声誉较好的旅行社，货比三家再下单。另外，一些青年旅舍也会帮你联系靠谱的团队游。在三亚的机场和火车站可以看到有“阳光巴士”字样的旅游咨询点，组织三亚、保亭（呀诺达）等地的一日游，通常一天只有1~2个景点，价格划算，而且没有额外的购物环节。可拨打电话（☎8881 2301；⏲9:00~23:30）咨询参团。

危险和麻烦

海南人的淳朴是有口皆碑的。不过，因为一些旅行者和外地购房者在海南的不当行为，一些当地人可能会对陌生来客怀有成见，偶尔遇到冷淡和戒备也别太介怀，以低调、友善的态度回应就好。过去很多游客在三亚都有过“被宰”的经历，但这往往和当地人关系不大，而且这些现象在近年已经得到了很大的整治。

交通安全

海南骑摩托车的人很多，尽管海口、琼海等城市都有专门的二轮车道，但小县城无疑没有这样的道路条件，无论步行还是自驾，狭窄的街道和混乱的摩托车对旅行者来说都是挑战。

另外，国道在海南几乎都是穿城而过，一路灯光都很昏暗，很多地方干脆没有路灯，斑马线也非常模糊。因此，走夜路一定要注意安全。如果在晚间自驾经过国道，特别是在村口和路口时，务必减速慢行。

海南中部和南部多山，很多省道和乡道都在山区里盘旋来去，途中不乏急弯，遇到弯道一定要注意鸣笛，提醒对向车留意你的存在。

掮客

在车站门口或闹市区，总会听见摩托车或出租车司机短促的招呼声。在绝大多数县城，这些司机都没有恶意，只是询问生意而已，不想回应的话转身离开便是。你会经常遇到递送旅店名片的妇女，我们不建议你接受。在三亚的海鲜市场，你可能被一群热情的摊贩“拦截”，摆脱他们径直奔向海鲜池挑选食材就好。

不要轻信出租车司机的推荐，他们可能会引你前往可以赚取回扣但条件不好的酒店。在三亚街头，还有数不胜数的团队游掮客，价格诱人，但旅行体验很可能没有保障。

独自旅行者

独自在海南旅行比较安全，当地人比较热情直率。最大的问题或许是食、住、行的成本较高。一来很多地方没有青年旅舍或实惠的家庭旅馆，二来酒店所谓的单人间几乎都是大床房，价格可能比双人间更贵。另外，一些偏远的景点包车去会更方便，独自去会有比较大的开销。

吃不惯各种米粉、不爱鸡鸭鹅饭的旅行者，在海口、三亚以外的大部分地方独自用餐会不太方便。本地特色菜要去大排档和农家乐寻找，但经常没有单人套餐，大份菜点起来比较浪费，动辄三四斤的海鱼也难以独自消化。这时，连锁快餐店和咖啡馆是不错的去处，学校和市场门口的路边摊贩也可以吃得分量刚好，但你要仔细考察卫生状况。

残障旅行者

海口、三亚等城市近年来已经越来越多地考量残障旅行者的需求，海南省博物馆和三亚大小洞天等景区都引入了无障碍设施，一些中高档酒店也有无障碍通道，但普通的住宿点和较早建立的景区一般不会考虑得那么周全。

坐轮椅的旅行者在大城市中，只要有人陪同，就不会有太大的问题，但或许在大部分自然风光为主的景区会遇到困难。特别是海南中线最主要的景区——五指山和七仙岭，都是没有缆车的，陡峭的台阶和崎岖的道路甚至对身强体壮的人感觉都有难度。

女性旅行者

和华南地区许多地方一样，传统的性别观念在海南仍有深厚土壤，不过，大多数当地男性的言行举止都比较绅士。几乎所有青年旅舍都不会有男女混住的房间，女性旅行者很少会遇到来自异性的安全隐患。但是在深夜，就像在任何地方一样，不在偏僻小巷独自行走，尽量不独自身处气氛骚动的酒吧，防患于未然。

对一些注重护肤的女性来说，“辣手摧花”的阳光可能是最大的威胁，特别是在海边，晒一天就能让你的皮肤至少变黑5个色号，所以务必要做好防护。

同性恋旅行者

和过去相比，海南社会对同性恋的态度已经开放了不少，不过主流观念仍然比较保守。在大多数公共场合，尽管人们对同性恋人群不会表现出敏感的关注，但过于亲昵的举动依然不太适合。在海口、三亚、琼海等大城市以及东线一些热闹的海边，偶尔能找到一些对同性恋比较友好的酒吧和旅店。通过彩虹兔（www.caihongto.com）可以找到当地同性恋聚集地的信息。

志愿服务

海南的志愿者活动以社区服务、敬老扶幼和生态保护为主。可以登录**志愿海南**（www.zyhn.org；微信公众号ID：vhnzyz）了解海南的所有志愿者项目信息，并注册成为他们的志愿者。**志愿海南爱心社**（微信公众号：省爱心社工志愿者协会）是海南民间最有影响力的公益组织，主要为孤寡老人和困难儿童提供帮助。而**蓝丝带海洋保护协会**（www.ch-blueocean.org）是致力于保护海洋环境的民间公益组织，在海南4所高校设有服务社，你可以加入他们的活动，或为他们捐助。

户外活动

海南的山地、海洋、河流和密林都非常适合从事各种户外活动，登山、漂流、溯溪、徒步、骑行、冲浪、潜水和帆船都是人气很高的运动项目。

徒步和登山

海南的许多徒步活动都和登山有关。除了攀登五指山之外，黎母山、吊罗山、尖峰岭、七仙岭、仙安石林都是热门的户外景点。五指山目前已经开发了两座山的登山步道，而其余三座峰则是户外发烧友的心之所向。另外，屯昌木色湖畔、万泉河畔也都是深受欢迎的徒步地点。你也可以在天涯社区海南在线的**户外运动版块**（bbs.tianya.cn/list-176-1.shtml）了解相关信息和有组织的户外探险或礁石海岸徒步等活动。

漂流和溯溪

如果你喜欢漂流或溯溪，那么中部地区起伏连绵的地形、激流遍处的河流会让你玩得很过瘾，这里有海南首屈一指的五指山漂流，也有呀诺达梦幻谷的溯溪和瀑布攀登活动。另外，琼海的万泉河峡谷风景区也组织刺激的漂流和溯溪探险活动。

骑行

在海南，环岛骑行是最受欢迎的活动之一，而东线、中线和西线都各有特色，而中线对体能和车技的要求更高，可以通过五指山的**唯乐旅行社**（☎8662 6730）参加毛道和南圣的一日游活动。

海口和三亚都有不少自行车出租服务，其他城市也能找到少量租赁地点，山地车的日租金为20~50元，不过在一些中线城市，你也会遇到日租金高达80元的山地车。**517骑行驿站**（微信公众号：bike-517）在海口、文昌、博鳌、兴隆、三亚、儋州等地都设有站点，可以租自行车，也可以住宿。我们调研时，海口、三亚、万宁、琼海和陵水都有了共享单车，你可以骑着它们在市区四处逛逛，不过因为车况没有保障，我们不建议用它们出城骑行。

水上和水下运动

除游泳之外，海南的水上和水下运动都挺“烧钱”。三亚的百福湾、分界洲岛附近的岛礁和海域、万宁的洲仔岛都是潜水的好地方，但请务必找到正规的机构参加活动。万宁日月湾和三亚皇后湾很适合冲浪。如果钱包够鼓，帆船爱好者应该不会错过三亚的半山半岛帆船港，这是当地目前最高端和专业的帆船港，可以租到很好的帆船。

交通指南

到达和离开

海南早已不是那个“万里琼州路，凄凉独去船”的孤悬之岛了，无论坐飞机还是海陆结合都能顺利到达。不过如果选择节假日去旅行，最好提前规划行程，此时不仅正价机票都难求，而且如果天气不佳，过海车辆也可能大批滞留海口。

飞机

机场

海口美兰国际机场（见74页）和**三亚凤凰国际机场**（见107页）是海南的两个门户航空港。前者已有通往上百个国内城市的航班，国际航线覆盖了东南亚、俄罗斯、意大利、韩国等十多个国家，而后者也与70个国内城市、27个国家和地区的城市通航。年轻的**琼海博鳌国际机场**（见139页）目前只开通了往返于国内十几个大中城市的航线，而且只在冬季、春运和亚洲论坛开幕期间通航。

机票

飞往海口、三亚的机票在淡季通常票价可低至2~3折，春节长假后一周，从南方城市飞往博鳌的机票也常低至一两百元，理论上无须提前购买。

尽管旺季航班更为密集，但折扣票常常提前一个月就售罄，而机票在国庆和春节长假期间更是动辄上万元，最好提前购买往返票，或者尽量错峰旅行。

各大旅游平台和各大航空公司官网都能方便地获取信息和购票。

长途汽车

广东、广西、福建等多个省份的省会甚至中小城市都有发往海口的长途客车，一些城市还有到三亚的班次，**车次网**（www.checi.org）可以查询详情。最好在车站搭乘正规班车，“黑车”虽然便宜，但安全没有保障。不过，坐汽车免不了一路颠簸，而且有时费用甚至比打折机票更贵。

火车

开往海南的火车会先驶入跨海轮渡，在船肚子里漂过琼州海峡，再汇入岛内铁轨。相比飞机，这种方式更低碳，但比较适合火车发烧友以及不赶时间的旅行者，毕竟少则22小时、多则48小时的总运行时间不是谁都坐得住的。

截至2018年5月，共有6列火车从内地发往海南。最北从哈尔滨西站一路南下到海口，此外，还有从上海南站、长沙站和郑州站开往海口的列车。而从北京西站和长春站始发的列车会经停海口、东方，抵达三亚。

船

尽管轮船在海南交通中已退居二线，但对自驾旅行者来说，琼州海峡的轮渡仍然非常重要。从广东徐闻的**海安港**（☎车渡票务0759 468 5046，客运票务0759 468 5059，www.haiangang.com）出发，每天都有定点航班和24小时滚动航班抵达海口，登录官网可看到实时信息。

另外，往返于海口和广西北海间的客船也颇受欢迎，傍晚出发，清晨到达，舒适又实惠。大多数旅行社都代售船票，也可以在淘宝购买，到码头取票。

省内交通

东线的交通一直都比较方便，沿线高铁班次频繁，高速和国道通往大部分景点，自行车道也四通八达。以往西线交通相对闭塞，但随着环岛高速西线和环岛高铁西线的贯通，背包客前往大部分目的地都不用大费周章。本书出版时，中线高速刚刚全线贯通，不过中部还没有要开通火车的迹象。

火车

海南环岛高铁全线贯通后，每天都有火车兵分两路，沿东西两侧往返于海口和三亚之间。东线的文昌、琼海、万宁、陵水和西线的澄迈、临高、洋浦、昌江、东方、乐东等地均有火车到达，海口美兰机场和三亚凤凰机场也都有站点。不过东线车次远比西线密集，西线一些站点每天只有5班甚至更少的对开列车，需提前规划出行时间。

登录**中国铁路客户服务中心网站**（www.12306.cn）可以查到最新的车次表，你可以在网站或App上购票，也可直接去车站售票处或火车票代售点。购票和退改签的网上办理时间是6:00~23:00。

长途汽车

作为海南的交通枢纽，海口有密集发往全省各县市的班车，客运总站、汽车东站、汽车西站分别主营中线、东线、西线班车，但也有例外，比如去万宁和陵水最好在客运总站坐车。而在三亚长途汽车总站和东线各县市的车站，也能坐上频繁发往省内各地的班车，绝大部分都由海汽公司承运。登录**海汽官网**（www.0898hq.com）、关注微信公众号**“海汽客运”**（haiqi0898），或致电**海汽客运服务热线**（☎6666 8855），可以查询和预订3天之内的车票，但晚上购票系统会在0:00~3:00关闭。

海南各县市都有班车发往辖区内乡镇和周边地区，很多乡镇巴士都是私人承包的，大部分地方到车站就能乘坐，也有一些地方的小巴集散地没有车站和车次表，只在挡风玻璃上写着目的地。一些巴士会在城郊、高速路口附近或偏远乡镇设置补票点（即固定停车点），供人中途买票上车，有的补票点还能联网帮旅客在始发站预留车票。本书出版时，岛上三条主要高速中，东线和西线已贯通多年且路况良好，而中线高速也刚刚全线通车，怕晕车的旅行者无需再忍受屯昌以南山回路转的224国道。另外，在我们调研时，文昌—博鳌和万宁—洋浦的高速公路都在建设中。

租车

如果你不想把大半天时间都花在公共交通上，或是想去尚未开发的偏远地带，租车无疑是最方便的出行方式。海南所有公路都不设收费站，不过油价也比较高。

在海口和三亚的机场和火车站附近，就可以找到神州、一嗨、Avis等各种大型连锁租车公司门店。但不是所有门店都支持异地还车。中线城市鲜少有连锁租车公司，但城区中心开了许多租车小店。

一些租车公司只接受以信用卡预授权的形式支付押金，因此你要提前准备好信用卡，并留意工作人员是否误把“预授权”操作成直接扣款（常有这种事发生）。另外，在一些小区也有当地人在出租“候鸟”业主们离开前托管的车，售楼处附近就有“租车”招牌，租金相对便宜，但要格外留意合同细则和车况。

搭便车

海南东线的搭便车环境比较友好，但西线和中线地区，这样的出行方式还不多见。在这里依然要提醒，我们不建议旅行者搭车，除非万不得已。在搭车前应明白这样做的潜在风险，将车号和方位告知亲友。搭车成功后，也要对司机表达实质性的感谢。注意在高速公路上拦车本身就是违反交规的，要招手只能去高速路口或者服务区。

当地交通

省道和乡道正日益深入各个乡镇，甚至通往个别极为偏僻的农村。但经营乡镇线路的多为小型公司或私人营运，车辆到达报废期或公司易主，都有可能使路线改道或陷入瘫痪。

机场大巴

海口、三亚和博鳌的机场都有机场大巴。美兰机场除有两路大巴分别开往民航宾馆和汽车西站（票价20元，按需发车）外，还有动车前往海口东站和海口站。凤凰机场大巴也分两路，1线沿三亚湾海边经停大东海各个酒店（票价15元），3线开往亚龙湾各个酒店（票价25元）。博鳌的机场巴士1号线开往嘉积镇，2号线开往博鳌镇多个小区，凭机票可以免费乘坐。另外，每天还有四班机场专线（27元；12:30~18:00）开往万宁新车站、奥特莱斯和兴隆汽车站。

公交车

海口、三亚的公交系统发达，在网络地图上也能查到线路。我们调研时，三亚的公交车已经能用手机App“天涯行”购票，但三亚公交班车少、收班早，而且很爱跳站。其他县市也都有自己的公交系统，涵盖城内和周边主要地点，但线路信息一般无法从网上获取，一些地方站牌非常简略，上车前需要多问司机。

出租车

在琼中和五指山，鲜少能看到出租车，而除海口外，绝大部分出租车都不打表，也不愿意跑短途，拼客情况也很普遍。有些地方的出租车更乐意往返于热门旅游景点。在和司机商定一口价前，你可以先上网了解大概价格。打车软件在海口、三亚和东线城市的接受度很高，不过你可能会遇到出租车司机接单后嫌路短而拒载，或打电话找你议价的情况。出于安全起见，上车前请务必对照车牌号和车型。

自行车

骑行在海南很流行，许多城镇还修建了景观绿道。不过，中线的琼中以南山多坡陡，不太适合骑行。

我们调研时，海口、三亚、儋州和东线大部分县市都能看到共享单车。另外，一些客栈、青旅、高档酒店也有自行车出租。如果骑行路线较长，最好还是去517驿站或一些自行车专卖店租辆山地车。

健康指南

海南总体的卫生状况不错。不过出门在外，传染病和食品安全在任何时候都不能放松警惕。旅途中难免舟车劳顿，随身带些小零食让胃不要空转，随身携带眼罩在车上也很有助于恢复体力。

海南的大多数城区医疗设施完善，遇到小病大可放心就近治疗，偏远山区医疗条件要差很多，诊所也不多，一定要格外注意饮食卫生。

我们给出的只是一般性的健康知识，并不能取代专业医务人员的指导，一旦身体感到不适，一定要及时就医。

出发前

常备药品

旅行期间最好随身备些常用的内服药和外用药，如果你有轻微的慢性病，请根据实际情况准备针对性的特殊药品。另外，我们还请专业医护人员推荐了一些便于携带、副作用较少的药品，用药请详细阅读药物说明书：

➡ 感冒药：速效伤风胶囊或白加黑（用于普通感冒，前者最好别在需要保持清醒时吃，后者吃完不会让你昏昏欲睡），吗啉胍（用于病毒性感冒），奥司他韦（治疗流感）。

➡ 止痛药：芬必得胶囊（饭后服用，并注意不良反应）

➡ 消炎药：青霉素口服药（请确认不会过敏）和罗红霉素（饭后服用）。

➡ 晕车药：眩晕停。

➡ 跌打药：红花油和云南白药。若出现内出血，用云南白药比较好。

➡ 胃药：吗丁啉（用于胃胀胃痛），碳酸氢钠片（用于胃酸过多），三九胃泰或达喜（用于受凉引起的胃痉挛），葵花胃康宁（用于慢性胃病）。

➡ 止痒和驱蚊药物：风油精和无比滴，后者止痒效果好。选购驱蚊剂时，驱蚊胺含量低于35%足矣，浓度太高反而增加中毒概率。

➡ 腹泻药：黄连素。

➡ 防中暑药：藿香正气水。

➡ 其他物件：创可贴、单独包装的酒精棉片、免水型洗手液。

保险

如果你打算去当地进行登山、山地徒步等难度较高的户外活动，建议购买相关保险，具体内容可参考257页。

旅途中

我们列出一些在海南旅行有可能会遇到的疾病以及相应的措施。如果你在旅途中生病，而且随身携带的药物已经不管用，一定别拖延，要以最快速度就诊。

食品安全

食物中毒

海南近年曾发生过几起团队游客的食物中毒事件，起因几乎都是在餐厅吃了变质食物。如果你刚吃几口就感觉肠胃不舒服，那么首先要停止进食，尽量催吐，然后多喝水以稀释有毒物质。若出现呼吸困难、严重腹泻、呕吐等症状，要马上去医院。最好保存可疑食品以备之后检验，并拨打食品药品投诉举报热线12331向当地监管部门举报。

➡ **留意墙上的《餐饮服务许可证》**虽然肉眼不能识别细菌，但至少可以尽量选择食品安全等级达到B级甚至A级的就餐地点。

➡ **别吃路边野果** 海南有70多种有毒野果，包括麻风果、相思豆（一粒果仁即可致命）、白花曼陀罗（常被误认为野菜）、蓖麻果、龙葵、海芋，等等，毒性惊人。在边远乡村，儿童误食毒果的新闻频发。你可以搜索照片来学习辨认，但更好的方式是“路边的野果不要采”，不管看起来多么美味无害。

➡ **别吃河豚** 每年3月至4月的产卵季是河豚毒性最强的时候。可能有人认为人工养殖的河豚鱼毒性小甚至无毒，这不太可信，看看当地医院每年春天收治的中毒者就知道了。河豚鱼体内的神经毒素在食后半小时至3小时一般就会发病，以口唇发麻、恶心、腹痛等症状为起点，很快就会危及生命。无论误食还是冒险尝试，遇到类似情况都要速速就医。

食物过敏

在海南旅行，食物过敏或许比中毒更常见。平生第一次吃海鲜的旅行者尤其要留意海鲜过敏的可能，如果吃后有腹泻、皮肤瘙痒、喉头水肿、四肢无力等症状，要及时就医。

传染性疾病

腹泻

旅行时很容易拉肚子，特别是在高温天气持续时间长的海南，湿热气候使细菌繁殖加快，很容易感染肠道传染病，而猛吃冷饮或吃得太杂，也会刺激肠胃。

如果只是拉肚子，没有呕吐或发烧，用普通腹泻药就可以，若出现发烧及持续性腹痛，要及时看医生，不要自作主张服药，尤其别乱服用抗菌素，这可能会导致病原耐药，最后演变成慢性腹泻。下面是一些预防腹泻的小贴士：

➡ **食物烧熟再吃** 寄生虫不耐高温，却可以在冰箱低温下存活，最好别试探那些看起来水灵的生鲜，也尽量别吃凉拌熟食。

➡ **喝凉开水或瓶装水** 不要喝生水，如果没有自带水杯，用宾馆的茶杯前，用开水好好烫一下。

➡ **少喝加冰酒水** 常有冰块中检出大量细菌的新闻被爆出，如果实在想解暑，不妨尝试冰镇碳酸饮料，里面的二氧化碳有抑菌作用，但也对肠胃不好，别喝太多。

➡ **别用淋浴的水漱口** 几乎每个淋浴头里都藏有无数有害细菌，“流水不腐”在这里不适用。

➡ **轻微腹泻时补充盐分** 如果你开始轻微腹泻，可以买袋补盐液、喝杯盐水或吃份咸粥，能帮助你恢复力气。

流感

如果你只是遭遇普通感冒，注意休息，吃感冒药就会好。可如果被流感病毒击中，就很不妙了，它是一种急性呼吸道传染病，延误治疗会导致重症肺炎，严重者还会损害脏器功能甚至死亡。海南流感高发季节是每年11月至次年1月、3月至5月，以下是一些自助和助人的贴士：

➡ **有流感症状一定要尽快就医** 普通感冒只会让人低热、鼻塞、咳嗽、喉咙发炎，但流感则有明显的全身症状，常常伴有高烧和持续的肌肉酸痛，严重者会并发肺炎、休克等症状。如果你昏昏沉沉醒来，并毫无征兆地变得虚弱，一定要尽快请医生帮助诊断。流感发病后的48小时尤其关键，抗病毒药物在这段时间是最有效的。

➡ **佩戴口罩出入公共场所，勤洗手** 流感病毒主要靠飞沫传播。如果你已经得了流感，或是体质较弱易被传染，那么做好防护于人于己都好。酒精可以抑制流感病毒，最好随身带瓶免水型洗手液，勤于洗手。

➡ **及时接种疫苗** 每年流感病毒都会在人类和动物等宿主间循环、混合，变异成新的毒株，当年的流感疫苗可预防40%~60%的感染。老人、儿童、孕妇和慢性病患者在条件允许的情况下，最好在旅行出发前2周打一针疫苗。

➡ **大口喝水，大口吃饭** 感冒时身体会流失很多水分，钠、钾等使人有活力的电解质也被带走。不要只是大量补充纯水，你需要喝运动型饮料、柠檬汁或淡盐水。牛奶会让痰变得更浓，对缓解咳嗽没有任何帮助。即便感冒使人没胃口，也要大口吃饭，给免疫系统提供能量支持。但可以吃得清淡些，例如有营养又易消化的鸡蛋、青菜和粥，别吃含糖量太高的食物。

➡ **尽量卧床休息** 耽误一两天，总比整个行程都生病要好。睡眠能让免疫系统集中力量对抗病毒。

肝炎

甲型肝炎是一种通过消化道来传播的肝炎，牡蛎、螃蟹等水产或不干净的饮食都可能传播甲肝。许多人都注射过甲肝疫苗，有效期一般为5~7年。你可以在每年体检中留意体内的甲肝抗体IgG强度，必要时需再次注射。如果你从未注射过，就要格外注意饮食卫生。甲肝的症状包括乏力、恶心、呕吐、腹胀等，疑有症状要及时就诊。

新型冠状病毒肺炎（COVID-19）

截至本书出版时，新型冠状病毒肺炎（COVID-19）仍在全球流行。虽然海南省的情况相对轻微，常规旅行并不会额外增加风险，但我们仍建议旅行者结合实际情况后再决定出行，在做好自身防护的同时遵守当地的防疫要求，保持良好的卫生习惯。

针对疫情期间的个人防护，可参考世界卫生组织（www.who.int/zh/emergencies/diseases/novel-coronavirus-2019/advice-for-public）的详细建议。

疫情期间，众多博物馆等景区均可能实行预约制，须至少提前1天或当场预约。预约渠道通常在相应景区的微信公众号处进入，可在制定行程时事先了解。

环境引发的疾病和不适

中暑和皮肤晒伤

海南的高温天气不可小觑，特别是5月至10月，别在烈日下走太久，带瓶运动饮料随时补充水分和盐分。如果感觉头晕、四肢发酸、注意力涣散，就要快点找个阴凉通风的地方休息，在太阳穴和人中处涂抹风油精，或是用藿香正气水。

在强烈的紫外线下，除使用防晒系数30以上的防晒霜外，太阳伞、遮阳帽和防晒罩衫，最好一个都别少。穿短袖时最好戴上防晒袖套。如果白天皮肤被晒得厉害，晚上应涂抹镇静和舒缓效果的芦荟膏。

晕车

海南的中部山区几乎都是盘山路，最好准备晕车药，并在乘车前30~60分钟服用。坐车前别吃太饱，随身携带清凉油或风油精。

蚊虫叮咬

海南的夏天蚊子泛滥成灾，有的蚊子还会传播黄热病或登革热。如果住在需要开窗通风的房间，晚上最好早点关灯并点好蚊香。如果伤口红肿、溃烂，也可能是遇到了隐翅虫，最好及时就医。

在野外行走要穿长袖长裤，不可以仅防蚊虫，也防蚂蟥。一旦被蚂蟥吸住，要用火、风油精、云南白药气雾剂等驱赶，一定不要使劲拉扯，将吸盘留在伤口中会更危险。

狂犬病

在海南乡间，不少人家饲养狼狗看家护院，它们一般不会攻击人，但不排除陌生人误入领地而被袭击的可能。万一被咬伤，要用肥皂水冲洗伤口，并采用碘基药物抗化脓，一定要立刻就医，并及时注射狂犬疫苗。

蛇

海南的山地有许多蛇，在春夏时节活动最频繁。通常蛇很少主动攻击人，但一定不要追打，否则会逼迫其防卫反击。在五指山等毒蛇经常出没的地方，一定要穿靴子、袜子和长裤，不要把手伸进洞穴和石缝中。可以用登山杖或木棍敲击地面，将蛇惊走。

如果不慎被毒蛇咬伤，通常不会马上有生命危险，保持淡定，第一件事是记住蛇的长相（拍张照也行），以便就医时找准抗蛇毒血清来解毒。然后可用毛巾绑住伤口靠近心脏端的位置，降低血液循环速度，但为了避免血管坏死，要在适当时间松绑后再次绑紧。出发前最好在药店购买蛇药，一旦被咬，一半用来敷伤口，一半用来内服。

野胡蜂

海南曾发生过多起胡蜂蜇人致死的案例，它们的毒液含有神经性或血液性毒素，会让人器官衰竭。但通常它们这样做只是出于自卫，因此在野外行走时，不要随意挥打树木枝叶，以免侵犯蜂巢。如果遇到单飞的胡蜂突然靠近绕飞，千万别攻击它，否则“哨兵蜂”可能会引来整个蜂群发起追击。

幕后

说出你的想法

我们很重视旅行者的反馈——你的评价将鼓励我们前行，把书做得更好。我们同样热爱旅行的团队会认真阅读你的来信，无论表扬还是批评都非常欢迎。虽然很难一一回复，但我们保证将你的反馈信息及时交到相关作者手中，使下一版更完美。我们也会在下一版特别鸣谢来信读者。

请把你的想法发送到**china@lonelyplanet.com.au**，谢谢！

请注意：我们可能会将你的意见编辑、复制并整合到Lonely Planet的系列产品中，例如旅行指南、网站和数字产品。如果不希望书中出现自己的意见或不希望提及你的名字，请提前告知。请访问lonelyplanet.com/privacy了解我们的隐私政策。

作者致谢

盛洋

非常感谢海草的帮助和建议，感谢王振德老师在百忙之中接受访问，感谢借人借车陪我调研的好搭档冯恋，以及一路上友善的当地人。特别谢谢早年“小鹰计划”让我有机会在海口驻村大半年，对这座小岛产生了由衷的热爱，也很感激花梨之家的友人在我这次“回家”时予以款待。最后，感谢两位CE和其他作者的支持，谢谢为本书耗费心力的所有人，也谢谢你的使用与对瑕疵的包容。

敖碧仪

感谢刘丽不厌其烦地为我提供各种三亚的本地信息，感谢陈益鹏的户外经验分享，感谢CH.MARK马克张的信息帮助，以及上一版《海南》作者田婷婷在调研前给予的建议帮助。感谢调研路上给我提供各种信息的当地人，特别是淳朴、热心的莺歌海、崖城和椰子洲岛的乡亲们。

李昱臻

感谢户外达人灰龙一路为我提供咨询、牵线搭桥，感谢大材小用陪我走南渡江的传奇六哥，以及八哥、肥姑、佛哥等江湖中的成名前辈。感谢沐昀慧眼捡了我这个麻烦，感谢CE陈怡的耐心指教，感谢上一版中线作者娜娜扎实的调研。感谢我的“专属司机”任劳任怨被我驱策还花钱请我住温泉酒店，感谢父母的支持，外加称我为工程师家族走出的第一位“作家”。感谢今年春天的海南，很给面子地没下几场雨。

刘昊

感谢山根镇潘孝海先生无私的建议和帮助，他屡次不厌其烦地回答我对海南风土人情和动植物的问题。谢谢吴海民、吴春光等兴隆咖啡从业者，让我得以在豆子的香味里了解当地咖啡最真实的状况。感谢潭门镇卢家炳爷爷，不因突然造访而拒绝我，而是带我到家中慷慨分享他的家族闯南海的故事。感谢吴康先生画的户外地图。谢谢这一个月的调研中所有给予我帮助的海南人，你们让我看到热情友善又质朴的海南。感谢妈妈和张辉媛的全程陪伴。

声明

本书地图由中国地图出版社提供，审图号GS（2018）5467号。
封面图片：保亭呀诺达，@视觉中国提供。

关于本书

这是Lonely Planet《海南》的第二版。本书的作者为盛洋、敖碧仪、李昱臻和刘昊。在此一并致谢第一版作者郑娜娜、骆仪、田婷婷和周文飞。

本书由以下人员制作完成：

项目负责 关媛媛
项目执行 丁立松
内容策划 陈小鱼 沐昀
视觉设计 李小棠 刘乐怡 陈斌
协调调度 沈竹颖
总编 朱萌
执行出版 马珊
责任编辑 王若玢
地图编辑 马珊
制图 刘红艳
终审 朱萌
流程 孙经纬
排版 北京梧桐影电脑科技有限公司

感谢武媛媛、刘燕、白圆圆、曹阳玉婷、洪良、张桐、齐琦为本书提供的帮助。

索引

000 地图页码
000 图片页码

地图图例

景点
- 佛寺
- 城堡
- 教堂
- 清真寺
- 纪念碑
- 孔庙
- 道观
- 世界遗产
- 博物馆
- 遗址
- 酒窖
- 动物园
- 温泉
- 剧院
- 一般景点

活动、课程和团队游
- 潜水/浮潜
- 划艇
- 滑雪
- 冲浪
- 游泳/游泳池
- 蹦极
- 徒步
- 帆板
- 其他活动、课程、团队游

住宿
- 酒店
- 露营

就餐
- 就餐

饮品
- 酒吧
- 咖啡

娱乐
- 娱乐

购物
- 购物

实用信息
- 银行
- 使馆
- 医院/药店
- 网吧
- 公安局
- 邮局/邮筒
- 公共电话
- 卫生间
- 旅游信息
- 无障碍通道
- 其他信息

地理
- 海滩
- 灯塔
- 瞭望台
- 山峰
- 栖身所、棚屋
- 森林公园

行政区划
- 首都
- 省级行政中心
- 地级市行政中心
- 自治州行政中心
- 县级行政中心
- 乡、镇、街道
- 村

交通
- 机场
- 过境处
- 公共汽车
- 渡船
- 地铁
- 停车场
- 加油站
- 自行车租赁
- 出租车
- 火车站
- 有轨电车
- 索道缆车
- 其他交通工具

道路
- 高速公路
- G213 国道
- S203 省道
- X013 县、乡道
- 铁路
- 地铁
- 收费公路
- 高速公路
- 一级公路
- 二级公路
- 三级公路
- 小路
- 未封闭道路
- 购物中心/商业街
- 台阶
- 隧道
- 步行天桥
- 步行游览路
- 小路

境界
- 国界
- 未定国界
- 地区界
- 军事分界线/停火线
- 省界
- 未定省界
- 特别行政区界
- 地级界
- 县级界
- 海洋公园界
- 城墙
- 悬崖

水系
- 河流、小溪
- 间歇性河流
- 沼泽
- 礁石
- 运河
- 湖泊
- 干/盐/间歇性湖
- 冰川

地区特征
- 海滩/沙漠
- 基督教墓地
- 其他墓地
- 公园/森林
- 运动场所
- 重要景点(建筑)
- 一般景点(建筑)

注：并非所有图例都在此显示。

我们的故事

一辆破旧的老汽车，一点点钱，一份冒险的感觉——1972年，当托尼（Tony Wheeler）和莫琳（Maureen Wheeler）夫妇踏上那趟决定他们人生的旅程时，这就是全部的行头。他们穿越欧亚大陆，历时数月到达澳大利亚。旅途结束时，风尘仆仆的两人灵机一闪，在厨房的餐桌上制作完成了他们的第一本旅行指南——《便宜走亚洲》(*Across Asia on the Cheap*)。仅仅一周时间，销量就达到了1500本。Lonely Planet 从此诞生。

现在，Lonely Planet在都柏林、富兰克林、伦敦、墨尔本、奥克兰、北京和德里都设有公司，有超过600名员工和作者。在中国，Lonely Planet被称为“孤独星球”。我们恪守托尼的信条：“一本好的旅行指南应该做好三件事：有用、有意义和有趣。”

我们的作者

陈小鱼

内容策划 前媒体人，迷恋建筑、工业设计和手工艺，和儿子一起在路上的间隔年结束后，旅行仍在继续。在保有好奇心这件事情上从来不认为有年龄限制，包括数次游历海南后仍希望探索更多的未知。曾先后担任过Lonely Planet《广东》和《广州》第一版的内容策划，也参与过《香港和澳门》的调研和写作。

盛洋

统筹作者；海口；海南西线 步履不停的人类学学徒，建筑设计和城市研究的业余爱好者与图书译者，曾在海口乡村进行社区营造。旅行是她认识世界的一种方式与态度：保持好奇，尊重多元。此前曾参与调研撰写Lonely Planet的《青海》《江西》《内蒙古》《山西》《东京到京都》等指南。她还为本书撰写了大部分“计划你的行程”章节。

敖碧仪

三亚；乐东；饮食 在海南留下过很多第一次：数年前曾第一次完成东线和中线的环岛骑行，第一次在日月湾学习冲浪；这次烈日下徒步调研数小时后，把人生的第一次中暑献给了三亚海棠湾，感觉完满。经历过身为旅行爱好者的各阶段，如今已相当佛系，唯一还执念于路上各种美学生活方式的探索。正在转型做视频，异想天开地希望未来拥有自己的旅行美学节目。她还为本书撰写了“户外”和“和当地人吃喝”章节。

李昱臻

海南中线；文昌；热带雨林 胸无大志的前出版社编辑，特长是和自己闹别扭。因为不满足在别人的文字里过瘾而从空调房转入荒山野岭。在路上时觉得自己像一头扎进海南革命老区的地下工作者，写稿时又时常生怕漏掉任何一个有用信息。一场自虐和被虐之后有两个心愿：写下的字能为读者带去帮助，下一次要做得更好。对于海南的印象曾经定格在漆黑夜里的滚装船和台风过境的环岛高速，十年后重游，在绿色的热带雨林与它再次相遇。她还为本书撰写了“自驾游”章节。